충북대학교 인문사회 연구 총서

기업 범죄론

이승준 지음

충북대학교 출판부

기업 범죄론

머리말

잊을 만하면 기업을 둘러싼 범죄가 언론지상에 등장한다. 우리사회가 매우 투명하고 공정하게 변모하였지만, 터져 나오는 기업범죄의 실상을 보면 아직도 요원한 것이 아닌지 모르겠다.

저자는 우연한 기회에 배임죄에 관심을 기울이게 되었고, 그러던 중 일천한 실력에도 불구하고 기업범죄에 대해 조금 더 깊이 연구해 보고자하는 무리한 욕심(?)이 발동했다. 이에 기업범죄를 둘러싼 쟁점을 간략하게나마 전체적으로 다루어보고자 본서를 기획하게 되었다. 본서는 크게 4개 부분으로 이루어진다. 먼저 1편에서 기업범죄 개념의 정립과 대두, 기업환경과 기업범죄의 발생을 살펴본다. 제2편에서는 우리나라에서 실제 발생하는 대표적인 기업범죄를 탈세형 범죄, 사기형 범죄, 뇌물형 범죄, 배신형 범죄, 입찰담합관련 범죄 등으로 유형화하여 구체적 사례를 통해 심층적으로 접근한다. 그리고 제3편에는 기업을 둘러싼 범죄현상에 대한 제재로서 기업범죄에 책임을 귀속시킬 수 있는 이론적 근거와 처벌에 대해 형사법적 제재와 비형사법적 제재로 구분하여 살펴본다. 마지막으로 이러한 분석을 토대로 앞으로의 기업범죄 양상의 변화를 살펴봄으로써 기업범죄의 예방대책 수립과 궁극적으로 기업윤리의 확립에 기초를 제공하고자 한다. 아울러 기업범죄를 규율하기 위한 제재로서 형사법적 제재의 변화와 비형사법적 제재의 확대에 대해 입법적으로 방향을 제시하고자 한다. 본서는 기업범죄를 보호법익을 고려한 행위양태를 기준으로 분류하여, 다양하게 발생하고 있는 기업범죄를 유형화하고 그에 따른 제반 문제들을 범죄학적 관점과 형사사법적 관점, 나아가 형사정책적 관점에서 다루고자 한다.

기업활동은 헌법에서 그 자유를 보장하고 있으며, 기업금융 등 형사법이 따라잡기 힘들 정도로 급변하는 영역이다. 이러한 현실에서 본 연구는 기업범죄의 경향과 범죄학적 관점에서의 문제, 형사사법상의 문제점과 개선방향을 제시해 줌으로써 학문의 교차영역에서 새로운 시각을 제안하여 향후 후속연구들의 기초가 될 수 있을 것이다.

아울러 교육적으로도 로스쿨 재학생들에게 범죄에 관한 최신 이슈들을 전달하여, 향후 실무자로 활동할 때 문제해결의 기초를 제공해 줄 수 있는 유용한 자료가 되었으면 하는 바람이다.

끝으로 이 책이 발간될 수 있도록 기회를 준 충북대학교에 감사드리며, 힘든 학사일정 속에서도 더운 여름 날 꼼꼼하게 교정에 힘써 준 충북대학교 법학전문대학원의 안혜정, 이평희 원생에게도 고마움을 전한다.

항상 탈고에 이르러서는 부족한 책에 대한 부끄러움이 앞선다. 필자의 능력 부족으로 미처 다루지 못한 상법상 범죄 등 부족한 부분은 차후 기회를 통해 꾸준히 보완할 것을 약속드린다.

2015년 무더운 여름

著者

목차

제1편

기업범죄의 등장과 발생

제1장
기업범죄의 의의

제1절 기업범죄의 개념

현대인은 기업 없이는 생존을 영위할 수 없게 되었다. 요람에서 무덤까지 삶의 전 영역에서 기업활동의 결과물 내지 기업의 시스템을 활용하고 있다. 다시 말해 오늘날 우리는 기업사회, 기업의 시대에 살고 있다고 해도 과언이 아니다. 그리고 이러한 기업은 인류가 고안해낸 가장 효율적이면서도 혁신적인 제도 중의 하나라고 평가받고 있다.

한국 사회는 6 · 25 발발 이후, 극심한 가난을 극복하기 위해 관(官)주도의 경제발전과 특정 재벌 위주의 경제개발만능 시기를 거치면서 기업에 대한 사회 구성원들의 물적 · 정신적 의존이 큰 사회였다. 이후 1997년 외환위기의 발발로 경제개방과 자유화의 어두운 그림자가 더욱 드리워졌으며, 기업이 국가를 대변하며 기업의 가치가 사회를 지배하는 사회, 결과적으로 기업사회 현상을 더욱 가속화시켰다.[1*] 높은 효율성과 뛰어난 경쟁력이라는 기업의 가치와 지배원리가 사회 곳곳에 파고들면서 국민들의 정치 · 경제 · 사회 · 문화 활동 영역 전반을 지배하게 된 것이다. 시장이 사회로부터 분리되어 자율적인 것에 머물지 않고, 시장이 사회를 식민지화한 상태[2*]에 이른 것이다. 문제는 이러한 기업이 전 세계 어디를 가더라도 존재한다는 것이며, 우리 사회도 기업이 지배하고 있다는 점이다. 더욱이 최근 있었던 메르스 바이러스(MERS-CoV) 사태에서 보듯이, 정부조차 기업사회의 정확한 실상을 인식하지 못하고, 공공보건의 책임을 방기하고 있다. '알아서 하겠지'라는 생각에서 감염확산 방지조치조차 정부의 통제 없이 일개 민간병원이 책임질 것으로 믿었다는

1* 김동춘, 1997년 이후 한국 사회의 성찰 -기업사회로의 변화과 과제-, 도서출판 길, 2006, 14면 이하에서는 민주화 이후 한국사회를 '기업사회'로 지칭하면서, 기업의 경쟁력이 국가의 경쟁력으로 간주되고 '기업 따라 배우기'가 정부를 넘어 한국 사회 조직 전반의 보편적 개념이 되었고, 사회경제적 대우에서 대기업의 엘리트가 정부, 정치권 엘리트를 압도하게 되었으며, 대기업인 삼성의 영향력이 확대된 것을 그 근거로 삼고 있다. 김교수는 기업사회의 특징으로 자본의 고유한 권력인 생산 지휘권이 극대화되고 사회 영역으로 확대되며, 정치 · 사회가 기업 활동을 통제하기보다는 오히려 그것에 봉사하는 구실을 하고, 기업의 생산성이 곧 국가나 사회의 생산성으로 간주되고, 대기업 및 기업가단체가 단순한 경제 문제뿐만 아니라 정치 · 사회 영역까지 간섭하고, 정치 활동, 정책생산, 법원, 미디어 등이 주로 대기업의 이익을 보호하는 쪽으로 기울어지며, 국민 · 시민 · 주민 또는 기업의 판매망 안의 모든 사람이 소비자로 불리고, 모든 정부 · 사회 조직의 우두머리는 경영자를 이상적인 역할 모델로 설정하고, 정치 · 사회 엘리트층까지도 주로 기업 경영자 출신이 차지하게 되며, 노조활동은 기업 경영의 방해물로 간주되고, 경쟁력이 없는 것은 곧 부도덕한 것으로 간주되며 공공성은 곧 무책임과 동일시된다는 점을 언급하고 있다(김동춘, 앞의 책, 18면 이하).

2* 칼 폴라니(홍기빈 역), 거대한 전환, 길, 2009, 242면 이하.

기이한 상황이 발생하였고, 이는 이미 공중보건 등 우리 사회의 모든 분야, 공무원, 이익단체 등 각계각층에 기업사회 현상이 만연해 있음을 보여주었다고 할 수 있다.[3*]

그런데 이처럼 기업이 사회적으로 일반화된 용어이며, 기업사회 현상이 팽배해 있음에도 법적으로 기업에 대한 개념 규정이 직접적으로 이뤄진 실정법은 찾아보기 어렵다. 다만 헌법과 중소기업법, 중소기업진흥에 관한 법률, 대·중소기업 상생협력 촉진에 관한 법률, 공장 및 광업재단 저당법 등의 개별 법률에 기업이라는 용어가 들어 있을 뿐이다. 기업(企業)은 사전적으로 영리(營利)를 얻기 위하여 재화나 용역을 생산하고 판매하는 조직체를 의미하며,[4*] 법적으로는 상법에 의해 규율되며, 상행위나 그 밖의 영리를 목적으로 설립된 법인을 의미한다(상법 제169조).[5*] 기업을 기업법이나 상법의 주개념으로 이해한 사람은 K. Wieland 교수였으며, 그에 따르면 기업이란 부정량의 재산증가를 위해 제반 경제력을 투입하는 것, 즉 이익을 얻기 위해 자본과 노동력을 투하하는 것을 의미한다.[6*] 이러한 개념은 일본과 우리나라에도 영향을 미쳐 기업법설에 따라 상법이 기업 중심으로 새롭게 이해되어야 한다는 입장이 주류를 이루게 되었다. 따라서 기업은 일정한 계획에 따라 계속적 의도에서 영리행위를 실현하는 독립된 경제단위 내지 생활체로 이해되었다.[7*] 결국 기업은 개념내재적 속성으로 영리추구가 기업의 본질적 요소가 되며, 이윤 달성을 위해 기업은 끊임없는 혁신과 자기 발전을 도모한다. 대외적 영리활동을 통해 구성원에게 이익을 분배하는 사람의 결합체이기 때문이다.

기업은 1인이 아닌 다수인의 자본과 노동력을 일정 목적 하에 결합함으로써 개인

3* 김동춘 교수는 2015년 6월 20일 경향신문과의 인터뷰에서 이번 MERS 사태가 기업사회의 단면을 여실히 보여주었다고 했는데, MERS 발병 초기 보건복지부의 늑장명단공개와 그로 인한 조기 감염확산 차단의 실패는 공공보건에 대한 정부의 무관심이 초기 대응의 실패로 나타나게 만들었고, 기업 계열 병원이 의료나 건강을 이윤추구 측면에서만 접근하면서 의료정책의 실패가 존재하였으며, 여기에 삼성서울병원이 가지고 있는 막강한 힘에 보건복지부가 손을 쓸 수 없었다는 세 가지 점이 결합되어 나타났다고 판단하였다(http://news.khan.co.kr/kh_news/khan_art_view.html?artid=201506201645081&code=940100 참고). 정부가 공중보건에 대한 신속하고 확실한 대응책임을 해태한 채, 일개 민간병원인 삼성병원의 자율적 확산차단 관리를 전적으로 신뢰하고 의사협회장이 아니라 이익단체인 병원협회장이 MERS 확산방지 컨트롤타워에 관여하였다는 점은 MERS의 비정상적 확산으로 인한 국가적 망신을 넘어 '삼성 공화국'이라고 일컬어지는 우리 사회의 어두운 단면을 보여준 사태라고 하지 않을 수 없다. 실제 해당 병원의 감염내과 과장이 국회에서 열린 메르스 대책회의에서 "메르스 확산은 삼성병원이 뚫린 것이 아니라 국가가 뚫렸기 때문이다"라는 발언을 해서 국민적 공분을 불러일으켰는데, 이는 공공의료를 포기한 채 이뤄진 보건영역과 기업논리의 결합이 얼마나 무서운가와 삼성의 경쟁력이 국가의 경쟁력이라는 논리가 사회적으로 공인되고 있다는 점을 보여주었다. 삼성그룹 부회장이 이 발언을 사과하면서 일단락되는가 했는데, 끊이지 않는 의료진 감염으로 삼성병원은 MERS 치료병원에서 제외되어 환자를 더 이상 치료하지 못하고 모두 국가지정 격리병상으로 전원시키는 초유의 사태를 겪었다.

4* 국립국어원 표준국어대사전(http://stdweb2.korean.go.kr/search/List_dic.jsp).

5* 1984년 9월 1일 시행된 개정 상법은 제안이유에서 상법을 기업기본법으로 표현하고, 그 기업현실에 적합한 체제를 갖추려는 것이 개정법의 주목적이라고 밝히고 있다. 미국의 경우, 기업은 일반적으로 enterprise 또는 business로, 독일의 경우 Unternehmen으로 명명되고 있으며, 기업법은 business law, Unternehmensrecht로 표현된다.

6* K. Wieland, Handelsrecht Bd. Ⅰ, S. 143 ff. 고준환, 기업법원론, 법문사, 1989, 49면 이하에서 재인용.

7* 예컨대, 일본에서는 鴻常夫, 北澤正啓, 河本一郎, 戶田修三 등이며, 우리나라에서는 손주찬, 정희철 등이 이러한 입장을 취하였다.

차원에서 수행이 불가능한 대규모의 사업을 실행할 수 있고, 그 과정에서 발생하는 사업 위험도 다수인에게 분산시킬 수 있으며, 기업조직을 통해 영속성을 유지할 수 있는 효용가치를 지닌 제도이다. 기업이 윤리적 경영활동을 통해 적정 이윤을 추구할 경우, 대외적 영리활동을 통한 기업의 발전은 고용을 창출하고, 사회의 부를 증대시키며, 문명의 발달을 가져온다. 그러나 기업이 이윤추구에만 매몰될 경우, 구매력 없는 소비계층은 사회에서 도태하게 되고, 구매력을 갖추기 위해 사회 구성원들은 - 규제기관마저 - 과도한 경쟁과 갈등 상황을 견뎌내야 하며, 공공성을 포기하더라도[8*] 기업의 부도덕하고 불공정한 이윤의 추구를 묵과하도록 강요받게 된다.

문제는 기업사회에서 기업의 부패와 타락은 기업의 효율과 사회 고용망 체계의 안전판이라는 미명하에 범죄로 인식되지 않는 맹점을 지닌다는 것이다. 우리는 하루 24시간 내내, 1년 365일 내내 기업과 더불어 생존하고 있지만, 기업범죄에 대해서 얼마나 알고 있는지 자문(自問)해 본다면 이 점은 명확해진다.

기업범죄는 매우 다양하게 정의되고 있다. 왜냐하면 법률상의 용어가 아니라, 강학상의 개념이기 때문이다. 화이트칼라 범죄(White Collar Crime)를 창시한 서덜랜드 이후, 기업범죄는 화이트칼라 범죄의 일종으로 간주되어 왔다.[9*] 그러나 화이트칼라 범죄 개념의 불명확성과 확장성 때문에 보다 세분하여 직무범죄와 기업범죄로 구분하는 새로운 분류가 주장되기도 하였다.[10*] 이들에 따르면 기업범죄는 개인이 그 직무 수행 중 자신을 위해 범한 범죄 및 종업원이 그 사용자에 대하여 범한 직무범죄(occupational crime)와 달리 기업의 직원들이 그 기업을 위해 범한 범죄 및 기업 자체가 범한 범죄(corporate crime)로 정의되었다. 물론 매우 추상적이고 포괄적인 정의로서 기업활동상 행하여지는 범죄라는 견해[11*]도 주장되었다.

이에 대해, 우리나라의 경우, 화이트칼라 범죄의 일부로서 정상적인 기업활동에 수반하여 이루어지는 위법행위라는 견해[12*], 기업의 구성원이 기업이라는 사회적

8* 규제당국이 규제의 공익성을 포기하고 오히려 피규제 집단인 기업 등의 선호에 부합하게 규제를 가하고 그들과 동일한 시각에서 접근하는 규제포획(regulatory capture)은 기업범죄에 있어 매우 중요한 문제이다[Paul Leighton, "Corporate Crime and Corporate Agenda for Crime Control : Disappearing Awareness of Corporate Crime and Increasing Abuses of Power", Western Criminology Review 14(2), p 42].

9* 대표적으로 Bloch, Geis, Quinney가 있다.

10* Clinard, M.B. & Quinney, R, *Criminal Behavior Systems : A Typology*, Reinhart & Winston, 1973, p.118

11* 板倉 宏, 企業犯罪企業犯罪・ビジネス犯罪―ホワイト・カラーの犯罪と刑罰, 有斐閣, 1981, 1頁; 板倉 宏교수는 일찍이 企業組織體責任論을 주창해 왔다(企業犯罪の理論と現實, 有斐閣, 2013, 20頁).

12* 정영석/신양균, 형사정책, 법문사, 1996, 198면.

조직체에 통합된 상태에서 그 조직체의 행위로서 수행하는 범죄라는 견해[13*], 기업이윤을 직접적으로 증가시킬 목적으로 기업활동 과정에서 행하여지는 모든 불법적 행위로서 국가형벌권의 대상이 되는 행위라는 견해[14*], 기업의 기업적 생활관계에서 발생하는 범죄라는 견해[15*], 합법적으로 조직된 공식적인 기업체의 구성원으로서 개인이나 단체가 그 기업체의 목적을 추구하는 과정에서 작위 또는 부작위에 의해 고용인, 소비자, 일반대중, 그리고 기업에 대해 인적·물적 손해를 가하는 행위로서 민법적으로나 행정법적으로나 형법적으로 그 형태를 불문하고 국가에 의해 제재가 가해지는 행위라는 견해[16*] 등이 주장되어 왔다.

생각건대 기업의 구성원 내지 특수관계인이 사적 이익을 위해 회사의 물품을 절취하여 매각하는 것이 기업범죄에 해당되지 않음은 명백하다. 마찬가지로 항공회사의 임원이 소속회사 항공기 이용과정에서 서비스매뉴얼대로 땅콩을 제공하지 않았다는 이유로 항공기를 탑승구로 회항시켜 담당 사무장을 하기(下機)시켰다고 하여[17*] 이를 기업범죄라고 볼 수도 없다. 기업 구성원이 범죄 수행과정에서 기업 조직과 별개로 범죄행위로 나아갔기 때문이다. 그러나 기업 대표이사 겸 회장이 비자금을 조성하고 그 금원으로 해외도박을 한 경우[18*]에는 기업범죄라고 할 수밖에 없다. 따라서 기업범죄는 기업활동 과정에서 기업 스스로 또는 기업의 구성원이 기업조직을 배후로 기업을 수단 내지 도구로 하여 발생시키는 위법행위라고 할 수 있겠다. 기업활동상 행하여지는 범죄 내지 기업의 기업적 생활관계에서 발생하는 범죄가 거의 모든 기업범죄 유형을 포괄할 수는 있으나, 이는 개념정의가 아니라 동어반복에 불과하며 기업범죄가 기업이윤을 직접적으로 증가할 목적으로만 행해지는 것도 아니기 때문이다.

13* 박강우, 기업범죄의 현황 및 정책분석, 한국형사정책연구원, 1999, 20면.

14* 천진호, "기업범죄와 형사적 규제", 법학논고 제16집, 경북대학교 법학연구소, 2000, 73면.

15* 한석훈, 기업범죄의 쟁점 연구, 법문사, 2013, 2면.

16* 이보영, "기업범죄의 형사적 제재", 法學硏究 제37집, 한국법학회, 2010, 150면. 이 견해는 미국의 Steven Box의 Power, Crime and Mystification, 1983, p.20의 견해를 인용하고 있다.

17* 2014년 말 대한민국을 甲질 논란으로 떠들썩하게 했던 D항공의 사례이다.

18* 특정경제범죄가중처벌법상 횡령·배임, 도박 등의 혐의로 회장이 구속된 D사의 사례이다.

제2절 기업범죄와의 구별개념

기업범죄와 구별되는 개념으로 화이트칼라범죄, 경제범죄, 조직범죄 등이 있다.

먼저 서덜랜드가 주창했던 화이트칼라범죄는 상류계층에 속하는 사람의 직무와 관련된 범죄로 정의되면서[19*] 기업범죄와 일부 중첩되는 부분이 존재한다. 사회적 지위가 높아 존경받는 사람이 그 직무수행의 과정에서 범하는 범죄에 기업범죄의 일부 요소가 포함될 수 있기 때문이다. 그러나 화이트칼라범죄는 고위 공무원의 뇌물수수까지도 포함되는 매우 폭넓은 개념으로, 형법적으로 문제되지 않는 범죄까지 포함하게 되고, 범죄자의 사회적 지위가 범죄에 관한 정의의 일부분이 되고, 소득세 탈루처럼 범죄자의 직업과정에서 발생하지 않는 경우가 있다는 비판에 직면하게 되었다.[20*]

생각건대 화이트칼라 범죄의 정의에서 알 수 있듯이, 범죄자의 사회적 지위가 낮은 노상범죄(street crime)와 달리 지능적이고 전문적인 기업범죄의 경우에도 화이트칼라 범죄와 일정 부분 공통점을 공유할 수밖에 없다. 그러나 화이트칼라범죄에는 해당될 수 있지만 기업범죄라고 볼 수 없는 영역이 넓게 존재한다. 예컨대 기업체의 임원이 부하직원으로부터 승진 대가로 금품을 수수하였다고 하여 기업범죄라고 할 수는 없는 것이다. 따라서 기업범죄의 유형 중 일부는 화이트칼라범죄에 속할 수 있지만 화이트칼라범죄와 동일한 것으로 분류할 수는 없다.

다음으로 경제범죄와의 관계를 살펴보면, 경제범죄는 경제질서 또는 경제제도라는 초개인적 법익을 침해하는 행의[21*] 또는 경제생활에서 요구되는 신뢰를 훼손하여 국민경제질서 등 보편적 또는 초개인적 법익을 침해·위협하는 행위나 경제적으로 중요한 지위, 수단, 방법 등을 불법적으로 이용하여 중대한 재산적 손실 및 노동력의 남용 등을 초래하는 행위로 이해되고 있다.[22*] 여기서 일부 견해는 기업범죄가

19* Edwin H. Sutherland, *White Collar Crime: The Uncut Version*, 1983, p. 7

20* 최인섭/최영신, 화이트칼라범죄에 관한 연구, 한국형사정책연구원, 1996, 22면 이하.

21* 김지선/이천현/홍영오/박형민/김한균/권수진, 한국의 범죄현상과 형사정책(2007년), 한국형사정책연구원, 2007, 307면.

22* 장영민/조영관, 경제범죄의 유형과 대처방안, 한국형사정책연구원, 1993, 24면.

경제범죄를 포함하는 광의의 개념으로 논의하여도 무방하다는 견해[23*]가 있다. 대륙법계의 경제범죄도 기업적 생활관계에서 발생하는 범죄라는 점에서 영미법계의 기업범죄와 유사한 법원리나 해석원리가 적용된다는 것이다. 그러나 독일에서 유래된 경제범죄의 개념은 제1차 세계대전 이후 전쟁수행 과정에서 국력을 전쟁에 집중시키기 위해 국민의 경제생활을 통제하는 경제통제법 위반행위에 대한 제재로써 형성되었으며, 제2차 세계대전 이후 자유시장경제질서를 해하는 범죄로 변모되었다. 그리하여 국민경제질서 등 보편적 법익을 침해하는 거시적 접근이 필요한 범죄유형이 된 것이다. 이 점에서 기업범죄는 경제범죄의 일부로 볼 수 있으나, 거시적 관점에서 경제질서, 경제제도와 무관하게 일개 기업의 이윤 추구를 위한 지극히 사적인 불법의 상정이 가능하므로 경제범죄와 기업범죄는 구별되는 개념이라고 할 수 있다.

한편 기업범죄는 조직범죄와도 구별되는 개념이다. 조직범죄는 1919년 미국의 시카고 범죄위원회에서 처음 사용된 이후 1920년대 들어 본래의 의미와 달리 좁은 의미, 즉 '직업적 범죄자 계층이 외관상 합법적인 형태로 수행하는 영업으로서의 범죄'라는 의미에서 축소되어 '갱 · 범죄조직의 구성원이 행하는 갈취행위'의 의미로 변화되었다.[24*] 조직범죄는 사회학적으로도 그 개념과 범주에 대해 매우 다양하게 정의되어 일원적인 용어로 정의되고 있지 않으며, 법률적 개념, 형법적 규제의 대상으로서 통일된 정의는 찾아보기 어렵다.[25*] 그러나 미국에서의 조직범죄는 조직화된 계층구조의 존속, 범죄를 통한 이익추구, 폭력이나 협박의 사용, 면책을 위한 부패 등이 특징이라는 데에 대체로 견해가 일치되고 있다.[26*] 우리나라의 경우에도 조직범죄의 개념에 대해 매우 다양하게 정의되고 있는데, 대체로 다수인이 조직을 구성하고 경제적 이익을 목적으로 내부에 상하통솔체계를 갖추어 지속적으로 저지르는 범죄라는 점에는 이견이 없다고 할 수 있다. 모든 범죄는 조직성을 가진다고 할 수 있다. 따라서 조직범죄는 일반적인 범죄의 조직성과는 차별적인 속성을 가져야 한다. 즉 범죄와 관련된 전문적인 테크닉을 가진 하류계층이 대체로 조직을 구성하며 이들을 배후에서 조정하는 우두머리도 범죄세계에서 성장한 경우가 많으며, 전문지식의 상호교환을 위한 대등한 관계가 아니라 엄격한 상하명령체계를 가지고 있으며, 경제적 부의 창출, 재투자 등이 아니라 주로 생계유지를 위한 영리목적이 많으며, 기망의 수법보다는 폭행 · 협박의 수법이 많다는

23* 한석훈, 앞의 책, 5면.

24* 최병민, "조직범죄의 실태와 대응방안에 관한 연구", 경기대학교 박사학위논문, 2010, 8면 이하.

25* 임 웅 외 5인, 조직범죄와 형사법, 법문사, 2004, 56면.

26* Jay S. ALBANESE, *ORGANIZED CRIME In Our Times*, 6th Ed, ap, 2011, p. 3

차별적 속성을 지니고 있다.[27*] 기업범죄도 기업이라는 조직체계를 갖추고 조직 구성원 내지 조직을 활용하여 행해진다는 점에서 조직범죄와 일정 부분 공통점을 지닌다. 그러나 기업범죄는 기업의 대표 내지 소수 구성원에 의해 경제적 부의 창출, 자금 확보 등의 목적 하에 폭력적이지 않은 기망의 수법에 의해 주로 행해진다는 점에서, 조직범죄와는 범죄자, 범죄의 목적, 범행의 방법, 지휘명령체계 등에서 매우 상이하다고 하겠다.

27* 임 웅 외 5인, 앞의 책, 22면.

제2장
기업범죄의 실태와 원인

제1절 기업범죄의 실태

현대인은 기업 없이 생존을 영위할 수 없게 되었다. 요람에서 무덤까지 생애 전 기간 동안 삶의 모든 영역에서 기업활동의 산물로 생활을 영위하고 있다. 그 결과 일반 국민과 기업구성원들도 기업범죄에 노출될 가능성이 커질 수밖에 없게 되었다. 우리나라의 경우, IMF 사태 이후 분식회계를 통한 기업의 외형 확대와 문어발식 계열사 확장 과정에서 나타난 부작용으로 기업이 비리와 범죄의 중심부로 떠오르게 되었다.

1. 법인범죄의 현황

(1) 범죄유형별 발생건수 및 발생비 추이(2009~2013년)[28*]

기업범죄의 발생현황을 살펴보기 전에 전체범죄 발생 및 검거추이를 볼 필요가 있다. 2009년부터 2013년까지 전체범죄의 발생건수 및 발생비는 아래와 같다.

(단위:건)

구분	2009년		2010년		2011년		2012년		2013년	
	발생건수	구성비	발생건수	구성비	발생건수	구성비	발생건수	구성비	발생건수	구성비
전체범죄	2,020,196	100.0	1,785,404	100.0	1,752,598	100.0	1,793,400	100.0	1,857,276	100.0
강력범죄	25,322	1.3	25,334	1.4	26,705	1.5	25,152	1.4	26,962	1.5
절도범죄	256,419	12.7	269,439	15.1	281,362	16.1	290,460	16.2	288,343	15.5
폭력범죄	315,850	15.6	292,492	16.4	311,948	17.8	312,579	17.4	294,188	15.8
지능범죄	282,044	14.0	268,307	15.0	297,802	16.0	295,101	16.5	329,439	17.7
풍속범죄	47,069	2.3	31,205	1.7	28,866	1.6	24,801	1.4	27,373	1.5
특별경제범죄	133,843	6.6	61,578	3.4	68,026	3.9	78,155	4.4	71,019	3.8
마약범죄	6,081	0.3	4,233	0.2	4,160	0.2	4,268	0.2	4,598	0.2
보건범죄	18,630	0.9	12,988	0.7	14,083	0.8	16,800	0.9	20,383	1.1
환경범죄	5,349	0.3	3,998	0.2	2,648	0.2	3,128	0.2	4,135	0.2
교통범죄	690,111	34.2	623,053	34.9	536,167	30.6	542,784	30.3	573,453	30.9
노동범죄	2,526	0.1	1,266	0.1	1,836	0.1	1,391	0.1	1,721	0.1
안보범죄	56	0.0	133	0.0	132	0.0	109	0.0	135	0.0
선거범죄	180	0.0	2,417	0.1	212	0.0	1,262	0.1	398	0.0

28* 경찰청, 2014 범죄통계, 3면.

구분	2009년		2010년		2011년		2012년		2013년	
	발생건수	구성비	발생건수	구성비	발생건수	구성비	발생건수	구성비	발생건수	구성비
병역범죄	22,541	1.1	20,828	1.2	20,587	1.2	23,143	1.3	26,173	1.4
기타범죄	214,175	10.6	167,663	9.4	176,064	10.0	174,267	9.7	188,956	10.2

*2009년~2011년의 발생건수는 2012년을 기준으로 하여 범죄분류항목에 해당되지 않는 범죄유형은 제외하고 분석하였기 때문에 기발행된 범죄통계의 발생건수와 차이가 있음
*발생비=(발생건수x100,000)/해당년도 추계인구수

주요범죄유형별 발생비 추이(2009~2013)를 도표로 나타내면 아래와 같다.

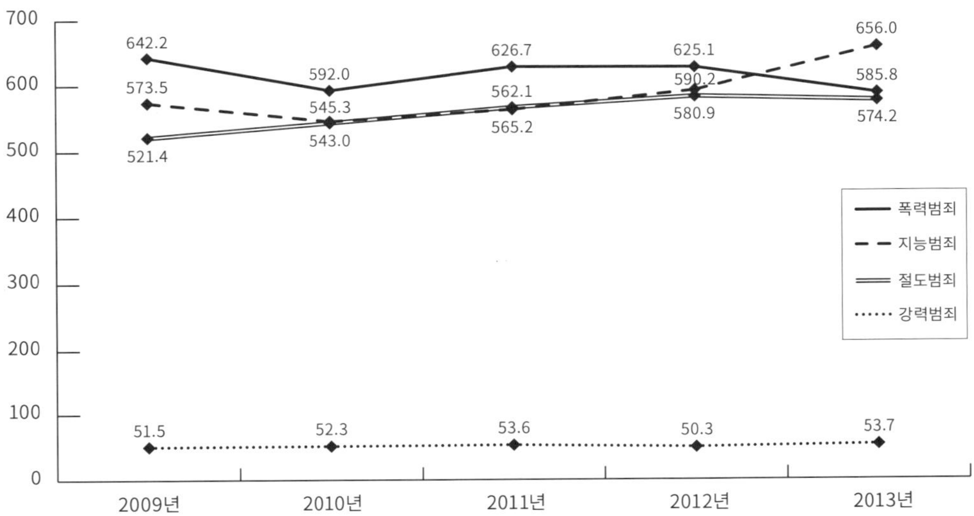

주요 범죄유형별 발생비 추이(2009년~2013년. 단위:건)

범죄유형별 구성비 추이(2009~2013년)는 아래와 같다.[29*]

(단위:건)

구분	2009년		2010년		2011년		2012년		2013년	
	발생건수	구성비	발생건수	구성비	발생건수	구성비	발생건수	구성비	발생건수	구성비
전체범죄	2,020,196	100.0	1,785,404	100.0	1,752,598	100.0	1,793,400	100.0	1,857,276	100.0
강력범죄	25,322	1.3	25,834	1.4	26,705	1.5	25,152	1.4	26,962	1.5
절도범죄	256,419	12.7	269,439	15.1	281,362	16.1	290,460	16.2	288,343	15.5
폭력범죄	315,850	15.6	292,492	16.4	311,948	17.8	312,579	17.4	294,188	15.8
지능범죄	282,044	14.0	268,307	15.0	297,802	16.0	295,101	16.5	329,439	17.7
풍속범죄	47,069	2.3	31,205	1.7	28,866	1.6	24,801	1.4	27,373	1.5
특별경제범죄	133,843	6.6	61,578	3.4	68,026	3.9	78,155	4.4	71,019	3.8
마약범죄	6,081	0.3	4,233	0.2	4,160	0.2	4,268	0.2	4,598	0.2
보건범죄	18,630	0.9	12,988	0.7	14,083	0.8	16,800	0.9	20,383	1.1

29* 경찰청, 2014 범죄통계, 4면.

구분	2009년		2010년		2011년		2012년		2013년	
	발생건수	구성비	발생건수	구성비	발생건수	구성비	발생건수	구성비	발생건수	구성비
환경범죄	5,349	0.3	3,958	0.2	2,648	0.2	3,128	0.2	4,135	0.2
교통범죄	690,111	34.2	623,053	34.9	536,167	30.6	542,784	30.3	573,453	30.9
노동범죄	2,526	0.1	1,266	0.1	1,836	0.1	1,391	0.1	1,721	0.1
안보범죄	56	0.0	103	0.0	132	0.0	109	0.0	135	0.0
선거범죄	180	0.0	2,417	0.1	212	0.0	1,262	0.1	398	0.0
병역범죄	22,541	1.1	20,828	1.2	20,587	1.2	23,143	1.3	26,173	1.4
기타범죄	214,175	10.6	167,663	9.4	176,064	10.0	174,267	9.7	188,956	10.2

범죄유형별 구성비 추이(2009년~2013년. 단위:건)

주요 범죄유형별 구성비 추이(2009~2013년)는 아래의 도표와 같다. 대체로 교통범죄가 가장 빈발하고, 그 다음으로 폭력범죄, 지능범죄 또는 절도범죄, 강력범죄의 순으로 구성된다.

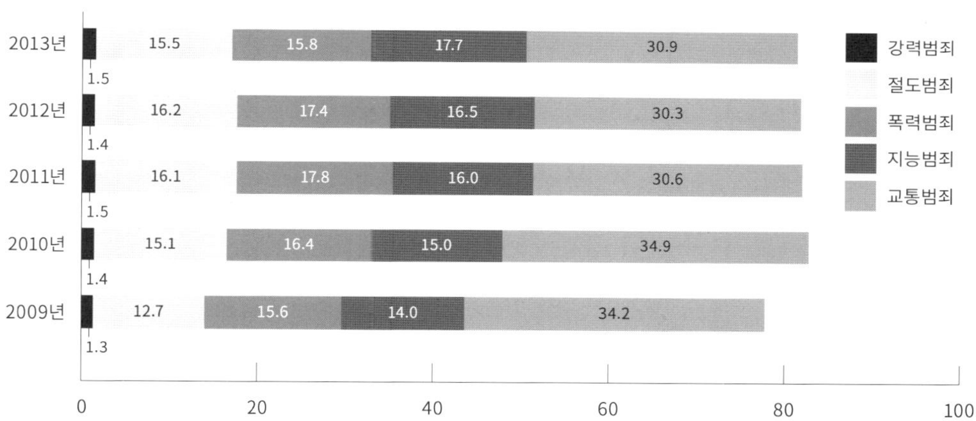

주요 범죄유형별 구성비 추이(2009년~2013년. 단위:건)

(2) 기업범죄 발생현황

범죄공식통계 중 기업범죄를 직접 산출하고 있는 것은 없다. 다만 통계 수치 중 일정 부분이 기업범죄 관련 요소를 포함하고 있는 상황이다. 기업범죄의 효율적 대처와 규율을 위해서는 기업범죄의 현황 분석이 가장 기초적인 작업임을 부정할 수 없다. 따라서 기업범죄에 적합한 형사법적 대처를 위해서는 기업범죄를 분석할 수 있는 유의미한 통계가 필요하다고 하겠다.[30*]

30* 법무연수원 범죄백서는 경제범죄로 관세법, 대외무역법, 독점규제법, 부정수표단속법, 상법, 외국환거래법, 조세범처벌법, 증권거래법 위반을 분류하고 있다.

기업범죄의 발생 상황을 살펴볼 수 있는 통계로 먼저 경제사범 처리현황이 있다.[31*] 경제사범[32*] 변동을 통해 직접적이지는 않지만 기업범죄의 증감을 간접적으로나마 유추해 볼 수 있다.

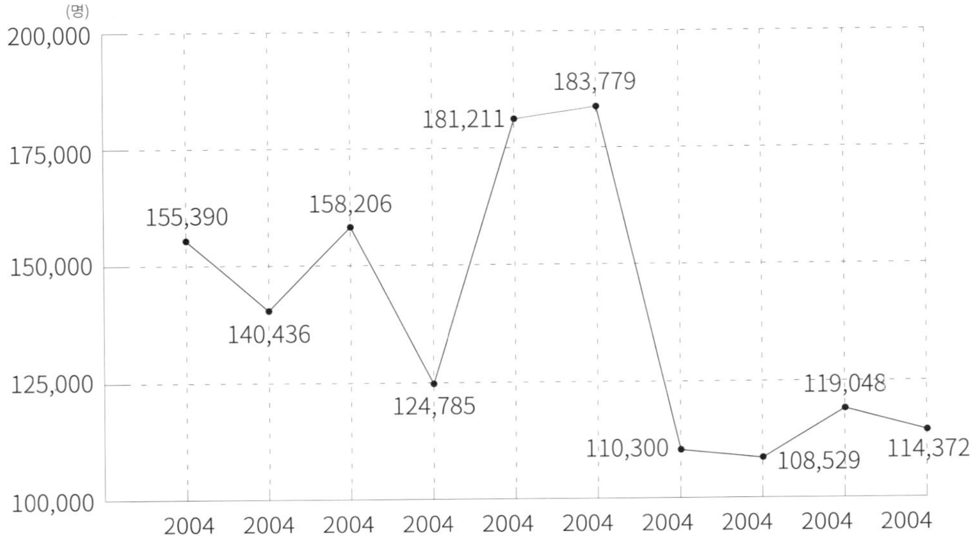

보다 실질적인 통계는 경찰의 법인체 범죄통계이다. 전체 범죄 발생건수에 대한 법인체 발생건수를 집계하고 있기 때문이다. 이 통계에 대해 일부 견해는 기업범죄통계라고 소개하고 있으나,[33*] 정확히 기업범죄의 통계를 반영하고 있다고 보기는 어렵다. 통계에서 사용하고 있는 법인체의 정의와 개수의 의미가 불명확하며 기업범죄를 경찰에서 어떻게 정의하고 있는지 명확하지 않은 상황에서 단순히 법인체의 개수로 기업범죄의 총량을 산출하기 어렵기 때문이다.

아래의 도표는 전체 범죄발생건수 대비 법인체 발생 범죄건수를 나타내고 있다. 2013년 기준으로 전체 범죄발생건수는 1,857,276건이며, 법인체는 12,171개로, 0.66%에 이른다.

31* 나라지표(http://www.index.go.kr/potal/main/EachDtlPageDetail.do?idx_cd=1740).

32* 경제사범은 통화위조변조, 유가증권위조·변조, 건축법위반, 관세법위반, 부동산등기특별조치법위반, 부동산중개업법위반, 부정수표단속법위반, 저작권법위반, 부정경쟁방지및영업비밀보호에관한법률위반, 상법위반, 여신전문금융업법위반, 조세범처벌법위반, 특정범죄가중처벌등에관한법률위반, 특정경제처벌등에관한법률위반 등 77개 죄명을 위반하여 입건된 인원을 의미한다.

33* 예컨대, 조재호, "기업범죄에 대한 효율적 대처방안 연구", 한양대 대학원 박사학위논문, 2011, 24면 이하.

2011		2012		2013	
발생건수(건)	법인체(개)	발생건수(건)	법인체(개)	발생건수(건)	법인체(개)
1,752,598	10,327	1,793,400	11,024	1,857,276	12,171

다음으로 경찰범죄통계에 잡힌 법인체 범죄 발생건수 및 비율을 살펴보면 아래와 같다.

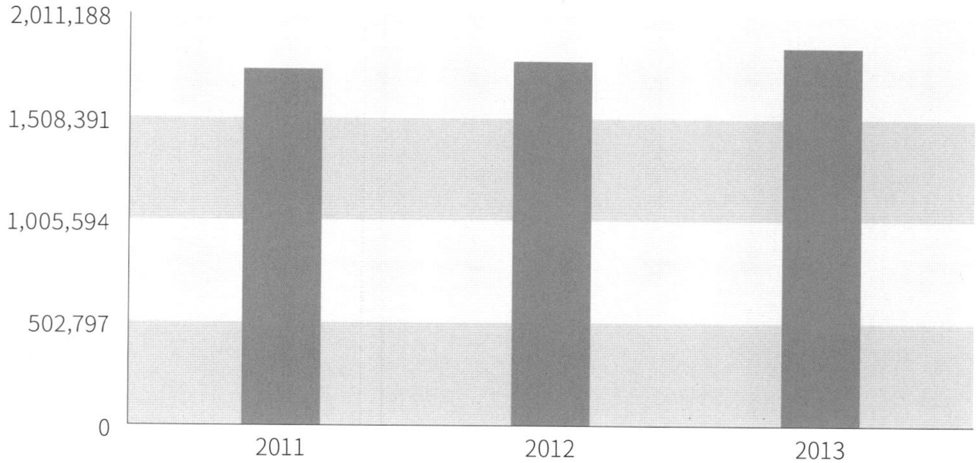

범죄 발생 및 검거 현황(전국)

법인체 범죄 발생건수 및 비율[34*]

죄종별(1)	죄종별(2)	2013		비율
		발생건수(건)	법인체(개)	
총계	소계	1,857,276	12,171	0.66%
폭력범죄	협박	4,661	2	0.01%
	폭력행위등	41,704	4	0.02%
	공갈	4,310	-	0.00%

34* 2013 경찰범죄통계를 재분석, 가공한 통계이다.

죄종별(1)	죄종별(2)	2013		비율
		발생건수(건)	법인체(개)	
지능범죄	증수뢰	253	7	0.05%
	문서·인장	15,385	93	0.76%
	유가증권인지	456	1	0.005%
	사기	269,082	615	5.05%
	횡령	34,892	77	0.63%
	배임	4,617	85	0.69%
풍속범죄	소계	27,373	128	1.05%
특별경제범죄	소계	71,019	4,111	33.77%
마약범죄	소계	4,598	14	0.11%
보건범죄	소계	20,383	663	3.25%
환경범죄	소계	4,135	1,168	5.44%
교통범죄	소계	573,453	266	2.1%
노동범죄	소계	1,721	88	0.72%
선거범죄	소계	398	3	0.02%
병역범죄	소계	26,173	2	0.01%
기타범죄	소계	188,956	4,805	39.47%

※ 기타범죄에는 건축법, 여객자동차운수사업법, 실화 및 업무상실화죄, 과실치사상죄 등 매우 다양한 유형이 포함되어 있다.

전체 법인체 발생 범죄건수에서 주요한 범죄들을 재분류해보면 다음과 같다. 형법상 범죄능력이 인정되지 않으므로 양벌규정이 존재하는 특별형법과 관련된 범죄들 위주로, 조세범처벌법위반, 특가법위반(조세), 식품위생법위반, 대기환경보전법 위반, 폐기물관리법위반, 해양환경관리법위반, 도로법위반, 건설산업기본법 위반, 건축법위반, 부정경쟁방지및영업비밀보호에관한법률위반, 자동차관리법위반, 출입국관리법위반 등이 있다.[35*]

35* 이에 대해 3년간 검거검수(2005~2007년)를 통해 가장 빈번한 기업범죄유형으로, 도로법, 조세범처벌법, 자동차관리법, 컴퓨터프로그램보호법, 건축법, 대기환경보전법, 폐기물관리법, 저작권법, 부정수표단속법, 해양관리법의 순으로 적시하고 있는 문헌으로는 이천현/임정호/박기석, 기업의 경제활동에 관한 형사법제 연구(Ⅰ), 한국형사정책연구원, 2009, 70면이 있다.

법인체 주요발생 범죄건수[36*]

특별경제범죄	소계	소계	71,019	4,111
	조세범처벌법	소계	3,944	1,870
	특가법(조세)	소계	271	201
	저작권법	소계	27,217	1,378
보건범죄	소계	소계	20,383	663
	식품위생법	소계	13,363	320
환경범죄	소계	소계	4,135	1,168
	대기환경보전법	소계	754	446
	폐기물관리법	소계	1,917	283
	해양환경관리법	소계	503	203
교통범죄	소계	소계	573,453	266
	교통사고외	도로법	654	182
기타범죄	소계	소계	188,956	4,805
	건설산업기본법	계	371	248
	건축법	소계	4,398	454
	부정경쟁방지및영업비밀보호에관한법률	소계	508	218
	자동차관리법	소계	11,522	706
	출입국관리법	소계	1,389	274

36* 2013 경찰범죄통계를 재분석, 가공한 통계이다.

제2절 기업범죄의 원인과 특징

1. 기업범죄의 원인

기업범죄는 기본적으로 기업을 둘러싼 내외부적 요인에 의해 발생과 증감이 결정된다고 할 수 있다.

(1) 영리추구성

기업은 개념내재적으로 영리성의 추구를 요구받는다. 기업의 유지, 발전을 위해서는 기업의 존속이 보장되어야 하며, 영리성의 추구가 바로 기업 존립의 기반이 된다. 문제는 이러한 기업의 영리추구가 원죄처럼 기업범죄의 피할 수 없는 원인으로 작동한다는 점이다. 창의성과 자율경쟁을 통한 효율성의 추구는 기업을 통한 사회 번영의 청사진을 제시해 준다. 그러나 브레이크 없는 욕망의 전차가 질주할 경우 그 종말은 사회의 파괴에까지 이를 수 있는 양면성을 지니고 있다. 기업의 목표달성을 위해 합법적인 수단의 경계를 넘어서는 순간 기업범죄가 되고 만다.

더욱이 기업은 기업구성원에 대한 승진, 임금, 성과급 등의 유인과 압박책을 통해 소속 구성원들을 기업의 운명 공동체로 만듦으로써 기업 구성원들이 반사회적 · 불법적 행위에 가담하도록 만들고, 그것이 기업을 위하는 것이자 자신을 위하는 것이라고 착각하게 만든다.

기업의 영리추구성은 가치중립적인 속성이다. 그러나 그러한 영리추구성에 적절한 견제와 균형이 가해지지 않는다면 무한경쟁의 저주, 기업이 사회를 지배하는 절망의 사회가 될 수 있다.

(2) 규제의 불완전성

하나의 신생 기업이 설립되기 위해서는 수많은 법적 규제를 받게 되며, 이후 성장과 소멸과정에서도 동일한 과정을 겪게 된다. 그러나 기업의 생애주기 전체를 법적으로 완전하게 규율하는 것은 불가능에 가깝다. 이처럼 법적 규제의 불완전성은 기업범죄를 조장할 가능성이 크다. 형법만 보더라도 법인의 범죄능력과 형사책임에 관한 엄중한 제재 규정을 찾기 어려우며, 행정형법 규정에서 법인에 대한 양벌규정을 찾을 수 있을 따름이다. 결국 법인범죄에 대한 경미한 처벌은 내부 구성원들이 일부 희생하는 방식을 통해서 기업 이익을 증대하고 기업을 성장시키는 방향으로의 변질을 조장할 수밖에 없다.

마찬가지로 자율적 규제의 미확립에서 기업범죄의 원인을 찾을 수 있다. 최근 들어 준법지원인 제도 도입 등 컴플라이언스 프로그램에 대해 논의하고 있으나, 우리나라 기업에서 자율적인 기업범죄 방지 노력을 찾아보기 어려웠다고 하겠다. 자율적 정화노력의 부재는 기업범죄 적발을 요행으로 치부하게 되고, 기업 운영진들에게 일반예방효과를 거두기 어렵게 되었다.

(3) 건전한 기업문화의 부재

우리나라 기업들은 재벌과 선단식 경영에 익숙하다. 지주회사에 대한 소수의 지분으로 전체 계열사를 좌지우지하는 그룹회장체제는 1인의 독단적 판단으로 기업을 범죄에 노출시킬 확률을 증가시킨다. 주지하다시피 우리나라에서 재벌의 등장은 압축적 경제성장, 재벌주도의 경제성장 일변도 정책의 단면을 여실히 보여준다. 이러한 재벌 위주의 기업성장 정책은 신속한 의사결정으로 경쟁업체보다 시장을 선점할 수 있고 고위험·고수익의 사업성과를 가져올 수 있었다. 그러나 사장(회장) 1인의 기존 사업경험에 의존하면서 비합리적 경영판단, 기업경영의 정치결탁 등 적지 않은 문제점도 노출해 왔다. 즉 전문경영인 체제가 한국에 도입되어 정착하기 이전까지는 기존 자수성가형 세대 내지 친족 위주의 후계 경영인 세대가 기업을 좌우해 왔으며, 이러한 세대들에게는 건전한 기업문화보다는 사유재산의 축적과 그룹의 확장이라는 관점이 지배해 왔음을 부정할 수 없다. 그런데 이러한 기업가문화의 부재는 기업의 사회적 책임의 완수에 매우 취약한 결과를 낳는다. 그 결과 수익의 극대화를 통한 사세(社勢)의 확장이 탈법과 불법의 과정까지도 정당화시켜주는 것으로 여겨져 왔으며, 기업범죄를 음지에서 조장한 측면이 있다.

(4) 기업 경영환경의 악화

세계적인 저성장 기조는 우리나라 기업에도 막대한 영향을 미쳐 기업 경영환경이 갈수록 악화되고 있다. 더욱이 내수보다는 수출위주의 우리나라 기업 속성상 경쟁국가인 일본의 엔저현상, 중국의 급속한 기술발달은 우리나라 기업의 경영환경을 매우 힘들게 하고 있다. 이러한 경영환경의 악화는 수익의 감소가 예상되는 기업들로 하여금 탈세의 유혹에 빠져들기 쉽도록 하며, 합법경영보다는 편법경영을 통해 사내 유보금의 확보, 계열사를 통한 부당지원 등 비윤리적 경영으로 내몰고 있다. 비상경영체제의 오랜 지속은 기업구성원과 관련 하청업체에도 영향을 미쳐 결국 비정상이 정상적인 것으로 여겨지게 만듦으로써 기업범죄의 발생률을 증대시키는 요인이 되고 있다.

그리고 미국의 리먼 브라더스 사태 이후 우리나라 프로젝트 파이낸싱 시장의 붕괴에서 보듯이, 자금조달의 곤란성 증대는 분식회계 및 매출과장을 통한 사기성 자금조달로 이어지도록 만든다. 물론 PF금융의 활성화가 사기성 자금조달에 빠뜨릴 수 있음도 부정할 수 없다.

2. 기업범죄의 특징

(1) 밀행성

최근 우리 사회를 불안하게 만들고 있는 분노표출형 범죄처럼 외부에 쉽게 노출되는 범죄유형과 달리 피해자가 명확히 인식되지 않는 기업범죄는 기업내 조직을 활용함으로 인해 고도의 밀행성(密行性)을 띠고 있다. 기업내부의 자금담당 부서 내지 직원 중에서도 회사의 대표 내지 회장과 교감이 되는 극소수에 의해 행해지므로 범죄로 쉽게 노출되지 않는다. 이러한 밀행적 특성은 기업범죄의 수사를 용이하지 않게 만든다. 이러한 문제로 인해 미국의 경우 기업 내 제보자에 대한 플리바기닝, 공소취소협정 등을 적극적으로 활용하기도 한다.

(2) 지능성

기업범죄의 양상은 살인죄, 절도죄 등과 같은 전통적인 범죄 양상과는 다르다. 서덜랜드가 지적한 화이트칼라범죄처럼 지능화되어 나타난다. 즉 범행수단과 범행으로 인한 수익의 취득이 고도의 지능성을 지니고 있는 것이다. 기업범죄는 소수의 직접 피해자에 대한 공격적 행위가 아니라, 고도의 사기 내지 횡령을 통해 일상적인 기업활동 수행과정에서 합법성을 가장하여 행해지기 때문이다.

(3) 전문성

기업범죄는 일반 국민들이 쉽게 접할 수 없다. 그러나 대다수의 국민들이 모르는 사이에 기업범죄가 발생하고 간접적인 피해를 보고 있다. 즉 피해자의 피해상황인식과 피해의식이 미흡하다. 이러한 결과의 원인은 기업범죄가 국민들의 존경과 선망의 대상인 기업조직 내에서도 소수 전문가 그룹에 의해 실행된다는 점에 있다. 회계담당 또는 기업구조조정 분야의 임직원에 의해서 계획되고 실행되며 기업이윤을 위해 각종 입법과 정책에도 로비를 통해 영향을 미치므로, 소수의 숙련된 전문가가 아니면 일반 국민들에게 노출될 수밖에 없어 전문성이 암묵적인 요건이 되고 있다. 전문성을 갖춘 소수 인원이 혐의 포착이 어렵도록 하고 나아가 증거조작 및 증거인멸에까지 관여함으로써 하나의 기업이익을 위한 집단공동체로서 더욱 공고한 운명공동체를 형성하여 기업의 불법경영에 깊숙이 개입하는 것이다.

(4) 암수성

기업범죄는 조직내에서 지능적이고 전문적으로 행해지기 때문에 수사기관에 의해 발각되거나 내부고발자의 고발이 없이는 기소되기 쉽지 않다.[37*] 비범죄화의 영역이 아니면서도 실제 기소로 이어지는 기업범죄는 많지 않다. 따라서 높은 암수성을 지닌다고 할 수 있다. 이러한 암수성은 내부고발을 더욱 어렵게 만들고 종국적으로 기업을 파탄에 이르게 하여 국민경제에 막대한 피해를 미칠 확률을 높이는 문제점이 있다.

(5) 모방성

기업범죄는 높은 모방성을 지닌다. 기업의 최종 목표인 높은 이윤의 추구는 모든 기업들에게 공통된 과제이며, 동종 기업들 사이에 이윤 극대화를 위해 성공한 불법행위는 쉽게 전파될 수밖에 없다. 더욱이 우리나라 기업의 특징은 선단식 경영 내지 그룹지배체제이므로 A계열사의 기업범죄가 성공하면 이는 다시 B계열사로 수법이 이전될 수밖에 없으며, SK글로벌의 분식회계사건에서 보듯이 그룹내 특정 계열사가 기업범죄의 주요 창구가 되는 경우도 있다. 또한 기업범죄에 관여된 계층은 소수 전문가 그룹 내지 기업대표 등으로 이들은 신분적 동질성으로 인해 밀접한 교류를 형성하는 속성이 강하며,[38*] 그 결과 범죄 수법도 쉽게 전이된다. 그 결과 상호연쇄성을 나타내기 쉽다.

37* 미국의 경우에도 엔론(Enron)사의 회계부정 사건이 발생한 2001년 즈음 정부의 범죄통계는 '재산범죄가 감소세를 지속한다' 등으로 왜곡되거나 호도된 측면이 있었다(Paul Leighton, supra note 8, at 39.).

38* 성매매에 대해 남성들이 동성(同性) 사회성(社會性)을 보여 유대감이 강화되는 것처럼 느끼는 것과 유사하게 이들도 반복된 학습을 통해 그들만의 독특한 가치 문화체계, 일종의 동성 사회성을 형성하기 쉽다.

(6) 피해의 광범위성과 피해인식의 부족

기업범죄는 조직 내에서 지능적이고 전문적으로 행해져 강한 암수성을 가지므로, 결과적으로 일반 국민들이 알기까지는 오랜 시간이 소요되고 인지하게 된 시점에는 이미 피해가 광범위하게 발생한 시점이 된다. 미국의 경우 2001년 회계부정을 저지른 엔론(Enron Corporation) 사건의 직접 피해액은 1,700억 달러로 이는 1999년 당시 미국에서 발생한 강도와 절도의 피해액인 380억 달러의 4.5배에 이른다.[39*] 이러한 점에서 기업범죄는 그 피해가 광범위하며, 피해의 인지 전까지 일반 국민들의 피해인식이 매우 낮은 경향을 지닌다. 누가 가해자인지, 가해사실이 무엇인지, 피해자가 누구인지, 피해가 무엇인지를 쉽게 알 수 없기 때문이다. 최근 폴리헥사메틸렌 구아니딘(polyhexamethylene guanidine : PHMG) 등을 사용한 가습기 살균제로 임산부나 유아가 원인불명의 폐부전에 빠져 사망한 사건에서 보듯이, 140여명의 사망자가 발생할 때가지 사망이 범죄로 인한 것인지 여부, 범죄행위와 결과사이의 인과관계 유무와 객관적 귀속 가능여부 등의 판단이 신속하게 이뤄지지 않으므로 피해는 확산되고 그 시점까지 사안과 관련 없는 국민들은 피해자체의 인식이 미약할 수밖에 없다. 더욱이 기업범죄자 스스로도 자신들을 범죄자로 인식하기 보다는 기업운영에 있어 필요불가결한 부산물 정도로 인식하고 있다.[40*]

39* 김영헌, 기업범죄 어떻게 예방할 것인가, 삼성경제연구소, 2005, 11면.

40* Robert L. Bonn, *Criminology*, McGraw-Hill, 1984, p. 245

제3장 기업환경과 기업범죄

제1절 기업의 사회적 책임

기업은 사업적 책임을 부담하여야 한다. 기업도 사회 구성원의 하나로서 온전한 사회의 유지·발전을 위하여 이윤추구 이외에 기업을 둘러싼 환경 생태계를 고양시킬 수 있는 사회적 책임을 져야한다. 이러한 관점에서 미국이나 유럽의 경우 기업의 사회적 역할과 책무에 대해 많은 논의가 있어왔다. 그러나 우리나라 기업의 경우 CSR(Corporate Social Responsibility)에 대한 인식이 미미했다. 그런데 이제는 우리나라도 기업의 사회적 책임 논의에서 자유로울 수 없게 되었는데, 바로 CSR에 대한 국제표준등록이 이루어졌기 때문이다.

국제표준화기구(ISO)는 2005년부터 추진해온 사회적 책임 국제표준(ISO 26000 Guidance on Social Responsibility)을 국제표준안(DIS) 등록, 최종국제표준안(FDIS)의 과정을 거쳐 국제표준(IS)으로 등록하였다. 2010년 11월 1일 발표한 기업의 사회적 책임에 대한 국제표준인 ISO 26000은 인간 사회를 구성하고 담당하는 모든 조직, 기업과 더불어 정부, NGO 등 모든 조직이 사회의 지속가능한 발전에 기여하고 책임있는 활동을 하도록 필요한 지침을 규정해 놓은 것으로, 기업을 비롯한 사회내 조직이 의사결정 및 활동 등을 할 때 사회에 이익이 될 수 있도록 하는 책임을 규정하였다.

ISO 26000은 세계인권선언, ILO협약, 기후변화협약, UN 글로벌컴팩[41*] 등의 국제지침들을 총망라한 것으로 사회적 책임 국제이행지침의 종합판이며, 산업계, 정부, 소비자, 노동계, 비정부기구(NGO) 등 7개 경제주체를 대상으로 지배구조, 인권, 노동관행, 환경, 공정거래, 소비자 이슈, 공동체 참여 및 개발 등 7대 핵심 주제를 규정하고, 이에 대한 실행지침과 권고사항 등을 담고 있다.[42*] 이러한 ISO 26000은 공급사슬 관리나 리스크 관리 차원에서 향후 국제 상거래 기준으로 작용하여

41* 인권, 노동규칙, 환경 및 반부패 등 4개 항목에 관한 10대 원칙으로 구성되어 있는 세계 최대의 자발적 기업 이니셔티브로, 기업과 세계시장의 사회적 합리성을 제시하고 발전시키는데 목적을 두고 있으며, 참여 기업은 기업을 포함한 참여자가 해당 사업활동에서 글로벌컴팩트의 원칙들을 어떻게 이행하고 있는지를 소비자, 노동조합, 고용인, 주주, 언론, 정부 등의 이해관계자에게 전달하기 위해 성명서, 서술 및 측정 등 요소를 담은 Communication on Progress를 매년 발간한다(김윤태/류문찬, “기업의 사회적 책임경영 구현을 위한 중점 추진요소”, 품질경영학회지 제40권 제3호, 417면). 자세한 사항은 https://www.unglobalcompact.org/index.html 참조.

42* 지식경제부 2009.4.13. 보도자료 “사회적 책임 국제표준(ISO 26000) 국제표준안(DIS) 등록” 참조.

기업평가의 중요한 잣대가 될 것으로 전망되고 있다.[43*]

이러한 ISO 26000의 도식적 개요는 다음과 같다.[44*]

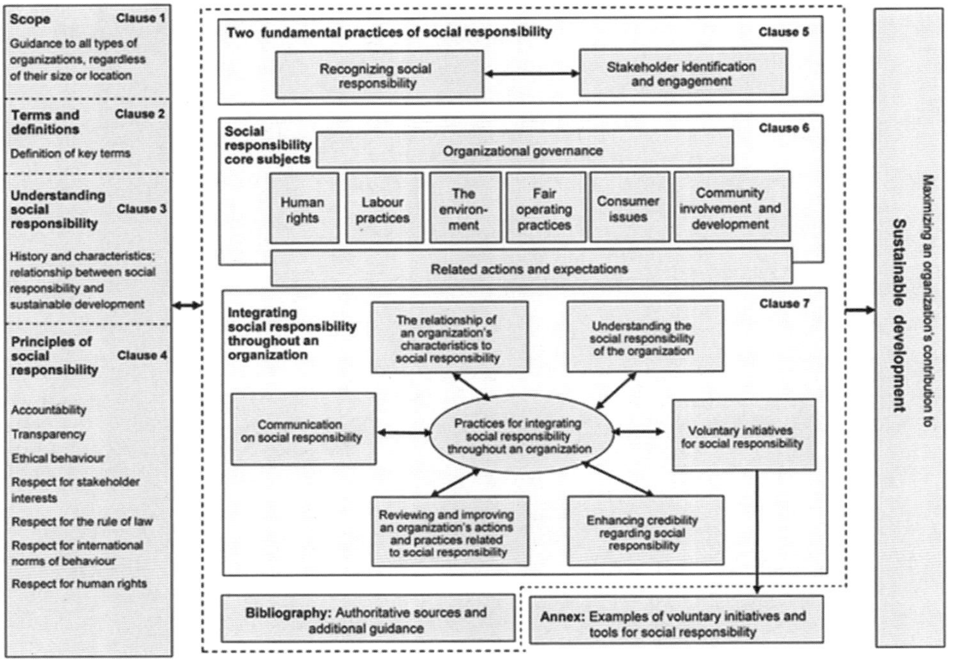

ISO 26000의 7대 원칙은 설명책임, 투명성, 윤리적 행동, 이해관계자의 이해관계 존중, 법률존중, 국제행동규범 존중, 인권 존중이며, 7대 핵심주제는 거버넌스, 인권, 노동관행, 환경, 공정운영관행, 소비자 쟁점, 지역사회 참여와 발전이다. 세부 쟁점은 각 주제별로, 인권의 경우 인권위험상황, 공모회피, 고충처리, 차별과 취약집단, 시민권과 정치권, 경제 사회 및 문화적 권리, 직장에서의 기본권, 노동관행의 경우 고용과 고용관계, 근로조건과 사회적 보호, 사회적 대화, 직장의 보건과 안전, 인적

43* KSA, ISO 26000 바로 알기, 1면. 글로벌 대기업은 협력사에게 사회적 책임 관련 활동을 보고하도록 하고 감사를 하는 등 공급사슬관리를 강화하고 있어, 유럽과 미국 수출기업, 국제 공급사슬관리에 포함된 기업, 기업의 제품과 서비스가 본원적으로 환경과 사회에 미치는 영향이 큰 기업, 사회책임투자로부터 자금을 지원받는 기업, 치열한 시장에서 지속가능한 경쟁우위를 확보하려는 기업 등은 ISO 26000의 준수가 필수 요소로 작용할 것이며, 금융기관, 신용평가기관들의 기업투자와 평가 시 주요 지표로 사용되거나 소비자단체를 비롯한 NGO 등 이해관계자들의 모니터링 활동의 기준으로도 사용되며, 나아가 정부조달기준, 포상기준, 세금감면기준, 우선구매기준, 우대금리 적용기준 등에 다양하게 활용될 수 있을 것으로 예상된다(http://www.ksa.or.kr/iso/26000/20101103/1_15848. jsp). 실제 2010년 투자자와 기업경영자들을 대상으로 조사한 결과, 응답자의 85% 이상이 CSR이 기업투자 결정에 매우 중요한 요소로 작용한다고 응답하였다(박선욱/전광석/홍성필/현대호, 공생발전 실현을 위한 국제적 동향 분석, 한국법제연구원, 2012, 31면).

44* Schematic overview of ISO 26000(https://www.iso.org/obp/ui/#iso:std:iso:26000 :ed-1:v1:en 2015.4.20. 검색)

개발과 직장 내 훈련, 환경의 경우 오염방지, 지속가능한 자원 이용, 기후변화 완화 및 적응, 자연환경의 보호와 복원, 공정운영관행의 경우 부패방지, 책임있는 정치참여, 공정경쟁, 영향권 내에서의 사회적 책임 제고, 재산권 존중, 소비자 쟁점의 경우, 공정 마케팅, 정보 및 계약관행, 소비자의 보건과 안전 보호, 지속가능한 소비, 소비자 서비스, 지원 및 분쟁해결, 소비자 정보보호와 개인정보, 필수서비스에 대한 접근, 교육과 인식, 지역사회 참여와 발전의 핵심주제는 지역사회 참여, 교육과 문화, 고용창출 및 스킬 개발, 기술발전, 부와 소득창출, 보건, 사회적 투자 등으로 구성되어 있다.

ISO 26000의 핵심주제와 쟁점사항(Core subjects and issues of social responsibility)은 아래와 같다.[45*]

Core subjects and issues	Addressed in sub-clause
Core subject: Organizational governance	6.2
Core subject: Human rights	6.3
Issue 1: Due diligence	6.3.3
Issue 2: Human rights risk situations	6.3.4
Issue 3: Avoidance of complicity	6.3.5
Issue 4: Resolving grievances	6.3.6
Issue 5: Discrimination and vulnerable groups	6.3.7
Issue 6: Civil and political rights	6.3.8
Issue 7: Economic, social and cultural rights	6.3.9
Issue 8: Fundamental principles and rights at work	6.3.10
Core subject: Labour practices	6.4
Issue 1: Employment and employment relationships	6.4.3
Issue 2: Conditions of work and social protection	6.4.4
Issue 3: Social dialogue	6.4.5
Issue 4: Health and safety at work	6.4.6
Issue 5: Human development and training in the workplace	6.4.7
Core subject: The environment	6.5
Issue 1: Prevention of pollution	6.5.3
Issue 2: Sustainable resource use	6.5.4
Issue 3: Climate change mitigation and adaptation	6.5.5
Issue 4: Protection of the environment, biodiversity and restoration of natural habitats	6.5.6
Core subject: Fair operating practices	6.6
Issue 1: Anti-corruption	6.6.3

45* https://www.iso.org/obp/ui/#iso:std:iso:26000:ed-1:v1:en(2015.4.20. 검색)

Issue 2: Responsible political involvement	6.6.4
Issue 3: Fair competition	6.6.5
Issue 4: Promoting social responsibility in the value chain	6.6.6
Issue 5: Respect for property rights	6.6.7
Core subject: Consumer issues	6.7
Issue 1: Fair marketing, factual and unbiased information and fair contractual practices	6.7.3
Issue 2: Protecting consumers' health and safety	6.7.4
Issue 3: Sustainable consumption	6.7.5
Issue 4: Consumer service, support, and complaint and dispute resolution	6.7.6
Issue 5: Consumer data protection and privacy	6.7.7
Issue 6: Access to essential services	6.7.8
Issue 7: Education and awareness	6.7.9
Core subject: Community involvement and development	6.8
Issue 1: Community involvement	6.8.3
Issue 2: Education and culture	6.8.4
Issue 3: Employment creation and skills development	6.8.5
Issue 4: Technology development and access	6.8.6
Issue 5: Wealth and income creation	6.8.7
Issue 6: Health	6.8.8
Issue 7: Social investment	6.8.9

과거 우리나라 기업은 사회적 책임을 간과해왔으며, 정부나 국민들도 이에 대해 무감각했다. 그러나 MS, INTEL, IBM 등 글로벌 IT기업들이 2004년부터 기업의 사회적 책임을 중시한 통일기준을 마련하여, 부품 및 자재 조달업체에 적용하고 있는 전자업체행동규범의 예에서 볼 수 있듯이 향후 ISO 26000이 국제입찰이나 기업간 상거래시 기본 자격요건으로 활용될 가능성이 있어,[46*] 우리나라 기업도 기업의 사회적 책임의 시대가 도래하였다고 할 수 있다.

한 사회가 유지되고 발전되기 위해서는 다양한 구성원들의 규범 준수와 자율적 윤리가 확립되어야만 한다. 우리나라의 경제분야에서 기업이 차지하고 있는 비중을 고려할 때, 기업은 단순히 경제영역에서 일개 주체로 끝나는 것이 아니라 사회, 문화적으로 막강한 힘과 지대한 파급효과를 나타낼 수 있다. 따라서 기업이 범죄의 유혹을 뿌리치는 첫 번째 작업은 바로 지속가능한 사회를 위한 기업의 사회적 책임을 다하는 길이다.

더욱이 이제 기업은 사회적 책임을 넘어 지속가능경영이 미래 어젠다가 되고 있음을 간과해서는 안 된다. 윤리경영, 투명경영, 환경경영, 사회책임경영을 포괄하는

46* KSA, ISO 26000 바로 알기, 3면.

지속가능경영이 기업의 재무적인 성과에 국한되지 않고, 환경 · 사회 · 보건 · 안전 등 각 분야의 사회적 성과가 지속가능성이라는 잣대로 통합되고 있기 때문이다.[47*]

47* 김윤태/류문찬, "기업의 사회적 책임경영 구현을 위한 중점 추진요소", 품질경영학회지 제40권 제3호, 415~416면.

제2절 기업환경의 변화와 기업범죄

기업범죄는 전통적 형법의 해석과 적용 기법만으로는 완벽하게 규율할 수 없는 문제점이 있다. 범죄개념의 모호성, 범죄주체의 이분성, 인과관계 확정과 입증의 곤란, 허용된 위험과 신뢰 원칙 적용에 있어서의 불명확성 등은 기업범죄의 특징과 맞물려 전통적 형사법에 대한 거대한 도전으로 다가오고 있다.

여기에 더하여 기업이 새로운 경영기법과 시스템의 개발을 통해 끊임없이 발전해 나간다는 점은 기업범죄에 대한 효율적이고 적절한 대처를 더욱 곤란하게 만든다. 기업이 새로운 경영환경에서 도태되는 순간, 이윤추구는 불가능해지며 기업의 존속은 위협받는다. 맥킨지의 연구에 따르면 1935년 90년이었던 기업의 평균 수명이 1955년에는 45년으로 절반이 줄었고, 1975년에는 다시 30년까지 떨어졌으며, 1995년에는 22년, 2005년에는 15년 수준으로 낮아지는 추세라고 한다. 더욱이 국내 기업의 수명주기는 더욱 짧아, 40년 전에 한국 100대 기업에 속한 회사가 2015년 현재 100대 기업으로 유지되고 있는 경우는 11개뿐으로 LG전자, 기아자동차, 현대건설, 대림산업, CJ, 한화, 제일모직, 한국타이어, 대상, 코오롱, 태광산업이다.[48*] 포브스에 따르면 글로벌 100대 기업의 평균 수명도 약 30년에 불과하고 이들 기업이 70년간 살아남을 확률은 18%에 불과한 것으로 나타났는데, 이는 글로벌 일류기업조차 장기 생존은 쉽지 않다는 결론으로, 포춘(Fortune)이 1990년 선정한 미국 500대 기업 가운데 2010년까지 500대 기업으로 남은 곳은 121개사뿐이었다. 글로벌 500대 기업의 75%가 20년 만에 탈락한 것이다.[49*]

이러한 추세에서 기업은 기업의 유지를 위해서 생존전략을 철저히 구축할 수밖에 없으며, 발전을 위해서는 무모한 승부수를 요행에 맡기는 경우도 생길 수밖에 없다.

더욱이 IMF 사태 이후 우리나라에는 유례없이 기업에 대한 사회의 종속화 현상이

48* 매일경제 2015.1.19. 기사 “한국 재벌에게 미래는 있는가(2)” 참조(http://news.mk.co.kr/ newsRead.php?year=2015&no=59997).

49* 매일경제 2015.1.19. 기사 “한국 재벌에게 미래는 있는가(2)” 참조(http://news.mk.co.kr/ newsRead.php?year=2015&no=59997).

심화되어,[50*] 대기업이 힘들어지면 국민 경제 전반에 심대한 악영향을 줄 수 있으며 기업의 초국가적 경쟁력이 우리나라의 경쟁력이므로,[51*] 기업활동을 위축시키는 수사[52*]보다는 다소 부도덕하고 불법적인 행위가 있더라도 참고 지내야 한다는 식으로 국민인식의 지형이 바뀌었다. 기업범죄에 대해 애써 외면하려는 시각이 내재되어 있음을 부정할 수 없다.[53*] 이러한 상황의 변화는 기업이 불법행위의 유혹에 빠지기 쉽게 만들고 있다.[54*]

그런데 기업이 끊임없이 발전하여 수익이 증대된다면 기업사회의 구성원들은 삶의 질이 올라가고 행복감이 증대되는 것일까? 우리는 이미 기업의 구조조정 과정에서 해고, 비정규직 문제, 분식회계를 통한 사기대출, 퇴출저지를 위한 비자금 조성과 뇌물 제공, 무자비한 차입매수(LBO)를 통한 기업 사냥, 재벌 기업의 후계 승계를 위한 전환사채 저가발행 등 수많은 부도덕과 불공정을 목격해 왔다. 여기에 기업범죄를 적절하고 강력한 수단을 통해 효과적으로 통제할 필요가 발생한다. 기업의 탈법적 · 편법적 경영의 방치는 기업에 의한 사회의 식민화를 더욱 강화시킬 것이며, 사회를 먹여 살리는 기업을 위해서는 모든 가치와 인권까지도 희생할 수 있다는 기업만능시대의 도래를 예고한다. 이 같은 기업만능의 시대가 도래할 경우 기업이나 기업 경영자는 더욱 교도소 담장 위를 걷는 행태를 보일 것이며, 기업범죄는 어느 순간 비등점을 지나 폭발적 증가를 보일 수 있다. 현재의 기업환경은 기업의 윤리적 경영을 녹록치 않게 만들고 있다. 그리고 우리나라의 기업을 둘러싼 외부환경, 일본의

50* 2008년 중앙대를 인수한 박용성 당시 두산중공업 회장은 "중앙대라는 이름만 빼고 바꿀 수 있는 것은 모두 바꾸겠다"고 공언한 이후 철저한 시장논리와 기업식 경영으로 학과폐지와 단과대학 통폐합 등 3차례에 걸친 대대적인 구조조정을 실시하였다. 서울대의 일부 단과대학의 승진심사제도는 삼성경제연구소의 컨설팅 결과를 바탕으로 퇴출 시스템까지 도입하였으며(미래한국 2006.2.10. "서울대, 國內대학 최초 '교수退出制' 실시" 참조 http://www.futurekorea.co.kr/news/articleView.html?idxno=11400), 통일부나 외교부와 같이 기업활동과 큰 관련이 없는 정부 고위 관료들도 삼성 인력개발원에서 재교육을 받는가 하면(심상정 의원실, "삼성공화국 성역 허물기 : 총수일가 기업에서 국민기업으로 개혁되어야", 2005, 15면 이하), 삼성그룹 입사를 위한 삼성직무적성검사(SSAT)는 9만 여명이 응시하여 국가고시를 방불케 하고 있으며, 2005년 정부조직을 포함 민간기업 등 23개 파워조직의 영향력과 신뢰도 조사에서 삼성이 1위를 차지하여 영향력 11위인 청와대와 대조를 보였는데(중앙일보 2005.5.25. 대한민국 '파워조직' 1위는 삼성 참조 http://article.joins.com/news/article/article.asp?total_id=1602795&cloc=joongang|article|related_news), 이제 권력은 정부에서 기업으로 넘어가고 시장과 사회가 '기업 따라하기'를 넘어 기업에 종속되어 가는 이데올로기의 전환을 보여주고 있다.

51* 2000년대 횡령, 배임 등으로 기소된 대기업 회장들에 대해 법원이 집행유예를 선고하면서 든 주요한 근거였다.

52* 2015년 3월 시작된 포스코 그룹의 수사가 4개월째 이어지자, 검찰의 "포스코의 장기간에 걸친 구조적 부패를 수사"한다는 설명에도 불구하고, 언론에서 나오는 기사의 지목은 "포스코 수사 변죽만 4개월 … 기업활동 위축 역효과"와 같다(http://www.munhwa.com /news/view.html?no=2015071001070121079001).

53* 동국대 강정구 교수의 한국사 이념편향 논란에 대해 김상렬 대한상공회의소 부회장은 2005년 10월 강교수의 발언을 문제 삼으며 "기업채용 때 대학 수업내용을 참고하도록 더책을 마련하는 방안을 생각하고 있다"고 말했는데, 당시 학교와 학생들은 기업들의 취업 불이익 항의전화로 매우 난처한 입장에 빠졌었다(주간경향 2005.10.14. 기사 참조http://news.naver.com/main/read.nhn?mode=LSD&mid=sec&sid1=100&oid=033&aid=0000007351).

54* 기업이 사회 구성원 모두를 먹여 살려 준다는 명분에 기초한 기업의 사회적 지배는 '시장 멘털리티'를 갖도록 사회 구성원을 일상적으로 재교육하여 정치권력의 지배보다 훨씬 더 강하게 사람들의 자발적 동의를 이끌어 낸다(Dvendra Mishra, "Globalization and Market Mentality", Businessline, 2004.3. 김동춘, 앞의 책, 18면에서 재인용).

엔저현상과 중국기업의 기술발전은 이런 상황을 더욱 가속화시킬 것으로 예상된다.

그러나 기업의 존재 의미는 단순한 영리 추구가 아니다. 기업은 사회의 긍정적 변화를 이끌어내고 사회적 책임을 다할 때 존재 의의가 있는 것이다. 미국이나 우리나라의 기업과 달리 일본이나 독일이 가내수공업 형태를 유지 · 발전시키면서 글로벌 장수기업으로 대거 존속하고 있다는 점에 주목하면 이 점은 더욱 명확해진다. 지속가능한 경영, 사회적 책임과 의미를 실천하는 기업이 우리 사회에 필요한 기업이며, 이러한 기업의 존속이 불가능한 것이 되어서는 안 된다. 지속가능한 기업의 경영환경 조성에 국가적, 사회적으로 체계적인 제도가 마련되고, 시장에서도 이러한 기업이 환영받는 분위기가 조성되어야 할 것이다. 창업가의 기업가정신을 존중하면서도 오너의 독단적 경영을 견제하는 능력위주의 기업이 생존할 수 있는 여건이 조성되어야 한다. 기업범죄는 기업환경에 지대한 영향을 받지만, 건전한 기업생태계가 자율적으로 조성, 유지된다면 기업범죄가 급증하는 사태는 발생하지 않을 것이다. 최근 우리나라도 지속가능발전법을 제정하여, 지속가능성에 기초하여 경제의 성장, 사회의 안정과 통합 및 환경의 보전이 균형을 이루는 발전, 즉 지속가능발전을 이룩하고, 지속가능발전을 위한 국제사회의 노력에 동참하여 현재 세대와 미래 세대가 보다 나은 삶의 질을 누릴 수 있도록 함을 천명한 바 있다. 국제사회의 CSR 추진에 동참하고, 우리 사회의 공생발전을 위해 바람직한 흐름이라고 생각된다.

우리 사회가 헌법이 구현하고자 하는 인간적 권리의 기본가치를 제대로 실현하기 위해서 기업범죄의 예방은 필수이며, 그렇게 하기 위해서는 기업의 탐욕적 이윤추구는 윤리적 기업경영으로, 기업의 사회적 자유는 기업의 사회적 책임으로, 자본의 자유는 자본의 책임으로 전환되어야만 한다. 그렇게 될 때에만 기업사회의 무한경쟁의 저주에서 벗어나 공동생존과 공동번영의 해결책이 모색될 수 있다. 자본주의사회에서 자본은 권력이며, 자본을 가진 기업은 권력자일 수밖에 없다. 여기서 만약 경제권력이 법 앞의 성역으로 남게 된다면, 형사사법의 정의 나아가 한국사회의 미래는 기대할 수 없을 것이다.

제2편

기업범죄의 유형

제1장 탈세형 범죄

제2장 사기형 범죄

제3장 뇌물형 범죄

제4장 배신형 범죄

제5장 입찰담합관련 범죄

제1장 탈세형 범죄

제1절 조세탈세범죄

Ⅰ. 서설

탈세범죄는 한때 '형사처벌의 사각지대'로 불릴 만큼[55*] 범죄성에 대한 인식이 미흡했다. 이러한 현상은 일반 국민의 의식 속에 경제인으로서 생활을 영위하는 과정에서 발생하는 개인적인 차원의 조세포탈에 대해 최대한 국가가 부과하는 세금을 피하고 보자는 납세관념이 존재하기 때문이다. 소득의 과소신고, 중간생략명의등기 등 개인의 조세포탈은 누구나 할 수 있는 것이며 적발되면 불운으로 간주해 온 것이 일반적이었다.

기업의 탈세도 이러한 이중적 납세의식의 연장선상에 있다. 그러나 기업의 탈세범죄는 비자금 조성과 그로 인한 불법 로비로 이어져 공정한 경쟁을 통한 자유시장경제의 발전을 저해하고, 민주시민사회를 잠식시키는 심각한 범죄이다. 더욱이 형사책임에 있어 소액을 탈루한 시민은 처벌되고, 거액을 탈루한 기업과 경영자는 처벌되지 않는 형법적 불평등을 야기하여 조세형법의 규범력을 무너뜨릴 수 있는 위험성이 있다. 최근 조세포탈과 횡령혐의로 거액의 벌금형을 선고받았으나 미납으로 인해 황제노역 논란을 불러일으켰던 모 기업회장의 사례[56*]는 탈세범죄의 심각성에 더하여, 이후 사법집행 과정에서도 유전무죄 · 무전유죄, 일반 국민과 기업경영자의 불평등 문제 등 사회적으로 논란이 될 수 있음을 실감하게 하였다. 빈번한 사례로 허위내용의 매입 · 매출장부를 작성하고, 그 차액을 차명계좌에 보관하는 한편 장부상 금액을 기준으로 법인세를 신고하는 등의 방법으로 조세를

55* 1991.10.29. 동아일보 기사 참조.

56* 2007년 D그룹 허모 회장은 500억 여원의 탈세를 지시하고 100억원을 횡령한 혐의(특정범죄가중처벌등에관한법률위반(조세포탈), 특정경제범죄가중처벌등에관한법률위반(횡령)으로 기소되었고, 검찰은 피고인인 허회장에게 벌금 1,016억원을 구형하면서 재판부에 선고유예를 요청하였다. 제1심 법원은 허회장에게 징역 3년에 집행유예 5년, 벌금 508억원을 선고하면서 벌금 미납시 1일을 2억 5천만원으로 환산한 기간 노역장 유치를 명하였다. 항소심은 징역 2년 6월에 집행유예 4년, 벌금 254억원으로 제1심 판결보다 형을 감경하면서 벌금 미납시 1일을 5억원으로 환산한 노역장 유치를 명하였으며, 이 판결은 대법원에서 그대로 확정되었다. 그런데 허회장이 벌금을 미납하자 하루 5억원의 노역장 유치에 처해지게 되었고, 황제노역으로 국민의 공분을 사게 되었다. 이에 대해서 유전무죄 · 무전유죄, 광주지역을 둘러싼 향판의 문제 등이 지적되었으며, 여기에는 근본적으로는 포탈세액 2배 이상의 벌금형의 병과를 규정하고 있는 특가법 제8조 2항의 문제도 내포되어 있다.

포탈하는 기업의 행태는 국가의 조세수입확보를 저해함은 물론 비자금 조성을 통해 기업의 경영상태를 악화시키고, 건전하고 공정한 시장경제질서를 훼손하는 중대한 범죄에 해당되는 것이다.

조세포탈죄는 조세일탈행위 가운데 가장 중대한 일탈행위로, 납세의무의 면탈, 조세채권의 침해나 위태화, 조세체계의 기능 위태화, '사기 기타 부정한 행위'라는 반도덕적 행위반가치를 띠어 조세형법의 통제대상이 된다.[57*] 이러한 조세포탈 양태가 탈세범죄의 가장 기본적 형태가 된다.

II. 조세포탈죄의 불법구조

1. 조세범 처벌법

(1) 서론

조세범 처벌법은 세법을 위반한 자에 대한 형벌 및 과태료 등에 관한 사항을 규정하여 세법의 실효성을 높이고 국민의 건전한 납세의식을 확립함을 목적으로 한다. 이 법에서 규율하고 있는 조세포탈죄는 조세범 처벌법 제3조 및 특정범죄 가중처벌 등에 관한 법률 제8조를 기본으로 하고 있으며, 여기에 국세기본법, 조세특례제한법 등 각종 국세관련법의 규율이 기초가 되는 형태로 이루어진다. 그리고 동법 제2조는 조세란 관세를 제외한 국세를 말한다고 규정하고 있으므로, 조세포탈과 관세포탈로 대별할 수 있을 것이다.

조세범처벌법 제3조는 다음과 같이 규정하고 있다.

제3조(조세 포탈 등) ① 사기나 그 밖의 부정한 행위로써 조세를 포탈하거나 조세의 환급 · 공제를 받은 자는 2년 이하의 징역 또는 포탈세액, 환급 · 공제받은 세액(이하 "포탈세액등"이라 한다)의 2배 이하에 상당하는 벌금에 처한다. 다만, 다음 각 호의 어느 하나에 해당하는 경우에는 3년 이하의 징역 또는 포탈세액등의 3배 이하에 상당하는 벌금에 처한다.

1. 포탈세액등이 3억원 이상이고, 그 포탈세액등이 신고 · 납부하여야 할 세액(납세의무자의 신고에 따라

57* 이상돈, 조세형법론, 세창출판사, 2009, 7면.

정부가 부과 · 징수하는 조세의 경우에는 결정 · 고지하여야 할 세액을 말한다)의 100분의 30 이상인 경우

2. 포탈세액등이 5억원 이상인 경우

② 제1항의 죄를 범한 자에 대해서는 정상(情狀)에 따라 징역형과 벌금형을 병과할 수 있다.

③ 제1항의 죄를 범한 자가 포탈세액등에 대하여 「국세기본법」 제45조에 따라 법정신고기한이 지난 후 2년 이내에 수정신고를 하거나 같은 법 제45조의3에 따라 법정신고기한이 지난 후 6개월 이내에 기한 후 신고를 하였을 때에는 형을 감경할 수 있다.

④ 제1항의 죄를 상습적으로 범한 자는 형의 2분의 1을 가중한다.

⑤ 제1항에서 규정하는 범칙행위의 기수(旣遂) 시기는 다음의 각 호의 구분에 따른다.

1. 납세의무자의 신고에 의하여 정부가 부과 · 징수하는 조세: 해당 세목의 과세표준을 정부가 결정하거나 조사결정한 후 그 납부기한이 지난 때. 다만, 납세의무자가 조세를 포탈할 목적으로 세법에 따른 과세표준을 신고하지 아니함으로써 해당 세목의 과세표준을 정부가 결정하거나 조사결정할 수 없는 경우에는 해당 세목의 과세표준의 신고기한이 지난 때로 한다.

2. 제1호에 해당하지 아니하는 조세: 그 신고 · 납부기한이 지난 때

⑥ 제1항에서 "사기나 그 밖의 부정한 행위"란 다음 각 호의 어느 하나에 해당하는 행위로서 조세의 부과와 징수를 불가능하게 하거나 현저히 곤란하게 하는 적극적 행위를 말한다.

1. 이중장부의 작성 등 장부의 거짓 기장
2. 거짓 증빙 또는 거짓 문서의 작성 및 수취
3. 장부와 기록의 파기
4. 재산의 은닉, 소득 · 수익 · 행위 · 거래의 조작 또는 은폐
5. 고의적으로 장부를 작성하지 아니하거나 비치하지 아니하는 행위 또는 계산서, 세금계산서 또는 계산서합계표, 세금계산서합계표의 조작
6. 「조세특례제한법」 제24조제1항 제4호에 따른 전사적 기업자원관리설비의 조작 또는 전자세금계산서의 조작
7. 그 밖에 위계(僞計)에 의한 행위 또는 부정한 행위

이러한 구조는 소득세, 법인세 등 각종 국세관련법에서 금지의 실질적 내용을 규정하고 조세범처벌법이 여기에다 '사기 기타 부정한 행위로써'라는 추가적인 구성요건표지를 부가함으로써 조세형법범이 되는 구조를 취하고 있다. 납부의무 위반이 단순히 국가의 과세권이나 조세채권에 대한 침해를 넘어 조세포탈이 되는 것은 '사기 기타 부정한 행위'라는 행위반가치 표지가 더해진 반도덕성에 기초하기

때문이다.[58*]

여기서 조세포탈죄의 보호법익은 국가의 조세수입의 확보라고 할 것이다.[59*] 조세를 부과하는 목적이 국가의 세수확보에 있으며, 국가의 과세권[60*] 내지 조세채권이 침해받지 않고 조세의 징수가 불가능하게 되거나 현저히 곤란하게 되는 경우에도 조세포탈죄가 성립할 수 있기 때문이다. 건전하고 공정한 납세에 대한 사회공동체의 신뢰가 저해될 수 있으나[61*] 이는 조세포탈죄가 처벌되는 반사적 효과에 불과하다고 할 것이다.

(2) 객관적 구성요건

조세포탈죄의 구성요건은 사기나 그 밖의 부정한 행위로써 조세를 포탈하거나 조세의 환급 · 공제를 받은 행위이므로, '사기나 그 밖의 부정한 행위'가 핵심표지가 된다. 여기서 사기의 의미가 무엇인지 문제되나 전통적으로 사기는 부정한 행위의 예시로 이해되었다.[62*] 이에 대해 사기는 신고납부방식의 조세에 있어서는 신고에 의해 조세가 확정, 납부되므로 세무공무원의 기망 가능성이 없어 사기죄의 사기와는 관련이 없고 부과과세방식에 있어서도 납세의무자의 신고는 세액 결정의 참고자료에 불과하므로 형법상 사기죄의 사기 개념과는 다르다는 견해가 있다.[63*]

생각건대 동 조항의 사기가 형법상의 사기죄를 전제로 한 것이 아님은 사기죄와의 상시적 경합 문제, 미수규정의 부존재 등에 의해서 쉽게 인정할 수 있다. 그리고 부정한 행위의 구체적 예시로 규정되어 있다는 점에서 사기는 적극적인 기망의 의미 정도로 이해할 수 있을 것이다. 대법원도 위계 기타 부정한 적극적 행위로 판시하고 있다.[64*]

한편 이 표지에 대해서 조세범 처벌법 제3조 제6항에서 '조세의 부과와 징수를 불가능하게 하거나 현저히 곤란하게 하는 적극적 행위'를 요건으로 하고 있으므로 결국 조세포탈죄는 부정성과 적극성을 요건으로 하게 된다.

먼저 부정성이란 부정한 행위를 의미하는 것으로 약한 조세일탈의 정도를 넘어서

58* 이상돈, 조세형법론, 8면.

59* 이승식, "조세범처벌법 제3조의 '사기나 그 밖의 부정한 행위'에 대한 고찰", 경희법학 제48권 제4호, 2013, 353면; 대판 2007.2.15, 2005도9546 전합.

60* 보호법익을 과세권으로 이해하는 견해는 안대희, 조세형사법, 법문사, 2005, 177면 이하.

61* 보호법익을 사회공동체의 신뢰로 이해하는 견해는 류전철, "조세범죄의 형사범화의 관점에서 조세포탈죄의 고찰", 형사정책 제15권 제1호, 2003, 195면.

62* 최형기, "판례를 중심으로 한 조세포탈범의 성립요건과 문제점", 재판자료 50집, 법원행정처, 1990, 435면 이하.

63* 이승식, 앞의 논문, 360~361면.

64* 대판 1977.5.10, 76도4078.

사기에 준하는 반가치적 행위를 의미한다.[65*] 부정성은 가치충전적 개념이며 법문상 사기나 그 밖의 부정한 행위로 규정되어 있는 점에 비추어 볼 때 부정성은 사회일반의 건전한 납세관념 내지 납세윤리에 비추어 반가치성이 인정되는 행위라고 하겠다. 우리 판례도 "조세의 포탈을 가능케하는 행위로서 사회통념상 부정이라고 인정되는 행위를 말하는 것으로 조세의 부과 · 징수를 불능 또는 현저히 곤란하게 하는 위계 기타 부정한 적극적 행위"로 이해하고 있다.[66*] 물론 이러한 개념 정의에 대해서는 윤리적 직관으로 범죄구성요건의 보장적 기능을 저해할 우려가 있다는 지적도 가해지고 있다.[67*] 그러나 부정성은 적극성이라는 부가적 요소와 조세의 부과와 징수를 불가능하게 하거나 현저히 불가능하게 한다는 제한을 통해 그 의미가 지나치게 불명확해지는 것을 제한하고 있으며, 사기에 준하는 정도의 불법성으로 파악한다면 해석상 제한이 가능할 것이다.

다음으로 적극성의 표지가 있다. 조세범 처벌법 제3조 제6항은 사기나 그 밖의 부정한 행위를 열거하고 있는데, 이러한 행위가 조세의 부과와 징수를 불가능하게 하거나 현저히 곤란하게 하는 적극적인 정도에 이를 것을 요하고 있다. 동 조항이 규정하고 있는 행위로는 ①이중장부의 작성 등 장부의 거짓 기장, ②거짓 증빙 또는 거짓 문서의 작성 및 수취, ③장부와 기록의 파기, ④재산의 은닉, 소득 · 수익 · 행위 · 거래의 조작 또는 은폐, ⑤고의적으로 장부를 작성하지 아니하거나 비치하지 아니하는 행위 또는 계산서, 세금계산서 또는 계산서합계표, 세금계산서합계표의 조작, ⑥「조세특례제한법」 제24조제1항 제4호에 따른 전사적 기업자원관리설비의 조작 또는 전자세금계산서의 조작, ⑦그 밖에 위계(僞計)에 의한 행위 또는 부정한 행위가 있다. 여기서 사기나 그 밖의 부정한 행위가 예시적 규정인지 열거적 규정[68*]인지 문제되나, 동 규정의 입법취지가 그 동안 판례에서 대표적으로 인정한 유형들을 입법화하였다는 점에서 예시적 규정으로 해석함이 타당하다고 하겠다.[69*]

적극성 표지로 인해 조세포탈이 성립하기 위해서는 과실, 소극적인 미신고 내지 기망에 그치는 것으로는 부족하고, 조세의 부과와 징수를 '불가능'하게 하거나 '현저히'곤란하게 하는 정도의 적극적인 수준을 요구하는 것이다. 적극성은 주로 조작,

---

65* 이상돈, 조세형법론, 10면.

66* 대판 1977.5.10, 76도4078.

67* 이상돈, 조세형법론, 13면; 이태로/안경봉, 조세법강의(신정 3판), 박영사, 2000, 783면 등.

68* 이러한 입장에 가까운 견해는 김용찬, "부당신고가산세에 관한 연구", 서울시립대학교 세무전문대학원 박사학위논문, 2011, 164면 이하.

69* 이승식, 앞의 논문, 351면.

허위 기장 · 작성 등의 작위 형태로 충족되나, 고의적인 미기록 · 미작성의 부작위 형태로도 가능하다.[70*]

대법원은 이러한 기준에 의해 특수관계자들로부터 주식을 시가보다 고액으로 매수하면서 그 고가매수사실이 발각되지 않기 위하여 매수일자를 소급한 매매계약서와 회계장부를 작성하는 등으로 소득금액을 줄임으로써 그에 해당하는 세금을 면한 경우[71*]나 법인이 이전부터 보유하고 있던 차명주식 등 부외자산을 당해 사업연도에 이르러 비로소 법인의 회계장부에 계상하면서 마치 이를 그 해에 새로 매수하는 것처럼 회계처리하는 방법으로 금원을 인출하여 법인의 비자금 관리계좌에 입금함으로써 동액 상당의 현금자산을 법인의 회계장부 밖으로 유출한 경우[72*]는 사기 기타 부정한 행위에 해당되지 않는다고 판단하였다. 그러나 양자의 사례는 오히려 적극적인 작위를 통해 사회일반의 건전한 납세윤리를 저버린 부정성이 인정되는 사안이라고 할 것이다.

적극성이나 부정성만으로는 조세포탈죄가 죄형법정주의 요청을 충실히 이행할 수 없다는 관점에서 추가적인 개념표지를 요구하기도 한다. 이러한 견해[73*]는 이득성과 목적성을 추가적으로 요구하고 있다. 여기서 이득성이란 납세를 피함으로써 얻는 이익(포탈세액)을 넘어서는 이익을 취득하려는 행위와 그 의사로, 조세포탈죄를 기술적 의미의 재산범으로 해석한 결과라고 한다.[74*] 또한 목적성이란 부정한 행위가 조세포탈죄의 금지의 실질인 각종 세법이 설정하는 금지의 목적 또는 입법취지를 실현하는 행위라는 측면이 있으므로, 부정한 행위가 납세의무를 부과하는 세법규정의 목적을 실현할 수 없게 만드는 것이어야 함을 의미한다고 본다. 여기서 부정한 행위가 어떤 목적을 추구해야 하는 것인지는 조세포탈죄 규정이 아니라 다양한 세법규정의 목적에서 나오고 이는 세법해석에 의해 밝혀지는 것이라고 한다.

생각건대 조세포탈죄는 문언상 목적범의 형태로 규정되어 있지 않다. 그럼에도 불구하고 조세포탈죄의 기초가 되는 국세관련법의 법률의 목적을 근거로 목적범으로 해석하는 것은 타당하지 않다. 반면 이득성은 불문의 요건으로 고려될 수 있으나,

---

70* 적극적 부정행위로 한정해야 한다는 견해(장한철, “조세포탈죄의 성립문제에 관한 일고찰”, 법과 정책연구 제5집 제1호, 2005, 243면 이하)도 있으나, 적극적인 부작위를 부정할 이유가 없으며 작위와 부작위가 적극성에 의해 구분되는 것은 아니므로 부작위에 의한 형태도 인정할 수 있다. 부작위를 긍정하는 견해로는 이승식, 앞의 논문, 354면 및 이천현, “조세형법의 합리화 방안에 관한 연구”, 한양대학교 박사학위논문, 2000, 167면 등.

71* 대판 2002.6.11, 99도2814.

72* 대판 2005.1.14, 2002도5411.

73* 이상돈, 조세형법론, 13면.

74* 이상돈, 위의 책, 13면. 이 견해는 이득성의 관점에서 이득은 납세를 피함으로써 자신의 재산이 감소하는 것을 막는 데에 그치지 않고 ‘타인의 재산영역에 들어가 그의 재산을 자신의 재산영역으로 가지고 오는 것’을 말하므로, 2002도5411 사안은 ‘타인의 재산영역’을 침범하지 않고 납세부담을 면하는 행위로 조세포탈죄의 부정한 행위에 해당하지 않는다고 한다.

납세를 피함으로써 얻는 이익(포탈세액)을 넘어서는 이익을 취득하려는 행위와 의사라는 정의는 동의하기 어렵다. 주된 포탈세액을 넘어서는 이익의 취득이 중요한 것이 아니라 납세를 피함으로써 국가의 과세권을 침해하는 것에 행위반가치가 있기 때문이다. 그렇다면 이득성의 요건도 이를 추가적인 구성요건표지로 고려할 필요는 없어 보인다. 조세포탈행위시에 이미 납세의무를 면함으로써 이득을 얻는다는 점이 표리의 관계에 놓여 있기 때문이다.

(3) 주관적 구성요건

조세포탈시에 사기 기타 부정한 행위를 적극적으로 실행함으로써 국가의 과세권과 조세채권을 침해한다는 인식과 이로 인해 세액을 포탈하려는 의사가 인정되면 족하다. 이러한 고의는 미필적으로도 족하다고 할 것이나, 법문상 조세를 포탈하려는 목적이 요구되는 것은 아니라고 하겠다.

2. 특정범죄 가중처벌 등에 관한 법률

특정범죄 가중처벌 등에 관한 법률은 포탈세액 등의 규모에 따라 조세포탈행위가 가중처벌된다. 동법 제8조는 조세 포탈의 가중처벌을 규정하면서 포탈하거나 환급받은 세액 또는 징수하지 아니하거나 납부하지 아니한 세액, 즉 '포탈세액 등'이 연간 10억원 이상인 경우에는 무기 또는 5년 이상의 징역형으로, 포탈세액 등이 연간 5억원 이상 10억원 미만인 경우에는 3년 이하의 징역형으로 규정하고, 포탈세액 등의 2배 이상 5배 이하에 상당하는 벌금을 필요적으로 병과하도록 규정하고 있다.

이러한 특가법의 규정형식은 연간 합산액을 바탕으로 오로지 포탈세액의 규모만을 기준으로 형을 가중하는 형태로, 조세포탈 방법 등의 행위반가치와, 납세액 대비 포탈액의 규모 등의 결과반가치는 고려하지 않는 형식을 띠고 있다.[75*] 또한 그 법정형에 있어도 무기징역형이 가능하도록 되어 있으며 선고유예나 집행유예가 불가능하도록 하한이 중하게 설정되어 있으며, 포탈세액의 5배까지 벌금형의 병과가 이루어지도록 하고 있다.

75* 이상돈, 조세형법론, 17면은 포탈률을 행위반가치로 파악하고 있다.

III. 조세포탈범죄의 처벌

1. 조세범 처벌법

조세범 처벌법 제3조는 제1항에서 사기나 그 밖의 부정한 행위로써 조세를 포탈하거나 조세의 환급·공제를 받은 자는 2년 이하의 징역 또는 포탈세액, 환급·공제받은 세액(이하 "포탈세액등"이라 한다)의 2배 이하에 상당하는 벌금에 처함을 규정하고 있다. 다만, 단서에서 포탈세액 등의 규모에 따라 가중처벌하고 있다. 즉 포탈세액 등이 3억원 이상이고, 그 포탈세액 등이 신고·납부하여야 할 세액(납세의무자의 신고에 따라 정부가 부과·징수하는 조세의 경우에는 결정·고지하여야 할 세액을 말한다)의 100분의 30 이상인 경우, 포탈세액 등이 5억원 이상인 경우에는 3년 이하의 징역 또는 포탈세액 등의 3배 이하에 상당하는 벌금에 처한다. 그리고 이들 탈세범에 대해서는 정상(情狀)에 따라 징역형과 벌금형을 병과할 수 있다.

한편 형의 감경과 가중도 규정되어 있는데, 제3조 제1항의 죄를 범한 자가 포탈세액 등에 대하여 국세기본법 제45조에 따라 법정신고기한이 지난 후 2년 이내에 수정신고를 하거나 같은 법 제45조의3에 따라 법정신고기한이 지난 후 6개월 이내에 기한 후 신고를 하였을 때에는 형을 감경할 수 있다. 반면 제1항의 죄를 상습적으로 범한 자는 형의 2분의 1을 가중한다.

2. 특정범죄 가중처벌 등에 관한 법률

앞서 본 특가법 제8조에 대해서는 위헌성 논란이 지속되어 왔다. 지나치게 법정형이 무겁게 규정되어 있고 조세채권의 회수가 이뤄짐에도 중한 벌금형의 필요적 병과가 가해져 법관의 양형재량을 침해한다는 이유에서이다. 이에 대해 헌법재판소는 ①"법정형의 종류와 범위의 선택은 그 범죄의 죄질과 보호법익에 대한 고려 뿐만 아니라 우리의 역사와 문화, 입법당시의 시대적 상황, 국민일반의 가치관 내지 법감정 그리고 범죄예방을 위한 형사정책적 측면 등 여러가지 요소를 종합적으로 고려하여 입법자가 결정할 사항으로서 광범위한 입법재량 내지 형성의 자유가 인정되어야 할 분야이다. 특정범죄 가중처벌 등에 관한 법률 제8조가 조세범처벌법 제9조 제1항에 규정된 죄를 범한 자로서 연간 포탈세액이 2억원 이상 5억원 미만인 자 또는 5억원 이상인 자에 대하여 특히 가중처벌하고 있다 하더라도 조세범처벌법의 처벌규정이 너무 가벼워서 범죄예방의 실효를 거두지 못하고 있는 현실에 대한 반성적 고려에서 이를 입법하게 된 배경, 그리고 현재 우리나라 국민의 평균적 소득수준에서 본 2억원의 경제적 가치, 거액의 조세포탈에 대한 국민 일반의 법감정 내지 비난여론, 범죄예방을 위한 형사정책적 측면 등을 종합적으로 고려할 때 위 법률조항의 법정형이 형벌체계상의 균형을 잃은 것이라거나 범행자를 귀책 이상으로 과잉처벌하는 것이라고 단정할 수는 없고 따라서 그것이 헌법 제11조의 평등의 원칙이나 헌법 제37조 제2항에서 유래하는 과잉금지의 원칙에 위배된다 할 수 없으며 나아가 헌법 제10조의 인간존엄성의 이념에도 위배된다고 할 수 없다."고 하였으며, ②"법정형은 법관으로 하여금 구체적 사건의 정상에 따라 그에 알맞는 적정한 선고형을 이끌어 낼 수 있게끔 되도록 그 폭을 넓게 규정하는 것이 바람직하다. 그러나 입법자가 앞서 본 바와 같은 법정형 책정에 관한 여러 가지 요소의 종합적 고려에 따라 법률 그 자체로 법관에 의한 양형재량의 범위를 좁혀 놓았다고 하더라도, 그것이 당해 범죄의 보호법익과 죄질에 비추어 범죄와 형벌간의 비례의 원칙상 수긍할 수 있는 정도의 합리성이 있다면, 이러한 법률을 위헌이라고 할 수 없다."고 판단하였으며, ③"특정범죄 가중처벌 등에 관한 법률 제8조의 경우 그 법정형의 하한을 높게 규정함으로써 특단의 사정이 없는 한 법관이 선고유예나 집행유예의 선고를 할 수 없고 또 벌금형도 필요적으로 병과하도록 규정하고 있다 하더라도 이는 일정액 이상의 조세포탈범에 대하여 그 위법성과 비난가능성의 정도를 높게 평가하여 징벌의 강도를 높이고자 한 입법자의 결단이라 보아야 할 것이고 이러한 입법자의 결단은 입법재량의 한계를 벗어난 자의적인 것이라고는 보기 어려우므로 위 법률조항이 법관의 양형재량권을 침해한 것이라고 볼 수는 없다."고 하였으며, ④"조세범처벌법 제4조 제1항은 조세포탈행위에 대한 벌금형의 병과에 있어서 벌금경합에 관한 형법상의 제한가중규정인 형법 제38조 제1항 제2호의 적용을 배제하도록 규정하고 있다. 그러나 수개의 조세포탈행위에 대한 처벌에 있어서 형법상의 벌금제한가중규정을 준용할 것인가의 문제는 결국 조세포탈죄의 법정형에 관한 문제이고 국가의 입법정책에 속하는 문제로서, 조세포탈범의 처벌에 있어서 그 행위의 반사회성, 반윤리성에 터잡아 그에 대한 징벌의 강도를 높이기 위해 위와 같이 일부 형법규정의 적용을 배제한 입법자의 의도는 우리의 경제현실이나 사회실정 및 국민의 법감정을 고려할 때 합리적인 것이라 할 수 있고 그것이 형벌체계상의 균형을 잃고 형벌 본래의 목적과 기능을 넘어선 과잉처벌이라고 볼 수 없으므로 위 조세범처벌법 조항은 헌법

제11조의 평등의 원칙이나 헌법 제37조 제2항에서 유래하는 과잉금지의 원칙에 위배된다 할 수 없다."고 판단하였다.[76*]

조세형평과 조세정의를 위해서는 국세탈세범의 형벌에 대해 입법적 결단이 필요하며, 그 결단이 존중될 필요가 있다. 현재 특가법의 의무적 벌금 병과형과 높은 법정형은 국민의 이중적 납세의식과 지능적 탈세범에 대한 강한 처벌이라는 갈등 속에서 입법자들이 고액 · 상습 탈세범에 대한 엄벌주의를 선택한 것이라 볼 수 있다. 그러나 황제노역 판결에서 보듯이 중형을 구형한 검사가 선고유예를 구하는 등 특가법 제8조 내에 체계모순이 존재한다. 따라서 현행 특가법 조항에서 현재의 법현실과 국민의 법감정을 정확히 살펴보고, 입법자의 의사를 존중하면서도 체계모순을 해소하는 방향의 개정이 필요할 것으로 생각된다. 형법총칙 규정의 적용 배제규정을 삭제한 것처럼 조세형법범이 형법의 체계에 반하여 처벌되는 것은 방지하여야 한다.

3. 조세포탈죄의 죄수관계

하나의 기업이 수개의 조세포탈행위를 하여 수개의 조세포탈죄가 성립할 때에는 원칙적으로 실체적 경합으로 볼 수 있다. 세목과 과세기간별로 별개의 구성요건이 되므로 세목이 다른 조세포탈과 과세기간이 다른 조세포탈은 일반적으로 경합범이 되며, 다만 세목이 다른 조세포탈에서 과세기간과 그에 따른 신고 · 납부기간이 동일하고 사전 소득은닉행위 등이 동일한 때에는 상상적 경합에 해당될 수 있을 것이다.[77*]

또한 조세포탈죄가 성립하는 경우, 그 수단적 행위에 불과한 장부의 소각 · 파기 등(조세범 처벌법 제8조)은 별도의 죄가 성립하지 않고 이에 흡수된다고 할 것이다.[78*] 마찬가지로 세금계산서발급의무위반죄와의 관계도 실체적 경합이라는 견해[79*]도 있으나 세금계산서미발급 등의 행위가 조세포탈을 위한 수단으로 행해진 경우에는 흡수관계에 있다고 하겠다.[80*]

76* 헌재 1998.5.28, 97헌바68.

77* 이천현, "조세포탈죄의 기수시기와 죄수", 경희법학 제48권 제4호, 2013, 334면.

78* 이천현, 위의 논문, 334면.

79* 안대희, 앞의 책, 388면.

80* 같은 취지로 이천현, 앞의 논문, 335면.

제2절 관세탈세범죄

Ⅰ. 서설

관세포탈과 무신고수입행위는 기업범죄에 있어 이후 횡령행위의 수단이 되어 매우 밀접한 탈세범죄의 유형에 속한다. 조세범 처벌법 제2조는 조세를 관세를 제외한 국세라고 규정하고 있어, 국세포탈은 조세포탈과 관세포탈로 대별할 수 있을 것이다. 관세에 관한 가장 기본이 되는 관세법은 1949.11.23. 법률 제67호로 제정되어 시행되었으며, 수입외국물품데는 관세를 부과한다는 원칙을 천명하였다. 이후 1967.11.29. 전부개정을 통해 이 법은 관세의 부과 · 징수 및 수출입물품의 통관을 적정하게 하여 국민경제의 발전에 기여하고 관세수입의 확보를 기함을 목적으로 함을 명확히 하였고, 사용된 용어들의 개념을 정의하였다.

그런데 종래 관세법은 개발도상국 단계에서 정립된 채로 그대로 이어져 오고 있어 책임주의에 입각한 형법총칙의 규정들이 배제되고, 예비행위만으로도 정범과 동일하게 처벌될 뿐만 아니라, 실행의 착수에 이르지 않은 상황 하에서도 대상 물품을 몰수하도록 하는 등 엄벌주의가 지배하고 있으며, 대법원이 관세법상의 몰수 · 추징을 형법상의 몰수 · 추징과 달리 징벌적 성격을 가지는 것으로 공범들 전원에 대해 부진정 연대 몰수 · 추징형을 부과하는 것에 대해 비판이 제기되어 왔다.[81*] 이에 따라 2010.1.1. 개정된 관세법은 제278조의 제목을 형법 규정의 배제에서 형법 적용의 일부배제로 바꾸면서 그 적용범위를 대폭 축소하고, 밀수출입죄의 예비를 기수에 준해서 처벌하던 종전과 달리 기수보다 1/2 형을 감경하여 처벌하도록 변경하는 등[82*] 형법과의 체계 정합성을 상향하는 쪽으로 개정하였다. 그럼에도 불구하고 여전히 엄벌주의로 인해 형법과 부합하지 않는 요소가 존재하는데, 미수범이 기수범에 준해서, 방조범이 정범에 준해서 처벌되고 있으며(제271조), 특가법의 예비가 여전히

81* 이태엽, "관세법상의 무신고수입죄를 둘러싼 쟁점연구 - 편의치적 선박 및 귀금속의 밀수입을 중심으로-", 법조 Vol.621, 2008.6, 65면.

82* 윤동호, "관세법의 벌칙규정의 체계화방안 연구", 법조 Vol.679, 2013, 171~172면.

기수에 준해서 처벌될 수 있는 여지가 남았다.[83*]

관세법에 구성된 구성요건은 크게 통관범죄, 관세범죄, 관세통관행정 침해범죄로 구분할 수 있다.[84*] ① 통관범죄는 다시 적재 · 운송통관범죄(적하목록부정작성 · 제출죄, 적재규정위반죄 등), 입 · 출항통관범죄[입항미보고 · 거짓보고죄, 외국무역선(기)무허가 출항죄 등], 하역 · 전환통관범죄[차량의 물품하역 · 환적절차위반죄, 외국무역선(기)의 물품하역 · 환적절차위반죄 등], 보세통관범죄(종합보세기능무신고수행죄, 보세화물취급자미신고죄, 종합보세구역목적미부합물품반출입제한조치위반죄 등), 신고통관범죄(밀수출입 · 반송죄, 부정수출입죄, 밀수품취득등죄 등), 기타 통관범죄(허위신고죄, 신고수리전반출죄 등)로 구분할 수 있으며, ② 관세범죄는 관세포탈죄(관세포탈 · 부정감면 · 면탈 · 환급죄)와 관세회피죄(체납처분면탈죄 등, 타인에 대한 명의대여죄 등), 기타 관세범죄(용도세율적용물품 · 관세 감면물품 부정사용죄 등)로, ③ 관세통관행정 침해범죄는 다시 관세통관행정의 정보보호를 위한 범죄(전자문서위변조 · 동행사죄, 전자문서훼손 · 비밀침해죄, 무자격사업죄, 업무상비밀누설 · 도용죄 등)와 관세통관행정의 기능을 침해하는 범죄(과세자료영업장 비치의 무위반죄, 허위진술 · 직무집행거부등죄, 검사등조치거부 · 방해죄 등)로 구분할 수 있을 것이다.

이러한 관세법 위반행위에 대해 특정범죄 가중처벌 등에 관한 법률 제6조는 밀수출입죄에서 물품가액의 규모에 따라, 관세포탈죄 등에서 포탈세액의 규모에 따라 형을 가중하는 등 물품가액 내지 수입한 물품 원가, 수출하거나 반송한 물품의 원가 등에 따라 형을 가중하고 있다. 아울러 조세포탈과 마찬가지로 벌금형의 필요적 병과를 규정하고 있다.

이하에서는 기업범죄와 직접 관련성이 큰 관세포탈죄와 무신고수입죄를 중심으로 살펴보도록 한다.

II. 관세탈세죄의 주요 구성요건

1. 관세포탈죄

83* 동일한 지적으로는 윤동호, 위의 논문, 172면 이하.

84* 윤동호, 앞의 논문, 175면 이하는 통관범죄, 관세범죄, 관세통관행정의 정보보호를 위한 범죄, 관세통관행정의 기능적 효율성을 위한 범죄, 경제발전과 무관한 통관범죄로 구분하고 있다.

관세범죄는 관세포탈죄(관세포탈 · 부정감면 · 면탈 · 환급죄)와 관세회피죄(체납처분면탈죄 등, 타인에 대한 명의대여죄 등), 기타 관세범죄(용도세율적용물품 · 관세감면 물품부정사용죄 등)로 구분할 수 있으며, 이 중 관세포탈죄는 관세의 포탈과 부정감면, 면탈, 환급을 구성요소로 하고 있다.

관세법 제270조는 관세포탈죄 등이라는 제하에 수입신고를 한 자가 ① 세액결정에 영향을 미치기 위하여 과세가격 또는 관세율 등을 거짓으로 신고하거나 신고하지 아니하고 수입한 경우, ② 세액결정에 영향을 미치기 위하여 거짓으로 서류를 갖추어 제86조 제1항에 따른 사전심사를 신청한 경우 처벌하도록 하고 있고, 그 법정형은 3년 이하의 징역 또는 포탈한 관세액의 5배와 물품원가 중 높은 금액 이하에 상당하는 벌금으로 규정하고 있다.[85*]

여기서 수입신고는 관세법 제241조 제1항과 제2항의 수출 · 수입 또는 반송의 신고, 즉 물품을 수출 · 수입 또는 반송하려면 해당 물품의 품명 · 규격 · 수량 및 가격과 그 밖에 대통령령으로 정하는 사항을 세관장에게 신고하여야 하는 신고와 제244조의 입항전수입신고, 즉 수입하려는 물품의 신속한 통관이 필요할 때에는 제243조 제2항에도 불구하고 대통령령으로 정하는 바에 따라 해당 물품을 적재한 선박이나 항공기가 입항하기 전에 수입신고하는 것을 의미한다.

한편 부정감면 · 면탈죄는 부정한 방법으로 관세를 감면받거나 관세를 감면받은 물품에 대한 관세의 징수를 면탈한 경우에 성립한다.

부정환급죄는 부정한 방법으로 관세의 환급을 받을 경우에 성립한다.

2. 허위신고죄

허위신고죄는 엄격하게 구분하면 통관범죄에 속한다. 통관은 물품의 수출입과정에 따라 수입통관, 수출통관, 반송통관으로 구분할 수 있으며, 각각 수입승인-입항-하역-보세-수입신고 · 수리-관세납부의 절차와, 수출승인-물품제조-수출신고 · 수리-운송-적재-출항의 절차를 거치므로, 통관범죄는 적재 · 운송통관범죄, 입 · 출항통관범죄, 하역 · 전환통관범죄, 보세통관범죄, 신고통관범죄로 분류할 수 있다.[86*]

관세법 제241조는 물품을 수출 · 수입 또는 반송하려면 해당 물품의 품명 · 규격 ·

85* 제270조 제1항 제3호의 "법령에 따라 수입이 제한된 사항을 회피할 목적으로 부분품으로 수입하거나 주요 특성을 갖춘 미완성·불완전한 물품이나 완제품을 부분품으로 분할하여 수입한 자"는 신고통관범죄 유형 중 부정수출입죄로 분류할 수 있다.

86* 윤동호, 앞의 논문, 175면 이하.

수량 및 가격과 그 밖에 대통령령으로 정하는 사항을 세관장에게 신고하여야 한다고 하여 수출·수입 또는 반송의 신고를 규정하고 있다. 1995.12.6. 관세법(법률 제4982호)은 수출통관제도를 면허제에서 신고제로 변경하고 신고의 확실성을 담보하기 위하여 수출입반송신고와 관련한 신고통관범죄를 신설하였다.[87*]

신고통관범죄는 밀수출입·반송과 부정수출입, 밀수품취득 등의 행위와 허위신고죄 등의 기타로 구성된다. 여기서 허위신고죄는 수출·수입 또는 반송의 신고에 있어 제241조가 신고사항으로 정한 품명·규격·수량 및 가격과 그 밖에 대통령령으로 정하는 사항을 신고하지 아니하거나 허위신고를 하는 경우에 성립한다.

허위신고죄는 그 자체로서는 중대범죄라고 볼 수 없으나, 허위신고를 통해 대출사기 등에 활용될 수 있다는 점에 주목할 필요가 있다. 즉 기업의 국내 매출감소 등 경영환경이 악화될 경우 이를 타개하기 위해, 금융감독과 수출입통관 규제가 철저한 국내가 아닌 동남아시아 등에 위장 가공공장을 설립하고 위장 수출입을 반복한다. 이 과정에서 빈 껍데기에 불과한 물품을 고가의 수출 물품으로 신고하여 허위로 수출판매하고 이렇게 판매한 물품의 허위수출 채권을 국내 은행에 매각하거나 대출을 실행해 자금을 회수하는 것이다. 국내 은행의 대출만기가 도래되면 다시 위장 수출입을 통해 대출금을 상환할 경우 금융기관의 부실을 초래하는 심각한 금융사기가 될 수 있다.[88*] 나아가 이렇게 동원된 자금은 회사 대표의 유용 및 비자금의 조성과 비자금을 통해 회사의 부실을 감추기 위한 로비자금으로 사용된다는 점에서, 허위신고는 이후 범죄의 수단으로 조기 차단될 필요가 큰 관세법 위반행위라고 하겠다.

3. 특정범죄 가중처벌 등에 관한 법률

관세법위반 범죄에 대해 가중처벌을 규정하고 있는 특정범죄 가중처벌 등에 관한 법률 제6조는 아래와 같이 규정하고 있다.

> 제6조(「관세법」 위반행위의 가중처벌) ① 「관세법」 제269조 제1항에 규정된 죄를 범한 사람은 다음 각 호의 구분에 따라 가중처벌한다.
>
> 1. 수출 또는 수입한 물품의 가액(이하 이 조에서 “물품가액”이라 한다)이 1억원 이상인 경우에는 무기

87* 윤동호, 앞의 논문, 178면.

88* 이러한 대표적 사례가 로봇청소기와 홈시어터 PC로 급성장했다가 파산한 M사라고 할 수 있다.

또는 7년 이상의 징역에 처한다.

2. 물품가액이 3천만원 이상 1억원 미만인 경우에는 3년 이상의 유기징역에 처한다.

② 「관세법」 제269조 제2항에 규정된 죄를 범한 사람은 다음 각 호의 구분에 따라 가중처벌한다.

1. 수입한 물품의 원가가 5억원 이상인 경우에는 무기 또는 5년 이상의 징역에 처한다.
2. 수입한 물품의 원가가 2억원 이상 5억원 미만인 경우에는 3년 이상의 유기징역에 처한다.

③ 「관세법」 제269조 제3항에 규정된 죄를 범한 사람이 수출하거나 반송한 물품의 원가가 5억원 이상인 경우에는 1년 이상의 유기징역에 처한다.

④ 「관세법」 제270조 제1항 제1호 또는 같은 조 제4항 · 제5항에 규정된 죄를 범한 사람은 다음 각 호의 구분에 따라 가중처벌한다.

1. 포탈(逋脫) · 면탈(免脫)하거나 감면(減免) · 환급받은 세액이 2억원 이상인 경우에는 무기 또는 5년 이상의 징역에 처한다.
2. 포탈 · 면탈하거나 감면 · 환급받은 서액이 5천만원 이상 2억원 미만인 경우에는 3년 이상의 유기징역에 처한다.

⑤ 「관세법」 제270조 제1항 제2호 또는 같은 조 제2항에 규정된 죄를 범한 사람은 다음 각 호의 구분에 따라 가중처벌한다.

1. 수입한 물품의 원가가 5억원 이상인 경우에는 3년 이상의 유기징역에 처한다.
2. 수입한 물품의 원가가 2억원 이상 5억원 미만인 경우에는 1년 이상의 유기징역에 처한다.

⑥ 제1항부터 제5항까지의 경우에는 다음 각 호의 구분에 따른 벌금을 병과한다.

1. 제1항의 경우: 물품가액의 2배 이상 10배 이하
2. 제2항의 경우: 수입한 물품 원가의 2배
3. 제3항의 경우: 수출하거나 반송한 둘품의 원가
4. 제4항의 경우: 포탈 · 면탈하거나 감견 · 환급받은 세액의 2배 이상 10배 이하
5. 제5항의 경우: 수입한 물품의 원가

⑦ 「관세법」 제271조에 규정된 죄를 범한 사람은 제1항부터 제6항까지의 예에 따른 그 정범(正犯) 또는 본죄(本罪)에 준하여 처벌한다.

⑧ 단체 또는 집단을 구성하거나 상습적으로 「관세법」 제269조부터 제271조까지 또는 제274조에 규정된 죄를 범한 사람은 무기 또는 10년 이상의 징역에 처한다.

특가법은 이처럼 관세위반범죄의 법익침해 정도, 국민의 법감정, 국가의 관세수입의 확보의 저해, 수출입물품의 적정한 통관 여부를 기준으로 밀수출입 · 반송행위, 관세포탈 등에 대해 엄벌주의에 따라 가중처벌되는 구성요건을 규정하고 있다.

♦ 탈세범죄의 주요 판례 ♦

Ⅰ. 조세포탈과 조세범처벌법 위반

대법원 2007.10.11. 선고 2007도4697 판결[특정경제범죄가중처벌등에관한법률위반(사기) · 사기 · 특정범죄가중처벌등에관한법률위반(조세) · 특정경제범죄가중처벌등에관한법률위반(횡령) · 조세범처벌법위반 · 방문판매등에관한법률위반 · 정치자금법위반〕[공2007.11.1.(285),1787]

【판시사항】

[1] 조세범처벌법 제9조 제1항에서 정한 '사기 기타 부정한 행위'의 의미

[2] 부동산매매회사의 경영자가 토지 등의 매매금액을 감액하여 허위내용의 매입 · 매출장부를 작성하고, 그 차액을 차명계좌에 보관하는 한편 장부상 금액을 기준으로 법인세 과세신고를 한 경우, 사기 기타 부정한 방법으로 조세를 포탈한 것에 해당한다고 한 사례

[3] '전화를 사용하여 소비자의 응답을 유도하고 대화를 함으로써 청약을 유인하여 어떤 장소에서 만나 청약을 받거나 계약을 체결하는 경우'가 방문판매 등에 관한 법률 제2조 제3호, 같은 법 시행규칙 제4조의 '전화권유판매'에 포함되는지 여부(적극)

【판결요지】

[1] 조세범처벌법 제9조 제1항에서 정한 '사기 기타 부정한 행위'라는 것은 조세의 부과와 징수를 불가능하게 하거나 현저히 곤란하게 하는 위계 기타 부정한 적극적인 행위를 말한다.

[2] 부동산매매회사의 경영자가 토지 등의 매매금액을 감액하여 허위내용의 매입 · 매출장부를 작성하고, 그 차액을 차명계좌에 보관하는 한편 장부상 금액을 기준으로 법인세 과세신고를 한 경우, 사기 기타 부정한 방법으로 조세를 포탈한 것에 해당한다고 한 사례.

[3] 방문판매 등에 관한 법률의 입법 배경, 위 법이 2002. 3. 30. 법률 제6688호로 전문 개정되면서 전화권유판매 등에 관한 규정을 포함하게 된 경위 및 이유, 같은 법 제6조, 제7조 제1항, 제2항의 규정 내용 등에 비추어 볼 때, 같은 법 제2조 제3호, 같은 법 시행규칙 제4조의 전화권유판매에는 '전화를 사용하여 소비자의 응답을 유도하고 대화를 함으로써 청약을 유인하여 어떤 장소에서 만나 청약을 받거나 계약을 체결하는 경우'도 포함된다.

【참조조문】

[1] 조세범처벌법 제9조 제1항 [2] 조세범처벌법 제9조 제1항 [3] 방문판매 등에 관한 법률 제2조 제3호, 방문판매 등에 관한 법률 시행규칙 제4조

【참조판례】

[1] 대법원 2003. 2. 14. 선고 2001도3797 판결(공2003상, 871)

【전 문】

【피 고 인】피고인 1외 1인

【상 고 인】피고인들

【변 호 인】변호사 이재화외 4인

【원심판결】서울고법 2007. 5. 23. 선고 2006노1181, 2407(병합) 판결

【주 문】

상고를 모두 기각한다. 피고인 1에 대하여 상고 후의 구금일수 중 130일을 본형에 산입한다.

【이 유】

1. 피고인 1의 특정경제범죄 가중처벌 등에 관한 법률 위반(사기) 및 사기의 점에 대하여

공모에 의한 범죄의 공동실행은 모든 공범자가 스스로 범죄의 구성요건을 실현하는 것을 전제로 하지 아니하고, 그 실현행위를 하는 공범자에게 그 행위결정을 강화하도록 협력하는 것으로도 가능하며, 이에 해당하는지 여부는 행위결과에 대한 각자의 이해정도, 행위가담의 크기, 범행지배에 대한 의지 등을 종합적으로 고려하여 판단하여야 하는 것이고(대법원 2006. 12. 22. 선고 2006도1623 판결 등 참조), 피고인이 공모의 점과 함께 범의를 부인하는 경우에는, 이러한 주관적 요소로 되는 사실은 사물의 성질상 범의와 상당한 관련성이 있는

간접사실 또는 정황사실을 증명하는 방법에 의하여 이를 입증할 수밖에 없고, 무엇이 상당한 관련성이 있는 간접사실에 해당할 것인가는 정상적인 경험칙에 바탕을 두고 치밀한 관찰력이나 분석력에 의하여 사실의 연결 상태를 합리적으로 판단하는 방법에 의하여야 한다(대법원 2003. 1. 24. 선고 2002도6103 판결 등 참조).

위 법리에 따라 원심이 적법하게 채택한 증거들을 기록에 의하여 살펴보면, 원심이 그 판시와 같은 사실을 인정한 다음, 각 계열사와 관련한 피고인 1의 지위, 각 계열사들의 영업구조, 위 영업구조의 형성 및 영업에 대한 지휘를 비롯한 위 피고인의 관여, 역할 등에 비추어 원심에서 유죄로 인정한 사기범행에 대하여 위 피고인에게 각 계열사 임직원들과의 공모공동정범의 책임이 인정된다는 취지로 판단한 것은 옳은 것으로 수긍이 가고, 거기에 상고이유 주장과 같은 공모공동정범에 관한 법리오해나 채증법칙 위배의 위법이 있다고 할 수 없다.

2. 피고인 1의 특정범죄 가중처벌 등에 관한 법률 위반(조세) 및 조세범처벌법 위반의 점에 대하여

조세범처벌법 제9조 제1항에서 정한 '사기 기타 부정한 행위'라는 것은 조세의 부과와 징수를 불가능하게 하거나 현저히 곤란하게 하는 위계 기타 부정한 적극적인 행위를 말한다(대법원 2003. 2. 14. 선고 2001도3797 판결 등 참조).

위 법리에 따라 원심이 적법하게 채택한 증거들을 기록에 의하여 살펴보면, 원심이, 피고인 1이 부동산매매회사인 주식회사 삼흥인베스트, 주식회사 삼흥에스아이, 주식회사 삼흥피엠, 주식회사 삼흥센추리, 주식회사 삼흥에프엠 등을 경영하면서 토지 등의 매매금액을 감액하여 기재한 허위내용의 매입 · 매출장부를 작성하고, 위와 같이 감액된 금액을 차명계좌에 보관하는 한편, 법인세 신고를 함에 있어서 위와 같이 감액된 금액을 기준으로 과세신고를 하는 등 사기 기타 부정한 방법으로 조세를 포탈한 이 부분 조세포탈의 범행을 유죄로 인정한 조치는 옳고, 거기에 상고이유 주장과 같은 조세범처벌법 제9조에서 정한 조세포탈에 관한 법리오해나 채증법칙 위배의 위법이 있다고 할 수 없다.

…

5. 피고인 1의 특정경제범죄 가중처벌 등에 관한 법률 위반(횡령)의 점 및 피고인 2의 상고에 대하여

피고인 1은 원심판결 중 특정경제범죄 가중처벌 등에 관한 법률 위반(횡령)죄 부분에 대하여도 각 불복한다는 취지의 상고장을 제출하였으나, 그 상고장에 이 부분에 관한 불복

이유의 기재가 없고 상고이유서에도 이 부분에 관한 불복 이유의 기재를 찾아볼 수 없으며, 한편 피고인 2는 법정기간 내에 상고이유서를 제출하지 아니하였고 상고장에도 상고이유의 기재를 찾아볼 수 없다.

6. 결 론

그러므로 피고인들의 상고를 모두 기각하고, 피고인 1에 대하여 상고 후의 구금일수 중 일부를 본형에 산입하기로 하여 관여 법관의 일치된 의견으로 주문과 같이 판결한다.

II. 관세법 위반

대법원 2011.7.14. 선고 2011도2136 판결[관세법위반 · 외국환거래법위반] [공2011하,1679]

【판시사항】

[1] 외국 선박을 취득하면서 편의치적의 방법으로 외국 가국적을 취득한 후 국내에 반입하여 사용에 제공한 경우, 구 관세법 제241조 제1항의 '수입'에 해당하는지 여부(적극)

[2] 관세가 부과되지 않는 물품을 적법한 수입신고 절차 없이 통관하는 경우, 구 관세법의 무신고수입죄에 해당하는지 여부(적극)

[3] 피고인 갑 주식회사의 이사 피고인 을이 중국 해운회사에게서 중국 국적 선박을 구입한 다음, 선명(船名)을 변경하고 캄보디아 가국적을 취득한 후 국내로 반입하면서 외국적 외항선이 수리를 위하여 입항하는 것처럼 허위신고하여 밀수입한 사안에서, 피고인들의 행위가 구 관세법상 무신고수입죄에 해당한다고 본 원심판단을 수긍한 사례

[4] 중국 국적 선박을 구입한 피고인이 매도인인 중국 해운회사에 선박을 임대하여 받기로 한 용선료를 재정경제부장관에게 미리 신고하지 아니하고 선박 매매대금과 상계한 사안에서, 위 행위가 구 외국환거래법 위반죄에 해당한다고 본 원심판단을 수긍한 사례

【판결요지】

[1] 외국 선박을 국내 거주자가 취득하면서 편의치적의 방법으로 외국에 자신의 명의로 선박을 등록하여 외국의 가국적을 취득한 다음 이를 국내에 반입하여 사용에 제공하게 한 때에도 구 관세법(2010. 12. 30. 법률 제10424호로 개정되기 전의 것) 제241조 제1항의 '수입'에 해당한다.

[2] 구 관세법(2010. 12. 30. 법률 제10424호로 개정되기 전의 것, 이하 '구 관세법'이라 한다) 등 관계 법령에서 정하는 적법한 절차를 밟아 수입하는 경우 관세가 부과되지 않는 물품에 해당한다고 하더라도, 적법한 수입신고 절차 없이 통관하는 경우에는 무신고수입으로 인한 구 관세법 위반죄에 해당한다.

[3] 피고인 갑 주식회사의 이사 피고인 을이 국내외항의 선박운항사업에 사용할 목적으로 중국 해운회사에게서 중국 국적 중고 화물선을 구입한 다음, 선명(船名)을 변경하고 캄보디아 가국적을 취득한 후 국내로 반입하면서 외국적 외항선이 국내에 수리를 위하여 입항하는 것처럼 허위신고하여 밀수입한 사안에서, 피고인들의 행위가 구 관세법(2010. 12. 30. 법률 제10424호로 개정되기 전의 것)상 무신고수입죄에 해당한다고 본 원심판단을 수긍한 사례.

[4] 중국 국적 선박을 구입한 피고인이 매도인인 중국 해운회사에 선박을 임대하여 받기로 한 용선료를 재정경제부장관에게 미리 신고하지 아니하고 선박 매매대금과 상계한 사안에서, 위 행위가 구 외국환거래법(2008. 2. 29. 법률 제8863호로 개정되기 전의 것) 제16조 제1호를 위반하여 구 외국환거래법 제28조 제1항 제2호에 해당한다고 본 원심판단을 수긍한 사례.

【참조조문】

[1] 구 관세법(2010. 12. 30. 법률 제10424호로 개정되기 전의 것) 제2조 제1호, 제241조 제1항 [2] 구 관세법(2010. 12. 30. 법률 제10424호로 개정되기 전의 것) 제241조 제1항, 제269조 제2항 제1호 [3] 구 관세법(2010. 12. 30. 법률 제10424호로 개정되기 전의 것) 제241조 제1항, 제269조 제2항 제1호, 구 관세법(2008. 12. 26. 법률 제9261호로 개정되기 전의 것) 제280조(현행 제279조 제1항 참조) [4] 구 외국환거래법(2008. 2. 29. 법률 제8863호로 개정되기 전의 것) 제16조 제1호, 제28조 제1항 제2호(현행 제29조 제1항 제6호 참조)

【참조판례】

[1][2] 대법원 2004. 3. 26. 선고 2003도8014 판결(공2004상, 764)

[1] 대법원 2000. 5. 12. 선고 2000도354 판결(공2000하, 1460)

[2] 대법원 2002. 12. 6. 선고 2000도3581 판결(공2003상, 406)

【전 문】

【피 고 인】피고인 1 외 1인

【상 고 인】피고인들

【변 호 인】법무법인 세창 담당변호사 이광후

【원심판결】서울중앙지법 2011. 1. 26. 선고 2010노4166 판결

【주 문】

상고를 모두 기각한다.

【이 유】

상고이유를 판단한다.

1. 피고인들의 관세법 위반의 점에 대하여

외국의 선박을 국내 거주자가 취득하면서 편의치적의 방법으로 외국에 자신의 명의로 선박을 등록하여 그 외국의 가국적을 취득한 다음 이를 국내에 반입하여 사용에 제공하게 한 때에도 구 관세법(2010. 12. 30. 법률 제10424호로 개정되기 전의 것, 이하 '구 관세법'이라 한다) 제241조 제1항의 수입에 해당하고 , 구 관세법 등 관계 법령에서 정하는 소정의 적법한 절차를 밟아 수입하는 경우에 관세가 부과되지 않는 물품에 해당한다고 하더라도 적법한 수입신고 절차 없이 통관하는 경우이는 무신고수입으로 인한 구 관세법 위반죄에 해당한다 할 것이다(대법원 2004. 3. 26. 선고 2003도8014 판결 등 참조).

원심판결 이유에 의하면, 원심은 적법하게 채택한 증거들을 종합하여 그 판시와 같은 사실을 인정한 다음, 피고인 1이 2008. 3. 22. 15:00경 국내외항의 선박운항사업에 사용할 목적으로 중국 소재 광주신주해운유한공사로부터 중국 국적의 중고 일반화물선 ○○○○○○호(이하 '이 사건 선박'이라 한다)를 미화 4,000,000달러에 구입한 다음, 선명을 △△△△△△△호로 변경하고 캄보디아의 가국적을 취득한 후 국내로 반입하면서 외국적 외항선이 국내에 수리를 위하여 입항하는 것처럼 허위신고하여 밀수입하였고,

피고인 2 주식회사은 그 사용인인 피고인 1이 피고인 2 주식회사의 업무에 관하여 위와 같이 허위신고하여 이 사건 선박을 밀수입하였으며, 피고인들의 이러한 행위는 구 관세법 위반죄에 해당한다고 판단하였다. 앞서 본 법리에 비추어 살펴보면 원심의 위와 같은 판단은 정당한 것으로서 수긍할 수 있고, 거기에 논리와 경험의 법칙에 위반하여 자유심증주의의 한계를 벗어났거나 구 관세법 위반에 관한 법리를 오해한 위법 등이 있다고 볼 수 없다.

2. 피고인 1의 외국환거래법 위반의 점에 대하여

가. 원심판결 이유에 의하면, 원심은 적법하게 채택한 증거들을 종합하여 그 판시와 같은 사실을 인정한 다음, 피고인 1이 2007. 12. 21.경부터 같은 해 12. 27.경까지 사이에 매도인인 광주신주해운유한공사에 2개월 동안 이 사건 선박을 임대하여 받기로 한 용선료 중국 통화 1,200,000위안에 상당하는 미화 162,162달러를 재정경제부장관에게 미리 신고하지 아니하고 이 사건 선박의 매매대금과 상계하였고, 피고인 1의 이러한 행위는 구 외국환거래법 위반죄에 해당한다고 판단하였다. 원심의 위와 같은 판단은 정당한 것으로서 수긍할 수 있고, 거기에 논리와 경험의 법칙에 위반하여 자유심증주의의 한계를 벗어났거나 구 외국환거래법 위반에 관한 법리를 오해한 위법 등이 있다고 볼 수 없다.

나. 형법 제16조에서 자기가 행한 행위가 법령에 의하여 죄가 되지 아니한 것으로 오인한 행위는 그 오인에 정당한 이유가 있는 때에 한하여 벌하지 아니한다고 규정하고 있는 것은 일반적으로 범죄가 되는 경우이지만 자기의 특수한 경우에는 법령에 의하여 허용된 행위로서 죄가 되지 아니한다고 그릇 인식하고 그와 같이 그릇 인식함에 정당한 이유가 있는 경우에는 벌하지 아니한다는 취지이다. 그리고 이러한 정당한 이유가 있는지 여부는 행위자에게 자기 행위의 위법의 가능성에 대해 심사숙고하거나 조회할 수 있는 계기가 있어 자신의 지적 능력을 다하여 이를 회피하기 위한 진지한 노력을 다하였더라면 스스로의 행위에 대하여 위법성을 인식할 수 있는 가능성이 있었음에도 이를 다하지 못한 결과 자기 행위의 위법성을 인식하지 못한 것인지 여부에 따라 판단하여야 할 것이고, 이러한 위법성의 인식에 필요한 노력의 정도는 구체적인 행위정황과 행위자 개인의 인식능력 그리고 행위자가 속한 사회집단에 따라 달리 평가되어야 한다(대법원 2006. 3. 24. 선고 2005도3717 판결 등 참조).

원심판결 이유에 의하면, 원심은, 피고인 1이 공소외인을 통하여 한국은행에 이 사건 선박의 매매대금 지급을 신고하는 과정에서 주식회사 한국외환은행(이하 '외환은행'이라 한다)의 담당자에게 이 사건 선박의 매매대금 일부를 상계한다는 취지를 설명한 다음 그 담당자의 안내에 따라 그대로 한국은행에 신고하였다고 볼 만한 자료가 없고, 설령 외환은행 담당자의 안내에 따라 그대로 신고를 하였다고 하더라도 그러한 사정만으로 이 사건 선박의 매매대금 지급의 신고에 관하여 피고인 1이 자신의 행위가 죄가 되지 아니하는 것으로 오인하였거나 그와 같은 오인에 정당한 이유가 있었다고 할 수 없다는 취지로 판단하였다. 앞서 본 법리에 비추어 살펴보면 원심의 위와 같은 판단은 정당한 것으로서 수긍할 수 있고, 거기에 형법 제16조의 법률의 착오에 관하여 오해한 위법이 있다고 볼 수 없다.

3. 결론

그러므로 상고를 모두 기각하기로 하여 관여 대법관의 일치된 의견으로 주문과 같이 판결한다.

제2장 사기형 범죄

제1절 회계부정을 통한 금융사기

Ⅰ. 서설

우리나라는 IMF 구제금융 당시 기업의 회계부실이 얼마나 큰 파장을 불러올 수 있는지 실감하였다. 한 기업의 부실경영과 그 부실을 숨기기 위한 분식회계는 그 기업의 파산으로 끝나는 것이 아니라 국내외 투자자들의 투자 손실, 금융기관의 부실채권 인수로 인한 부실화, 국가 신용도 하락으로 인한 국내투자의 축소와 그로 인한 기업의 자금조달의 곤란이 국가 전체를 부도 위기로 내몰았다.

분식회계 내지 분식결산이란 사전적으로는 기업이 자금 융통을 원활히 할 목적으로 고의로 자산이나 이익을 부풀려 계산하는 회계로 풀이되고 있으며, 기업이 한 회계연도의 영업성과나 연말의 재산상태 등 재무정보를 재무제표로 전달하면서 사실과 다르게 왜곡하는 것[89*] 또는 기업이 회사의 실적을 좋게 보이거나 이익을 감소시키는 행위로서 고의로 자산이나 이익 등을 조작하여 재무제표를 작성하는 행위[90*] 등으로 정의되고 있다.

분식(粉飾)이란 실제보다 좋게 보이려고 사실을 숨기고 거짓으로 꾸밈을 의미하지만,[91*] 분식회계는 기업의 경영자가 단순히 재무제표를 기업회계기준의 범위 내에서 조정하는 것을 넘어 투자자들의 손실을 초래하기에 충분한 범죄행위라는 점에서 분식회계라는 용어보다는 회계부정이라는 표현이 더욱 적합한 용어라고 생각된다. 분식회계는 투자자 등에 대한 사기행위에 그치지 않고 시장기능을 왜곡시킬 뿐만 아니라 국민경제에 막대한 부담을 지우는 반사회적 범죄에 해당하는 것이다.[92*]

이러한 회계부정은 IMF 구제금융 사태 이후 분식회계방지를 위한 회사의 외부감사에 관한 법률 제정 등 관련 규정의 정비로 분식회계를 예방하고 적발시

89* 이천현, "분식회계의 실태와 효율적 제재방안", 형사정책 제16권 제1호, 2004, 197면.

90* 강창원, "우리나라 분식회계의 실태 및 대책", 한국유통과학회 학술발표자료, 2006, 353면.

91* 국립국어원 표준국어대사전(http://stdweb2.korean.go.kr/search/List_dic.jsp).

92* 이천현, 앞의 논문, 198면.

엄중히 처벌하는 조치들로 일시적으로 줄어드는 듯하였으나, 이후에도 우리 기업들의 금융관행, 세무관행, 회계정보의 공시와 관련한 기업의 고질병은 줄어들지 않고 다시 증가하고 있는 추세에 있으며 그 수법도 지능화, 다양화되고 있다.[93*]

II. 회계부정의 원인과 유형

1. 회계부정의 원인

기업은 이윤의 감소를 막기 위해 기업체를 둘러싼 경제환경의 변화에 민감할 수밖에 없으며, 기업환경의 변화로 인한 내적 취약성이 외부로 표출되지 않도록 노력하게 된다. 그 결과 자금조달 과정에서의 어려움을 회피하기 위해서나 주가의 인위적 부양 내지 유지를 위해 회계부정에 나서게 된다. 즉 외부로 공시되는 재무제표가 양호하지 않을 경우 투자자 내지 금융권이 투자와 대출을 주저하게 되고 결과적으로 기업의 자금조달비용이 상승할 수밖에 없으므로 재무제표의 고의 조작에 나서게 되며, 주식을 통해 주주들에게 경영상의 위험이 분산된 상태를 유지하기 위해서는 주식자본을 구성하는 주가의 유지 내지 부양을 위해 이익을 증대시키고 손실을 감소시키는 방향으로 회계장부를 조작하게 된다. 악화된 재무상태에 대한 정보가 외부에 유출되면 기업가치는 하락하고 파산위험은 증가하여, 자본시장에서의 자금조달이 어려움에 빠지고 기업회생이 불가능하게 되는 악순환을 겪게 되기 때문이다.[94*]

이와 함께 기업의 운영과정에서 발생하는 경영자의 수익 극대화 욕구가 회계부정의 원인이 된다. 대표이사에 대한 급여, 배당만으로는 기업 소유에서 오는 보상이 부족하다고 생각함에 따라 성과보상의 극대화를 위해 재무제표를 조작하게 되며, 정상적 경영 수익에 대한 세금을 내지 않으려는 절세방편으로 회계부정이 이루어지기도 한다. 대주주의 이해관계에 따라 회계장부가 임의로 조작되는 것이다.

이 외에도 금융권, 정부 등에 대한 로비자금의 조성을 위해 분식회계가 동원되기도

93* 강창원, 앞의 논문, 351면; 이천현, 앞의 논문, 199면.

94* 최수미, "감사의견과 분식회계의 유형", LG 주간경제 제612호, 2001.2, 10면.

한다. 과거 분식회계의 원인에 대한 설문조사에[95*] 의하면 비자금조성의 은폐가 외부자금조달 다음으로 높은 비율을 차지하였다. 기업의 실적 향상과 수익 증대를 위해 정상적인 매출로는 한계가 있을 경우 매출 증대와 관련 있는 국회의원, 정부 및 산하기관 등 관련자들의 로비자금의 용도로 사용되고, 세무조사의 회피 · 무마를 위해서도 로비자금이 사용된다.

또한 관치금융의 관행이 회계부정의 원인이 되기도 한다.[96*] 금융기관이 기업의 채무상환능력이나 재정상태 등 회계에 기반한 대출을 실행하는 것이 아니라 외부의 청탁이나 압력에 의해 결정이 이루어져 온 부분이 있으며, 이로 인해 회계부정을 유발한 측면이 있다.

2. 회계부정의 유형[97*]

IMF 외환위기 이전에는 회계부정의 유형이 주로 수익이나 자산은 과대계상하고 부채는 과소계상하는 방법 위주였으나, 최근에는 경제환경이 복잡해지고 거래내용이 다양해짐에 따라 '신 금융기법'이라는 미명하에 파생상품, 역외펀드, 관계사와의 거래, M&A와 같은 거래로 인한 분식회계 가능성이 커지고 있다.[98*] 이러한 분식회계 내지 회계부정에 대해서는 논자에 따라 다양하게 분류될 수 있다. 예컨대 제재의 차등화를 염두에 두고 ① 회계학적 재량, ② 사소오류, ③ 중대오류, ④ 허위로 분류하는 유형이다.[99*] 이하에서는 회계부정에서 나타나는 행위태양을 중심으로 6개의 유형으로 구분하고자 한다.

(1) 자산 또는 매출의 과대계상

회계부정에서 가장 많이 흔하게 사용되는 유형이다. 이 유형의 회계부정은 기업이 재고자산이나 매출채권을 과대계상하여 실제 자산보다 장부상 자산을 부풀리는

95* 한국경제 2001. 2. 26. 자 기사 "기업 56%가 회계 조작. 분석" 참조(http://www.hankyung.com/news/app/newsview.php?aid=2001022564921&intype=1).

96* 이천현, "분식회계의 실태와 효율적 제재방안" 201면.

97* 이천현, "분식회계의 실태와 효율적 제재방안", 201면 이하; 최수미, 앞의 논문, 10면 이하; 한기원, "분식회계란 무엇인가?", 수사연구 제229호, 2002, 23면 이하 참조

98* 강창원, 앞의 논문, 351면.

99* 이 견해는 엄격한 의미에서 분식 없는 회계란 있을 수 없으며, 다만 분식이 많은지 적은지, 실수로 행해진 것인지 의도적으로 행해진 것인지, 분식이 투자자의 투자판단에 있어 중요한 것인지를 고려하여 두고 분류하고 있다(이상돈/지유미/박혜림, 기업윤리와 법, 법문사, 2008, 28면).

방법이다. 즉 손실처리해야 될 제품을 재고자산으로 과대계상하거나 해외매출을 허위로 부풀리는 것이다. 또한 매출원가로 비용처리해야 할 원재료 등을 매출채권 등에 의해 임의대체하는 방법으로 매출원가를 과소계상하거나 매출이 발생하기 전에 매출된 것으로 허위로 기록하는 방법이다.[100*] 매출채권 중 회수한 금액을 유용한 후 매출채권을 그대로 장부에 두는 경우도 여기에 해당된다.

이러한 유형은 매출액 대비 매출채권의 비율이 상대적으로 높거나 이전 연도에 비하여 당해연도의 매출채권비율이 높은지를 통해 의심해 볼 수 있다.[101*]

(2) 부채의 과소계상 또는 누락

이 유형은 존재하는 부채를 실제보다 과소계상하거나 아예 재무제표에서 누락시키는 방법이다. 부채를 장부에 계상하지 않는 것은 재무상태와 경영성과의 적정표시라는 관점에서 재무제표의 안전성을 저해하는 대표적인 회계부정의 형태가 된다. 회계조작을 위해서는 주로 부외부채 거래, 즉 기업이 장래 상환하여야 할 부채가 있음에도 불구하고 대차대조표에 부채로 표시하지 않는 장부 외의 채무가 활용되는데, 리스거래가 대표적인 예이다. 금융리스를 운용리스로 계상하면 리스자산에 대해 당기 비용만 인식하고 자산과 부채를 누락할 수 있으며, 동일한 방법으로 어음차입금을 지급수수료, 외환차손과 같은 비용과 가공의 매출채권과 상계하여 실제 부채를 장부에서 누락시키기도 한다.[102*]

(3) 비용의 과소계상

비용을 이연시켜 당기이익을 부풀리는 유형이다. 비용 중 주로 감가상각방법을 변경하는 수법으로, 전년도에 비해서 감각상각비를 작게 계상하는 방법으로 비용을 변경하는 것이다.[103*] 동종 업계의 평균 감가상각비 비율과 달리 회계조작을 하는 기업은 이러한 통상의 비율보다 훨씬 높은 비율로 계상하는 것이다.

(4) 평가성 자산 · 부채의 이용

기업의 대차대조표는 해당 기업의 수익성과 안정성을 보여줄 수 있도록 작성되어야 하며, 그러한 차원에서 기업은 적정한 대손충당금을 계상하여야 한다. 평가성

100* 이천현, "분식회계의 실태와 효율적 제재방안", 202면.

101* 최수미, 앞의 논문, 11면.

102* 이천현, "분식회계의 실태와 효율적 제재방안", 202면.

103* 최수미, 앞의 논문, 12면.

자산·부채의 이용은 재무제표상 자산으로 표기되는 받을 어음, 외상매출금, 대출금 등 채권(債權)에 대해 회수불가능한 사정이 발생할 경우를 대비하여 공제의 형식으로 회수불능 추산액을 표시함으로써 채권의 실질 평가액이 나타나도록 하는데, 이러한 평가성 자산을 실제와 다르게 계상하는 유형이다. 즉 회수불가능한 채권에 대해 대손충당금을 과소설정함으로써 이익을 조작하는 것이다. 예컨대 특수관계자와의 거래로 재무제표에 자본잠식과 대여금의 원금 및 이자가 연체되고 있음에도 대손충당금을 설정하지 않는 것이다.[104*]

(5) 회계추정의 변경

이러한 형태의 회계부정은 주로 항공사와 같이 유형자산 규모가 큰 기업이 활용하는 유형으로, 감가상각방법을 변경하거나 내용연수 및 잔존가액을 변경하여 이익을 증가시키는 방법이 사용된다. 예컨대 감가상각 잔존가액을 변경함으로써 감가상각비를 적게 계상하고 나아가 당기순이익을 과대표시하는 것이다.[105*]

(6) 주석사항의 누락

기업의 재무제표는 재무상태표, 손익계산서, 자본변동표, 재무제표 주석으로 구성된다. 여기서 재무제표 주석은 재무상태표 등의 재무제표 본문에 대한 상세 정보 및 재무제표 본문에 기재할 수 없는 추가적인 정보를 부연 설명하는 역할을 담당한다. 특정거래, 상품의 투자에 대해서는 주석사항으로 기재하여야 하는데, 이러한 사항을 고의적으로 누락함으로써 재무상태를 불완전하게 만드는 유형이다. 예컨대 특수관계자간 거래, 대주주 및 관계회사 또는 출자회사와의 거래에 있어 담보제공, 금전거래와 같은 거래는 모두 주석사항으로 기재하도록 되어 있으나 이를 누락하고,[106*] 파생상품 및 역외펀드 거래에 관한 평가손익을 누락하거나 주석사항에 공시하지 않는 것도 이러한 유형으로 볼 수 있다.

3. 회계부정의 사례와 그 피해

회계부정의 대표적 사례로 SK글로벌 사건이 있다. 2003년 3월 검찰 수사에 따르면

104* 이천현, "분식회계의 실태와 효율적 제재방안", 202면.

105* 이천현, "분식회계의 실태와 효율적 제재방안", 203면.

106* 이천현, 위의 논문, 203면.

SK글로벌은 1조 5천억원대의 분식회계를 행한 것으로 드러났으며, 회사 측이 계상한 분식 금액 대부분이 30여 년간 누적되어 온 부실로 수년전부터 이월되어 온 사실이 확인되었다. 검찰에 따르면 SK글로벌의 전체 분식회계 금액 1조4,000억원 가운데 80%에 달하는 1조 1,000여억원이 2001년 회계연도 이전부터 외화외상매입금 등의 부외부채로 관리돼 오면서 부채로 계상되지 않았으며, SK글로벌측이 오래 전부터 이중장부를 만들어 천문학적 액수의 자금을 별도 관리한 것으로 추정되었다.[107*]

그런데 중요한 점은 대우그룹의 회계 부정 이후 감독기관의 관리 · 감독이 강화되었음에도 당시 SK글로벌 사건이 발생한 것이었다는 점과 같은 시점을 기준으로 보면 당시 기업의 1/5이 회계부정을 저지른 것으로 분석되었다는 것이다.[108*] 회계부정은 기업의 입장에서는 뿌리치기 매우 힘든 유혹이라는 점이 다시 한 번 확인된 것이다.

SK글로벌이 실행한 회계부정의 방법은 ① 외화외상매입금 누락 등으로, 회수된 매출채권을 미회수된 것으로 회계장부를 조작하여 가공 매출채권을 계상하고, 부도 발생으로 회수 불가능한 매출채권 등에 대하여 대손충당금을 과소계상하였으며, 거래협력업체 보증채무에 대한 대지급손실을 계열사가 발행한 CP를 매입한 것처럼 사실관계를 은폐한 후 가공의 예금으로 계상하였고, 과거의 매출원가율과 추세를 맞추기 위하여 재고수불부의 합계표 출고란을 조작하여 재고자산을 과소계상하였으며, 기한부 신용장 방식에 의한 수입물품 대금을 상환한 것처럼 회계처리하여, 매입채무 및 단기차입금 등을 누락하였다. 또한 ② 투자유가증권 과대계상 등으로 해외현지법인에 대한 지분법 적용시 허위로 작성된 재무제표를 근거로 평가함으로써 투자유가증권을 과대계상하였으며, 해외현지법인에 대한 지급보증액과 매출채권은 우발손실가능성이 높음에도, 이를 주석으로 기재하지 않는 방법을 사용하였다.[109*]

SK글로벌의 연도별 분식회계 금액[110*]은 아래와 같다.

107* 한국일보 2003.2.27.자 기사 참조(http://news.naver.com/main/read.nhn?mode =LSD&mid=sec&sid1=102&oid=038&aid=0000172469)

108* 문화일보 2003.3.12. 자 기사 참조(http://news.naver.com/main/read.nhn?mode= LSD&mid=sec&sid1=100&oid=021&aid=0000022932)

109* 금융감독원 보도자료 “SK글로벌(주) 등 2개 회사에 대한 감리결과 조치”(2003.8.20.) 참조.

110* 금융감독원 보도자료 “SK글로벌(주) 등 2개 회사에 대한 감리결과 조치”(2003.8.20.) 참조.

단위 : 백만원

구분	내 역	1999년	2000년	2001년
외화외상매입금 누락등	가공의 매출채권 계상	181,224	193,240	149,824
	대손충당금 과소계상	48,308	37,985	40,784
	예금등 과대계상	290,970	395,084	444,000
	재고자산 과소계상	-	△12,000	△67,000
	매입채무등 누락	564,398	958,584	1,181,052
	소 계	1,084,900	1,572,893	1,748,660
투자유가증권 과대계상 등	투자유가증권 과대계상	233,141	229,317	248,915
	우발손실 주석미기재	3,723,282	4,461,255	5,689,418
	소 계	3,956,423	4,690,572	5,938,333
자본에 미치는 영향		1,318,041	1,802,210	1,997,575
당기순이익에 미치는 영향		211,762	484,169	195,365

SK글로벌이 이러한 회계부정을 저지르게 된 것은 1970년대 중반 이후 수출드라이브 정책에 따른 외형성장 위주의 정책이 부실을 불렀고 무리한 해외투자와 그 실패, 외환위기로 인한 부실규모의 증가에 기인한다. 경영진은 무역회사의 특성을 이용하여 해외거래처에 대한 매출채권조회서를 위조하여 감사인에게 제출하고, 실제 채무자가 아님에도 해외현지법인과 통정하여 위조된 조회서를 감사인에게 제출하였으며 금융기관에 신용장 이용잔액 대신 개설한도만 기재하여 회신해 줄 것을 요청하여 금융기관으로부터 금융거래 조회서를 직접 회수하여 재작성 또는 조회서에 첨부된 세부명세를 제거하여 채두잔액을 누락시킨 후 편법으로 감사인에게 제출하는 등의 행위로 감사인의 정상적 외부 감사업무마저 방해하였다. [111*] SK글로벌의 회계부정은 그룹차원의 치밀하고 의도적인 분식과 채권금융기관의 방조, 회계법인의 부실감사가 빚어낸 결과라고 할 수 있다.

이처럼 회계부정이 일어날 경우, 그 피해는 선의의 투자자와 기업의 채권자, 기업자체 및 종업원에게 피해를 준다. 나아가 그룹 전체의 신용도 하락과 향후 기업의 존망과도 관련되어 매우 심각한 사회적 영향을 초래할 수밖에 없다. 더욱이 이러한 분식회계를 통하여 금융기관으로부터 부실대출을 초래하는 경우 금융사기로 더 큰 문제를 유발할 수 있다.

111* 강창원, 앞의 논문, 357면.

III. 사기죄의 기본 구조

회계부정을 통한 금융사기범죄를 살펴보기 전에 사기죄의 일반론을 살펴볼 필요가 있다. 형법 제347조는 '사람을 기망하여 재물의 교부를 받거나 재산상의 이익을 취득한 자'를 처벌하도록 규정하고 있는데, 이처럼 추상적 규정으로 인하여 불법이득의 목적, 기망행위, 재산상의 손해 등 구성요건 해석상의 문제가 발생하기 때문이다. 즉 기망행위의 개념, 기망의 구분 및 태양, 신의칙과 고지의무 등의 문제가 해결되어야 한다. 그런데 판례와 학설은 이러한 부분에서 많은 대립을 보이고 있어 이론적 근거를 바탕으로 현실의 범죄를 해결하기 위한 판례와 그 해결에 이론적 타당성의 근거를 제공하는 학설이 상호 접점을 찾지 못하고 있으며, 도그마틱적 난제가 상존해 있다.

(1) 보호법익[112*]

사기죄의 보호법익에 대한 주장들을 살펴보면, 먼저 재산이 주된 보호의 대상이지만 부차적으로 거래상의 진실성 및 신의성실도 보호된다는 견해[113*]가 있다. 이 견해는 기망자가 대가를 지급하여 피해자에게 재산상 손해가 없는 경우에도 기망행위가 신의칙에 반하는 경우에는 사기죄가 성립할 수 있다고 한다. 다음으로 보호법익은 전체로서의 재산이며 거래의 신의칙이나 처분의 자유는 보호법익이 아니라는 견해[114*]가 있다. 이 견해는 재산상의 손해가 있어야 사기죄가 성립하므로 피해자에게 상당한 대가를 지급하였을 경우에는 전체재산의 손해가 없으므로 사기죄가 성립하지 않는다고 한다. 또 다른 주장으로는 개개의 재산과 의사결정의 자유라는 견해[115*]가 있다.

이에 대해 대법원은 "사기죄는 타인을 기망하여 그로 인한 하자있는 의사에 기하여 재물의 교부를 받거나 재산상의 이익을 취득함으로써 성립하고 사기죄의 본질은 기망에 의한 재물이나 재산상 이익의 취득에 있고 이로써 상대방의 재산이 침해되는 것이므로, 상대방에게 현실적으로 재산상 손해가 발생함을 요하지 아니한다"고

112* 이승준, "과장·허위광고와 사기죄의 기망 -判例를 중심으로-", 형사법연구 제21권 제1호, 2009, 329면 이하 참조.

113* 임 웅, 형법각론(제3정판 보정), 법문사, 2011, 358면.

114* 김일수/서보학, 형법각론(7판), 박영사, 2007, 416면; 박상기, 형법각론(제8판), 박영사, 2011, 299면; 안경옥, "사기죄에 관한 입법론적 검토", 형사법연구 2004 겨울 특집호, 797면; 이재상, 형법각론(제9판), 박영사, 2013, 326면; 안경옥, "사기죄에 관한 입법론적 검토", 형사법연구 제22호, 2004, 797면; Tröndle/Fischer, StGB, 51. Aufl., §263 Rn.3; Lackner/Kühl, StGB, 25. Aufl., §263 Rn.2

115* 오영근, 형법각론(제2판), 박영사, 2010, 399면.

함으로써[116*] 개별적 재산설을 취하고 있는 것으로 볼 수 있다. 즉 사기죄의 보호법익을 개별적인 재물 또는 재산상의 이익으로 파악하면서, 피기망자가 처분행위를 하면 대가의 지급에 의한 전체재산의 손해 여부를 따지지 않고 곧바로 개별적인 재산이 침해된다고 보는 것이다.

생각건대 보호의 객체와 행위의 객체는 다르며, 거래의 진실성 또는 신의칙을 보호법익으로 하는 경우 사기죄를 개인적 법익을 침해하는 재산범죄로 보기에는 무리가 있으며 사기죄가 사회적 법익에 관한 죄처럼 변질되게 되므로 보호법익은 전체로서의 재산으로 보는 것이 타당하다고 하겠다. 그리고 공갈죄의 보호법익에 재산권과 함께 의사의 자유가 포함되는 것은 자유권이 공갈행위로 인해 침해되는 독자적인 법익이기 때문이므로 사기죄의 경우와는 달리 보아야 할 것이다.

(2) 행위[117*]

기망행위에 대하여 대체로 허위의 의사표시와 이로 인한 착오를 이용한다는 점에 동의하고 있다. 즉 허위의 의사표시에 의하여 타인을 착오에 빠뜨리는 일체의 행위라는 견해가 일반적이다.[118*] 타인의 착각을 유발하거나 상대방의 기존의 착각을 이용하는 등 허위의 의사표시에 의해 사람을 착오에 빠지게 하는 일체의 행위를 의미하는 것이다.[119*] 기망의 사전적 의미는 '남을 속여 넘김'에 그친다[120*]. 여기서 지금까지의 기망행위에 대한 개념정의에 의문이 생긴다. 학설은 대체로 허위의 '의사표시'를 요하고, 이러한 의사표시로 상대방이 '착오'에 빠질 것을 요구해 왔다. 반면 판례는 기망행위에 대하여 재산상의 거래관계에 있어서 서로 지켜야 할 신의와 성실의 의무를 저버리는 것으로서 모든 적극적 또는 소극적 행위라고 정의하고 있다.[121*]

생각건대 기망행위에 대한 정의는 판례의 태도가 타당하다고 하겠다. 의사표시로서 제한할 필요가 없으며, 의사표시로 제한할 경우 거동에 의한 경우 등 협의의 의사표시로 볼 수 없는 행위를 설명하기 위해 또다른 개념을 차용해 와야만 하기 때문이다.

116* 대판 2003.12.26, 2003도4914. 그러나 허위 · 과장광고 판결에서는 거래의 진실성이나 의사결정의 자유도 사기죄의 보호법익인 것처럼 보일 여지도 있다.

117* 이승준, "과장·허위광고와 사기죄의 기망 -判例를 중심으로-", 329면 이하 참조.

118* 김일수/서보학, 형법각론, 420면; 박상기, 형법각론, 302면; 배종대, 형법각론(제6전정판), 홍문사, 2007, 439면.

119* 한정환, "사기죄에서의 기망과 재산상의 이익취득", 형사법연구 제12호, 1999, 334면.

120* 국립국어원 표준국어대사전(http://stdweb2.korean.go.kr/search/List_dic.jsp).

121* 대판 1983.6.28, 83도1013.

이러한 기망행위는 그 대상과 관련하여, 순수하게 사실주장에 한정할 것인지, 아니면 가치판단 또는 의견진술까지도 포함되는지 견해가 대립되고 있다. 독일의 경우 형법 제263조는 명문으로 기망행위의 대상을 사실로 한정하고 있으나,[122*] 우리 형법의 경우 명문의 규정이 없어 견해 대립이 발생한다.

생각건대 순수한 가치판단 내지 의견은 경험칙에 의해 확정된 결론이 아니라 개인적 · 주관적으로 해석될 수 있는 것이므로 기망행위의 대상에서 제외함이 타당하다.[123*] 사기죄의 무분별한 확대를 방지하기 위해서는 순수한 가치판단과 의견진술은 기망에서 제외하는 것이 바람직하다. 그러나 형법의 문언해석상 독일과 달리 사실에 한정할 필요가 없다. 다만 가치판단과 사실주장이 명확히 구분되는 것은 아니며, 가치판단도 사실주장을 포함할 수 있으며, 경우에 따라서는 내적 사실과 유사하게 보일 수도 있다. 따라서 가치판단이 사실주장을 포함하는 경우에는 기망의 대상이 되며, 사실주장과 가치판단의 구별은 기망행위의 내용이 구체적으로 증명할 수 있는 객관적 의미내용을 포함하고 있는지에 따라서 판단해야 할 것이다.[124*] 이때 사실에 관한 것이면 법률관계 법률효과 불문하며, 동기, 용도와 같은 내적 사실도 포함된다.

IV. 회계부정과 금융사기

회계부정은 그 자체로 주식회사의 외부감사에 관한 법률 위반 및 상법 위반이 된다. 여기에서 더 나아가 회계부정으로 조작된 재무제표를 활용하여 기업의 현황상 변제능력이 없음에도 불구하고 자본을 차입한다면 사기죄가 성립한다. 분식회계 등을 통한 회계부정으로 금융기관에 부정 · 불량대출을 신청할 경우 재산상의 이익을 위하여 적극적인 작위를 통해 기망행위를 하였으며, 이로 인해 금융기관이 대출실행을 위한 성실한 주의의무를 다하였음에도 불구하고 회사의 부실한 경영환경을 파악할 수 없도록 착오를 유발하였으므로 사기죄가 성립한다고 볼 수 있다. 이 경우 피해자는 1차적으로는 금융기관이라고 할 수 있다. 그러나 금융기관의 예금자, 채권자, 주주

122* § 263 (1) Wer in der Absicht, sich oder einem Dritten einen rechtswidrigen Vermögensvorteil zu verschaffen, das Vermögen eines anderen dadurch beschädigt, daß er durch Vorspiegelung falscher oder durch Entstellung oder Unterdrückung wahrer Tatsachen einen Irrtum erregt oder unterhält, wird mit Freiheitsstrafe bis zu fünf Jahren oder mit Geldstrafe bestraft.

123* Tröndle/Fischer, StGB, § 263 Rn.8; Lackner/Kühl, StGB, § 263 Rn.5

124* 이재상, 형법각론, 333면; Tröndle/Fischer, StGB, § 263 Rn.5

등도 채권의 회수불능으로 인해 2차적인 손해를 입을 수밖에 없으며, 최악의 경우 공적자금 투입으로 금융기관과 무관한 일반 국민도 간접적인 피해를 입을 수 있다.

분식회계에 의해 재무제표 등으로 금융기관을 기망하여 대출을 받은 이상, 충분한 담보가 제공되었다거나 피해자의 전체 재산상에 손해가 없고, 사후에 대출금이 상환되었다고 하더라도 사기죄의 성립에는 영향이 없다.[125*]

기업의 회계부정을 통한 금융사기는 사회적 법익에 관한 죄처럼 파악될 가능성이 다소 커지나 사기죄의 보호법익을 전체로서의 재산으로 파악하더라도 사기죄가 성립한다는 결론에서 차이가 발생하는 것은 아니다.

125* 대판 2005.4.29, 2002도7262; 대판 2012.1.27, 2011도14247.
이들 판례는 분식회계를 통해 대출을 받은 이상 '변제의사와 변제능력의 유무'도 사기죄의 성립에는 영향이 없다고 한다. 그러나 회계부정을 통한 대출 사기에 있어서도 변제의사와 변제능력의 존재 여부는 사기죄의 성립에 있어 매우 중요한 기준이 된다. 분식회계가 있는 경우 변제의사와 변제능력은 대출금 변제와 같이 사기죄의 범행 종료 이후 고려되는 부차적 사정이 아니며, 분식회계에 의해 이미 변제능력에 대한 기망이 있었던 것으로 이해하여야 한다. 변제의사와 변제능력의 유무가 사기죄의 성립에 무관한 사정이 아닌 것이다.

제2절 과장 · 허위광고와 사기[126*]

Ⅰ. 서설

기업은 기본적으로 재화를 생산 · 유통하거나 서비스를 판매하여 유지, 발전된다. 여기서 이윤을 극대화하기 위해서는 재화와 서비스의 판매가 증대되어야 하며, 판매 증대를 위해서는 적극적인 광고와 마케팅에 치중할 수밖에 없다. 여기서 과장 · 허위광고로 인한 부정한 매출 증대의 유혹이 도사리고 있다.

사기죄는 원래 문서위조죄와 위증죄에서 유래하였다. 이후 적용에 있어서는 재산적 법익의 주요범죄이며 이른바 '민8사건'으로 가장 빈발한 적용을 받고 있으나, 거래의 진실성이 보호법익이 되는가에 따라 다시 문서위조죄의 성격이 부각되고 있다.

헌법은 제119조 제1항에서 "대한민국의 경제질서는 개인과 기업의 경제상의 자유와 창의를 존중함을 기본으로 한다"라고 규정하여 자유시장경제질서임을 선언하고 있다. 자본주의 사회에서 개인의 이윤추구는 이처럼 헌법에 의해 보장되고 있으며, 개인과 개인, 개인과 기업의 거래관계에 국가가 개입하여 형벌권을 행사하는 것은 공동체의 유지와 공동의 법익을 위해 필요불가결한 경우로 제한되어야만 한다. 그리하여 개인과 개인의 상거래에서는 매도인측의 이윤추구를 위해 어느 정도의 과장과 과대선전이 포함되어 있으며, 매수인측에서도 이러한 점을 감안하여 계약체결에 응하는 것을 사회통념적으로 어느 정도 수용하고 있다. 자유시장경제질서하에서 재화와 용역의 거래관계는 계약자 쌍방의 합의하에 성립되므로 매수자 또는 이용자의 자율적 · 독자적 판단에 의해 이뤄진 청약과 그에 대한 승낙은 분쟁발생 전단계에서는 형법의 개입을 자제토록 하고 있는 것이다.

그러나 앞서 본 헌법 제119조는 제2항에서 '시장의 지배와 경제력의 남용을 방지하며, 경제주체간의 조화를 통한 경제의 민주화를 위하여 경제에 관한 규제와 조정'을 할 수 있음을 규정하고 있다. 여기에서 현실적으로 헌법의 대이념을

126* 이승준, "과장·허위광고와 사기죄의 기망 -判例를 중심으로-", 329면 이하 재구성.

존중하면서도 경제주체간의 비정상적인 거래관계에 국가가 개입할 여지가 발생하게 된다.

그리고 최근 건설회사의 아파트 분양처럼 거래가액이 큰 부동산 거래에 있어서 기업측의 과대 · 허위광고로 인하여 매수인이 예기치 못한 중대한 피해를 보는 경우가 빈발하고 있다. 즉 국가에 의해 경제주체간의 거래에 개입이 요구되는 상황이 많아졌으며, 이러한 상황에 대해 형법은 국가형벌권의 발동을 통해 분쟁에 개입할 수밖에 없게 되었다. 거래대상의 대규모화, 고액화로 인하여 거래 일방의 과도한 과장이나 허위의 광고 방법을 통한 계약의 성립에 대하여 타방의 재산적 법익을 보호할 필요성과 그 범위가 확대되고 있는 것이다.

여기서 과대 · 허위광고와 사기죄의 성부 문제는 광고의 일방성과 다전파성을 고려할 때 실제의 상거래 관계에서 사기죄로 규율하여야 하는 기망행위로서의 과장 · 허위광고는 과연 어디까지인지, 매수자 내지 이용자가 수인할 수 있는 한도를 찾아 경계를 명확히 해보고, 이 경우 규율대상에서 제외되는 경우 그 법적 구성을 어떻게 할 것인지의 쟁점이 핵심이라고 할 수 있다.

II. 과장 · 허위광고와 기망행위의 성부

1. 과장 · 허위광고의 의의

형법은 모호하게나마 기망행위만을 규정하고 있고, 사기죄에서의 과장 · 허위광고의 개념에 대해서는 전혀 정의내리지 않고 않다. 그러나 이러한 형법과 달리 표시 · 광고의 공정화에 관한 법률(법률 제12380호, 2014.1.28., 일부개정)에서는 제3조 제1항에서 "사업자 등은 소비자를 속이거나 소비자로 하여금 잘못 알게 할 우려가 있는 표시 · 광고 행위로서 공정한 거래질서를 해칠 우려가 있는 다음 각 호의 행위를 하거나 다른 사업자 등으로 하여금 하게 하여서는 아니 된다."고 하면서 제1호에서 '거짓 · 과장의 표시 · 광고'를, 제2호에서 '기만적인 표시 · 광고'를 규정하고 있다. 그리고 동법 시행령에서 "거짓 · 과장의 표시 · 광고는 사실과 다르게 표시 · 광고하거나 사실을 지나치게 부풀려 표시 · 광고하는 것으로 한다."고 하며, "기만적인 표시 · 광고는 사실을 은폐하거나 축소하는 등의 방법으로 표시 · 광고하는 것으로 한다."고 하여 허위 · 과장광고의 개념에 대해 정의를 내리고 있다.

형법과 마찬가지로 대법원도 사기죄 판단에서 허위·과장광고의 개념을 명확히 밝힌 바는 없다. 사기죄의 성부 판단에서 "일반적으로 상품의 선전·광고에 있어 다소의 과장, 허위가 수반되는 것은 그것이 일반 상거래의 관행과 신의칙에 비추어 시인될 수 있는 한 기망성이 결여된다고 하겠으나 거래에 있어서 중요한 사항에 관하여 구체적 사실을 거래상의 신의성실의 의무에 비추어 비난받을 정도의 방법으로 허위로 고지한 경우에는 과장, 허위광고의 한계를 넘어 사기죄의 기망행위"라고 판시하고 있다.[127*] 다만 표시·광고의 공정화에 관한 법률위반 사건에서는 사기죄와 달리 "법 제3조 제1항 제1호에서 말하는 허위·과장의 광고는 사실과 다르게 광고하거나 사실을 지나치게 부풀려 광고하여 소비자를 속이거나 소비자로 하여금 잘못 알게 할 우려가 있는 광고행위로서 공정한 거래질서를 저해할 우려가 있는 광고"라고 설시하였다.[128*] 그리고 이러한 개념 정의와 논리 전개는 과장·허위광고에 대한 일관적인 판례의 흐름이라고 할 수 있겠다.

여기서 허위광고는 '어떤 소비자가 광고를 받아들일 때의 기대치와 소비자의 지각과정에 도입될 때 그의 지각과정의 산물이 현실의 상황과 다르고, 그 광고로 인해 소비자에게 손실을 초래하는 광고'이며, 과장광고는 '애매모호한 은유적인 표현을 이용하여 상품의 품질을 과장하여 전달함으로써 소비자의 구매의사를 오인시킬 수 있는 광고'라고 정의하는 견해[129*]가 있다. 사전적으로 과장(誇張)이란 사실보다 지나치게 불려서 나타냄을 의미하며,[130*] 허위(虛僞)란 진실이 아닌 것을 진실인 것처럼 꾸민 것을 뜻한다.[131*] 광고(廣告)란 상품이나 서비스에 대한 정보를 여러 가지 매체를 통하여 소비자에게 널리 알리는 의도적인 활동을 말한다.[132*] 이 중 형법에서 문제되는 광고의 범위는 용기·포장 및 라디오·텔레비전·신문·잡지·음악·영상·인쇄물·간판·인터넷 그 밖의 방법에 의하여 제품 등의 명칭·제조방법·품질·영양가·원재료·성분 또는 사용에 대한 정보를 관련법에서 요구되는 단순한 표기를 넘어 판매의 향상을 위해 나타내거나 알리는 행위로 제한할 수 있을 것이다.

그렇다면 여기서 과장광고와 허위광고의 법적 개념과 그 구성요건적 취급에 있어 차이를 두어야만 하는 것은 아닌지 의문이 발생하게 된다. 과장광고와 허위광고 모두

127* 대판 1992.9.14, 91도2994; 대판 1993.8.13, 92다52665; 대판 2002.2.5, 2001도5789.

128* 대판 2005.2.18, 2003두8203.

129* 한국형사정책연구원, 허위과장광고의 규제실태 및 개선방향, 1999, 40면 이하.

130* 국립국어원 표준국어대사전(http://stdweb2.korean.go.kr/search/View.jsp).

131* 국립국어원 표준국어대사전(http://stdweb2.korean.go.kr/search/List_dic.jsp).

132* 국립국어원 표준국어대사전(http://stdweb2.korean.go.kr/search/List_dic.jsp).

독자적으로 기망행위성이 인정될 수 있는지, 아니면 과장광고는 사회적으로 용인되는 수준에 불과하여 허위광고만이 기망행위로 될 수 있는지, 그것도 아니면 과장광고와 허위광고는 단계적 개념으로 과장광고도 일정 정도를 넘어서면 허위광고로서 기망행위가 될 것인지가 문제되는 것이다. 결국 과장광고와 허위광고의 개념은 법적 구성에 대한 결론 검토에 따라 정해진다고 볼 수 있다.

2. 과장 · 허위광고의 법적 구성

(1) 견해의 대립

과장 · 허위광고의 법적 구성에 대한 학설의 대립은 크게 3가지 입장으로 나눌 수 있다. 즉 신의칙에 따라 기망행위성을 부정하는 견해와, 허위광고만을 신의칙에 따라 판단하는 견해, 정당행위로 위법성이 조각될 수 있다는 견해이다.

첫 번째 견해는 신의칙을 근거로 하여 사기죄의 기망행위에 해당되지 않는다며 구성요건해당성을 부정하는 견해로 다수에 의해 주장되고 있다. 허위광고와 과대광고를 구별하지 않고 상거래상의 신의칙과 관행에 반하지 않는 정도의 과대 · 허위광고는 기망행위에 해당하지 않는다고 한다.[133*] 상품매매에서 어느 정도의 과장 또는 허위의 광고 · 선전이 상관행상 시인되고 있으므로 이 정도의 광고 · 선전은 기망에 해당하지 않으나, 이 정도를 넘어 구체적으로 증명할 수 있는 사실을 들어 허위광고하는 것은 거래상의 신의칙에 반하여 기망에 해당된다고 한다. 광고에서는 다소의 과장이 수반될 수 있는데 어느 정도의 과대광고가 허용될 것인가는 일반 상거래의 신의칙과 관행에 따라 해결해야 된다고 본다.[134*] 상거래상 상관행으로 승인되는 과장, 허위의 광고 · 선전은 상대방이 다소 착오를 일으켰더라도 기망행위 자체를 구성하지 않는다는 것이다.

다음으로 두 번째 견해는 앞의 견해와 달리 허위광고만을 기망의 대상에 포함되는지 판단한다. 즉 상거래상 허용될 수 있는 정도의 과장광고는 기망행위에 해당하지 않지만 구체적으로 증명할 수 있는 사실을 들어 내용이 허위인 허위선전 · 광고는 기망행위에 해당된다고 한다.[135*] 이 학설은 예컨대 상등품,

133* 임 웅, 형법각론, 345면; 김일수/서보학, 형법각론, 427면.

134* 임 웅, 형법각론, 345면.

135* 박상기, 형법각론, 313면; 이재상, 형법각론, 333면; 이형국, 형법각론, 법문사, 2007, 380면; 정성근/박광민, 형법각론(제3판), SKKUP, 2013, 371면.

최고품이라고 하는 것과 같은 추상적인 과장광고는 허용되지만, [136*] 효과 없는 식료품을 암 특효약이라고 거짓선전하여 환자에게 판매하거나, 농산물의 생산지를 속여 고가로 판매하는 행위는 사기죄를 구성한다고 한다. [137*] 여기에는 일반적으로 통용되는 과장광고는 기망과 무관하나 거래의 본질적 내용에 대한 과장은 적극적 허위가 되어 사기죄를 구성할 수 있는 가능성이 있다는 견해[138*]도 포함될 수 있다. 일반적으로 통용되는 과장광고는 현대 산업사회의 소비구조가 과대 · 과장광고의 홍수와 맞물려 있기 때문에 최소한 광고내용을 액면 그대로 받아들이는 소비자가 스스로 책임을 부담해야 하므로, 사기죄의 기망과 무관하다고 본다. [139*] 그러나 이를 넘어 거래의 본질적 내용에 대한 과장은 적극적 허위가 되어 사기죄를 구성할 가능성이 있다고 한다.

마지막으로 세 번째 견해는 허위광고와 과장광고를 기망의 기초되는 사실이 '사실'에만 한정할 경우에는 허위광고에 대해서만 기망의 대상이 되지만, '가치판단 내지 의견'까지도 포함할 경우에는 과장광고도 기망의 대상이 된다고 전제하면서, 독일 형법 제263조와 달리 형법 제347조는 사람을 기망하여 재물의 교부를 받거나 재산상의 이익을 취득한 자로만 규정하고 있으므로 사실판단뿐만 아니라 가치판단도 기망의 대상이 되어 과장광고도 기망의 대상이 된다고 한다. [140*] 이를 바탕으로 이 견해는 허위 · 과장광고는 구매자들에게 사실이 아닌 것을 믿게 하거나, 구매충동을 일으켜 상품을 구매하도록 유도할 목적을 가지고 있는 것이라면 분명히 기망에 해당되며, 단지 이것이 일반 상거래상의 관행을 넘어서지 않을 정도라면 형법 제20조의 정당행위 중 기타 사회상규에 위반되지 않는 행위로서 위법성이 조각된다고 한다. [141*]

이에 대해 대법원은 대형 백화점의 변칙세일사건에서, "일반적으로 상품의 선전, 광고에 있어 다소의 과장, 허위가 수반되는 것은 그것이 일반상거래의 관행과 신의칙에 비추어 시인될 수 있는 한 기망성이 결여된다고 하겠으나 거래에 있어서 중요한 사항에 관하여 구체적 사실을 거래상의 신의성실의 의무에 비추어 비난받을 정도의 방법으로 허위로 고지한 경우에는 과장, 허위광고의 한계를 넘어 사기죄의

136* 이재상, 형법각론, 333면. 이 견해는 사실주장과 가치판단의 한계로서 문제되는 것이 과장광고 내지 허위광고라는 전제에 있다.

137* 이형국, 형법각론, 380면.

138* 배종대, 형법각론, 446면.

139* 배종대, 형법각론, 446면.

140* 김태수, "허위·과장광고의 사기죄 성부", 법학논문집, 제31집 제1호, 2007, 중앙대학교 법학연구소, 650면 이하.

141* 김태수, 앞의 논문, 660면.

기망행위에 해당한다"고 판시[142*]한 이후, 이러한 판결은 최근 판결까지 변하지 않는 흐름으로 자리잡았다.[143*] 즉 거래에 있어서 중요한 사항에 관하여 구체적 사실을 거래상의 신의성실의 의무에 비추어 비난받을 정도의 방법으로 허위로 고지한 경우에는 일반상거래의 관행과 신의칙에 비추어 시인될 수 있는 기망성이 결여된 과장, 허위광고의 한계를 넘어 사기죄의 기망행위에 해당된다는 것이다. 상거래의 관행과 신의칙에 비추어 비난받을 정도가 아닌 경우에는 기망성이 결여된 과장, 허위광고의 한계 내에 있게 되나, 비난받을 정도로 허위를 고지한 경우에는 한계를 넘어선 기망행위로 파악하고 있는 듯하다. 다만 최근 들어 기획부동산 관련 업체가 지방자치단체의 특정 용역보고서만을 근거로 확정되지도 않은 개발계획이 마치 확정된 것처럼 정보를 제공하여 매수인들과 토지매매계약을 체결한 사안에서 "확정되지도 아니한 개발계획이 마치 확정된 것처럼 허위 또는 심히 과장된 정보를 제공하여 매수인들의 판단을 흐리게 하여 매매계약을 체결하였는바, 이는 일반 상거래의 관행과 신의칙에 비추어 시인될 수 있는 정도를 벗어나 거래에 있어서 중요한 사항에 관하여 구체적 사실을 거래상의 신의성실의 의무에 비추어 비난받을 정도의 방법으로 허위로 고지한 경우"라고 하여,[144*] 신의성실의 의무에 비추어 비난받을 정도의 방법으로 허위로 고지한 '허위광고'와 단순한 과장광고가 아닌 '심히 과장된 과장광고'만이 기망행위에 해당된다는 듯한 뉘앙스를 풍기고 있다.

(2) 소결

기망의 대상은 사실에 관한 것이면 법률관계, 법률효과를 불문하며, 동기, 용도와 같은 내적 사실도 포함된다. 이처럼 기망행위의 대상에 가치판단이 제한적으로 포함될 경우, 허위광고 뿐만 아니라 과장광고도 기망행위성이 인정될 수 있는 범위에 포섭될 수 있다. 허위·과장광고의 문제는 가치판단과 사실주장의 한계와 연결되어 있는 문제로서 자본주의사회의 거래관계에서 그 해결이 점점 더 어려워지는 영역이라고 할 수 있다. 단순히 민사적으로 계약의 취소에 그칠 것인지, 아니면 행정적으로 행정처분이 발해질 것인지, 나아가 사기죄의 인정을 통한 가장 강력한 형벌권이 발동되어야 할 것인지 그 구체적 기준을 설정하기가 쉽지 않다.

생각건대 허위광고와 과장광고는 분리하여 규율하여야 한다. 광고라는 특성을 고려할 필요가 있으며, 허위와 과장의 문언적 의미를 도외시할 수 없기 때문이다.

142* 대판 1992.9.14, 91도2994.

143* 이러한 경향은 이후 판결인 대판 2007.1.25, 2004도45과 대판 2008.10.23, 2008도6549에까지 이어지고 있다.

144* 대판 2008.10.23, 2008도6549.

소비자는 텔레비전, 신문, 인터넷 등 일방향적 통신에 의해 접하는 광고로 인해 제공되는 정보에 대해 정확한 판단을 내리기 쉽지 않다. 정보의 균형성과 접근가능성이 소비자에게는 매우 제한되어 있기 때문이다. 그리고 과장은 정도(程度)의 문제이며, 허위는 유무(有無)의 문제라고 할 수 있다. 여기서 과장광고는 사실을 지나치게 부풀려 소비자의 오인으로 구매의사 결정에 실질적이고 결정적인 영향을 준 광고라고 정의할 수 있으며, 허위광고는 사실과 다르게 광고하여 소비자를 속여 구매의사 결정에 실질적이고 결정적인 영향을 준 광고라고 정의내릴 수 있다. 이러한 정의를 토대로 양자의 법적 구성을 살펴볼 수 있다.

일반적으로 통용되는 과장광고는 현대 산업사회의 소비구조가 과대 · 과장광고의 홍수와 맞물려 있기 때문에 최소한 광고내용을 액면 그대로 받아들이는 소비자가 스스로 책임을 부담해야 한다는 것은 소비자의 위험영역을 지나치게 확대하는 것으로 지나친 주의의무를 요구하는 것이다. 그리고 허위 · 과장광고는 구매자들에게 사실이 아닌 것을 믿게 하거나, 구매충동을 일으켜 상품을 구매하도록 유도할 목적을 가지고 있는 것이라면 분명히 기망에 해당되며, 단지 이것이 일반 상거래상의 관행을 넘어서지 않을 정도라면 형법 제20조의 정당행위 중 기타 사회상규에 위반되지 않는 행위라는 주장은 일면 타당성이 있다. 그러나 과장광고와 사기죄 모두 각각 기망행위의 대상이 될 수 있다. 기망행위의 대상은 사실에만 한정되는 것은 아니다. 따라서 '과장광고 → 허위광고 → 기망'이라는 단계적 개념이 아니라, '과장광고 → 기망', '허위광고 → 기망'으로 될 수 있는 개념이나, 기망행위가 인정됨에 있어 문언의 의미와 상관행을 고려해 볼 때 그 정도와 강도가 과장광고의 경우 더 강력한 정도를 필요로 한다고 하겠다. 또한 기망에까지 이르지 않은 과장 · 허위광고는 구성요건해당성을 인정하여 사회상규로 위법성이 조각된다고 보기에는 사기죄의 성립을 지나치게 확대하는 것이며, 신의칙에 의해 용인되는 경우 기망행위가 되지 않는다는 모호한 구성보다는 사회적 상당성이 인정되는 경우로 구성요건해당성이 인정되지 않는다고 보는 것이 타당해 보인다. 그리고 이때 기망행위가 되는가는 경제생활과 결부되어 비정상적인 행동으로 사회적 행위자유에서 벗어나 소비자의 구매의사결정에 '결정적이면서, 실질적인 영향'을 주었는가가 될 수 있다. 착오를 일으킬 수 있는 기망행위가 되었는지의 여부에 있어 피기망자가 실제 상품의 구매의사결정에 있어 받아들이는 구체적 사정을 고려할 필요가 있는 것이다.

III. 과장 · 허위광고에 대한 기망행위 판단의 기준정립

1. 일반적 기준

대법원은 ① 거래에 있어서 중요한 사항에 관하여 ② 구체적 사실을 ③ 신의성실의 의무에 비추어 비난받을 정도의 방법으로 허위로 고지한 경우에는 기망행위가 되어 ④ 그 사술의 정도가 사회적으로 용인될 수 있는 상술의 정도를 넘은 경우에는 사기죄의 기망행위를 구성한다고 보고 있다.[145*] 여기에서 판례도 기망행위에 해당하는가는 거래의 상황, 상대방의 지식, 경험, 직업 등 행위 당시의 구체적 사정을 고려하여 일반적 · 객관적으로 결정하여야 한다는 입장을 취하고 있다고 볼 수 있다[146*].

그리고 이러한 판례에 기반하여 기망행위의 해당여부에 대한 판단기준으로 거래의 중요한 사항에 관한 구체적 사실(기망의 대상), 거래상의 신의성실의 의무에 비추어 비난받을 정도의 방법으로 허위로 고지(기망의 정도)라고 제시하는 견해가 있다.[147*] 이 견해는 광고에서 선전한 내용이 거래관념상 중요한 의미가 없고 합리적인 인간이라면 위 광고가 기망행위가 아니라고 하여야 하지만, 반대의 경우로 거래관념상 중요한 의미가 있고 합리적인 사람이 진지하게 받아들여 계약 등을 체결하는 동기가 되었다면 기망행위가 되고, 기망행위의 정도는 법익침해의 위험 즉 착오에 빠져 재산을 처분하는 위험의 정도에 의하여 결정해야 된다고 한다.

생각건대 판례의 ①②③④의 기준은 불명확하며, 신의칙이라는 일반조항으로 지나치게 도피하는 것이라고 하겠다. 그리고 계약 당사자에게 구체적으로 어느 정도의 광고가 기망에 해당할지 예측가능성이 담보되지 않는다. 또한 민법 제110조 제1항에서 규정하고 있는 '사기나 강박에 의한 의사표시는 취소할 수 있다'라는 조항과의 관계에서도 문제가 된다. 취소권의 발생을 가져오는 민법 제110조 제1항의 사기에 의한 의사표시의 경우, 사기의 고의와 기망(사기)행위의 존재, 인과관계, 기망행위의 위법성을 요건으로 하고 있는데,[148*] 단순히 계약의 취소권을 발생시키는 경우에도 위법한 기망행위의 여브가 신의칙 및 거래관행 등을 고려하여 구체적 사안에

145* 대판 1993.8.13, 92다52665.

146* 대판 1992.3.10, 91도2746.

147* 장승혁, "과장광고와 사기죄의 성부", 판례와 실무, 인천지방법원, 2004, 345면 이하.

148* 김형배, 민법학강의(제9판), 신조사, 2010, 230~231면.

따라 검토된다는 일반적 기준[149*]이 형법에서 국가형벌권을 발생시키는 사기죄의 기망행위 판단의 ①②③④의 기준과 동일한 것[150*]은 양자의 법적 차이를 간과하고 같은 판단의 척도를 적용한다는 점에서 적절하다고 할 수 없다.

따라서 과장, 허위광고의 기망행위성을 판단하기 위해서는 1차적으로 판단주체(연령, 지능), 거래관계(거래일시, 장소), 거래내용(모험적 거래, 통상적 거래 등), 거래관행, 거래당사자의 지식 · 경험 · 직업, 거래규모 및 재화의 가액, 거래에서의 중요성, 소비자의 가격교량가능성, 신뢰보호의 필요성 등을 토대로 추상적으로 판단하여야 한다. 예컨대 노인들의 신체적 · 심리적 취약점을 교묘히 악용하여, 경품당첨, 공공기관 설문조사 등을 사칭한 전화 유인판매, 홍보관 · 체험관 방문, 효도관광 등을 가장한 이벤트성 강매의 경우, 일반 성인들과 달리 노인들의 연령과 거래관계, 지식, 경험 등을 고려할 때 재화와 용역에 대한 경한 정도의 과장이나 허위만으로도 기망행위라고 인정할 수 있을 것이다.

그러나 이러한 추상적인 기준만을 고려할 경우, 민법상 사기에 의한 취소 또는 민사소송법상 손해배상청구의 기준과 동일한 기준을 적용하는 것이 되어 민사사건과 형사사건의 본질적 차이를 고려한 적절한 판단이라고 할 수 없다. 더욱이 과장광고와 허위광고에 대해서는 시정조치, 영업정지 등 비형법적 규제에 의해 제재가 가해질 수 있다. 여기서 형법이 사기죄의 적용을 통해 개입할 영역이 과연 어디인가를 '일반원칙이 구체화된 기준'에 따라 판단할 필요성이 생긴다.

2. 구체적 기준

과장 · 허위광고의 기망행위성을 판단하는 구체적인 기준으로, 과연 어느 정도에서 과장, 허위광고에 대해 기망행위를 인정할 수 있을 것인지의 관점에서 소비자의 구매의사결정에 결정적이면서, 실질적인 영향을 주었는가를 판단하는 척도로 다음의 세 가지를 상정해 볼 수 있다. 이러한 기준은 판례가 민사사건에서 취하고 있는 기준과의 차별화에서 출발하는데, 당해 광고로 인해 소비자의 재산권을 침해하면서 다른 상품 또는 용역에 대한 선택의 가능성을 박탈하고 그로 인해 소비자의 선택이나 행동에 영향을 미쳤는가가 기망행위성 판단의 핵심이 되며, 기망의 개념과 유리된

149* 김형배, 앞의 책, 231면 등. 이러한 기준은 민법학계에서 이견이 없다고 한다.

150* 백화점 변칙세일에 대한 손배배상청구 민사판결인 대판 1993.8.13, 92다52665 판결이 형사판결인 대판 1992.9.14, 91도2994과 동일한 취지로 판시하고 있다.

개념이 아니라 기망행위의 개념을 전제로 한다고 하겠다. 즉 불확실성, 비객관성, 오인가능성이 구체적 기준으로 작동할 수 있다.

우선 과장·허위광고가 기망행위가 되는지 여부의 첫 번째 기준은 불확실성이 될 수 있다. 이는 거래의 목적물에 대하여 불확실한 사실을 확실한 사실로 광고하는 경우에 인정된다. 즉 객관적으로 인정받지 못하거나 확인할 수 없는 최상급의 표현 등을 사용함으로써 광고를 받아들이는 상대방으로 하여금 목적물의 등급에 대하여 착오를 일으키게 하는 것이다. 이 기준은 판례의 '거래상 중요한 사실에 대한 허위'의 고지를 보다 구체화한 것으로 볼 수 있다. 예컨대 한우 고기의 등급이 1+ 등급으로 우수한 품질이기는 하나 1++등급이 상위에 있음에도 불구하고 최상급이라고 표시하는 경우나, 부동산의 경우에는 부동산의 자산가치에 대하여 해당지역에서 현존 최고라거나 그 가치의 상승이 최고라고 표현하거나, '근거리, 강남권 30분대 진입, 명문학군'등으로 표시하는 경우가 여기에 해당된다. 마찬가지로 성형외과병원에서 성형수술광고에 부작용이 전혀 없다고 하는 것도 여기에 포함된다고 볼 수 있다. 구체적으로 하나의 방법으로 검증하기가 쉽지 않은 조건에 대하여 최고, 최상, 명문, 최근이라는 표현[151*]을 하여 확실하지 않은 사실을 확실한 사실인양 오인케 하는 경우에는 기망에 해당된다. 다만 이러한 표현들도 거래 상대방으로 하여금 단순히 상품이나 용역이 '좋다'정도의 일반적인 관념을 불러일으키거나, 순수하게 주관적인 표현에 불과할 경우에는 불확실성이 인정되지 않는다고 하겠다.

다음으로 객관적이지 않은 사실을 객관적인 것으로 광고하는 비객관성이다. 즉 공신력있는 국가기관이나 연구기관의 연구결과를 인용하는 것이 아니라, 공신력 없는 단체의 자료 또는 발표내용을 인용하는 것이다. 이 경우에는 공신력없는 단체를 공신력 있는 단체처럼 조작하거나 위장하는 경우도 포함된다. 그리고 공신력 있는 국가기관이나 연구기관의 연구결과라 할지라도 편집·조작을 통해 행위자에게 유리하도록 그 결과를 왜곡하는 경우도 여기에 해당된다고 하겠다. 비객관성의 예는, 천연식품에서 특정 성분을 추출하여 제품으로 만든 후 식품학·의약학 등의 관련 분야에서 공인된 사항 외의 표시를 통해서 항암효과가 매우 높은 것처럼 광고하는 경우이다. 또한 음식에 불과하지만 특정인의 체험수기를 통하여 체중 감량효과 00Kg, 체지방 00% 감소로 다이어트효과가 매우 높은 것처럼 일반화하는 경우가 여기에 해당된다.[152*] 즉 거래 목적물의 효능, 효과에 대하여 확인되지 않거나, 공인되지 않은 방법으로 확인된 수치를 제공하여 객관적인 자료로 위장하여 거래 상대방을 착오에

151* 이재상, 형법각론, 333면은 허용되는 표현드로 기망행위가 되지 않는다고 한다.

152* 대판 2002.11.26 2002도2998 판결이 유시한 사안이다.

빠뜨리는 것이다.

세 번째 기준으로 오인가능성은 거래 타방 당사자에게 거래 대상의 중요부분에 대하여 의도적으로 오인하게 만드는 경우이다. 즉 성분, 재료, 함량, 규격, 효능, 가격 등 물건의 성상(性狀)과 성질(性質)에 있어 오인하게 하는 내용으로 광고하거나, 부분적으로 사실이지만 전체적으로 볼 때는 소비자가 오인하게 되는 광고를 하는 경우이다. 이 기준은 판례의 '신의칙에 비추어 비난받을 정도의 허위'의 내용을 보다 구체화한 것으로 볼 수 있다. 예컨대 전체는 아니지만 주요성분이 수입산임에도 불구하고 국산으로 표시하는 경우나, 인공화합물이면서 천연물이라고 표시하는 경우이다.[153*] 또한 구매 후 사용 중 소비자 불만시 전액환불 또는 교환이라고 광고하면서 판매사에서 요구하는 조건을 갖춘 경우로 대상을 한정하면서도 모든 판매물품이 도중 환불 내지 교환의 대상이 되는 것처럼 오인케 하는 경우가 여기에 해당된다. 최근 홈쇼핑에서 선풍적인 인기를 끌다가 가짜 백수오 파동을 일으킨 사건도 백수오가 아닌 이엽우피소를 사용하거나 백수오와 이엽우피소를 혼합하였음에도 백수오로 광고한 것이라면 오인가능성의 관점에서는 기망행위를 긍정하기에 충분하다고 할 수 있다.[154*]

이러한 경우 거래의 타방 당사자는 통상 재화나 용역의 제공자측보다 거래 목적물에 대한 전문지식이나, 거래상의 관행에 대하여 정통하지 않은 것이 현실이므로 거래 목적물의 성상에 대하여 혼동을 불러 일으켜 오인가능성이 있는 경우에는 기망에 해당되는 과장 · 허위광고가 되는 것이다. 오인의 정도에 이르지 않고 오인가능성만으로도 기망행위성이 인정될 수 있다. 그러나 예외적으로 소비자의 경제적 판단과 관련 없는 요소를 제시하여 오인케하는 경우는 여기에 포함되지 않는다고 하겠다. 오인가능성은 통상 구체적 기준으로 단독으로 인정되기 보다는 불확실성이나, 비객관성에 더하여 부가적으로 인정되는 경우가 많을 것이다. 예컨대 2012년 사회적으로 문제가 되었던 노령자 상대 주가연계증권(ELS) 판매가 여기에

153* 일본의 경우 産地나 品質을 허위로 속이는 경우 형식적으로는 사기죄에 해당되나, 특별법인 부정경쟁방지법으로 처벌하고 있다고 한다[前田雅英, 刑法各論(第4版), 2007, 266頁].

154* 한국소비자원이 시중에 유통 중인 32개 백수오 제품의 원료 진위여부를 조사하였는데, 유전자검사 결과, 32개 중 실제로 백수오를 원료로 사용한 제품은 3개 제품에 불과하였고, 21개 제품(65.6%)은 백수오 대신 이엽우피소만을 원료로 사용(12개 제품, 37.5%)하거나 백수오와 이엽우피소를 혼합하여 제조(9개 제품, 28.1%)한 것으로 나타났으며, 나머지 8개 제품(25.0%)은 백수오를 원료로 사용한 것으로 표시되어 있으나 백수오 성분이 확인되지 않았다(한국소비자원 2015.4.21. 보도자료 "시중 유통 중인 백수오 제품 상당수가 가짜" 참조).

이 사건에 대해 최근 수원지검은 원료 제조·공급업체인 N사에 대해 납품구조 및 검수과정상 이엽우피소 혼입 방지를 위한 검증 시스템이 일부 미비한 점은 확인되었지만 이엽우피소를 고의로 혼입했거나 혼입을 묵인했다고 보기는 어렵다는 이유로, 건강기능식품에 관한 법률과 식품위생법 위반 혐의에 대해 불기소처분을 내렸다.

해당된다고 하겠다.[155*] 당시 전문가의 설명을 쉽게 믿고 표준투자자를 전제로 한 상품설명을 제대로 이해하지 못하는 파생상품 무경험 고령자들에게 ELS가 원금 또는 최저수익률이 보장되는 것으로 설명할 뿐 주가가 기준가격 일정비율 미만으로 하락시 원금손실 뿐만 아니라 중도매각시 가격손실 위험이 크다는 점을 알려주지 않는 불완전판매가 빈번하였는데, 이러한 행위는 수익률 등의 불확실성에 더해 단순한 고수익채권으로 오인가능하게 만든 것으로 불완전판매를 넘어 기망행위에 해당될 여지가 크다.

위에 제시된 세 가지 기준이 사기죄의 기망행위의 인정의 구체적 척도가 되는 것은, 판례의 추상적 원칙을 바탕으로 하여 불확실성, 비객관성, 오인가능성이 확인될 수 있는 경우에 기망행위성이 인정될 가능성이 열린다는 점이다. 그리고 추상적 기준과 구체적 기준의 결합을 통해서 기망행위를 판단하더라도 종국에는 피해자가 착오를 일으킬 수 있는 정도의 기망이 되어야 하므로, 여기에는 행위자의 기망행위와 그에 대한 고의에 대한 정밀한 판단이 수반되어야 한다. 단순히 광고를 통하여 자신의 물품과 용역을 광고하는 것에 그치는 것인지, 아니면 소비자를 현혹시켜 잘못된 정보에 기인한 의사결정으로 재산상의 이득을 취하려고 한 것인지에 대한 규명이 필요한 것이다. 그리고 민법에서 사기에 의한 취소가 인정되는 것은 의사와 표시의 불일치를 이유로 하는 것이 아니라 의사의 형성과정에 착오가 있다는 것 때문이므로 법률행위 내용의 중요부분에 착오가 있을 것을 요하지는 않는 것[156*]과 달리, 형법에서는 거래 목적물의 성상, 성질 등에 대한 위의 세 가지 기준을 통해 기망행위성이 인정되어야 한다. 즉 물품과 용역의 거래라는 경제생활과 결부되어 정상적인 행동으로 사회적 행위자유의 범위에 있는 행위[157*]를 넘어서야 한다. 그리고 세 가지 구체적 기준 중, 어느 하나라도 보호법익인 거래 상대방의 전체로서의 재산권을 침해할 위험이 인정될 정도라면 기망행위성이 인정될 수 있는 것이다.

155* 2011년 7월 1일부터 2012년 6월 30일까지 1년간 금융회사의 ELS 관련 상품 판매액은 총 24.4조원이며 이중 65세 이상자에 대한 판매규모가 4.2조원으로 전체 판매액의 17.1%에 달하였다(금융감독원, 금융소비자보호 2012.11.29. 자료 참조). 이로 인해 투자 숙려기간제도 도입, 초고령자 가족 조력제도 도입 등의 고령투자자 보호방안이 강구되었다.

156* 양형우, 민법의 세계(제2판), 진원사, 2009, 200면.

157* Welzel, Das Deutsche Strafrecht, 11.Aufl. 1969, ff.56

IV. 과장 · 허위광고 처벌의 대표적 사례의 재검토

건설회사가 분양을 용이하게 하기 위하여 아파트의 평수를 과대광고한 아파트평수 과대광고사건[158*]에서 대법원은 "피고인이 이 사건 아파트를 분양함에 있어 판시와 같은 과대광고를 한 사실은 인정되나 한편 그 거시증거에 의하여 인정되는 이 사건 아파트에 대한 분양가 결정방법 각 분양계약 체결의 경위 및 그 최종대금의 절충과정 등 판시 제반사정에 비추어 볼 때 피고인이 일반에게 한 판시광고는 그 거래당사자 사이에서 매매대금을 산정하기 위한 기준이 되었다고 할 수 없고 단지 분양대상 아파트를 특정하고 나아가 위 아파트의 분양이 쉽게 이루어지도록 하려는 의도에서 한 것에 지나지 않는다고 할 것이므로 피고인이 위 아파트의 분양과정에서 그 평형의 수치를 다소 과장하였다 하더라도 그와 같은 과대광고 자체에 따른 책임을 지는 것은 별론으로 하고 이를 기망행위에 해당한다고는 할 수 없(다)."고 하여 기망행위가 성립되지 않는다고 판시하였다.

그러나 위 판례는 과장광고와 허위광고의 개념을 혼동하고 있는 것으로, '분양을 쉽게 하려는 의도'가 기망행위의 고의를 부정하기에 족하다고 볼 수는 없다. 결국 이 경우는 존재하는 부분을 정도에 있어 과장한 과장광고인지, 존재하지 않는 부분을 존재하는 것으로 허위광고한 것인지 나누어 고찰하였어야 하며, 오인가능성의 문제로 귀결된다. 그리고 아파트와 같은 경우, 매수자에게 있어 면적은 매우 중요한 요소로서 구매의사 결정에 결정적이면서도 실질적인 영향을 준다. 전용면적인지, 서비스면적인지 살펴보고 분양대금지급과 상관없이 피해자의 의사결정에 대해 영향을 미쳤는지 판단하였다면 사기죄가 성립한다고 할 수 있다.

158* 대판 1991.6.11, 91도788.

제3절 기업자금조달과 사기죄

Ⅰ. 기업의 자금조달 필요성과 유형

1. 필요성

기업의 자본은 자기자본과 타인자본으로 구성된다. 여기서 자기자본은 기본자본과 부가자본으로 이뤄지고, 타인자본은 사채, 차입금, 외상매입금, 납품업자로부터 받은 물품 등으로 구성된다. 자기자본은 회사가 존속하고 있는 한 반환할 의무가 없어 기업 자체에 귀속되는 재산적 가치로, 기본자본은 회사가 주식을 발행하고 그 대금으로 납입받은 금액(법률상의 자본)이고, 부가자본은 사내유보로서 준비금이 주가되며, 타인자본은 기업 외부의 채권자로부터 받은 일체의 상품신용 및 금융신용으로 변제기가 도래하면 반환할 의무가 있는 것을 말한다.[159*]

하나의 기업이 가동되어 재화를 생산하기 위해서는 연구개발과 시제품의 생산, 제품의 양산, 판매 과정에서 단계별로 많은 비용이 소요된다. 즉 연구개발비, 제품생산비, 광고 및 판매비용, 종업원의 임금, 제세공과금 등이 필요하다. 여기서 기업은 기업의 유지와 발전을 위해 필요한 비용을 조달하여야 하며, 자기자본으로 충분할 경우 외부로부터 자금을 유입할 필요가 없으나 그렇지 못할 경우 사채, 금융권으로부터의 차입 등을 통해 자금을 수혈받게 된다.

아울러 한번 조달한 자금도 재조달 과정을 거치게 된다. 즉 기업의 자금재조달은 기존 차입금의 높은 이자율을 낮추거나, 사업진행 경과에 따라 만기를 연장하기 위하여 여러 방식을 통해 진행될 수 있다. 자금조달 방식은 자산담보대출(ABL), 자산담보증권(ABS), 자산유동화전자단기사채(ABSTB), 자산유동화기업어음(ABCP) 등이 활용된다. 자금재조달(refinancing)은 기존의 자본 및 재무 구조를 기업입장에서

159* 정동윤, 상법(上), 법문사, 2012, 684면.

보다 유리한 구조로 바꾸는 것으로, 차입이자율의 하락, 상환 만기연장 또는 배당제한 조건 등의 차입계약조건을 완화시키려는 의도에서 행해진다.

기업의 자금조달은 경영성과에 영향을 미치는 주요 요인 중의 하나로, 긍정적인 측면과 부정적인 측면을 모두 지니고 있다. 먼저 긍정적인 측면은 첫째 부채에 의한 자본조달은 사용에 따라 발생하는 이자를 비용처리함으로써 감세효과를 얻을 수 있고 이에 따라 자본비용을 낮출 수 있으며, 해당 채권자들의 감시역할이 수행되고 이에 따라 보고의무도 강화되어 투명하고 합리적인 경영체계를 구축할 수 있고, 부채에 의한 자본조달시 이자와 원금 상환의무가 있어 경영자는 의사결정에 있어 신중성을 높이는 태도를 견지하게 되어 보다 안정적이고 바람직한 의사결정을 수행할 수 있으며, 둘째 자기자본에 의한 자본조달시에는 원금상환이나 이자 지급의무가 없어 그 부담이 가벼워지고 자본의 증권화에 의하여 대규모 자본을 조성하는데 유리한 측면이 있다는 점이다. 반면 부정적인 측면은 무분별한 부채의 사용이 주먹구구식 자본조달의 원인이 되어 방만한 경영의 단초를 제공하여 부실경영의 시발점이 될 수 있으며, 자기자본에 의한 자본조달시에는 그 편이성, 용이성으로 인해 방만한 경영을 초래할 수 있는 가능성을 내포하고 있다는 점이다.[160*]

2. 유형

기업의 자금조달 방법은 회사설립시에는 주식의 발행과 주금의 납입이 있고, 이후 회사성립 후에는 신주를 발행하여 자본금을 증가시키는 방법이 있다. 여기서 신주의 발행은 다시 보통의 신주발행과 특수한 신주발행으로 구성된다. 보통의 신주발행이란 회사의 자금조달을 직접 목적으로 신주를 발행하는 것으로 통상의 신주발행이라고 하며, 신주인수인으로부터 주금의 납입 또는 현물출자의 이행을 받게 되므로 유상증자라고 한다.[161*] 특수한 신주발행은 자금조달을 직접 목적으로 하지 않고 그 이외의 사유로 인한 신주발행으로, 이 경우 인수인이 이미 확정되어 있고 회사가 보유하는 재산으로 충당하여 발행하므로 대가의 지급을 요하지 않으며 회사의 재산이 실제로 증가하지 않아 명의상의 증자라고 한다.[162*] 여기에는 전환주식 또는 전환사채의 전환, 신주인수권부사채의 신주인수권의 행사, 준비금의 자본금전입,

160* 신현대, "국내기업 자본조달 행태와 경영성과 간의 관계성 고찰", 상업교육연구 제28권 제4호, 2014, 160면.

161* 정동윤, 앞의 책, 685면.

162* 정동윤, 앞의 책, 686면.

주식배당, 주식의 병합, 흡수합병 및 주식분할에 의한 경우와 회사회생절차에 의한 경우 등이 있다.[163*]

이와 달리 타인자본을 조달하기 위한 방법으로는 금융권을 포함한 타인으로부터의 차입과, 집단적으로 사채를 발행하는 방법이 있다. 전자의 경우 개인법적 거래라고 할 수 있으며, 후자의 경우 신주의 발행과 더불어 회사에 필요한 자금을 조달하는 매우 중요한 방법이다. 사채(社債)란 국채·지방채 등의 공채에 대비되는 개념으로 주식회사가 일반 공중으로부터 비교적 장기의 자금을 집단적·대량적으로 조달하기 위하여 채권이라는 유가증권을 발행하여 부담하는 채무를 뜻한다.[164*] 사채는 타인의 금전을 비교적 장기로 차입하여 일정한 이자를 지급하며 일정한 기한이 되면 원금을 상환하는 것이 일반적이나 2011년 개정 상법에 의해 사채의 개념이 확정적 이자의 미지급, 원금상환 미보장 등의 새로운 형태로까지 인정되고 있다.[165*] 사채는 사채권자에게 특수한 권리가 부여되어 있는 특수사채와 그렇지 않은 보통사채가 있고, 특수사채에는 전환사채, 신주인수권부사채, 이익참가부사채, 교환사채 및 담보부사채 등이 있다.

자금조달의 용이성에 관점에서 기업이 볼 때 신주 발행의 경우 정관 내 규율 또는 이사회의 결의(상법 제416조)[166*]와 채권자보호절차, 시가발행에 대한 자본시장법의 규제 등이 있으며, 사채의 경우 이사회의 결의(상법 제469조) 등이 규정되어 있으므로 재무상태가 부실한 기업의 경우 이러한 규정을 준수하지 못할 가능성이 크므로 개인법적 거래라고 할 수 있는 금융기관으로부터의 차입에 치중할 여지가 크다.

또 다른 기업의 자금조달 방법은 기업어음(Commercial Paper : CP)이다. 기업어음은 신용상태가 양호한 기업이 상거래와 무관하게 단기자금조달을 위해 자기신용을 바탕으로 발행하는 융통어음의 일종으로,[167*] 주식이나 사채에 비해 발행절차가 간이하고 발행한도에 특별한 제한이 없으며 등록이나 신고의무도 거의 없어 신속한 자금조달 수단으로 널리 활용되고 있다.[168*] 이러한 기업어음은 어음법에 의해서 규율되고 비교적 만기가 단기여서 투자자에게 단시간에 고수익을 가져도 주는 수익처로 간주되어 투자처로 많이 활용되고 있다. 그러나 CP는 발행과 유통에 대한

163* 정동윤, 앞의 책, 686면.

164* 정동윤, 앞의 책, 719면.

165* 상법 제469조 참조.

166* 주식회사가 신주발행할 경우 정관에 규정된 날행주식 총수 범위 내에서 이사회(정관의 별도 규정이 있는 경우 주주총회)가 신주의 종류와 수, 발행가액과 납입기일, 신주 인수방법, 무액면주식의 발행가액 중 자본금으로 계상하는 금액 등을 결정해야 한다(상법 제416조).

167* 한국금융연수원, 금융실무대사전 II, 2006, 223면.

168* 성희활, “기업어음(Commercial paper : CF)의 법적 문제”, 인하대학교 법학연구 제13집 제3호, 2010, 47면.

공시체계가 제대로 갖춰지지 않아 투명성과 투자자보호가 미흡하고, 자본시장과 금융투자업에 관한 법률에서 CP발행자 요건, 발행단위 및 만기, 최저신용등급 등 기존 관련 규제를 대폭 폐지함으로써 투자자 보호가 더욱 필요한 상황이 되었다. 그리고 외부감사대상 주식회사가 약속어음을 발행할 경우 전자어음으로 발행하도록 의무화한 전자어음의 발행 및 유통에 관한 법률에 대해 2010년 3월 자본시장법 개정이 이루어지면서 기업어음에 대한 의무적 전자어음 발행을 면제하는 방향으로 변화가 생겼다.

CP는 설권증권으로 표준어음용지를 사용하여 전량 실물발행되며, 발행회사가 직접 발행할 수도 있으나 통상 증권회사나 종합금융회사 등 할인 · 중개기관을 통해 간접발행하며, 400여사의 발행기업과 종합금융회사, 증권회사, 신탁 등이 할인취급금융기관으로 참여하고 있다.[169*] CP는 전량 실물 발행되어 장외에서 할인 · 중개기관을 중심으로 거래되며, 일반기업이 발행하는 CP에 대한 중개는 주로 은행의 종금사업부를 통해 이루어지고, 자산담보부기업어음(Asset Backed Commercial Paper)의 경우는 은행과 증권회사를 통하여 미미하게 중개가 이루어지고 있으며, CP의 할인 및 매출은 주로 은행 및 종합금융회사를 통하여 이루어지고, 수신기능이 없는 증권회사는 CP를 할인한 후 무담보 형식으로 매출하는 형식을 취한다.[170*] 종합금융회사의 경우 외환위기 이후 할인된 CP를 스스로 만기까지 보유하는 경향이 증가하고 있으며, 증권회사는 자금여력이 커 금리마진을 얻을 수 있는 증권회사를 제외하고는 할인과 동시에 매출하여 단순중개 기능을 담당하고, 은행, 투자신탁회사, 보험회사 등은 직접 할인보다는 종합금융회사나 증권회사가 할인한 CP를 매입하여 만기까지 보유하고 있다.[171*]

Ⅱ. 자금조달과 사기

기업의 자금조달 방법이 매우 다양하므로 일률적으로 사기죄의 성부 판단을 하기 쉽지 않다. 개인법적 거래인지 기업법적 규제 하의 신주발행 또는 사채발행인지에 따라 기망행위의 태양과 판단의 기준이 달라질 수 있기 때문이다. 개인법적 거래에

169* 허항진, "기업어음(CP) 시장의 개편방안에 대한 법적 소고", 증권법연구 제10권 제2호, 274면. CP의 발행시장에 대해서는 275면 참조.

170* 허항진, 앞의 논문, 276면.

171* 허항진, 앞의 논문, 276면.

의한 자금조달 사기의 경우 회계부정을 통한 사기죄의 성립과 구조면에서 큰 차이가 없으므로, 이하에서는 대표적인 자금조달 수단인 사채발행과 기업어음(CP)을 중심으로 사기죄의 성부 문제를 검토하기로 한다.

먼저 대표적인 자금조달 사기는 회사채 발행 또는 기업어음 발행 후 고의 부도를 내는 것이다. 사채의 발행은 제한이 없으며, 모집(募集)의 방법에 의한다. 이사회의 결의를 통해 사채총액, 이율, 발행가액, 상환방법 및 기한 등을 정하고 사채의 청약을 거쳐 사채를 배정하고, 이후 인수인의 납입이 이루어진다. 사채의 상환기간은 비교적 장기이고, 대주(貸主)가 다수의 일반 공중이며 그 금액도 거액에 달하여 자칫 잠재적 부도 위험으로 인한 사채권자의 대량 손실 가능성이 도사리고 있다. 예컨대 사채발행시 매출 과다계상, 자산 과다계상, 대손충당금 미설정 등을 통한 회계부정 후, 허위공시된 재무제표에 기망당한 피해자들에게 사채를 발행하고 이후 기업이 파산상태에 빠져 지급불능상태가 초래되면 자금조달 과정에서 정보에 취약한 소액 다수의 사채권자가 피해자가 되는 자금조달 사기가 성립하게 된다. 회사의 재무상태가 부실함에도 계열 종금사 등을 통해 단기 고수익이 보장되는 것처럼 적극적으로 기망하여 사채를 청약하게 한 후 전격적으로 기업회생 신청 또는 부도처리하는 것이다.

이러한 문제는 법적 규제가 느슨한 CP 발행에서 더욱 확연히 드러난다. CP의 발행은 표준어음용지를 사용하여 전량 실물발행되며, 발행회사가 직접 발행할 수도 있으나 통상 증권회사나 종합금융회사 등 할인·중개기관을 통해 간접발행하고, 발행기업과 종합금융회사, 증권회사, 신탁 등이 할인취급금융기관으로 참여하며, CP의 할인 및 매출은 주로 은행 및 종합금융회사를 통하여 이루어지고 있다. 여기서 CP 시장의 과열, 특히 자산담보부기업어음(ABCP)의 급격한 성장은 대형기업의 도산시 신용경색을 초래하고 시장의 변동성을 증폭시킬 가능성이 있어[172*] 잠재적 시장불안 요인으로 지적된다. CP를 통한 자금조달 사기의 판단시 핵심은 CP 발행기업의 변제능력과 변제의사라고 할 수 있다. 그런데 대체로 다수의 투자자들에게 손해를 미치는 CP 발행의 과정은 허위재무제표를 공시하고, CP상환능력이 상실된 상태에서 전격적으로(허위의) 회생신청 계획을 제출하는 단계로 이루어진다.[173*] 여기서 종금사 등을 통한 CP 발행시 변제능력과 변제의사가 사기죄의 성부를 좌우한다. 즉 CP 발행 당시를 기준으로 당시에는 사업이 정상적으로 운영되었고 발행금액에 대한 변제의 의사와 능력이 있었으나 그 후 경제사정의 변화로 이를

172* 황세윤, "단기사채(短期社債) 도입에 의한 기업어음(CP) 시장의 제도개편", 자본시장 Weekly, 2008.7, 2면.

173* 대표적으로 회장 부자가 실형을 선고받은 L모 그룹의 사안이 이와 유사하다.

변제할 수 없게 된 때에는 단순 채무불이행에 해당한다고 하겠으나, 이미 과다부채 상태로 변제능력과 변제의사가 의심스러운 상황에 처하였음에도 이러한 사실을 숨기고 일반 투자자들에게 큰 이익을 볼 수 있다고 속이고 회사 지배권 유지 내지 급박한 채무의 돌려막기식 변제 등에 사용하였다면 사기죄를 인정할 수 있을 것이다.[174*] 더욱이 분식회계 등을 통한 회계부정, 매출액 대비 과도한 CP 발행, 허위의 회생신청 계획 제출, 회생신청 직전까지 CP 발행, 계열사를 통한 CP 매입 등의 사정이 있다면 변제능력과 변제의사는 대체로 부정된다고 할 것이다. 다만 CP의 발행 등이 그룹 총수의 지배권 유지가 목적이 아니며, 기업 내 핵심자산을 매각하는 등 유동성 확보 노력을 기울이다가 매각실패 등으로 채무불이행 상태에 빠졌다면 사기의 고의를 인정하기는 어려울 것이다.[175*]

174* 동양그룹은 CP 및 어음합계 1조 3,032 억원 상당을 편취한 혐의로 그룹 회장 등 11명이 기소되었다(서울지방검찰청 2014.1.28. 보도자료 "동양그룹 CP·회사채 사기사건 등 중간 수사 결과" 참조)

175* 웅진그룹의 경우가 여기에 해당한다고 하겠다.

제4절 주가연계증권(ELS)의 불공정거래와 자본시장법 위반

Ⅰ. ELS의 개념

증권 내지 금융 분야는 전문성 때문에 수사기관도 범죄성립여부를 판단하기 쉽지 않으며, 전담부서가 있지만 저축은행비리와 같이 대형사건이 터질 경우 다른 사건을 수사할 여력이 없을 정도로 정예화된 인력이 부족한 상황이며, 이윤추구 및 글로벌 경제상황에 연동된 상품 속성상 신규상품 및 계약조건의 변경이 매우 다번(多煩)하여 범죄의 적발과 처벌이 난해한 대표적인 분야라고 할 수 있다. 그 결과 증권 또는 금융분야의 기업범죄는 교도소 위의 담장 위를 걸어가는 것처럼 점점 더 합법과 불법의 경계가 모호해지는 방향으로 진화해가고 있다. 몇 년 전 선풍적 인기를 끌었다가 전혀 예상하지 못한 손실로 다수의 선량한 피해자를 양산한 ELS 수익금 지급회피도 이러한 사례에 해당된다고 할 수 있다.

금융권의 금융상품 중 원금 또는 최저수익률을 보장하면서 주가(지수)가 일정 수준에 도달하면 약속한 금리를 지급하는 상품을 주식연계상품이라고 하며, 여기에는 증권사의 주가연계증권(ELS), 은행권의 주가연계예금(ELD), 투신권의 주가연계펀드(ELF)가 있다.[176*] ELS(Equity Linked Securities)는 자본시장과 금융투자업에 관한 법률상 파생결합증권의 일종으로서 다른 증권이나 지수에 연계되어 약정된 손익이 결정되는데, 자본시장 기능의 활성화 차원에서 2003년 구 증권거래법 시행령 개정시 유가증권의 하나로 도입된 신종사채이다.[177*] ELS는 기존 사채와 달리 만기시 투자자에게 지급되는 금액이 특정 주식의 가격이나 주가지수의 변동에 연계되어 이들이 기초자산처럼 작동하게 된다.

ELS는 넉아웃형(원금보장, 원금비보장), 불스프레드형, 리버스 컨버터블형,

176* 금융감독원, 앞의 자료 참조.

177* 김홍기, "자본시장법상 연계불공정거래 규제체계 및 입법론·해석론에의 시사점", 연세 글로벌 비즈니스 법학연구 제2권 제2호, 2010.12, 87면.

디지털형(콜, 풋) 등 다양하며, 상환구조도 만기일시상환형, 조기상환형, 다단계 조기상환구조인 스텝다운(step-down)형 등 매우 다양한 형태가 존재한다.[178*]

Ⅱ. 상환시 문제점과 자본시장과 금융투자업에 관한 법률 위반

ELS를 둘러싸고 최근 몇 년 간 민사소송이 줄을 잇고 있으며, 형사사건도 계류 중이다. 대표적인 사례로, 2008년 캐나다계 은행 RBC는 포스코와 SK를 기초자산으로 한 ELS 상품을 발행하였고, 그 조건은 1년 후인 만기평가일에 포스코와 SK 주가가 25% 이상 하락하지 않으면 원금과 함께 연 22%의 수익금을 주며, 25% 이상 하락하게 되면 그 손실만큼 손해를 보게 되는 것이었다. 그런데 2009년 만기평가일에 SK 주가는 25퍼센트 이상 하락하지 않았고 수익금 지급이 예상되었으나, 장 마감 직전 갑작스러운 매물이 쏟아졌고, 기준가는 0.4% 모자란 74.6%로 마감되었다. 10여 분 만에 수익에서 손실로 상황이 급변했고 투자자들은 조건대로 25.4%의 손실을 보게 되었다.

이처럼 ELS의 만기상환일 또는 조기상환일에 기초주식의 거래과정에서 고객과의 신의에 반하여 종가 등 특정 시세형성에 관여하는 상황이 초래되는 것이 문제된다. 즉 ELS 판매사측(증권회사와 백투백헤지[179*]를 맡은 외부 금융기관)에서 수익금을 지급하면 손실이 예상될 경우, 상환일 마감 시점에 고의로 주가에 관여하고 기준가격을 낮춰 고객의 수익금지급을 회피하는 것이다.

ELS 소송사태의 대표적 사례인 대우증권 상환금청구소송 사건[180*]에서 ELS

178* 김홍기, 앞의 논문, 88면. ELS의 종류에 대한 상세한 설명은 김형태, “주가연계증권(ELS)의 설계와 활용”, 증권예탁 45호, 2003, 6면 이하 참조. 스텝다운형은 기초자산의 주가가 일정기간 이후에도 기준가격의 60% 이상만 유지하면 약정수익률을 지급한다는 구조로 투자자 입장에서는 조기상환의 기회가 커보이고, 기간의 경고와 함께 조기상환 가격이 계속 낮아져 수익을 거둘 수 있는 기회가 많아지는 매력적인 상품으로 여겨져 시장에서 다수를 차지하고 있다(김홍기, 위의 논문, 88면).

179* 백투백 헤지란 판매한 ELS에 대한 헤지를 위하여 외부 금융기관에서 동일한 구조의 상품을 사거나, 처음부터 외부기관이 개발하고 운용하는 상품을 판매하여 상환재원에 대한 리스크를 줄이는 방법으로, ELS헤지에는 자체헤지와 백투백헤지가 있다(성희활, “자본시장법상 연계불공정거래의 규제현황과 개선방향”, 금융법연구 제6권 제2호, 2009, 69면 각주 46).

180* ELS의 기초자산이 되는 주식의 시세조종에 따른 손해배상청구소송이 아니라 민법 제150조에 기한 상환금청구소송이 제기되었다. 이 사건에서 피고는 삼성SDI 보통주에 관하여 이 사건 중간평가일의 단일가매매시간대인 14:52:54에 20,000주, 14:53:10에 8,000주(14:53:48에 주문이 취소되었다), 14:53:27에 20,000주, 14:54:11에 6,000주에 관하여 각 107,500원에 매도 주문을 하였고, 그로 인하여 삼성SDI 보통주의 예상체결가격은 109,500원에서 108,500원으로 하락하였다. 피고는 같은 날 14:54:56에 20,000주, 14:55:40에 20,000주에 관하여 각 108,500원에, 14:57:46에 20,000주, 14:58:48에 10,000주, 14:59:42에 10,000주에 관하여 각 108,000원에 매도 주문을 하였고, 그 결과 이 사건 중간평가일의 종가는 108,000원으로 결정되어 이 사건 주가연계증권의 중도상환조건이 성취되지 아니하였다. 피고가 이 사건 중간평가일 단일가매매시간대에 삼성SDI 보통주에 관하여 한 매도주문 수량은 전체의 약 79%에 이르렀고, 계약체결관여율도 약 95%에 달하였다(대판 2015.5.14, 2013다2757 참조).

판매자로서 정상적인 델타 헤지(delta hedge)[181*] 거래였다는 피고측 주장에 대해 최근 대법원은 "민법 제150조 제1항이 '조건의 성취로 인하여 불이익을 받을 당사자가 신의성실에 반하여 조건의 성취를 방해한 때에는 상대방은 그 조건이 성취된 것으로 주장할 수 있다'고 규정하고 있는 것도 위와 같은 신의성실의 원칙이 발현된 모습의 하나이다. 한편 구 증권거래법(2007. 8. 3. 법률 제8635호 자본시장과 금융투자업에 관한 법률 부칙 제2조로 폐지되기 전의 것) 제52조 제3호는 증권회사 또는 그 임·직원에 대하여 유가증권의 발행 또는 매매 기타 거래와 관련하여 투자자의 보호 또는 거래의 공정을 저해하는 행위를 금지하면서, 구 증권거래법 시행령(2008. 7. 29 대통령령 제20947호 자본시장과 금융투자업에 관한 법률 시행령 부칙 제2조로 폐지되기 전의 것) 제36조의3에서 그 금지하는 행위를 구체적으로 규정하고 있다. 나아가 공법상 업무규제를 위하여 제정된 구 증권업감독규정(2008. 8. 4. 금융투자업규정의 제정에 의하여 폐지되기 전의 것) 제4-4조 제1항은 증권회사로 하여금 고객과의 사이에서 이해가 상충하지 않게 하고 이해상충이 불가피한 경우에는 고객이 공정한 대우를 받을 수 있도록 적절한 조치를 취하도록 규정하고 있다. 위와 같은 민법과 구 증권거래법 등의 규정취지에 비추어 보면, 증권회사는 유가증권의 발행, 매매 기타의 거래를 함에 있어 투자자의 신뢰를 저버리는 내용 또는 방법으로 권리를 행사하거나 의무를 이행하여 투자자의 보호나 거래의 공정을 저해하여서는 안 되므로 투자자와의 사이에서 이해가 상충하지 않도록 노력하고, 이해상충이 불가피한 경우에는 투자자가 공정한 대우를 받을 수 있도록 적절한 조치를 취함으로써 투자자의 이익을 보호하여야 하며, 정당한 사유 없이 투자자의 이익을 해하면서 자기 또는 제3자의 이익을 추구하여서는 안 된다. 따라서 증권회사가 약정 평가기준일의 기초자산 가격 또는 지수에 연계하여 투자수익이 결정되는 유가증권을 발행하여 투자자에게 판매한 경우에는, 증권회사가 설사 기초자산의 가격변동에 따른 위험을 회피하고 자산운용의 건전성을 확보하기 위하여 위험회피거래를 한다고 하더라도, 약정 평가기준일의 기초자산 가격 또는 지수에 따라 투자자와의 사이에서 이해가 상충하는 때에는 그와 관련된 위험회피거래는 시기, 방법 등에 비추어 합리적으로 하여야 하며, 그 과정에서 기초자산의 공정한 가격형성에 영향을 끼쳐 조건의 성취를 방해함으로써 투자자의 이익과 신뢰를 훼손하는 행위를 하여서는 안 된다."고 하여 ELS를 매입한 투자자들의 손을 들어 주었다.

181* 주가연계증권을 발행한 증권회사는 자기 또는 제3자를 통하여 기초자산의 가격변화에 대한 옵션가치의 민감도를 표현하는 단위인 델타값에 근거하여 적정한 수량의 기초자산을 보유하여 옵션의 손익과 보유하는 기초자산의 손익이 상쇄되도록 하는 금융기법인 이른바 '델타헤지(delta hedge)'를 하는 방법으로 기초자산을 거래함으로써 그 가격변동으로 야기되는 위험을 관리함과 동시에 그 과정에서 얻는 이익을 주가연계증권의 상환재원으로 활용할 수 있다.

이러한 민사소송의 결론은 형사판결에도 영향을 미칠 것으로 생각된다.[182*] 통상적인 헤지(hedging)란 금융상품거래에서 예측이 반대로 움직일 경우 수반되는 높은 위험관리를 위해서 행해지는 것으로, 투자 또는 가격변동으로 생길 수 있는 손실을 예방하기 위하여 사전에 고정가격으로 선물을 매수하는 거래를 말하며, 조기상환일이나 만기일에 해당 ELS의 상환자금을 마련하기 위해 보유한 주식을 아예 매도하는 것과는 다르다.[183*] 보유 현물의 대응 포지션 설정이 아니라 현물의 원천 매각이기 때문이다.[184*] 헤지거래라고 하더라도 위법성조각을 인정할 수 없다.[185*] 증권회사 등이 주장하는 헤지의 합리성은 재무적 관점의 합리성일 뿐, 그것도 자신들의 비용을 최소화하려는 차원에서의 내부 사정에 지나지 않기 때문이다. ELS의 속성상 누군가 이익을 얻게 되면 반대측은 손실을 보게 되는 구조이므로, 위난을 피하기 위해서 남에게 위난을 전가하는 상황에 대해 위법성을 부정할 수는 없는 것이다. 더욱이 긴급피난의 경우 正 대 正의 희생상황도 포함하므로 상당한 이유로서 매우 엄격한 요건을 요구하게 된다. 그러나 무엇보다도 증권회사 등의 헤지의 합리성은 위법성을 조각시킬 필요가 있는 위난이 아니라 재무적 관점의 위험에 불과하며, 그러한 위험을 회피하기 위한 헤지 역시 피난행위와 같이 파악할 수 없다. 따라서 증권회사 등의 행위는 자본시장법 위반행위가 될 가능성이 크다. 자본시장과 금융투자업에 관한 법률은 제176조 제4항에서 시세조종을 규정하고 있다.

> ④ 누구든지 증권, 파생상품 또는 그 증권 · 파생상품의 기초자산 중 어느 하나가 거래소에 상장되거나 그 밖에 이에 준하는 경우로서 대통령령으로 정하는 경우에는 그 증권 또는 파생상품에 관한 매매, 그 밖의 거래(이하 이 항, 제177조 및 제443조 제1항 제7호에서 "매매등"이라 한다)와 관련하여 다음 각 호의 어느 하나에 해당하는 행위를 하여서는 아니 된다.
>
> 1. 파생상품의 매매 등에서 부당한 이익을 얻거나 제삼자에게 부당한 이익을 얻게 할 목적으로 그 파생상품의 기초자산의 시세를 변동 또는 고정시키는 행위
> 2. 파생상품의 기초자산의 매매 등에서 부당한 이익을 얻거나 제삼자에게 부당한 이익을 얻게 할 목적으로 그 파생상품의 시세를 변동 또는 고정시키는 행위
> 3. 증권의 매매 등에서 부당한 이익을 얻거나 제삼자에게 부당한 이익을 얻게 할 목적으로 그 증권과 연계된

182* 당시 한국거래소 시장감시위원회가 2009.7.21. 피고가 시장 수급 상황을 고려하지 않고 헤지 물량을 종가 결정 시간대에 과도하게 거래함으로써 공정거래질서를 저해하고, 투자자의 이익을 우선시해야 할 충실의무를 위반하였다는 이유로 5,000만원의 제재금을 부과하였다는 점도 고려되어야 할 요소이다.

183* 성희활, 앞의 논문, 73면; 김홍기, 앞의 논문, 99면.

184* 성희활, 앞의 논문, 74면.

185* 성희활, 앞의 논문, 75면.

증권으로서 대통령령으로 정하는 증권 또는 그 증권의 기초자산의 시세를 변동 또는 고정시키는 행위

4. 증권의 기초자산의 매매 등에서 부당한 이익을 얻거나 제삼자에게 부당한 이익을 얻게 할 목적으로 그 증권의 시세를 변동 또는 고정시키는 행위

5. 파생상품의 매매 등에서 부당한 이익을 얻거나 제삼자에게 부당한 이익을 얻게 할 목적으로 그 파생상품과 기초자산이 동일하거나 유사한 파생상품의 시세를 변동 또는 고정시키는 행위

제176조 제4항 제1호는 순방향 현선 연계시세조종행위의 금지이며, 제2호는 역방향 현선 연계시세조종행위의 금지이며, 제3호는 종목간 현현 연계시세조종행위의 금지를 규정하고 있다.

여기서 ELS 상환시 평가기준일의 기초자산 가격 또는 지수에 따라 투자자와의 사이에서 이해가 상충하는 때에 판매자측이 자신의 손실을 방지하기 위해 시세조종을 하는 것은 자본시장법 제176조 제4항 제3호 위반이라고 하겠다. 하나의 금융투자상품에 대한 포지션에서 이익을 얻고자 종류가 다른 금융투자상품의 시세를 변동 또는 고정하여 인위적으로 가격에 영향을 주려는 연계 불공정거래[186*]에 대한 규제조항인 제4항은 다른 시세조항과 달리 요구되는 불법적인 목적성이 현저히 약화되어 있다. 따라서 상장증권의 매매 관련성은 현물의 매도가 있으므로 충족이 되고 증권의 매매(ELS)라는 파생결합증권의 매매에서 부당한 이익을 얻을 목적만 있으면 된다.[187*] 그런데 우리 판례는 이미 구 증권거래법상 시제조종 규정인 제188조의4 중 제4항의 사기적 부정거래에서의 이익의 부당성에 대해 "부당한 이득은 유가증권의 처분으로 인한 행위자의 개인적이고 유형적인 경제적 이익에 한정되지 않고, 기업의 경영권 획득, 지배권 확보, 회사 내에서의 지위상승 등 무형적 이익 및 적극적 이득 뿐 아니라 손실을 회피하는 경우와 같은 소극적 이득, 아직 현실화되지 않은 장래의 이득도 모두 포함하는 포괄적인 개념"이라고 판단하여[188*] 부당한 이익을 매우 광범위하게 인정하고 있다. 따라서 파생결합증권[189*]으로서 ELS와 그 기초자산인 주식 등의 가격연계성을 이용하여 부당한 이익을 취하는 행위는 증권과 증권 간의 연계행위이므로 제3호에 해당될 수 있다.[190*]

186* 가격 연동성이 있는 2개 이상으로서 증권의 종목간, 장내파생상품의 종목간 또는 증권의 종목과 장내파상생품의 종목간을 연계하는 거래라고 할 수 있다(한국 거래소 시장감시규정 제2조 제9항). 이러한 연계 불공정 거래의 대표적 유형으로는 연계 시세조종, 연계 내부자 거래, 연계 선행매매 등이 있으며, 기초자산을 기준으로 하면 상품 연계거래, 금융투자상품 연계거래(증권과 증권의 연계거래인 현 · 현 연계거래, 증권과 파생상품간의 현 · 선 연계거래, 파생상품간의 연계거래인 선 · 선 연계거래 등)가 있다(성희활, 앞의 논문, 51면). 결과적으로 연계 불공정거래에는 이익획득상품과 가격조작상품으로 연계되어 있다.

187* 성희활, 앞의 논문, 76면.

188* 대판 2002.7.22, 2002도1696.

189* 자본시장법 제4조 제7항은 이 법에서 "파생결합증권"이란 기초자산의 가격·이자율·지표·단위 또는 이를 기초로 하는 지수 등의 변동과 연계하여 미리 정하여진 방법에 따라 지급하거나 회수하는 금전 등이 결정되는 권리가 표시된 것을 말한다고 규정하고 있다.

190* 같은 취지로, 김홍기, 앞의 논문, 85면 이하.

♦ 사기형 범죄의 주요 판례 ♦

Ⅰ. 분식회계와 대출사기

대법원 2012.1.27. 선고 2011도14247 판결[증권거래법위반 · 자본시장과금융투자업에관한법률위반 · 특정경제범죄가중처벌등에관한법률위반(사기) · 상법위반 · 특정경제범죄가중처벌등에관한법률위반(횡령) · 업무상횡령][미간행]

【판시사항】

[1] 횡령한 재물을 사후에 반환하거나 변상 · 보전하는 의사가 있는 경우 불법영득의사가 인정되는지 여부(적극) 및 사후에 변상 · 보전한 금액을 횡령금액에서 공제하여야 하는지 여부(소극)

[2] 분식회계에 의한 재무제표 등으로 금융기관을 기망하여 대출을 받은 경우, 사기죄의 성립 여부(적극) 및 이 경우 변제의사와 변제능력이 있거나, 담보가 제공되었거나, 피해자의 재산상에 손해가 없고 사후에 대출금이 상환되었다고 하여 달리 보아야 하는지 여부(소극)

[3] 구 증권거래법 제207조의2에서 정한 '위반행위로 얻은 이익 또는 회피한 손실액'의 의미 및 구 범죄수익은닉의 규제 및 처벌 등에 관한 법률상 임의적 몰수 · 추징 대상인 '구 증권거래법 제207조의2 위반죄로 인한 불법수익'의 의미

【참조조문】

[1] 형법 제355조 제1항 [2] 형법 제347조 제1항 [3] 구 증권거래법(2007. 8. 3. 법률 제8635호 자본시장과 금융투자업에 관한 법률 부칙 제2조로 폐지) 제207조의2(현행 자본시장과 금융투자업에 관한 법률 제443조 참조), 구 범죄수익은닉의 규제 및 처벌 등에 관한 법률(2007. 12. 21. 법률 제8719호로 개정되기 전의 것) 제2조 제1호 [별표 제16호](현행 제2조 제1호 [별표 제10호] 참조), 제2호 (가)목, 제8조, 제10조

【참조판례】

[1] 대법원 2006. 11. 10. 선고 2004도5167 판결

대법원 2010. 5. 27. 선고 2010도3399 판결
[2] 대법원 2005. 4. 29. 선고 2002도7262 판결(공2005상, 871)
[3] 대법원 2009. 7. 9. 선고 2009도1374 판결(공2009하, 1374)
대법원 2010. 4. 15. 선고 2009도13890 판결(공2010상, 954)
대법원 2011. 7. 28. 선고 2008도5399 판결

【전 문】

【피 고 인】피고인 1 외 1인

【상 고 인】피고인들 및 검사

【변 호 인】변호사 김용표 외 5인

【원심판결】서울고법 2011. 9. 30. 선고 2011노434, 1896 판결

【주 문】

상고를 모두 기각한다.

【이 유】

상고이유를 판단한다.

1. 피고인 1의 상고이유에 대하여

가. 특정경제범죄 가중처벌 등에 관한 법률(이하 '특경법'이라 한다) 위반(횡령) 및 업무상횡령의 점에 관하여

(1) 회사의 대표이사 혹은 그에 준하여 회사 자금의 보관이나 운용에 관한 사실상의 사무를 처리하여 온 자가 회사를 위한 지출 이외의 용도로 거액의 회사 자금을 가지급금 등의 명목으로 인출, 사용함에 있어서 이자나 변제기의 약정이 없음은 물론 이사회 결의 등 적법한 절차도 거치지 아니하는 것은 통상 용인될 수 있는 범위를 벗어나 대표이사 등의 지위를 이용하여 회사 자금을 사적인 용도로 임의로 대여, 처분하는 것과 다름없어 횡령죄를 구성한다(대법원 2006. 4. 27. 선고 2003도135 판결 등 참조). 한편 횡령죄에 있어서 불법영득의 의사라 함은 자기 또는 제3자의 이익을 꾀할 목적으로 임무에 위배하여 보관하는 타인의 재물을 자기의 소유인 경우와 같이 처분을 하는 의사를 말하고, 사후에 이를 반환하거나 변상, 보전하는 의사가 있다 하더라도 불법영득의 의사를 인정함에는 지장이 없으며, 그와 같이 사후에

변상하거나 보전한 금액을 횡령금액에서 공제해야 하는 것도 아니다(대법원 2010. 5. 27. 선고 2010도3399 판결 등 참조). 그리고 업무상횡령죄에 있어 불법영득의사를 실현하는 행위로서 횡령행위가 있다는 점은 검사가 입증하여야 하는 것으로서 그 입증은 법관으로 하여금 합리적인 의심을 할 여지가 없을 정도의 확신을 생기게 하는 증명력을 가진 엄격한 증거에 의하여야 하고, 이와 같은 증거가 없다면 설령 피고인에게 유죄의 의심이 간다 하더라도 피고인의 이익으로 판단할 수밖에 없다고 할 것이나, 주식회사의 대표이사가 회사의 금원을 인출하여 사용하였는데 그 사용처에 관한 증빙자료를 제시하지 못하고 있고 그 인출사유와 금원의 사용처에 관하여 납득할 만한 합리적인 설명을 하지 못하고 있다면, 이러한 금원은 그가 불법영득의 의사로 회사의 금원을 인출하여 개인적 용도로 사용한 것으로 추단할 수 있다(대법원 2004. 9. 24. 선고 2004도3532 판결 등 참조).

(2) 원심판결 이유에 의하면, 원심은 그 채택 증거에 의하여, 피고인 1이 2004년경부터 공소외 1 주식회사(이하 '공소외 1 회사'라 한다)의 부사장 또는 대표이사로서 공소외 1 회사의 영업부문뿐만 아니라 자금 · 회계부문까지 업무를 총괄하면서 수시로 직원들에게 회사 자금을 인출하여 오도록 지시한 점, 이 부분 공소사실 해당 금원은 공소외 1 회사의 실제 자금지출 내역을 기재하는 회계장부상 피고인 1의 '가지급금 또는 전도금'계정으로 처리되어 있는데, 가지급금 또는 전도금 계정의 자금 지출에 관하여 이사회 결의를 거치거나 금전소비대차계약서를 작성하는 등의 절차는 전혀 이루어지지 아니하였고, 피고인 1은 위와 같이 가지급금으로 처리한 금원에 대하여 전혀 변제하지 아니한 점, 피고인 1은 일부 금원의 행방이나 사용처에 관하여 제대로 설명하지 못하고 있는 점 등 그 판시와 같은 여러 사정에 비추어, 피고인 1이 가지급금 등의 명목으로 공소외 1 회사의 자금 합계 8,190,399,860원을 임의로 인출하여 횡령한 것으로 인정하였다.

앞서 본 법리와 기록에 비추어 살펴보면 원심의 위와 같은 판단은 정당하고, 거기에 상고이유 주장과 같이 횡령죄에 있어서의 불법영득의사에 관한 법리를 오해하거나 논리와 경험칙에 반하여 자유심증주의의 한계를 벗어난 위법이 없다.

나. 각 사업보고서 허위작성 · 제출로 인한 증권거래법 위반 및 특경법 위반(사기)의 점에 관하여

(1) 분식회계나 이를 통한 대출에 관여한 사실이 없다는 주장에 대하여

원심판결 이유에 의하면, 원심은 피고인 1이 2004년경부터 자금 · 회계 업무를 포함한 공소외 1 회사의 경영권 전반을 실질적으로 행사하면서 이 사건 분식회계와 관련된 기안서 등 각종 문서에 부사장 또는 대표이사로서 결재를 하고 회계감사 결과를 보고받았던 점, 피고인 1은 분식회계된 재무제표를 이용한 이 사건 각 대출에 관하여도 보고를 받고 관련 서류에 결재하거나 이사회 의사록에 날인하였으며, 이 사건 각 대출금 중 상당 부분은 피고인 1이 주도한 공소외 2 주식회사 등 계열사 인수자금으로 사용된 점 등 그 판시와 같은 사정을 종합하여, 피고인 1이 이 사건 분식회계 및 각 사업보고서 허위기재나 이를 통한 대출을 적극적으로 주도 · 지시한 것으로 보아 이 부분 공소사실을 모두 유죄로 인정하였다.

원심판결 이유를 기록과 대조하여 살펴보면 이는 정당한 것으로 수긍이 가고, 거기에 상고이유 주장과 같이 논리와 경험칙에 반하여 자유심증주의의 한계를 벗어난 위법이 없다.

(2) 나머지 주장에 대하여

피고인 1의 이 부분 나머지 상고이유, 즉 원심이 특경법 위반(사기)의 유죄로 인정한 일부 대출은 충분한 담보와 연대보증이 제공된 정상적인 대출로서 편취 범의를 인정할 수 없다거나(원심 판시 [범죄일람표 1] 순번 7, 9번 대출), 이른바 대환대출로서 그 대출액 전액을 특경법 제3조에 정한 '이득액'으로 볼 수 없다는 주장(위 [범죄일람표] 순번 1 내지 5번 및 8번 대출)은 모두 항소심에서 항소이유로 주장하지 아니하여 항소심의 심판대상이 되지 않은 사항에 관한 것이므로, 적법한 상고이유가 되지 못한다. 뿐만 아니라 사기죄는 상대방을 기망하여 하자 있는 상대방의 의사에 의하여 재물을 교부받음으로써 성립하는 것이므로, 분식회계에 의한 재무제표 등으로 금융기관을 기망하여 대출을 받았다면 사기죄는 성립하고, 변제의사와 변제능력이 있었다든지 충분한 담보가 제공되었다거나 피해자의 전체 재산상에 손해가 없고 사후에 대출금이 상환되었다고 하더라도 사기죄의 성립에는 영향이 없으므로(대법원 2005. 4. 29. 선고 2002도7262 판결 참조), 피고인 1이 분식회계된 허위의 재무제표를 제시함으로써 금융기관을 기망하여 위 7, 9번 대출을 받은 이상 그에 관하여 충분한 담보가 제공되었다고 하더라도 사기죄의 성립에는 영향이 없고, 또한 기록을 살펴보아도 위 1 내지 5번 및 8번 대출이 실제로는 기존채무의 변제기 연장에 불과한 대환대출에 해당한다고 볼 관한 자료를 찾아볼 수 없으므로, 이 부분 상고이유의 주장은 어느 모로 보나 받아들일 수 없다.

다. '공소외 1 회사 상장폐지'관련 미공개정보 이용으로 인한 증권거래법 위반의 점에 관하여

(1) 미공개정보 이용에 관한 고의가 없었다는 주장에 대하여

원심판결 이유에 의하면, 원심은 그 채택 증거에 의하여, 공소외 1 회사는 2008. 9. 30. 기준 누적 분식회계 규모가 약 710억 원에 이르고 2008. 12. 하순경에는 분식회계에 관한 제보를 받은 금융감독원으로부터 회계감리 자료의 제출을 요구받게 되자 피고인 1은 2009. 1. 초순경 재무담당 직원을 모두 퇴사시키고 관련 회계자료의 멸실 등을 이유로 자료제출을 거부하는 한편 전략기획실 직원 공소외 3에게 피고인 1 소유의 공소외 1 회사 주식 전부를 매각할 것을 지시한 사실, 공소외 1 회사는 법정기한인 2009. 3. 31.까지 2008년도 사업보고서를 제출하지 아니함으로써 2009. 4. 23. 상장폐지된 사실 등을 인정한 다음, 피고인 1은 공소외 1 회사가 상장폐지될 것을 예상하고 공소외 3에게 위 주식매각을 지시한 것으로 보아 이 부분 공소사실을 유죄로 인정하였다.

원심판결 이유를 기록과 대조하여 살펴보면 이는 정당한 것으로 수긍이 가고, 거기에 상고이유 주장과 같이 논리와 경험칙에 반하여 자유심증주의의 한계를 벗어난 위법이 없다.

(2) 추징상의 위법 주장에 대하여

구 증권거래법(2007. 8. 3. 법률 제8635호로 공포되어 2009. 2. 4. 시행된 자본시장과 금융투자업에 관한 법률에 의하여 폐지되기 전의 것, 이하 같다) 제207조의2에서 정한 '위반행위로 얻은 이익 또는 회피한 손실액'이라 함은 그 위반행위와 관련된 거래로 인한 이익 또는 회피한 손실액을 말하는 것으로서 위반행위로 인하여 발생한 위험과 인과관계가 인정되는 것을 의미한다. 나아가 구 범죄수익은닉의 규제 및 처벌 등에 관한 법률(2007. 12. 21. 법률 제8719호로 개정되기 전의 것) 제2조 제1호 [별표 제16호], 제2호 (가)목, 제8조, 제10조에서 몰수 또는 추징 대상으로 정한 구 증권거래법 제207조의2의 범죄행위에 의하여 생긴 재산인 불법수익 역시 위와 마찬가지로 구 증권거래법 제207조의2 위반행위와 관련된 거래로 인한 이익 또는 회피한 손실액으로서 위반행위로 인하여 발생한 위험과 인과관계가 인정되는 것을 의미한다고 보는 것이 옳고, 법원은 그 인과관계가 인정되는 이익이라고 하더라도 여러 사정을 고려하여 재량에 따라 그 불법수익의 몰수 또는 추징 여부를 최종 결정하면 된다(대법원 2009. 7. 9. 선고 2009도1374 판결 등 참조).

원심판결 이유 및 기록에 의하면, 피고인 1이 미공개정보를 이용하여 매도한 공소외 1 회사 주식 중 일부는 공소외 1 회사의 채무에 대한 담보조로 공소외 4 등 사채업자에게 제공되어 있던 것으로 피고인 1은 공소외 4 등의 승낙하에 이를 매도하여 그 차용원리금을 공제한 나머지 금액을 돌려받았고, 피고인 1이 주식매도대금 중 일부를 공소외 1 회사의 공과금 납부 등 용도에 사용하도록 한 사정을 알 수 있으나, 그와 같은 사정만으로 위 주식매도로 인하여 회피한 손실액 중 위 차용원리금이나 공과금 납부 등에 사용된 금원이 피고인 1에게 귀속된 것이 아니라고 볼 수는 없고 이는 피고인 1에게 일단 귀속된 이익의 사후 처분방법에 불과하다 할 것이다. 따라서 원심이 피고인 1에게 미공개정보를 이용한 주식매도로 회피한 손실액인 2,783,724,808원 전액에 관하여 추징을 명한 것은 정당하고, 거기에 상고이유 주장과 같은 추징에 관한 법리오해의 위법이 없다. 상고이유에서 들고 있는 대법원 2007. 10. 12. 선고 2007도6012 판결은 도박개장으로 인한 범죄수익 중 공범에게 귀속됨으로써 피고인에게 실질적으로 귀속되지 아니한 이익을 피고인으로부터 추징할 수 없음을 판시한 것으로 이 사건과 사안이 달라 원용하기에 적절하지 아니하다.

2. 피고인 2의 상고이유에 대하여

가. 상고이유 제1, 2점에 대하여

이 부분 상고이유는 모두 항소심에서 항소이유로 주장하지 아니하여 항소심의 심판대상이 되지 않은 사항에 관한 것이므로, 적법한 상고이유가 되지 못한다.

나. 상고이유 제3점에 대하여

양형의 조건에 관하여 규정한 형법 제51조의 사항은 널리 형의 양정에 관한 법원의 재량사항에 속한다고 해석되므로, 상고심으로서는 형사소송법 제383조 제4호에 의하여 사형 · 무기 또는 10년 이상의 징역 · 금고가 선고된 사건에서 형의 양정의 당부에 관한 상고이유를 심판하는 경우가 아닌 이상, 사실심법원이 양형의 기초 사실에 관하여 사실을 오인하였다거나 양형의 조건이 되는 정상에 관하여 심리를 제대로 하지 아니하였다는 주장은 적법한 상고이유가 될 수 없으나, 사실심법원이 피고인에게 공소가 제기된 범행을 기준으로 그 범행의 동기나 결과, 범행 후의 정황 등의 형법 제51조가 정한 양형조건으로 포섭되지 않는 별도의 범죄사실에 해당하는 사정에 관하여 그것이 합리적인 의심을 배제할 정도의 증명력을 갖춘 증거에 의하여 증명되지 않았음에도 핵심적인 형벌가중적 양형조건으로 삼아 형의 양정을 함으로써 피고인에 대하여 사실상 공소가 제기되지 않은 범행을 추가로 처벌한 것과 같은 실질에 이른 경우에는 단순한 양형판단의 부당성을 넘어 죄형균형의 원칙 내지 책임주의 원칙의 본질적 내용을 침해한 것이 되므로, 그 부당성을 다투는 피고인의 주장은 이러한 사실심법원의 양형심리 및 양형판단 방법의 위법성을 지적하는 취지로 보아 적법한 상고이유로 평가될 수 있음(대법원 2008. 5. 29. 선고 2008도1816 판결 참조)은 상고이유로 지적하는 바와 같다.

그러나 제1심판결 및 원심판결 이유에 의하면, 피고인 2는 제1심에서부터 2007. 4. 6.자 6억 원 업무상횡령 부분을 제외한 나머지 공소사실을 전부 인정하였고, 제1심은 이 사건 각 범행의 수단과 결과, 규모, 피해변제 여부 등 여러 양형조건에다가 법정형 및 양형기준에 따른 권고형까지 종합적으로 고려하여 피고인 2에 대하여 형의 양정을 하였으며 원심 또한 마찬가지임을 알 수 있을 뿐이고, 상고이유 주장과 같이 제1심이 6억 원 업무상횡령 부분을 핵심적인 형벌가중적 양형조건으로 삼았다거나 원심이 제1심과는 달리 6억 원 업무상횡령 부분을 무죄로 판단하면서도 사실상 유죄로 인정된다는 전제하에 제1심과 동일한 형을 선고한 것으로는 볼 수 없으므로, 원심의 피고인 2에 대한 양형판단이 사실상 유죄로 입증되지 않은 범행을 추가로 처벌한 것과 같은 실질에 이르렀다거나 피고인 2의 항소심에서의 방어권 행사가 침해되는 결과를 초래하였다고 볼 수 없다. 이 부분 상고이유 주장은 이유 없다.

3. 검사의 상고이유에 대하여

가. 무죄 부분에 관하여

원심판결 이유에 의하면, 원심은 그 판시와 같은 이유로 피고인 1에 대한 2006. 3. 20.자 1,000만 원, 2006. 9. 29.자 1,000만 원 및 2007. 10. 8.자 1,178,400,140원 각 업무상횡령의 점과 피고인 2에 대한 2007. 4. 6.자 6억 원 및 2008. 3. 25.자 3,000만 원 각 업무상횡령의 점을 모두 무죄로 판단하였다. 기록에 비추어 살펴보면 이러한 원심의 판단은 정당한 것으로 수긍할 수 있고, 거기에 상고이유 주장과 같이 논리와 경험칙에 반하여 자유심증주의의 한계를 벗어나는 등의 위법이 없다.

나. 공소기각 부분에 관하여

포괄일죄에 있어서는 그 일죄의 일부를 구성하는 개개의 행위에 대하여 구체적으로 특정되지 아니하더라도 그 전체 범행의 시기와 종기, 범행방법, 피해자나 상대방, 범행횟수나 피해액의 합계 등을 명시하면 이로써 그 범죄사실은 특정되는 것이지만, 비록 공소범죄의 특성에 비추어 개괄적인 기재가 불가피한 경우가 있다 하더라도, 사실상 피고인의 방어권 행사에 지장을 가져오는 경우에는 형사소송법 제254조

제4항에서 정하고 있는 구체적인 범죄사실의 기재가 있는 공소장이라고 할 수 없다(대법원 2007. 8. 23. 선고 2006도5041 판결 등 참조).

원심은, 피고인 2에 대한 업무상횡령의 점 중 '2006년 2008년경까지 공소외 1 회사 회사 자금을 수시로 수표로 인출하여 합계 3억 8,000만 원을 횡령하였다'는 공소사실에 대하여, 횡령의 시기와 종기도 명확히 특정하지 않고 막연히 2년 남짓에 이르는 기간을 제시하고 있고 범행횟수는 전혀 제시하지 아니하고 있으며, 범행방법에 대하여도 막연히 수표를 인출하였다고 할 뿐 어떠한 명목으로 어떠한 자금을 횡령하였다는 것인지 특정되어 있지 않아, 이 부분 공소사실은 기본적 사실관계가 동일하여 포괄일죄에 해당하는지 여부조차 판단하기 어려울 뿐만 아니라 피고인 2로서도 자금지출 내역을 소명하는 등 방어권을 행사하는 것이 불가능하다는 이유로, 이 부분 공소사실은 특정되지 아니하여 공소제기의 절차가 법률의 규정에 위반하여 무효인 경우에 해당한다고 판단하였다.

위 법리와 기록에 비추어 살펴보면 원심의 이러한 판단은 옳은 것으로 수긍이 가고, 거기에 상고이유 주장과 같이 공소사실 특정에 관한 법리오해 등의 위법이 없다.

4. 결론

그러므로 상고를 모두 기각하기로 하여 관여 대법관의 일치된 의견으로 주문과 같이 판결한다.

II. 과장 · 허위광고와 사기죄

대법원 2008.10.23. 선고 2008도6549 판결[특정경제범죄가중처벌등에관한법률위반(사기) · 사기][미간행]

【판시사항】

[1] 상품의 허위 · 과장광고가 사기죄의 기망행위에 해당하는 경우

[2] 부동산 관련 업체가 지방자치단체의 특정 용역보고서만을 근거로 확정되지도 않은 개발계획이 마치 확정된 것처럼 허위 또는 과장된 정보를 제공하여 매수인들과 토지매매계약을 체결한 사안에서, 사기죄가 성립한다고 한 사례

【참조조문】

[1] 형법 제347조 제1항 [2] 형법 제347조 제1항

【참조판례】

[1] 대법원 1997. 9. 9. 선고 97도1561 판결(공1997하, 3202)
대법원 2002. 2. 5. 선고 2001도5789 판결(공2002상, 714)

【전 문】

【피 고 인】피고인 1외 3인

【상 고 인】피고인 1 및 검사

【변 호 인】변호사 류용현

【원심판결】서울고법 2008. 6. 27. 선고 2008노480 판결

【주 문】

각 상고를 모두 기각한다.

【이 유】

1. 피고인 1의 상고이유에 대한 판단

가. 이 사건 용인 임야에 관하여

원심은 피고인이 이 사건 용인 임야를 피해자들에게 매도함에 있어 판시와 같은 기망행위를 하였다고 보아 이를 유죄로 판단하였는바, 원심이 채용한 증거들을 기록에 비추어 살펴보면, 원심의 위와 같은 판단은 정당하고, 그 판단에 상고이유 주장과 같은 채증법칙을 위반하였거나 사기죄의 성립요건에 관한 법리를 오해한 위법 등이 없다.

나. 이 사건 제천, 당진 임야에 관하여

사기죄의 요건으로서의 기망은 널리 재산상의 거래행위에 있어서 서로 지켜야 할 신의와 성실의 의무를 저버리는 모든 적극적 및 소극적 행위로서 사람으로 하여금 착오를 일으키게 하는 것을 말하며, 사기죄의 본질은 기망에 의한 재물이나 재산상 이익의 취득에 있고 상대방에게 현실적으로 재산상 손해가 발생함을 그 요건으로 하지 아니하는 바, 일반적으로 상품의 선전, 광고에 있어 다소의 과장, 허위가 수반되는 것은 그것이 일반 상거래의 관행과 신의칙에 비추어 시인될 수 있는 한 기망성이 결여된다

할 것이나 거래에 있어서 중요한 사항에 관하여 구체적 사실을 거래상의 신의성실의 의무에 비추어 비난받을 정도의 방법으로 허위로 고지한 경우에는 과장, 허위광고의 한계를 넘어 사기죄의 기망행위에 해당한다(대법원 2002. 2. 5. 선고 2001도5789 판결 등 참조).

원심이 채용한 증거들에 의하면, 피고인은 이른바 기획부동산 사무실을 차려놓고 영업직원들을 통하여 이 사건 제천, 당진 임야에 관한 정보를 제대로 알려주지 아니하고 오히려 제천시와 당진군이 용역업체에 의뢰하여 작성한 용역보고서에 불과한 '21세기를 향한 제천시 장기종합개발계획', '친환경민속마을 개발에 관한 기본구상', '당진 배후도시 건설 기본계획'등만을 근거로 확정되지도 아니한 개발계획이 마치 확정된 것처럼 허위 또는 심히 과장된 정보를 제공하여 매수인들의 판단을 흐리게 하여 매매계약을 체결하였는바, 이는 일반 상거래의 관행과 신의칙에 비추어 시인될 수 있는 정도를 벗어나 거래에 있어서 중요한 사항에 관하여 구체적 사실을 거래상의 신의성실의 의무에 비추어 비난받을 정도의 방법으로 허위로 고지한 경우에 해당하여 사기죄에 있어서 타인을 기망하는 행위에 해당하므로, 원심이 같은 취지에서 이 부분 각 사기범행을 유죄로 인정한 조치는 정당하고, 원심판결에 상고이유 주장과 같은 채증법칙 위반, 사기죄의 범의 및 허위 · 과장 광고의 허용 한계에 관한 법리오해, 판단유탈의 위법 등이 없다.

그리고 공모에 의한 범죄의 공동실행은 모든 공범자가 스스로 범죄의 구성요건을 실현하는 것을 전제로 하지 아니하고, 그 실현행위를 하는 공범자에게 그 행위결정을 강화하도록 협력하는 것으르도 가능하며, 이에 해당하는지 여부는 행위결과에 대한 각자의 이해정도, 행위가담의 크기, 범행지배에 대한 의지 등을 종합적으로 고려하여 판단하여야 하고(대법원 2006. 12. 22. 선고 2006도1623 판결 등 참조), 피고인이 공모의 점과 함께 범의를 부인하는 경우에는, 이러한 주관적 요소로 되는 사실은 사물의 성질상 범의와 상당한 관련성이 있는 간접사실 또는 정황사실을 증명하는 방법에 의하여 이를 입증할 수밖에 없고, 무엇이 상당한 관련성이 있는 간접사실에 해당할 것인가는 정상적인 경험칙에 바탕을 두고 치밀한 관찰력이나 분석력에 의하여 사실의 연결 상태를 합리적으로 판단하는 방법에 의하여야 하는바(대법원 2003. 1. 24. 선고 2002도6103 판결 등 참조), 원심이 그 판시와 같은 이 사건 기획부동산 업체들에서의 피고인의 지위, 이 사건 제천, 당진 임야의 구매, 판매방법, 판매가격 등의 결정 및 직원들에 대한 교육 등에 피고인이 관여한 정도와 역할 등에 비추어 피고인에게 위 업체의 임직원들인 다른 피고인들과의 공모공동정범의 책임이 인정된다는 취지로 판단하였음은 정당하고, 그 판단에 상고이유 주장과 같은 채증법칙

위반이나 공모관계에 관한 법리오해의 위법 등이 없다.

2. 검사의 상고이유에 대한 판단

가. 이 사건 울산 임야에 관하여

원심은 피고인들이 대동씨앤디 등 회사 직원들을 통하여 이 부분 공소사실 기재와 같은 기망행위를 하였다는 점에 부합하는 고소인들의 진술 등을 그 판시와 같은 이유로 신빙성이 없다고 보아 배척하고, 오히려 제1심이 적법하게 채용한 증거들에 의하여 인정되는 판시와 같은 사실들에 비추어 피고인들이나 대동씨앤디 등의 직원들이 이 사건 울산 임야를 매도함에 있어 어떠한 기망행위를 하였음을 인정할 증거가 부족하다고 판단하였는바, 기록 및 앞서 본 법리에 비추어 살펴보면, 원심의 위와 같은 판단은 정당하고, 그 판단에 상고이유 주장과 같은 경험법칙이나 논리법칙을 위반한 위법 등이 없다.

나. 이 사건 제주 임야에 관하여

기록과 앞서 본 법리에 의하여 원심판결 이유를 살펴보면, 원심이 이 사건 제주 임야의 매매에 있어 피고인들이나 대동씨앤디 등의 직원들이 허위, 과장 광고의 한계를 넘어 사기죄에 해당할 정도의 기망행위를 하였다고 보기 어렵다는 이유로 이 부분 공소사실을 무죄로 판단하였음은 정당하고, 그 판단에 상고이유 주장과 같은 경험칙을 위반하였거나 사기죄의 성립요건에 관한 법리를 오해한 위법 등이 없다.

3. 결 론

그러므로 각 상고를 모두 기각하기로 관여 대법관의 의견이 일치되어 주문과 같이 판결한다.

제3장 뇌물형 범죄

제1절 뇌물죄

Ⅰ. 서설

기업범죄는 기업활동에 비추어 볼 때 기본적으로 인허가관청인 유관 정부기관과의 협력관계를 떠나서는 상정하기 어렵다. 우리 헌법은 제119조에서 대한민국의 경제질서는 개인과 기업의 경제상의 자유와 창의를 존중함을 기본으로 하며, 국가는 균형 있는 국민경제의 성장 및 안정과 적정한 소득의 분배를 유지하고, 시장의 지배와 경제력의 남용을 방지하며, 경제주체간의 조화를 통한 경제의 민주화를 위하여 경제에 관한 규제와 조정을 할 수 있음을 규정하고 있다. 여기서 기업은 자유로운 경제활동을 할 수 있지만 국가의 규제와 조정 하에 놓여 있을 수밖에 없으며, 기업의 무한한 이윤추구와 성장을 위해서는 이러한 규제와 조정장치의 울타리 밖으로 나가야 할 경우가 발생한다. 이러한 상황에서 기업은 정상적인 수단과 과정을 통해서는 목표한 바를 효과적으로 달성하기 어려우며 인허가관청 및 유관 정부기관의 로비를 통해 문제해결에 나서게 된다. 아울러 각종 정책자금의 수혜 과정에서도 유관기관에 대한 로비를 통해 비교적 쉽게 자금을 지원받고 경쟁기업에 대한 우위를 점하려고 한다. 뇌물은 기업의 운영에 있어 관급공사의 수주, 사업관련 인허가, 법인세 등의 세금부과, 자금대출, 세관통관 등 전 영역에서 제공될 수 있는 잠재적 가능성이 있다.

뇌물은 공무원이 직무수행상 받게 되는 부당한 대가로 기업의 비자금 조성과 그 이용의 연장선 및 종착점이라고 할 수 있다. 과거 국민경제에 큰 오점을 남기고 막대한 후유증을 남긴 기업들의 경우, 항상 인허가와 관련하여 관계 공무원에 대한 증뢰와 매수, 정치권의 외압, 금융권의 무리한 수익추구와 외압성 대출이라는 연결고리가 확인되어 왔다. 최근 들어서는 뇌물을 제공받는 공무원의 범위가 현직 군인, 방사청 직원 등에까지 확장되면서 방산업체의 기업범죄가 대규모 방산비리 게이트로 확대되어 국가안보까지 위협하는 상황이 되고 있다.[191*] 방위산업체의 로비로 불량납품이 이루어지고 이로 인해 국방전력을 떨어드리는 행위는 단순히 증수뢰의 차원을 넘어 미필적으로나마 적국을 이롭게 하는 간첩행위에 준하는 정도의 중대한 범죄이며, 기업범죄로 인해 국가안보가 위협받는 심각한 상황이라고 하지 않을 수 없다.

이처럼 국민경제의 공정성 침해는 물론 나아가 국가안보까지 위협하는 뇌물형 기업범죄의 차단을 위한 첫걸음은 공무원의 수뢰를 막고 그 로비창구로 전락하는 이른바 '관피아'의 방지를 통해 뇌물의 수수를 봉쇄하는 것이다.

II. 뇌물죄의 주요 구성요건[192*]

(1) 행위주체

뇌물죄는 수뢰의 죄와 증뢰의 죄로 구분할 수 있으며, 전자는 다시 사후수뢰죄와 알선수뢰죄, 단순수뢰죄(감경적 구성요건으로 사전수뢰죄, 가중적 구성요건으로 수뢰후부정처사죄, 부정처사후수뢰죄), 제3자뇌물공여죄로, 후자는 또한 증뢰죄와 제3자증뢰물전달죄로 분류할 수 있다.

여기서 각각의 구성요건에 따라 행위주체가 달라진다. 이하에서는 단순수뢰죄와 증뢰의 죄를 기준으로 살펴보도록 한다. 먼저 단순수뢰죄의 주체는 공무원 또는 중재인이다. 여기서 공무원이란 법령에 의하여 공무에 종사하는 직원으로 노무의 내용이 단순한 기계적·육체적인 것에 한정된 경우를 제외한 자라고 할 수 있으며,[193*] 특정범죄 가중처벌 등에 관한 법률이 적용되어 공무원으로 의제되는 자도 포함한다.[194*] 공익상의 이유에서 정부가 출자하거나 재정지원한 정부관리기업체는 국민경제 및 산업에 중대한 영향을 미치고 업무의 공공성이 현저하여 이들 기관 또는 단체의 간부직원(임원과 과장대리급 이상인 직원)의 경우 사인(私人)임에도 불구하고

191* 2014년 말 감사원의 감사 결과에 따라 구성된 방위산업비리 정부합동수사단은 육해공 가리지 않고 전략적 군사장비에 이르기까지 뇌물수수와 허위공문서 작성 등으로 얼룩진 우리 군의 암담한 현실과 수익을 위해 뇌물을 당연시여기는 국내외 방위산업체의 실상을 보여주었으며, 전 해군참모총장을 포함한 10여명의 장성급 군인과 S, H 등 대표적 방위산업체가 연루되어 1조원에 육박하는 대규모 방위산업비리를 밝혀냈다.

192* 이승준, "실질적 처분권과 몰수·추징의 대상인 뇌물", 형사법연구 제22권 제4호, 2010, 281면 이하 재구성.

193* 김성돈, 형법각론(제3판), SKKUP, 2013, 750면.

194* 동법 시행령 제3조 단서에 따라, 특가법에 의해 공무원으로 의제되지 않더라도 지방공기업법, 한국도로공사법 등 다른 법령에 의해 공무원으로 의제되는 자는 그 개별 법령이 적용되어 형법상 뇌물죄로 의율된다.

공무원으로 의제된다.[195*] 중재인이란 법령에 의하여 중재의 직무를 담당하는 자 중 공무원이 아닌 자를 의미한다.

기업범죄와 직접 관련성이 큰 증뢰의 죄는 뇌물공여등죄와 증뢰물전달죄로 구성되는데, 이들의 주체는 제한이 없다.[196*] 공무원도 직무와 관련 없이 행한 때에는 본 죄의 주체가 될 수 있다.[197*]

(2) 뇌물

뇌물죄의 행위는 뇌물, 즉 직무에 대한 정당한 보수 이외에 부당한 이익을 취득하는 것이다. 여기서 수뢰행위가 인정되기 위해서는 직무관련성이 인정되는 부당한 이익을 수수하여야 한다.

뇌물이란 직무에 관한 불법한 대가로서 사람의 수요와 욕망을 충족시킬 수 있는 일체의 유 · 무형적 이익으로 파악된다.[198*] 뇌물과 직무사이에 대가관계[199*]가 필요하다고 보는 것이다. 여기서 개념적 특성으로 먼저 직무관련성을 보면, 직무(職務)란 공무원 또는 중재인이 그 지위에 따라 담당하는 일체의 사무를 의미한다.[200*] 이러한 직무의 범위에는 법령뿐만 아니라, 지령, 훈령, 내규, 행정처분에 의한 경우도 포함되며,[201*] 상사의 명령에 의해 소관 사무외의 사무를 일시 대리하거나,[202*] 관례상이나 사실상 소관하는 직무행위,[203*] 결정권자를 보좌하거나 영향을 줄 수 있는 직무행위[204*] 등이 모두 포함된다. 즉 엄격한 의미의 직무행위

195* 제4조(뇌물죄 적용대상의 확대) ① 다음 각 호의 어느 하나에 해당하는 기관 또는 단체로서 대통령령으로 정하는 기관 또는 단체의 간부직원은 「형법」 제129조부터 제132조까지의 규정을 적용할 때에는 공무원으로 본다.

1. 국가 또는 지방자치단체가 직접 또는 간접으로 자본금의 2분의 1 이상을 출자하였거나 출연금·보조금 등 그 재정지원의 규모가 그 기관 또는 단체 기본재산의 2분의 1 이상인 기관 또는 단체
2. 국민경제 및 산업에 중대한 영향을 미치고 있고 업무의 공공성(公共性)이 현저하여 국가 또는 지방자치단체가 법령에서 정하는 바에 따라 지도·감독하거나 주주권의 행사 등을 통하여 중요 사업의 결정 및 임원의 임면(任免) 등 운영 전반에 관하여 실질적인 지배력을 행사하고 있는 기관 또는 단체

② 제1항의 간부직원의 범위는 제1항의 기관 또는 단체의 설립목적, 자산, 직원의 규모 및 해당 직원의 구체적인 업무 등을 고려하여 대통령령으로 정한다.

196* 기업측과 공무원 또는 의제공무원과의 커넥션을 위해서는 중간 단계에 제3자가 개입하게 되는데, 이들에 대해서는 특정범죄 가중처벌 등에 관한 법률 제3조에서 '공무원의 직무에 속한 사항의 알선에 관하여 금품이나 이익을 수수·요구 또는 약속할 경우 5년 이하의 징역 또는 1천만원 이하의 벌금'에 처하도록 알선수재죄를 규정하고 있다.

197* 대판 2002.6.14, 2002도1283.

198* 배종대, 형법각론, 2007, 813면; 이형국, 형법각론, 776면; 임 웅, 형법각론, 878면 등.

199* 대가관계까지는 필요 없으며, 인과관계로 족하다는 견해로는 오영근, 형법각론, 910면.

200* 대판 1982, 11.23, 82도1549 등.

201* 대판 1959.9.4, 4291형상294.

202* 대판 1953.6.11, 4286형상11.

203* 대판 1999.11.9, 99도2530.

204* 대판 1999.6.11, 99도275.

외에 직무와 밀접한 관계가 있는 것으로 직무상의 지위를 이용하거나 그 직무에 기한 세력을 기초로 공무의 공정에 영향을 줄 수 있는 행위가 포함된다. 이와 같은 직무행위는 과거 · 현재 · 장래의 직무를 불문하며, 작위 · 부작위, 적법 · 부적법도 문제가 되지 않는다.[205*]

뇌물은 이러한 직무행위와 관련이 있을 때에만 인정된다. 즉 사적인 행위에 대한 이익의 공여는 뇌물이 되지 않는 것이다.[206*] '직무관련'이란 공무원이 그의 지위에서 공무로 취급하는 모든 사무를 말하는 것으로, 직접적 권한에 속하는 것뿐만 아니라 밀접한 관계가 있는 것도 포함된다.[207*] 직무관련행위는 지위를 이용하거나 직무에 따른 세력을 기초로 공무원의 공정성에 영향을 줄 수 있는 것이어야 한다.

직무관련성을 판단함에 있어, 직무에서 제외된다고 볼 수 없는 이상 직무와의 관련성을 인정하기에 충분하다고 보는 소극적 공제(消極的 控除) 판단형식에 의하는 견해[208*]가 있다. 직무행위의 공정성에 대한 사회일반인의 신뢰라는 보호법익의 보호를 위해서는 당해 행위가 전적으로 직무권한 범위 외의 것이 아니라면, 직무와의 관련성을 인정하자는 것이다. 그러나 이는 명예훼손죄에서 공익의 목적이 없으면 비방할 목적이 인정된다는 논리처럼 비약되어 범죄인에게 지나치게 불리한 해석이며, 자칫 피의자에 대한 무죄추정의 원칙을 저해할 우려가 있다. 따라서 개별 수뢰 공무원의 지위, 수행업무, 급부물의 내용, 전달 상황, 급부수령 후의 직무수행 등을 종합적이고, 구체적으로 판단하여 직무관련성을 판단할 수밖에 없다고 하겠다.

뇌물에서 부당한 이익이란 직무행위에 대한 대가관계가 인정되는 정당한 보수 이외의 일체의 이익이다. 여기서 이익이 무엇인가에 대해서 견해가 대립되고 있는데, 먼저 이익이란 ① 사람의 경제적 · 법적 · 인격적 지위를 유리하게 해주는 것으로 사람의 수요, 욕망을 충족시킬 수 있는 일체의 것이라는 견해,[209*] ② 금전적으로 평가될 수 있는 금품 기타의 생활이익이라는 견해,[210*] ③ 사람의 수요, 욕망을 충족시킬 수 있는 일체의 가치 있는 생활이익이라는 견해[211*], ④ 받는 자에게 어떤 면으로든 이로움을 주는 물질적 · 비물질적 급부라는 견해[212*] 등이 주장되고 있다.

205* 배종대, 형법각론, 815면; 이형국, 형법각론, 776면.

206* 배종대, 형법각론, 816면.

207* 대판 1983.7.26, 82도1208; 대판 2006,6.15, 2005도1420 등.

208* 임 웅, 형법각론, 862면 이하.

209* 박상기, 형법각론, 643면; 배종대, 형법각론, 816면; 임 웅, 형법각론, 859면; Jescheck, LK, § 331, Rn. 7; 대판 2001.1.5, 2000도4714.

210* 유기천, 형법학(각론강의 하), 일조각, 1978, 308면.

211* 김신규, "뇌물죄에 관한 연구", 형사정책 제10호, 1998, 302면; 김일수/서보학, 형법각론, 835면.

212* 이형국, 형법각론, 778면.

생각건대 핵심은 뇌물 개념의 무한한 확장을 막는 것인데, 단순한 명예심이나 호기심을 충족시키는 무형의 이익까지 확대하는 것은 적절치 못하므로[213*] 어떤 면으로든 수급자에게 이토움을 주는 급부라고 이해하기는 어렵다. 또한 생활이익이라고 보는 견해에서 생활이익이라는 개념을 인간생활상의 이익이라고 본다면 지나치게 확장된 모호한 개념이 되며, 경제생활상의 이익으로 본다면 욕망을 충족시킨다는 전제와 충돌될 우려가 있다. 따라서 이익이란 사람의 경제적 · 법적 · 사회적 지위를 유리하게 해 주는 것으로 경제적 가치로 환산될 수 있는 유 · 무형의 이익이라고 봄이 타당하다.

이익은 재산 · 비재산상 이익, 유형 · 무형이익을 불문한다.[214*] 금전의 제공에서부터, 시가앙등이 예상되는 주식의 저가 매수 기회제공,[215*] 투기적 사업에 참여할 기회의 제공,[216*] 향응의 제공,[217*] 이성간의 정교나 성행위에 이르기 까지 모두 이익의 범주에 포함된다. 그러나 기업범죄와 관련하여 이러한 이익이 점점 교묘해지고 있다는 문제점이 있다. 뇌물제공의 수법이 날로 발전하고, 당장 경제적 가치를 환산하기 어려운 무형적 이익 또는 유형적 이익이라고 하더라도 수뢰자를 바로 확정지을 수 없는 형태로 전해지고 있다.

이러한 이익은 부당하여야 한다. 부당하다는 것은 불법한 보수를 포함하여 정당하지 아니한 보수 일체를 의미한다. 법령 등에 의하여 봉급, 수당, 여비 등 수령가능한 대가 이외의 명목으로 받아서는 안 되는 것이다. 이러한 이익은 뇌물로서 부정 · 부당한 것이며 충분하고 부도덕하거나, 사욕을 위한 것일 필요가 없다. 뇌물을 수령하여 사회복지시설에 기부하였다고 하더라도 이익의 부당성이 인정되는 것이다.

(3) 행위

기업범죄와 직접적 관련성이 수뢰죄의 행위는 뇌물의 수수 · 요구 또는 약속하는 것이다. 뇌물을 수수 · 요구 또는 약속하면 성립하며 청탁의 유무는 관계없다. 수뢰죄의 행위는 증뢰죄에서의 공여 · 공여의 의사표시 · 약속에 상응하는 개념이다. 먼저 수수란 뇌물을 취득하는 것으로 사실상의 처분권 획득이나 사실상의 이익향수를 포함하며, 유형의 재물인 경우에는 점유취득에 의해, 무형의 이익인 경우에는

213* 김일수/서보학, 형법각론, 836면; 임 웅, 형법각론, 860면.

214* 대판 2001.9.18, 2000도5438.

215* 대판 1979.10.10, 78도1793.

216* 대판 2002.5.10, 2000도2251.

217* 대판 1967.10.31, 67도1123.

현실적으로 향수함으로서 수수가 인정되며 기수가 된다.[218*] 요구란 취득의 의사로 상대방에게 뇌물공여를 청구하는 것으로, 뇌물제공의 약속을 청구하는 것도 포함한다.[219*] 요구만 있으면 성립하는 일방적 행위로서 상대방이 응하였는가는 문제되지 않으며 요구가 있으면 기수가 된다. 약속이란 양 당사자 사이에 뇌물의 수수를 합의하는 것으로, 이익의 수수가 약속되면 족하고 약속 당시에 그 이익이 현존할 필요는 없다.[220*] 약속이 있은 이상 약속을 이행하지 않거나 해제하는 의사표시가 있어도 범죄의 성립에는 영향을 주지 않는다.[221*] 기업에 의해 뇌물이 제공되는 경우 금전 이동의 흐름을 파악하기 힘든 현금 내지 양도성 예금증서(CD)의 수수, 수사기관의 추적을 피하기 위해 약속을 받고 부정처사가 행해진 이후 뇌물을 수수하는 형태가 주를 이룬다. 주식매각의 시세차익을 노리고 증뢰하려는 회사의 주식을 수수하는 형태도 자주 발생하고 있다.

다음으로 뇌물공여등죄와 증뢰물전달죄의 행위를 살펴보면, 직무에 관하여 뇌물의 약속·공여 또는 공여의 의사표시를 하거나, 증뢰에 공할 목적으로 제3자에게 금품을 교부하거나 제3자가 정을 알면서 교부받아야 한다.

여기서 공여란 뇌물을 취득하게 하는 것으로 상대방이 뇌물을 수수할 수 있는 상태에 있으면 족하고 현실적인 취득을 요하는 것은 아니다.[222*] 공여의 의사표시는 뇌물을 공여하려는 의사를 표시하는 것으로 명시 또는 묵시의 방법으로 의사를 표시하면 족하며 공여할 금액을 표시하지 않아도 무방하다.[223*] 이때 상대방은 공무원 또는 중재인 자신임을 요하지 않는다.[224*] 약속이란 공무원의 요구를 승낙하는 경우와 장차 뇌물을 공여할 것을 자진하여 약속하는 경우를 뜻한다.[225*]

III. 대표적 사례

한보철강 부도사건은 대표적인 뇌물형 기업범죄라고 할 수 있다. 지금도

218* 정성근/박광민, 형법각론, 813면.

219* 정성근/박광민, 형법각론, 814면.

220* 정성근/박광민, 형법각론, 814면.

221* 정성근/박광민, 형법각론, 814면.

222* 이재상, 형법각론, 738면.

223* 대판 1959.9.4, 4291형상284.

224* 대판 1968.10.8, 68도1066.

225* 이재상, 형법각론, 739면.

한보그룹의 총수인 정회장은 횡령 혐의에 대한 항소심 재판 도중 신병치료를 이유로 출국하여 2007년 일본을 거쳐 카자흐스탄으로 간 뒤 행방이 확인되지 않고 있다. 한보철강 사건은 기업 총수의 무모한 투자와 경영능력의 부재가 5조 7천억원이라는 단군이래 최대 부도로 전국가적 의기를 초래하여 IMF 사태를 불러온 원인으로까지 지적되고 있다.[226*] 정치권 로비를 통한 외압 행사, 부실 재무구조 상태에서 은행장 등에 대한 배임증재로 금융권 특혜 대출의 실시, 한보그룹 정회장은 자기자본금이 3천억으로 5조원 규모의 당진제철소 철강공장을 건설하려다 파산상태에 내몰리게 되었고 과도한 이자부담으로 은행 대출과 사채까지 동원함으로써 자금사정은 더욱 악화되었는데, 이러한 위험을 금융권과 정부당국이 1996년 후반기부터 파악하였음에도 정회장의 정치권 로비를 통한 외압으로 정리시기를 실기함으로써 8천억원에 이르는 구제금융이 무의미해졌고 금융권의 부실초래는 물론 국가적 신인도 추락으로 IMF 사태를 부추기는 꼴이 되었다.[227*] 한보그룹의 해체 과정에서 드러난 뇌물비리[228*]는 정회장이 회사 자금 횡령 및 뇌물 혐의로 징역 15년을 선고받았고, 로비를 받은 정치인과 전직 은행장 등 10명이 징역 20~25년을 선고받았으며, 당시 김영삼 대통령의 차남과 국가안전기획부 운영차장 역시 이 사건에 연루되어 구속되는 상황이 발생해[229*] 정경유착을 통한 권력형 비리 백화점의 모습을 보여 주었다.

226* 박강우, 앞의 보고서, 61면 이하.

227* 한보그룹이 한보철강 부도로 위기에 처한 이후 대기업들의 연쇄도산 사태가 발생했고 대규모 실직, 금융위기 등이 대한민국을 엄습했고, 이로 인해 서민경제는 벼랑으로 내몰렸고 대한민국 경제는 외환위기라는 최악의 위기 상황을 맞이하였는데, 한보그룹의 부도는 IMF의 신호탄으로 여겨지고 있다(주간현대 2014.9.22. 기사 “역사 속으로 사라진 몰락그룹, IMF 신호탄 쏜 한보그룹”).

228* 청와대, 재정경제원, 은행감독원의 외압설이 제기되었으나 깃털론으로 외압의 실체는 명확히 밝혀지지 않았으나, 청문회 방해를 부탁받고 뇌물을 수수한 국회의원 권노갑에 대해서 포괄적 대가관계 개념이 적용되기도 하였다.

229* 주간현대, 위의 기사 참조.

제2절 배임수증재죄

Ⅰ. 서설

배임수증재죄는 배임수재죄와 배임증재죄로 구성되는데, 타인의 사무를 처리하는 자가 공정하고 성실하게 사무를 처리하도록 규정을 둔 것으로 거래의 청렴성이 보호법익이 된다.[230*] 따라서 공무원의 뇌물죄에 상응하는 규정으로 타인의 사무를 처리하는 자에 대한 뇌물죄로 이해할 수 있다.[231*] 따라서 배임수증재죄도 뇌물형 기업범죄로 분류하고자 한다.

기업범죄의 발생에 있어서는 한보그룹 사태에서 보듯이 금융권이나 상위단계의 원청업체 등 공무원이 아닌 자들에 대한 재산상의 이익 제공이 매우 빈번하고 필요한 상황이 발생한다. 여기서 공무원에 대한 뇌물죄와 달리 부정한 청탁을 요건으로 하는 배임수증재죄는 경미한 범죄에 그치는 것이 아닌가라는 생각이 들 수도 있다. 그러나 공무원 아닌 자에 대한 부정한 이익의 제공도 공정사회와 자유민주적 시장경제질서를 해치고 나아가 우리 사회를 부정부패로 물들이는 중대한 범죄이므로 엄격한 규율의 대상으로 삼아야 한다.

Ⅱ. 배임수증재죄의 기본 구조

1. 배임수재죄

배임수재죄는 타인의 사무를 처리하는 자가 그 임무에 관하여 부정한 청탁을 받고 재물 또는 재산상의 이익을 취득함으로써 성립한다. 따라서 주체는 타인의

230* 이재상, 형법각론, 438면.

231* 이재상, 형법각론, 438면.

사무를 처리하는 자로 진정신분범이다. 여기서 타인의 사무를 처리하는 자란 타인과 대내관계에서 신의성실의 원칙에 비추어 사무를 처리할 신임관계가 존재한다고 인정되는 자를 의미하고, 반드시 제3자에 대한 대외관계에서 사무에 관한 권한이 존재할 것을 요하지 않으며, 또 사무가 포괄적 위탁사무일 것을 요하는 것도 아니고, 사무처리의 근거, 즉 신임관계의 발생근거는 법령의 규정, 법률행위, 관습 또는 사무관리에 의하여도 발생할 수 있다.[232*]

부정한 청탁이란 배임이 되는 내용의 부정한 청탁이 아니라 사회상규 또는 신의성실의 원칙에 반하는 것을 내용으로 하는 청탁이면 족하고,[233*] 그 판단은 청탁의 내용과 공여한 재물의 액수·형식, 보호법익인 거래의 청렴성 등을 종합적으로 고찰하여야 한다.[234*] 다만 청탁이 있었다고 할지라도 직무를 처리함에 있어서 직무권한 범위 내에서 편의를 봐달라고 부탁하는 정도라면 사회상규상 허용되는 수준이므로 부정한 청탁으로 보기 어렵다.[235*] 결국 은행장이 회수불능이 예상되는 회사로부터 거액의 불량대출을 청탁받은 경우는 사회상규 또는 신의칙에 반할 뿐만 아니라 나아가 배임이 되는 청탁에 해당한다고 하겠다.

이러한 청탁은 임무에 관하여 이루어져야 하는데, 임무는 타인의 사무를 처리하는 자가 위탁받은 본래의 사무뿐만 아니라 이와 밀접한 관계가 있는 사무도 포함된다.[236*] 또한 청탁은 반드시 명시적으로 이루어질 필요는 없다.[237*]

본죄가 성립하기 위해서는 재물 또는 재산상의 이익을 현실적으로 취득하여야 한다. 그리고 이러한 재물 또는 재산상의 이익은 부정한 청탁과 관련하여 취득하여야 한다.

2. 배임증재죄

타인의 사무를 처리하는 자에게 그 임무에 관하여 부정한 청탁을 하고 재물 또는 재산상의 이익을 공여함으로써 성립하는 범죄이다. 배임증재죄는 배임수재죄와 필요적 공범 관계에 있다. 다만 수재자와 동일하게 처벌받을 필요는 없으므로

232* 대판 2011.8.25, 2009도5618.

233* 대판 1988.3.8, 87도1445.

234* 대판 1998.6.9, 96도837; 대판 2006.5.12, 2004도491.

235* 대판 1985.10.22, 85도465.

236* 대판 1982.2.9, 80도2130.

237* 대판 1988.12.20, 88도167.

수재자에 대하여는 부정한 청탁이 되어도 증재자에게 부정한 청탁이라고 볼 수 없으면 배임증재죄는 성립하지 않는다.[238*] 다만 업계 내에 리베이트 지급관행이 있었다는 사정만으로는 배임증재죄가 부정되지는 않는다고 하겠다.[239*]

회사가 기업활동을 하면서 형사상의 범죄를 수단으로 하여서는 안 되므로 뇌물공여를 금지하는 법률 규정은 회사가 기업활동을 할 때 준수하여야 하고, 따라서 회사의 이사 등이 업무상의 임무에 위배하여 보관 중인 회사의 자금으로 뇌물을 공여하였다면 이는 오로지 회사의 이익을 도모할 목적이라기보다는 뇌물공여 상대방의 이익을 도모할 목적이나 기타 다른 목적으로 행하여진 것이라고 보아야 하므로 업무상 횡령죄의 죄책을 면하지 못하며, 특별한 사정이 없는 한 이러한 법리는 회사의 이사 등이 회사의 자금으로 부정한 청탁을 하고 배임증재를 한 경우에도 마찬가지로 적용된다.[240*]

3. 특정경제범죄 가중처벌 등에 관한 법률

한○그룹 사태나 경○기업 사태에서 보듯이 금융기관의 특혜 부정 · 불량 대출은 금융기관의 존폐뿐만 아니라 사회적으로도 심각한 문제를 양산한다. 금융회사의 부정한 사무처리와 불량한 대출은 국민경제에 미치는 효과가 매우 심대하므로 특정경제범죄 가중처벌 등에 관한 법률에서는 금융회사 등의 임직원의 배임수재와 증재에 대해 특별히 규정을 두고 있다.

특경법 제5조는 금융회사 등의 임직원이 그 직무에 관하여 금품이나 그 밖의 이익을 수수(收受), 요구 또는 약속하였을 때에는 5년 이하의 징역 또는 10년 이하의 자격정지에 처하도록 하고 있으며(제1항), 금융회사 등의 임직원이 그 직무에 관하여 부정한 청탁을 받고 제3자에게 금품이나 그 밖의 이익을 공여(供與)하게 하거나 공여하게 할 것을 요구 또는 약속하였을 때에도 같은 형에 처하도록 하고 있다(제2항). 또한 금융회사 등의 임직원이 그 지위를 이용하여 소속 금융회사등 또는 다른 금융회사 등의 임직원의 직무에 속하는 사항의 알선에 관하여 금품이나 그 밖의 이익을 수수, 요구 또는 약속하였을 때에는 제1항과 같은 형에 처한다고 규정하고 있다(제3항). 그리고 수수, 요구 또는 약속한 금품이나 그 밖의 이익의 가액(수수액)이

238* 대판 1980.8.26, 80도19.

239* 대판 2013.4.25, 2011도9238.

240* 대판 2013.4.25, 2011도9238.

3천만원 이상일 때에는 금액에 따라 가중처벌하도록 하고 있으며(제4항), 제1항부터 제4항까지의 경우에 수수액의 2배 이상 5배 이하의 벌금을 병과하도록 규정하고 있다.

아울러 제6조에서 제5조에 따른 금품이나 그 밖의 이익을 약속, 공여 또는 공여의 의사를 표시한 사람은 5년 이하의 징역 또는 3천만원 이하의 벌금에 처한다고 규정하고(제1항), 제1항의 행위에 제공할 목적으로 제3자에게 금품을 교부하거나 그 정황을 알면서 교부받은 사람은 제1항과 같은 형에 처한다고 하여(제2항) 증재를 처벌하고 있다.

♦ 뇌물형 범죄의 주요 판례 ♦

Ⅰ. 비자금과 뇌물제공

대법원 2013.4.25. 선고 2011도9238 판결[특정경제범죄가중처벌등에관한법률위반(횡령)·배임수재 · 배임증재][공2013상,984]

【판시사항】

회사의 이사 등이 보관 중인 회사 자금으로 뇌물을 공여한 경우, 회사에 대하여 업무상 횡령죄를 구성하는지 여부(적극) 및 회사 자금으로 부정한 청탁을 하고 배임증재를 한 경우에도 같은 법리가 적용되는지 여부(원칙적 적극)

【판결요지】

회사가 기업활동을 하면서 형사상의 범죄를 수단으로 하여서는 안 되므로 뇌물공여를 금지하는 법률 규정은 회사가 기업활동을 할 때 준수하여야 하고, 따라서 회사의 이사 등이 업무상의 임무에 위배하여 보관 중인 회사의 자금으로 뇌물을 공여하였다면 이는 오로지 회사의 이익을 도모할 목적이라기보다는 뇌물공여 상대방의 이익을 도모할 목적이나 기타 다른 목적으로 행하여진 것이라고 보아야 하므로, 그 이사 등은 회사에 대하여 업무상횡령죄의 죄책을 면하지 못한다. 그리고 특별한 사정이 없는 한 이러한 법리는 회사의 이사 등이 회사의 자금으로 부정한 청탁을 하고 배임증재를 한 경우에도 마찬가지로 적용된다.

【참조조문】

형법 제133조, 제355조 제1항, 제356조, 제357조 제2항

【참조판례】

대법원 2005. 5. 26. 선고 2003도5519 판결(공2005하, 1081)

대법원 2005. 10. 28. 선고 2003다69638 판결(공2005하, 1847)

대법원 2009. 12. 10. 선고 2007다58285 판결

【전 문】

【피 고 인】피고인 1 외 5인

【상 고 인】피고인 2 외 1인 및 검사
【변 호 인】변호사 주한일 외 8인
【원심판결】서울고법 2011. 7. 1. 선고 2010노3069 판결

【주 문】

피고인 2에 대한 원심판결 중 우죄 부분 및 특정경제범죄 가중처벌 등에 관한 법률 위반(횡령)의 점에 관한 부분을 파기하고, 이 부분 사건을 서울고등법원에 환송한다. 검사의 피고인 1, 3, 4, 6에 대한 상고와 피고인 2에 대한 나머지 상고 및 피고인 5의 상고를 모두 기각한다.

【이 유】

상고이유에 대하여 판단한다.

1. 특정경제범죄 가중처벌 등에 관한 법률 위반(횡령)의 점에 대하여

가. 법인의 운영자 또는 관리자가 법인을 위한 목적이 아니라 법인과는 아무런 관련이 없거나 개인적인 용도로 착복할 목적으로 법인의 자금을 빼내어 별도로 비자금을 조성하였다면 그 조성행위 자체로써 불법영득의 의사가 실현된 것으로 볼 수 있을 것이나, 그 비자금 조성행위가 당해 비자금의 소유자인 법인 이외의 제3자가 이를 발견하기 곤란하게 하기 위한 장부상의 분식(분식)에 불과하거나 법인의 운영에 필요한 자금을 조달하는 수단으로 인정되는 경우에는 불법영득의 의사를 인정하기 어렵다. 여기서 그 행위자에게 법인의 자금을 빼내어 착복할 목적이 있었는지 여부는 그 법인의 성격과 비자금의 조성 동기, 방법, 규모, 기간, 비자금의 보관방법 및 실제 사용용도 등 제반 사정을 종합적으로 고려하여 판단하여야 한다(대법원 2010. 12. 9. 선고 2010도11015 판결 등 참조).

나. 원심판결 이유에 의하면, 원심은 다음과 같은 사정, 즉 공소외 1 주식회사(이하 '공소외 1 회사'라 한다) 부산지사는 법정관리하에서 허용되는 영업활동비만으로는 선박 회사 등에 지급하여야 할 리베이트, 부산지사 및 본사의 영업활동비와 조직운영비 등을 충당할 수 없었기 때문에 이 사건 비자금을 조성하게 된 점, 공소외 1 회사 본사도 위와 같은 부산지사의 비자금 조성 및 사용에 관해 통지를 받거나 예산을 미리 책정하는 등의 방법으로 관리하고 있었던 점, 위와 같이 조성된 비자금은 대부분 그 목적대로 지출되었던 점, 선박회사 등에 지급된 리베이트 등은 모두 회사의 영업을 위하여

지출된 것으로 보아야 하고 형법상 처벌되는 배임증재 행위에 제공되었다 하여 달리 볼 이유가 없는 점, 공소외 1 회사 전체 및 공소외 1 회사 부산지사의 2001년부터 2007년까지의 매출실적에 비추어 볼 때 본사 법정관리인과 부산지사장이 사용한 영업활동비 등의 액수가 부당하게 과다하다고 보기 어려운 점, 비자금으로 결제한 카드 사용대금도 거래처 접대 등 영업활동 때문에 발생한 것으로 보이고 과다하다고 볼 수 없으며, 피고인 1의 증권계좌에 입금된 비자금도 그 입금액보다 다른 비자금 관리계좌로 다시 출금된 금액이 더 많을 뿐만 아니라 비자금을 관리하던 피고인 1이 먼저 자신의 개인자금을 회사를 위하여 지출한 후 이를 비자금으로 보전받으면서 증권계좌를 이용하였을 가능성도 있는 점 등을 종합하여 볼 때, 이 사건 비자금 조성행위 자체만으로는 불법영득의 의사가 실현된 것으로 볼 수 없을 뿐만 아니라 구체적 지출 및 송금행위와 관련하여서도 피고인 1, 2, 4, 3의 불법영득의사가 있었다고 보기 어렵다는 이유로, 위 피고인들에 대한 각 특정경제범죄 가중처벌 등에 관한 법률 위반(횡령)의 점에 대하여 범죄의 증명이 없는 때에 해당한다고 보아 전부 무죄로 판단하였다.

다. 앞서 본 법리와 기록에 비추어 살펴보면, 위 각 특정경제범죄 가중처벌 등에 관한 법률 위반(횡령)의 점에 대한 공소사실 중 원심에서 유죄로 인정된 피고인 2의 배임증재의 점과 관련된 회사 비자금 지출로 인한 업무상 횡령행위 부분을 제외한 나머지 업무상 횡령행위 부분을 무죄로 판단한 원심의 조치는 정당한 것으로 수긍할 수 있고, 거기에 검사의 상고이유 주장과 같이 논리와 경험의 법칙을 위반하여 자유심증주의의 한계를 벗어나거나 횡령죄에서의 불법영득의사의 인정기준에 관한 법리 등을 오해한 위법이 있다고 할 수 없다.

라. 그러나 아래에서 보는 바와 같이 원심에서 유죄로 인정된 피고인 2의 배임증재의 점과 관련된 회사 비자금 지출로 인한 업무상 횡령행위 부분에 관한 원심의 판단은 다음과 같은 이유로 수긍할 수 없다.

업무상횡령죄가 성립하기 위해서는 업무로 타인의 재물을 보관하는 자가 불법영득의 의사로써 업무상의 임무에 위배하여 그 재물을 횡령하거나 반환을 거부하여야 할 것이고, 여기서 불법영득의 의사라 함은 타인의 재물을 보관하는 자가 자기 또는 제3자의 이익을 꾀할 목적으로 업무상의 임무에 위배하여 보관하는 타인의 재물을 자기의 소유인 경우와 같이 사실상 또는 법률상 처분하는 의사를 의미한다(대법원 2002. 2. 5. 선고 2001도5439 판결 등 참조). 회사가 기업활동을 함에 있어서 형사상의 범죄를 수단으로 하여서는 안 되므로 뇌물공여를 금지하는 법률 규정은 회사가 기업활동을 함에 있어서 준수하여야 할 것이고, 따라서 회사의 이사 등이 업무상의 임무에 위배하여 보관 중인 회사의 자금으로 뇌물을 공여하였다면 이는 오로지 회사의 이익을 도모할 목적이라기보다는 뇌물공여 상대방의 이익을 도모할 목적이나 기타 다른 목적으로 행하여진 것이라고 봄이 상당하므로, 그 이사 등은 회사에 대하여 업무상횡령죄의 죄책을 면하지 못한다(대법원 2005. 5. 26. 선고 2003도5519 판결, 대법원 2005. 10. 28. 선고 2003다69638 판결 등 참조). 그리고 특별한 사정이 없는 한 이러한 법리는 회사의 이사 등이 회사의 자금으로 부정한 청탁을 하고 배임증재를 한 경우에도 마찬가지로 적용된다.

이러한 법리에 비추어 보면, 아래에서 보는 바와 같이 피고인 2가 공소외 2 주식회사(이하 '공소외 2 회사'라 한다)의 임원 피고인 5에게 부정한 청탁을 하고 업무상 보관 중이던 회사 비자금 237,320,005원을 제공하였다는 배임증재의 공소사실 및 공소외 3 주식회사(이하 '공소외 3 회사'라 한다)의 사장 공소외 4에게 부정한 청탁을 하고 업무상 보관 중이던 회사 비자금 1만 달러를 제공하였다는 배임증재의 공소사실이 유죄로 인정되는 이상, 피고인 2는 이 부분 회사 비자금 지출에 대하여 업무상횡령죄의 죄책을 면할 수 없다고 할 것임에도, 원심은 이러한 배임증재 행위도 회사의 이익을 위한 것이어서 피고인 2에게는 불법영득의사가 있다고 할 수 없다는 등 그 판시와 같은 이유를 들어 이 부분 공소사실에 대하여 무죄를 선고하였으니, 이러한 원심판결에는 횡령죄에서의 불법영득의사에 관한 법리를 오해하여 판결에 영향을 미친 위법이 있다고 할 것이다. 이 점을 지적하는 상고이유의 주장에는 정당한 이유가 있다.

2. 배임수증재의 점에 대하여

가. 피고인 2, 5의 상고이유에 대하여

형법 제357조에 규정된 배임수재죄 또는 배임증재죄에 있어서의 '부정한 청탁'이라 함은 청탁이 사회상규와 신의성실의 원칙에 반하는 것을 말하고, 이를 판단함에 있어서는 청탁의 내용, 이에 관련되어 취득한 재물이나 재산상 이익의 종류 · 액수 및 형식, 재산상 이익 제공의 방법과 태양, 보호법익인 거래의 청렴성 등을 종합적으로 고찰하여야 하며, 그 청탁이 반드시 명시적일 필요는 없고 묵시적으로 이루어지더라도 무방하다(대법원 2010. 5. 27. 선고 2010도3399 판결 등 참조).

원심판결 이유에 의하면, 원심은 그 채택 증거에 의하여 공소외 2 회사는 국제적 해운선박회사인 공소외 5 외국법인(이하 '공소외 5 법인'이라 한다)이 국내에 설립한

현지법인으로 국내 대리점 역할을 하고 있는 사실, 피고인 5는 공소외 2 회사의 임원으로서 공소외 2 회사의 사무를 처리하면서 피고인 2로부터 공소외 1 회사와 공소외 5 법인 사이의 컨테이너 조작계약의 갱신 등과 관련하여 편의를 봐달라는 청탁을 받고 그 대가로 2004. 12. 9.부터 2007. 8. 17.까지 합계 778,550,223원을 취득하고, 피고인 2는 위 금액 중 237,320,005원을 공여한 사실, 한편 피고인 2는 또 다른 국제적 해운선박회사인 공소외 6 외국법인(이하 '공소외 6 법인'이라 한다)이 국내에 설립한 현지법인인 공소외 3 회사의 사장인 공소외 4에게도 공소외 1 회사와 공소외 6 법인 사이의 컨테이너 조작계약의 갱신 등과 관련하여 편의를 봐달라는 청탁을 하고 그 대가로 2006. 12.경 미화 1만 달러를 공소외 4에게 공여한 사실을 인정한 다음, 피고인들의 위와 같은 행위는 타인의 사무를 처리하는 자가 사회상규 및 신의성실의 원칙에 반하는 부정한 청탁과 함께 금품을 취득하거나 공여한 것으로서 모두 배임수증재죄에 해당하고, 선박회사들에 리베이트를 지급하는 관행이 있었다는 이유만으로는 이러한 행위가 정당화되지 않는다고 판단하였다.

앞서 본 법리와 기록에 비추어 살펴보면 원심의 위와 같은 판단은 정당한 것으로 수긍할 수 있고, 거기에 위 피고인들의 상고이유 주장과 같이 논리와 경험의 법칙을 위반하여 자유심증주의의 한계를 벗어나거나 배임수증재죄에서의 '부정한 청탁'에 관한 법리 등을 오해한 위법이 있다고 할 수 없다.

나. 검사의 나머지 상고이유에 대하여

원심판결 이유에 의하면, 원심은 이 사건 공소사실 중 피고인 2가 국내 해운선박회사인 공소외 7 주식회사의 사장 공소외 8에게 컨테이너 조작계약의 갱신 등과 관련하여 편의를 봐달라는 부정한 청탁을 하고 그 대가로 2006. 11. 24.부터 2009. 9. 16.까지 합계 438,901,690원을 공여하였다는 배임증재의 점, 공소외 3 회사 부산지사장인 피고인 6이 공소외 1 회사 부산지사장인 피고인 4로부터 선박의 접안시각과 하역순서 변경과 관련하여 편의를 봐달라는 부정한 청탁을 받고 그 대가로 2005. 8.경부터 2007. 9.경까지 합계 1억 3,000만 원을 취득하고, 피고인 4는 위 금액 중 5,000만 원을 공여하였다는 배임수증재의 점에 대하여, 위와 같은 금품 수수와 관련하여 위 피고인들 사이에 사회상규 및 신의성실의 원칙에 반하는 부정한 청탁이 있었다고 인정할 증거가 부족하다는 이유로 범죄사실의 증명이 없는 때에 해당한다고 보아 모두 무죄로 판단하였다.

앞서 본 법리와 기록에 비추어 살펴보면 원심의 위와 같은 조치는 정당한 것으로 수긍할 수 있고, 거기에 검사의 상고이유 주장과 같이 논리와 경험의 법칙을 위반하여 자유심증주의의 한계를 벗어나거나 배임수증재죄에서의 ‘부정한 청탁’에 관한 법리 등을 오해한 위법이 있다고 할 수 없다.

한편 검사는 원심판결 중 유죄 부분에 대하여도 상고하였으나, 상고장에 이유의 기재가 없고 상고이유서에도 이에 대한 불복이유의 기재를 찾아볼 수 없다.

3. 파기의 범위

원심은 피고인 2에 대한 이 사건 공소사실 중 특정경제범죄 가중처벌 등에 관한 법률 위반(횡령)의 점을 모두 무죄로 판단하였고, 위에서 본 바와 같이 그 중 공소외 2 회사 임원 피고인 5에 대한 237,320,005원의 비자금 지출행위 부분 및 공소외 3 회사 사장 공소외 4에 대한 비자금 지출행위 부분은 파기되어야 하는데, 위 파기 부분은 원심이 무죄로 판단한 피고인 2에 대한 나머지 특정경제범죄 가중처벌 등에 관한 법률 위반(횡령)의 공소사실과 포괄일죄의 관계에 있으므로 피고인 2에 대한 원심판결 중 특정경제범죄 가중처벌 등에 관한 법률 위반(횡령)의 점 부분은 전부 파기되어야 하며, 나아가 위 파기 부분은 원심이 유죄로 인정한 피고인 2의 다른 범죄사실과 형법 제37조 전단의 경합범 관계에 있어 하나의 형을 선고하여야 할 경우에 해당하므로, 결국 피고인 2에 대한 원심판결 중 유죄 부분 및 특정경제범죄 가중처벌 등에 관한 법률 위반(횡령)의 점에 관한 부분 전부가 파기될 수밖에 없다.

4. 결론

그러므로 피고인 2에 대한 원심판결 중 유죄 부분 및 특정경제범죄 가중처벌 등에 관한 법률 위반(횡령)의 점에 관한 부분을 파기하고, 이 부분 사건을 다시 심리 · 판단하도록 원심법원에 환송하며, 검사의 피고인 1, 3, 4, 6에 대한 상고와 피고인 2에 대한 나머지 상고 및 피고인 5의 상고를 모두 기각하기로 하여 관여 대법관의 일치된 의견으로 주문과 같이 판결한다.

제4장 배신형 범죄

제1절 횡령죄

Ⅰ. 서설

기업범죄에서 가장 빈발하는 범죄에 속하는 것이 횡령죄와 배임죄라고 할 수 있다. 기업 자체가 영리추구를 목적으로 하므로 기업은 재산을 상시적으로 보유하고 있어 이에 대한 영득 내지 임무위배로 인한 손해 초래가 용이하기 때문이다. 또한 기업적 생활관계에서는 업무상 기업의 재물을 임직원이 보관하는 경우나 어느 기업이 다른 기업의 재물을 보관하는 등 보관자의 신분에 있는 경우가 빈번하므로 횡령죄가 문제되는 경우가 많다.[241*]

Ⅱ. 횡령죄의 구조

횡령죄는 형법 제355조 제1항에서 단순횡령죄를 규정하고 있고, 범죄의 행위주체와 법정형을 달리 규정하여 행위자의 신분에 따라 책임이 가중되는 부진정신분범으로 업무상횡령죄가 제356조에 규정되어 있다.

이와 더불어 취득한 재물이나 재산상 이익의 가액에 대한 가중처벌로 특정경제범죄의 가중처벌 등에 관한 법률에서 형법상 횡령죄나 업무상 횡령죄를 범한 경우를 규정하고 있다. 동법 제3조는 취득한 재물 또는 재산상의 이익, 즉 이득액이 50억원 이상일 때는 무기 또는 5년 이상의 징역을, 이득액이 5억원 이상 50억원 미만일 때 3년 이상의 유기징역을 규정하고 있으며, 이때에는 이득액 이하에 상당하는 벌금을 병과(倂科)할 수 있음을 규정하고 있다.

한편 형법 제360조는 점유이탈물 횡령죄를 규정하고 있으나, 이는 구성요건에서 배신성을 요건으로 하지 않으므로 횡령죄와는 법적 성질이 다르다고 하겠다.

241* 한석훈, 앞의 책, 190면.

III. 횡령죄의 주요 구성요건

1. 타인의 재물

횡령죄는 절도죄와 달리 타인이 보관하고 있는 타인의 재물을 영득하는 것이 아니라, 자신이 보관하는 타인의 재물을 영득하는 것으로 점유이전 또는 점유침해가 외부적으로 드러나지 않는다. 여기서 자기가 점유하고 있는 점유물에 대한 횡령이 있다고 객관적으로 인식할 수 있는 외부적인 상태가 필요하다.

횡령죄는 재물죄이므로 객체가 재물로 한정되고, 물리적으로 관리할 수 있는 경우 관리가능한 동력도 재물에 포함된다. 그러나 사무적으로 관리가 가능한 채권이나 그 밖의 권리는 권리가 화체된 문서 자체를 보관 중에 영득한 것이 아닌한 횡령죄의 객체가 될 수 없다. 따라서 자본구성의 단위 또는 주주의 지위를 의미하는 주식은 재물이 될 수 없으나, 주주권을 표창하는 유가증권인 주권은 재물에 해당되므로 횡령죄의 객체가 된다.[242*]

이러한 재물은 타인 소유의 재물이어야 하며, 여기서 타인은 자기 이외의 자연인, 법인, 법인격 없는 단체, 조합을 포함한다.[243*] 그리고 소유관계는 공동소유에 속하는 경우에도 타인의 재물이 되며, 그 형태가 공유이든 합유이든 총유이든 묻지 않는다.[244*] 여기서 재물의 타인성은 형법의 독자성을 고려하자는 일부 이견[245*]이 있기는 하지만, 형법에 독자적인 소유권 개념은 존재하지 않으므로 민사법 질서에 따라 결정된다는 것이 일반적이다.[246*] 기업영역에서 특히 문제되는 것은 1인 회사의 대표자가 회사의 금원을 보관하던 중 임의로 소비하는 경우이다. 이에 대해서는 통설과 판례[247*] 모두 (업무상) 횡령죄의 성립을 긍정하고 있다. 이러한 논의는 배임죄에 있어 재산상의 손해 판단에 있어서도 동일하게 나타날 수 있는 문제이다. 즉 회사의 손해를 기준으로 할 것인지 이해관계자를 기준으로 할 것인지에 따라 손해발생 여부가 달라지는 것이다. 그런데 이러한 손해 판단의 전제는 회사 법인의 재산은

242* 대판 2005.2.18, 2002도2822.

243* 이재상, 형법각론, 397면.

244* 이재상, 형법각론, 397면.

245* 허일태, "위탁금전의 소비와 형법상 고유한 소유권개념", 「형사판례연구」(12), 한국형사판례연구회, 박영사, 2004, 272~273면. 유사한 취지로 형법상 독자적 소유권을 인정하는 견해로는 문형섭, "橫領罪와 背任罪 : 明確한 區別을 위한 提言", 법조 제52권 제5호, 2003.5., 5면 이하. 대법원 판결로는 199.4.15, 97도666에 설시된 송진훈 대법관의 견해가 있다.

246* 대판 1979.6.12, 79도656.

247* 대판 1999.7.9, 99도1040.

1인 주주와 별개의 법인격을 가지는 것이므로, 1인 회사의 대표이사로서 신임관계에 위배되는 회사업무 처리시 회사에 손해를 가할 수 있다는 점에 있다. 우리 회사법은 주주, 채권자 개인의 이익보호보다는 이해관계자 자본주의에 바탕을 둔 법인재산의 독자성을 전제로 하고 있으므로, 회사의 손해 개념도 독립적인 회사 재산가치의 감소 또는 감소 위험성을 기준으로 파악하여야 하며, 1인 회사라고 하더라도 대표자와 회사는 이해관계가 다를 수 있으므로 경제적 손익의 귀속이 다른 별개의 인격체로 보아야 한다.

2. 보관하는 자

횡령죄의 주체는 타인의 재물을 위탁관계에 의해 보관하는 자이다. 재물의 보관은 법률상의 지배도 포함하므로 자연인은 물론 법인도 보관자가 될 수 있다.[248*] 여기서 보관이란 위탁관계에 의해 타인이 맡긴 재물을 사실상 또는 법률상 지배·관리하는 것을 말한다.[249*] 따라서 기업의 구성원이 회사 소유의 유가증권을 소지하거나 금전을 위탁받아 그 보관방법으로 자신의 명의로 은행 기타 금융기관에 예금한 경우에도 법률상의 지배관계가 인정되어 보관자의 지위가 인정된다. 회사로부터 수표발행권한을 위임받은 경우에도 마찬가지이다.[250*]

횡령죄의 본질이 위탁에 따른 신뢰관계를 배신한다는 점에 있으므로 재물의 보관은 위탁관계를 원인으로 이루어져야 한다. 위탁관계 없이는 진정신분인 보관자의 지위가 발생할 수 없는 것이다. 위탁관계는 주로 사용대차, 임대차, 위임, 고용 등 계약에 의해 발생하지만, 그 발생근거에 대해 법률의 규정이나 사무관리와 같은 법률행위, 조리·신의칙에 따라서도 발생할 수 있다고 한다.[251*] 그러나 위탁관계의 발생근거를 조리나 신의칙까지 확대하는 것은 신중을 기할 필요가 있다. 대법원의 입장처럼 조리나 신의칙을 위탁관계의 발생근거로 보게 되면 착오로 이전에 거래가 전혀 없던 타인에게 송금하였고, 그 금전을 명의인인 타인이 출금하여 사용한 이른바 착오송금의 경우에도 횡령죄를 인정하여야 하는 결론이 도출된다.[252*] 그러나 생면부지의 타인이

248* 김성돈, 형법각론, 397면.

249* 김성돈, 형법각론, 397면.

250* 대판 1983.9.13, 82도75.

251* 대판 1987.10.13, 87도1778. 학설도 대체로 이러한 판례의 입장을 지지하고 있다.

252* 대판 1968.7.24, 1966도1705; 대판 2005.10 28, 2005도5975; 대판 2010.12.9, 2010도891 등.

자신의 통장에 송금한 금원을 소비한 경우와 길거리에서 우연히 발견한 떨어진 현금을 취득하는 경우에 있어 차이를 발견하기 어렵다. 횡령죄와 점유이탈물횡령죄는 법적 성질이 다르다는 것이 통설적 입장인데, 그렇다면 위의 비교 사례에서도 점유이탈물횡령과 법적 성질이 전혀 다른 횡령죄로 의율할 필연적 필요성이 존재하여야 하나 그렇지 않으며, 신의칙이라는 발생근거로는 일반조항에로의 도피라는 비난을 피하기 어렵다.

위탁관계는 반드시 소유자에 의해서 이루어질 필요가 없고, 소유자의 의사에 반하지 않으면 제3자에 의해서도 가능하다.[253*] 그리고 이러한 위탁관계는 사실상의 위탁관계가 있으면 신뢰관계의 배신이 가능하므로 위탁자와 수탁자가 위탁할 권한이나 수탁할 권한이 있는지는 묻지 않는다. 마찬가지로 위탁관계가 법률상 무효 · 취소된 경우에도 사실상의 위탁관계가 인정될 수 있다.[254*]

3. 횡령행위

횡령행위는 위탁의 취지에 반한 배신적 처분으로 위탁물을 영득하거나, 그 반환을 거부하는 것으로, 불법영득의사가 발현되어 타인의 재산권을 침해하거나, 소유자의 반환요구에 정당한 이유 없이 소유자의 권리를 배제하는 의사표시를 하면 성립한다. 이러한 횡령행위에는 사실상의 횡령행위와 법률상의 횡령행위가 모두 포함된다. 전자의 예로는 소비, 은닉, 반환거부 등이 있으며, 후자의 경우는 매각, 대여, 담보제공 등이 있다. 법률행위에 의한 횡령의 경우에는 법률행위의 유효성은 문제되지 않는다.[255*] 횡령행위는 작위의 행위태양 뿐만 아니라, 부작위에 의해서도 가능하다. 형법 제355조 제1항은 반환의 거부를 횡령행위와 대등하게 규정하고 있다. 그러나 반환의 거부는 횡령행위의 하나의 예시로서 포함되는 개념으로 해석하여야 한다. 그리고 이렇게 볼 경우 반환의 거부를 바로 횡령행위로 보는 것은 적절하지 않다.[256*] 타인의 재물을 보관하는 자가 단순히 반환을 거부하는 것만으로는 횡령죄를 구성하는 것이 아니며, 반환거부의 이유 및 주관적인 의사 등을 종합하여 판단할 때 반환거부행위가 영득의사의 표출로서 횡령행위와 같다고 볼 수 있을 정도여야 한다고

253* 대판 1985.9.10, 84도2644.

254* 김성돈, 형법각론, 401면.

255* 박상기, 형법각론, 385면; 김성돈, 형법각론, 409면. 다만 판례는 처분행위가 당연무효로 애초에 처분행위의 실현가능성이 없어 소유권침해가 불가능한 경우에는 횡령이 되지 않는다고 한다(대판 1978.11.28, 75도2713).

256* 이러한 지적으로는 박상기, 형법각론, 385면.

볼 필요가 있다.[257*] 생각건대 반환의 거부가 조문상으로는 횡령행위와 병렬적으로 규정되어 있으나, 이는 횡령행위의 예시에 불과하며, 그렇다면 단순한 반환거부의 의사표시만으로는 부족하고 보다 적극적인 작위로서 횡령행위로 볼 수 있는 정도에까지 나아가야 한다.

여기서 횡령행위의 기수는 불법영득의사가 실현된 때이며 그 정도에까지 이르지 않으면 미수가 된다고 보는 실현설[258*]과 횡령행위는 불법영득의 의사의 표현행위가 있으면 즉시 기수가 된다는 표현설[259*]이 대립되고 있다.

표현설은 횡령행위의 주체는 이미 타인의 재물을 점유하고 있는 자이므로 외부적인 영득의사의 표출로 기수가 되는 것이며, 처분행위의 종료라는 실현을 요하지 않는다고 보는 것이 타당하다고 한다.[260*] 이 견해에 따르면 명의신탁받은 부동산을 수탁자가 신탁자 몰래 선의의 제3자에게 매도하는 경우 매매계약의 체결로 횡령죄는 기수가 된다. 반면 실현설은 횡령죄가 미수범 처벌규정을 두고 있으므로 단순한 표현행위만으로는 횡령행위가 완성되었다고 보기 어렵다고 한다.[261*] 이 견해에 따르면 앞의 사례에서 부동산매매계약만이 체결된 단계는 미수에 불과하며, 부동산소유권이전등기가 완료된 단계에 이르러야 횡령죄의 기수가 성립하게 된다.

대법원은 “횡령죄는 타인의 재물을 보관하는 자가 그 재물을 횡령하는 경우에 성립하는 범죄이고, 횡령죄의 구성요건으로서의 횡령행위란 불법영득의사를 실현하는 일체의 행위를 말하는 것으로서 불법영득의사가 외부에 인식될 수 있는 객관적 행위가 있을 때 횡령죄가 성립한다”고 하여[262*] 대부분 표현설을 취하고 있으나, “회사의 경영자가 자금을 지출함에 있어 그 자금의 용도가 엄격히 제한되어 있는 경우, 그 용도 외의 사용은 그것이 회사를 위한 것이라도 그 사용행위 자체로서 불법영득의 의사를 실현하는 것이다”라고 하여 실현설을 취한 것으로 볼 수 있는 판례[263*]도 있어 혼란을 보이고 있다. 그런데 대법원은 최근 ‘동업자를 위하여 목적물(수목)을 관리하고 보관하던 자가 동업자의 허락을 받지 않고 목적물을 제3자에게 처분하는 매매계약을 체결하고 계약금을 개인적으로 사용하였으나 다른 동업자가 그 이후의 추가적인 계약 이행이 진행되는 것을 미연에 방지한 경우’ 횡령죄의 미수를 인정함으로써

257* 박상기, 형법각론, 385면은 이러한 논지를 펼치면서, 대판 1993.6.8, 93도874를 그 예로 들고 있다.

258* 김일수/서보학, 앞의 책, 377면; 정성근/박광민, 형법각론, 442면.

259* 박상기, 형법각론, 387면; 배종대, 앞의 책, 525면; 임 웅, 형법각론, 453면.

260* 배종대, 형법각론, 525면.

261* 정성근/박광민, 형법각론, 442면.

262* 대판 2004.12.9, 2004도5904; 대판 1981.5.26 81도673.

263* 대판 1997.4.22, 96도8.

또다시 실현설에 가까운 판시를 하였다. 물론 이 판결은 횡령죄의 보호정도에 대해 위험범설을 취하는 대법원이 '침해될 위험성'을 요구하여 구체적 위험범설을 취하는 것으로 해석될 여지도 남겼다.

생각건대 횡령죄는 재산죄로서 위험범[264*]이라기 보다는 침해범으로 보아야 하며,[265*] 침해범으로 파악하면 영득죄의 성질상 영득이 실현된 때에 기수가 되어야 한다. 단순한 표현만으로는 횡령죄 기수처벌을 지나치게 확대할 우려가 있으므로, 미수범처벌규정을 두고 있는 취지에 비추어 미수로 파악함이 타당하다고 하겠다.

III. 비자금 조성행위와 횡령죄

1. 비자금의 의의

비자금(祕資金)은 사전적으로 세금 추적을 할 수 없도록 특별히 관리하여 둔 돈을 통틀어 이르는 말로 정의되고 있다.[266*] 즉 기업이 무역과 계약 등의 거래관계에서 관례적으로 챙기는 리베이트와 커미션, 회계 처리의 조작으로 생긴 부정한 자금 등이 여기에 해당한다. 기업은 비자금을 공식적인 회계장부에 기재하지 않고 별도의 비자금 장부에 기재하므로 재무제표에 대한 회계감사에서도 드러나지 않는다. 우리 대법원은 비자금에 대해 법인의 회계장부에 올라 있는 자금이 아니라 법인의 운영자나 관리자가 회계로부터 분리하여 별도로 관리하는 자금으로 이해하고 있다.[267*]

비자금은 주로 회사대표의 개인적인 부채 청산 및 자금증식, 회사의 압축적 성장 및 비정상적 이익 극대화를 위한 로비자금으로 사용되고 있으며, 각종 비리의 근원이 되고 있다. 위와 같은 방법으로 조성된 자금은 기업의 탈세 및 외화밀반출의 원인이 되기도 하였는데, 대표적 예로 1987년 4월 범양상선(주)의 불법 외화유출사건[268*]이 있으며, 이 사건으로 인해 비자금이라는 용어가 일반화된 용어로 등장하게 되었다. 비자금의

264* 임 웅, 형법각론, 453면.

265* 정성근/박광민, 앞의 책, 442면.

266* 국립국어원 표준국어대사전(http://stdweb2.korean.go.kr/search/View.jsp).

267* 대판 2010.5.13, 2009도1373.

268* 국내 최대 선사인 범양상선의 박건석 회장이 전문경영인인 사장과의 갈등으로 회사에서 투신하자, 국세청의 조사 및 고발로 검찰수사가 진행되었다. 그 결과 1,820여만 달러가 해외로 유출되었고 100억여원이 비밀자금으로 조성되었다고 밝혀졌으나, 명확한 사용처는 밝혀지지 않은 채 범양상선의 사장과 그 측근들이 외환관리법 위반으로 기소되었다.

조성방법은 주로 회계장부 조작이 가장 많으며, ① 납품가격 조작, ② 접대비 · 기밀비 조작, ③ 가공(架空) 지출, ④ 임금 및 비용의 과다계상, ⑤ 해외에서의 비용 과다계상, ⑥ 해외법인 및 지사에 대한 이전가격 조작, ⑦ 가공부채 계상, ⑧ 매출 누락, ⑨ 순이익 조작 ⑩ 계열사 거래를 통한 환급 ⑪ 납품업체의 리베이트 등이 있다.[269*]

2. 비자금 조성과 횡령죄의 성립

(1) 문제점

기업 활동에 있어 비자금의 조성과 사용은 만연해 있으며, 암수성이 매우 짙다고 할 수 있다. 비자금이 조성, 보관되어 있으나 뇌물제공 또는 배임증재로 드러나지 않은 상황에 불과하거나, 기업 대표의 사적 용도로 사용되었으나 내부 제보 등이 없어 범죄로 인지되지 않은 상태가 다수 존재할 것이다.[270*] 그러나 기업의 비자금 조성은 비자금 조성으로 그치는 것이 아니라 비자금을 통한 불법 로비로 이어져 공정한 경쟁을 통한 자유시장경제의 발전을 저해하고, 민주시민사회를 잠식시키는 심각한 범죄이다. 단순히 회사 대표의 사적 용도로 사용된다고 하더라도 기업의 부실을 초래하여 주주와 투자자들에게 광범위한 손실을 안길 수 있는 범죄가 된다.

이러한 비자금 조성행위 및 사용과 관련하여 배임죄로 규율하는 견해[271*] 및 일부 판례[272*]가 있다. 독일의 경우에도 비자금 조성행위와 관련하여 뇌물로 공여하거나 회사에 이익이 되는 계약체결을 보장하기 위해 사용될 비자금 계좌를 스위스 은행에 개설한 SIEMENS 사례에서 배임죄로 의율하였다.[273*] 그러나 배임죄의 본질을 배신설에 따라 파악할 경우 횡령죄와 배임죄는 특별관계에 놓이게 되고, 회사의 자금을 회사의 공식적인 회계장부와 별도로 관리하고 사용하는 행위는 회사의 자금이라는 재물에 대한 재물죄로서 이득죄인 배임죄와는 구분하는 것이 바람직하다고 하겠다.

한편 비자금의 조성과 사용행위는 횡령죄의 성립시기에 따라 이후 행위의 불가벌적 사후행위 성립여부가 달라지고 죄수 문제가 중요한 쟁점이 된다.

269* 두산백과(http://terms.naver.com/entry.nhn?docId=1185707&cid=40942&category Id=31821(2015.2.20. 검색)

270* 역사의 뒤안길로 사라진 청구그룹의 장수홍 회장은 비자금 조성과 관련한 첫 공판에서 "기업을 하다 보면 말 못할 사정이 있다. 비자금 조성이 필요하다."고 하였는데, 이러한 인식이 기업인들의 내면에 잠재되어 있던 생각을 엿볼 수 있게 하는 진술일 것이다.

271* 박재윤, 주석 형법각칙(6), 한국사법행정학회, 2006, 386면. 안경옥, "비자금 조성행위의 형사처벌에 대한 한 · 독 판례 비교 및 검토", 형사법의 신동향 통권 제41호, 2013, 127면은 횡령죄와 배임죄는 구성요건이 다른 독립관계로 개인이나 제3자의 이익이 아닌 회사를 위한 비자금 조성행위는 배임죄 여부를 검토해 볼 수 있다고 한다.

272* 대판 2009.2.26, 2007도4784.

273* BGHSt 52, 323. 배임죄의 '재산상 손해'를 인정하였다.

(2) 비자금 조성 단계별 횡령죄의 성립

기업의 비자금 조성은 회계부정을 통한 비자금 조성의 단계, 별도로 비밀리에 관리 · 보관하는 단계, 이후 비자금을 로비자금 내지 뇌물 등으로 사용하는 단계로 구분할 수 있다. 여기서 어느 단계에서 횡령죄를 인정할지 여부에 따라 이후 행위의 불가벌적 사후행위 인정여부 및 공소시효의 완성으로 인한 불가벌의 문제가 달라진다.

비자금은 조성시에 법인의 이사회나 주주총회, 감사 등 사전적, 사후적 통제절차를 전혀 거치지 않고 회사의 대표와 소수 임직원에 의해 조성될 수밖에 없으므로 이러한 단계부터 엄격히 규제할 필요가 크다.[274*]

대법원은 비자금 조성에 따른 횡령죄 성립 시기에 대해 "법인의 운영자 또는 관리자가 법인을 위한 목적이 아니라 법인과는 아무런 관련이 없거나 개인적인 용도로 착복할 목적으로 법인의 자금을 빼내어 별도로 비자금을 조성하였다면 그 조성행위 자체로써 불법영득의 의사가 실현된 것으로 볼 수 있을 것"[275*]이라고 판시하여, 영득행위설의 관점에서 비자금 조성행위만으로도 불법영득의사가 외부적으로 표현된 것으로 횡령행위가 됨을 인정하고 있다. 이는 횡령행위란 불법영득의사를 실현하는 일체의 행위를 말하는 것으로서 불법영득의사가 외부에 인식될 수 있는 객관적 행위가 있을 때 횡령죄가 성립한다는 원칙적 입장[276*]을 유지한 것이라고 할 수 있다. 물론 회사의 대표이사와 경리이사가 변칙회계처리로 법인자금을 인출하여 차명계좌에 입금 · 관리하였으나 처음부터 개인적인 착복을 위한 것이라는 점이 명백하지 않은 경우처럼 비자금의 조성 단계에서는 아직 불법영득의사의 외부적 표현행위가 인정되지 않는 정도라면 이후 비자금을 사용하는 구체적 행위가 있을 때에 횡령행위를 인정할 수 있다고 한다.[277*]

그러나 이와 달리 비자금의 조성 및 은닉단계와 비자금의 사용 단계를 구분하여

274* 한석훈, 앞의 책, 252면도 이러한 점을 지적하고 있다.

275* 대판 2010.12.9, 2010도11015.

276* 대판 2004.12.9, 2004도5904.

277* 만일 피고인 2가 피고인 1 등과 공모하여 공소외 1 주식회사(이하 '공소외 1 회사'이라 한다)의 계좌에서 변칙회계처리를 통하여 자금을 인출하여 차명계좌에 보관하는 등의 방법으로 비자금을 조성한 행위가 애초부터 공소외 1 회사를 위한 목적이 아니라 위 피고인들이 법인의 자금을 빼내어 개인적으로 착복할 목적으로 행하여졌음이 명백히 밝혀진 경우라면 그 조성행위 자체로써 불법영득의사를 실현한 것으로 인정할 수 있을 것이지만, 이 사건에서는 비자금 조성의 주재자가 공소외 1 회사의 대표이사인 피고인 1이고 위 피고인 1이 비자금의 집행을 최종적으로 관리 및 결재하였으므로 그 자금은 여전히 법인의 관리하에 있는 것으로 볼 여지가 충분하다고 보이는 점, 동일한 수법으로 조성된 비자금 중 상당 부분은 그 사용처를 알 수 없거나 피고인들이 개인적으로 사용하였다는 증거가 부족하여 결국, 위 부분은 공소제기된 횡령액에 포함되지 아니한 점 등 원심이 인정한 제반 사정을 앞서 본 법리에 비추어 보면, 피고인들이 공소외 1 회사의 자금을 인출하여 차명계좌에 보관한 행위가 그 인출금을 법인의 자금으로 별도 관리하기 위한 것이 아니라 불법영득의사의 실행으로 한 것이라고 인정할 수 있을 만큼 합리적인 의심을 할 여지가 없을 정도로 입증되었다고 보기는 부족하고, 공소제기된 바와 같은 용도로 그 일부를 개인적으로 사용함으로써 불법영득의사가 명백히 표현되었다고 볼 것이어서 그 구체적인 사용 시에 비로소 횡령행위가 기수에 이르렀다고 봄이 상당하다(대판 2006.8.24, 2006도3039).

이해하는 견해가 있다.[278*] 즉 비자금의 조성 및 은닉 단계에서는 횡령죄의 성립에 소극적이며, 비자금의 사용단계에서는 사용 용도가 드러나 있으므로 불법영득의사의 외부적 표현행위를 쉽게 가려낼 수 있다는 것이다. 이 견해는 논거들로 첫째 비자금의 조성행위시에는 비자금 조성의 주재자가 법인의 대표자 또는 그 관리권한 있는 자이므로 그 비자금은 여전히 법인의 관리 아래에 있는 것으로 볼 여지가 충분하며, 둘째 횡령행위의 태양으로서 '은닉'이란 타인의 재물을 보관하는 자가 위탁의 본지(本旨)에 반하여 그 재물을 발견하기 곤란한 상태에 두는 것을 말하므로, 관리자가 비자금을 조성하여 회사의 장부상 일반자금 속에 은닉하였다 하더라도 그것이 비자금 소유자인 회사 이외의 제3자가 이를 발견하기 곤란하게 하기 위한 장부상의 분식에 불과한 경우에는 불법영득의사의 외부적 표현으로 볼 수 없으며, 셋째 차명계좌를 사용하여 비자금을 조성하는 등 강행법규 위반에 의한 비자금 조성의 경우나 회생절차와 같이 파산에 직면해 있는 법인의 위기상황에서 법인의 비자금을 조성하는 경우[279*]에도 법인의 불법행위능력을 인정하는 현행 민법의 입장에서는 법인의 이익을 위한 관리자의 불법행위도 인정할 수 있으므로 강행법규에 반하는 비자금 조성행위라고 하여 그것만으로 법인의 위탁의사를 추정할 수는 없으며, 넷째 현실적 문제로 선불리 비자금 조성행위를 횡령죄로 의율할 경우 비자금 조성행위시 횡령죄가 성립하게 되고, 그 사용행위는 불가벌적 사후행위로 처벌할 수 없는 등 공소시효완성이나 불가벌적 사후행위로 처벌할 수 없는 처벌의 공백상태가 야기될 수 있다는 점을 든다.

생각건대 비자금의 조성행위만으로 횡령죄를 인정할 경우 이후 사용행위를 규제할 수 없는 처벌의 공백이 발생할 수도 있다. 그러나 주관적 구성요건인 불법영득의사와 횡령행위는 구별되어야 하며, 횡령죄의 본질을 영득행위로 이해하고 횡령죄의 성립은 불법영득의사가 외적으로 표현되었을 때에 이루어진다는 입장에 충실한다면 경제적 손익의 귀속이 별개인 인격체로서 회사의 자금 중 일부를 비자금으로 조성하는 행위만으로도 불법영득의사가 표현된 것으로 볼 수 있다.[280*] 그리고 형사정책적 견지에서 처벌의 공백이 타당하지 않다고 하나, 이후 비자금 사용행위는 그 용도에 따라 증뢰죄 내지 배임증재죄, 경우에 따라서는 특별형법으로 별도의 규율이 이루어진다. 또한 공소시효의 완성도 비자금의 조성은 대개 일정 기간 지속되는 것이

278* 한석훈, 앞의 책, 253면 이하.

279* 이러한 관점에서 횡령죄의 성립을 긍정하는 견해로는 류석준, "기업의 비자금조성행위에 대한 형사처벌 가능성 검토", 형사법연구 제19권 제3호, 2007, 670~673면.

280* 같은 취지로, 안경옥, "비자금 조성행위의 형사처벌에 대한 한・독 판례 비교 및 검토", 145면(단 이 견해는 소유권자 배제의 구체적 위험이 발생했다고 본다).

통례이므로 구성요건에 해당하는 결과가 발생한 때를 포괄일죄의 경우처럼 마지막 비자금 조성 시점을 기준으로 판단한다면 처벌의 공백도 상당 부분 방지될 수 있을 것이다.

한편 비자금의 횡령행위 성립은 행위자에게 법인의 자금을 빼내어 착복할 목적이 있었는지 여부에 대해 그 법인의 성격과 비자금의 조성 동기, 방법, 규모, 기간, 비자금의 보관방법 및 실제 사용용도 등 제반 사정을 종합적으로 고려하여 판단하여야 한다.[281*] 비자금 조성이 회사와 무관하게 개인적 사욕 추구를 위한 것인지, 회사의 대표 및 상급자의 지시 내지 묵인하에 조성하였는지, 비자금이 장기간 계획적으로 대규모로 조성되었는지, 뇌물 제공 등에 사용되었는지 여부를 면밀히 검토하여야 한다.

(3) 불법영득의사

비자금 조성 및 사용행위가 횡령죄로 규율된다면, 다른 재산죄의 구성요건과 마찬가지로 불법영득의사가 요구된다. 그리고 불법영득의사가 인정되는지는 비자금의 조성동기, 조성방법, 조성기간, 보관방법, 실제 사용용도 등을 기초로 종합적으로 판단하여야 한다.

비자금 조성시 조성자의 불법영득의사와 관련하여 우리 판례는 "업무상횡령죄의 성립에 있어서는 자기 또는 제3자의 이익을 꾀할 목적으로 업무상의 임무에 위배하여 자신이 보관하는 타인의 재물을 자기의 소유인 것 같이 사실상 또는 법률상 처분하는 의사를 의미하는 불법영득의 의사가 있어야 하는바, 법인의 회계장부에 올라 있는 자금이 아니라 법인의 운영자나 관리자가 회계로부터 분리하여 별도로 관리하는 법인의 비자금은, 그 비자금의 조성 동기, 조성 방법, 조성 기간, 보관 방법, 실제 사용용도 등에 비추어 그 조성행위가 법인을 위한 목적이 아니고 행위자가 법인의 자금을 빼내어 착복할 목적으로 행하여졌음이 명백히 밝혀진 경우 비자금 조성행위 자체로써 불법영득의 의사가 실현된 것으로 볼 수 있을 것이다"라고 한 경우도 있는 반면,[282*] "법인의 운영자 또는 관리자가 법인의 자금을 이용하여 비자금을 조성하였다고 하더라도 그것이 당해 비자금의 소유자인 법인 이외의 제3자가 이를 발견하기 곤란하게 하기 위한 장부상의 분식에 불과하거나 법인의 운영에 필요한 자금을 조달하는 수단으로 인정되는 경우에는 불법영득의 의사를 인정하기 어려우며, 다만 법인의 운영자 또는 관리자가 법인을 위한 목적이 아니라 법인과는 아무런

281* 대판 2009.2.12, 2006도6994.

282* 대판 2010.5.13, 2009도1373.

관련이 없거나 개인적인 용도로 착복할 목적으로 법인의 자금을 빼내어 별도로 비자금을 조성하였다면 그 조성행위 자체로써 불법영득의 의사가 실현된 것으로 볼 수 있을 것인바, 이때 그 행위자에게 법인의 자금을 빼내어 착복할 목적이 있었는지 여부는 그 법인의 성격과 비자금의 조성 동기, 방법, 규모, 기간, 비자금의 보관방법 및 실제 사용용도 등 제반 사정을 종합적으로 고려하여 판단하여야 한다"고 판시하기도 하였다.[283*]

생각건대 비자금의 조성과 사용에 있어 불법영득의사의 판단에 대해 대법원은 법인의 운영자 또는 관리자가 법인을 위한 목적이 아니라 법인과는 아무런 관련이 없거나 개인적인 용도로 착복할 목적으로 법인의 자금을 빼내어 별도로 비자금을 조성한 행위에만 불법영득의사를 인정할 수 있다는 매우 엄격한 입장을 취하고 있는 것으로 판단된다. 그러나 이러한 입장에는 비자금을 조성하는 이유가 매우 다양하며, 그 중 법인의 관리자가 법인을 위하여 비자금을 조성하고 뇌물로 제공한 경우와 같이 법인의 합법적인 목적을 벗어난 경우에는 비자금의 조성행위를 횡령죄로 처벌할 수 없다는 맹점이 있어 타당하지 않다고 하겠다.

IV. 기업사냥 후 횡령죄

1. 문제점

기업의 유지, 발전을 위해 다른 기업과의 인수·합병은 피할 수 없는 선택이다. 더욱이 신생 기업의 효율적 투자유치는 해당 기업의 발전뿐만 아니라 관련 산업의 발전도 도모할 수 있는 유익한 장치이다.

그러나 이러한 기업의 인수합병이 자칫하면 무자본 기업사냥이 되고 결국 약탈적 M&A로 변질되어 이후 피인수회사의 자본과 자산이 유출되는 결과를 초래할 수 있다.

우리나라에서도 이러한 현상은 최근 빈발하고 있으며, 주로 코스닥 등록업체 이하의 규모에서 사채시장과 결합된 형태로 인수자금의 일부를 충당하는 무자본 M&A가 종종 발생하고 있다. 더욱이 최근에는 조직폭력배 등의 세력확장 방법 내지 조직유지의 수단으로 기업사냥 후 기업의 전 자산이 유출되어 주주와 투자자들이

283* 대판 2006.6.27, 2005도2626; 대판 2009.2 12, 2006도6994; 대판 2010.12.9, 2010도11015.

극심한 피해를 겪는 사례들도 발생하고 있다.[284*]

2. 약탈적 기업인수 후 횡령

약탈적 기업인수, 기업사냥은 합법적 차입매수와의 경계에 놓여 있다. 처벌되는 차입매수의 위장된 회피방안이라고 할 수 있다. 차입매수의 경우 담보제공형에 대한 대법원의 배임죄 처벌 경향이 나타나자 신중을 기할 수밖에 없게 되었다. 그 결과 약탈적 기업인수 후 횡령은 외견적으로는 인수자금이 투입된 것처럼 위장하나 실질적으로는 피인수회사의 자산을 유출시켜 초기 인수단계에서의 타인 자본의 차입을 교묘하게 위장한 형태로 나타난다.

예컨대 내부자산 내지 발전가능성이 충분한 A회사를 인수하고자 한다면 우선 서류상의 회사로 페이퍼컴퍼니 B를 설립하고, B회사의 대표로 일명 바지사장인 X를 내세워 A회사의 대표와 경영권 인수를 계약한다. 이 과정에서 실질 인수주체는 사채를 동원하여 계약금을 지급한 후, 잔금 지급 전에 주주총회를 열어 주식 및 경영권을 취득하여 회사를 장악하고, A회사 소유의 자산, 대표적으로 양도성 예금증서(CD)를 사채업자에게 담보로 제공하여 잔금을 대출받고는 이후 회사 자산을 매각하여 A회사를 형해화시켜 버린다. 동일한 의도에서 실질 인수주체는 B 주식회사의 경영권을 인수한 후 B 회사 소유의 예금을 인출하여 B 회사 인수를 위한 대출금 변제에 사용하는 것이다.[285*]

여기서 피인수회사의 자산 유출이 횡령행위로 문제가 된다. 이때 쟁점은 인수인측이 타인의 재물을 보관하는 자로서의 지위가 인정되는지, 위탁관계가 어떠한 근거에서 발생하는가이다. 대체로 약탈적 기업인수는 합법적인 차입매수(LBO)의 경계를 벗어나 인수인 측이 피인수회사의 자산유출을 위해 피인수회사의 이사진을 장악하는 작업이 선행된다. 그리고 이와 같이 경영진을 장악할 경우에는 회사의 실질적 운영자의 지위를 취득하게 되므로 그 단계에서 이미 피인수회사의 예금 등 자산을 보관하는 자의 지위에 있다고 할 수 있다.

284* 이러한 수법을 '알 빼먹기' 라고 칭하기도 한다.

285* 대판 2011.3.24, 2010도17396.

제2절 배임죄

Ⅰ. 서설

기업범죄의 영역에서 가장 빈번히 발생하는 범죄유형이 배임의 죄이다. 특히 우리나라의 경우 배임죄가 매우 추상적, 포괄적으로 규정되어 있으며, 대부분의 기업이 지주회사 등을 정점으로 하여 1인 주주의 지배권 유지 · 강화를 위해 계열회사를 동원, 이용하는 구조로 되어 있어 배임의 가능성에 항상 노출되어 있다. 배임의 죄에는 형법상의 배임죄, 업무상 배임죄, 상법 등 특별법상의 특별배임죄 등이 포함된다.

기업도 하나의 조직체로서 인적 · 물적 결합으로 이루어져 있으나, 스스로 의사결정을 할 수는 없으며 특정 조직 내에 특정 인적 구성원에게 기업의 사무를 위임하여 처리하여야만 하는데, 그 과정에서 사무를 처리하는 자가 임무에 위배되는 행위를 하는 경우 배임죄가 성립할 여지가 있다. 물론 민사법상의 손해배상청구도 가능할 것이다.

배임죄를 인정하고 있는 국가는 찾아보기 쉽지 않다.[286*] 배임죄를 연혁적으로 살펴보면,[287*] 고대와 중세시대까지 로마법, 게르만법, 중세 독일법에서 배임죄를 고유한 범죄 영역으로 처벌한 예는 거의 없다시피 하다. 비록 프랑스 형법에서 1810년 형법전에 신뢰남용죄(abus de confiance)를 규정하였으나 이는 위탁물횡령죄를 중심으로 한 것이어서 사무처리 의무위반을 처벌하는 우리의 배임죄와는 다르다.[288*] 미국의 경우 절도죄와 이를 보충하는 구성요건으로 사기죄, 동산 · 유가증권 등에 대한 위탁물 횡령죄가 인정되어 있을 뿐이다.

286* 미국의 경우 연방법상의 우편사기죄(mail fraud)가 배임죄와 같은 기능을 한다는 주장도 있으나(조 국, "기업범죄 통제에 있어서 형법의 역할과 한계 -업무상 배제론에 대한 응답-", 형사법연구 제19권 제3호, 2007.9, 169면), 신임관계의 위반을 내용으로 하는 배임죄로 보기에는 어렵다는 것이 일반적 견해이다. 다만 전통적인 commom law상의 larceny, embezzlement, false pretenses를 각 주에서는 theft라는 이름으로 통합하면서 예전에 처벌하지 못했던 형태의 다양한 범죄 태양들을 포섭시키고 있다(Reed, Alan/Seago, Peter, *Criminal Law*, Sweet & Maxwell, 1999. p.399 이하 참조).

287* 이승준, "배임죄 행위주체 해석의 방향 -동산 이중양도를 중심으로-", 인권과 정의 제422호, 2011.12, 98면 이하를 재구성한 것임.

288* 정성근, 형법각론(전정판), 법지사, 2006, 458면.

이와 달리 독일과 일본의 경우 배임죄를 규정하고 있다. 독일의 경우 사기죄와 유사한 범죄형태로 고려되어, 1794년 프로이센 일반란트법에서 배임죄를 가중적 사기죄로 규정하여 사적인 대리인의 배임이 독립적으로 처벌될 수 있는 근거가 마련되었다. 그리고 19세기에 들면서 신의성실의무위반으로서의 배임죄 개념이 형법전에 명문으로 편입되기 시작하였다. 1813년 바이에른 형법은 제398조에서 포괄적인 구성요건을 두었고, 1851년 프로이센 형법에서는 후견인과 같이 특별한 성실의무를 지고 있는 자의 배신과 중(경)매인과 같이 특별한 업무상의 신뢰관계에 있는 자의 배신을 처벌하도록 하였다. 1871년 독일형법은 이러한 프로이센 형법을 기초로 '사기 및 배임'의 장에 배임죄(제266조)를 규정하면서 후견인 · 재산관리인 · 파산관리인 등의 배임, 대리인의 배임, 토지측량인 · 경매인 · 중매인 등의 배임을 규정하여 성실의무 위반을 처벌할 수 있게 하였다.[289*] 여기서 짐작할 수 있는 것은 독일의 경우 특별히 성실의무를 지거나, 업무상의 신뢰관계에 있는 자의 배신이 배임죄로 처벌되는 영역에 포함된다는 점이다.[290*]

이러한 독일의 입법은 1907년 일본 형법전에 영향을 주었고, 이는 다시 1953년 제정된 우리 형법에 어느 정도 근거가 되었다고 할 수 있다.[291*] 일본 형법전의 입법이유서를 살펴보면 우리 형법의 배임죄 규정이 어떠한 취지에서 도입된 것인지 추측해 볼 수 있다. 1901년의 일본형법 개정초안은 "타인을 위하여 그 사무를 처리하는 자가 사리를 도모하거나 위임 또는 대리의 권한을 초월하여 본인에게 손해를 가하는 경우가 자주 있는 바, 이러한 경우에는 민법상의 손해배상의 수단이 있더라도 구제의 목적을 이루지 못하는 경우도 적지 않을뿐더러 이러한 행위가 치안을 해치는 것은 이 절 또는 다음 절에 규정된 다른 재산죄와 다르지 않으므로 특히 이 조문을 두어 폐해를 방지하려고 하는 것이다"라고 하여 배임죄의 입법취지를 밝히고 있으며,[292*] 1902년 개정초안은 '권한 외의 행위를 하는 것'을 '그 임무에 위배되는 행위를 하는 것'으로 바꾸면서 그 변경 이유를 "상점의 지배인이나 중개인 같은 사람들이 주인에게 원한이 있어 재산상의 손해를 주려는 생각으로 사야할 물건을

289* 배임죄의 연혁에 대해서는 정성근, 앞의 책, 532~533면 참조.

290* 현재 독일의 배임죄 규정은 제266조에서 '법률, 관청의 위임이나 법률행위를 통해 인정된 타인의 재산을 처분하거나 타인에게 의무를 부과할 권한을 남용하거나 법률, 관청의 위임, 법률행위 또는 신용관계 등에 의해 부과되는 타인의 재산상의 이익을 꾀해야할 의무에 위반하고, 그로 인해 재산상의 이익을 보호해야 할 자에게 손해를 가한 자'를 처벌하도록 하고 있다.

291* 이형국, 형법각론, 428면은 일본개정형법가안(제433조 내지 449조)의 영향을 받은 것이라고 한다.

292* 江家, "背任罪の立法的考察", 江家義男教授刑事法論文集, 早稲田大學出版部, 1959, 231頁. 문형섭, "배임죄에 관한 연구", 호남대학교 박사학위 논문, 2001, 15면에서 재인용.

사지 않거나, 팔아야 할 것 도 팔지 않아서 상당한 재산상의 손해를 입게 하는 경우에 대처하려는 것"이라고 하였다.[293*] 이를 바탕으로 판단해 본다면 일본 형법에 있어 배임죄의 도입 취지는 본인으로부터 일정 권한을 위임받거나 대리권을 부여받은 사람이 임무에 위배되는 행위를 하는 것을 방지함에 있다고 할 것이다.[294*] 즉 형법이 민사영역의 사적 자치에 개입하는 것은 최소한에 그쳐야 하며, 위임과 대리를 통하여 특별히 신임관계가 형성된 경우에 한해 배임죄로 개입한다는 것으로 이해할 수 있다.

우리 형사법체계에서 배임죄는 매우 넓은 적용 영역을 보여 왔다. 이 점은 배임죄를 규정하고 있는 독일과 일본이 특별한 신임관계에서 출발하고 있는 것과는 매우 다른 양상이다. 이는 타인의 재산보전에 협력하여야 할 의무를 타인의 사무에 포함되는 채무로 파악하여 왔기 때문이다.

배임죄의 성립에 있어, 형법 제355조 제2항의 '타인의 사무를 처리하는 자'를 통상 배신설에 입각하여 타인과의 대내관계에서 신의성실의 원칙에 따라 그 사무를 처리할 신임관계가 존재하는 자로 이해하고, 배임행위는 타인의 사무를 처리하는 자로서의 임무에 위배되는 행위로 사무의 성질과 내용 및 행위시의 상황 등을 구체적으로 검토하여 신의칙에 비추어 판단한다면, 단순한 채무불이행도 배임행위와 구분되지 않음으로써 배임죄가 성립할 수 있는 가능성이 농후해진다. 따라서 사무처리의 내용을 제한하거나, 사무의 타인성을 쉽게 인정하지 않는 등의 엄격한 해석 내지 입법론을 통해 배임죄의 지나친 확대를 경계해야 한다는 데에 견해가 모아지고 있다.[295*]

그러나 기업범죄의 경우, 개인이 범하는 배임행위와는 달리 파악될 필요가 있다. 기업범죄의 수단으로 배임행위가 이뤄지는 경우, 기업 내의 조직을 활용하여 사전에 위법성 여부에 대한 적극적이고 구체적인 검토가 진행될 수 있으며, 그럼에도 불구하고 적법경영으로 나아가지 않았다면 그러한 의사결정에 대한 비난가능성이 크기 때문이다. 아울러 기업의 특정 구성원 내지 대표의 경우 기업범죄가 발각될 시점에는 주주, 채권자를 비롯한 일반 국민들에게까지 광범위한 피해가 발생할 수 있다는 점을 예견할 수 있음에도 배임의 확정적 고의를 가지고 실행으로 나아간 것이므로 불법의 정도가 다르다는 점도 고려되어야 하기 때문이다.

293* 江家, 앞의 논문, 231頁. 문형섭, 위의 논문, 12면에서 재인용.

294* 1907년에 성립된 현행 규정은 1902년 초안과 거의 차이가 없으며, 사기 및 공갈의 죄 장에서 "타인을 위하여 그 사무를 처리하는 자가 자기 또는 제3자의 이익을 도모하거나 본인에게 손해를 가할 목적으로 그 임무에 위배되는 행위를 하여 본인에게 재산상의 손해를 가한 때"에 처벌하도록 하고 있다(일본 형법 제247조 참조). 이에 대해 현재 일본의 通說과 判例는 배신설에 입각하여 배임죄를 해석하고 있으며, 최근 배임죄의 본질을 사실상의 사무처리권한의 남용으로 이해하는 배신적 권한남용설 등의 수정적 권한남용설[前田雅英, 刑法各論講義(第4版), 東京大學出版會, 2007, 322頁 등]이 새롭게 음미되고 있다.

295* 예컨대 이상돈, "경영실패와 경영진의 형사책임", 법조, 법조협회, 2003.5, 92면 이하.

II. 배임죄의 기본 구조[296*]

1. 임무위배행위

통상 배임행위는 처리하는 사무의 내용, 성질 등 구체적 상황에 비추어 법률의 규정, 계약의 내용 또는 신의칙상 당연히 할 것으로 기대되는 행위를 하지 않거나 당연히 하지 않아야 할 것으로 기대하는 행위를 함으로써 본인과의 신임관계를 저버리는 일체의 행위[297*]로, 사무의 성질과 내용 및 행위시의 상황 등을 구체적으로 검토하여 신의칙에 비추어 판단된다.[298*] 여기서 배임행위가 법률상 유효한가의 여부는 묻지 않는다.[299*]

2. 재산상의 손해

배임죄가 성립하기 위해서는 배임행위로 인하여 본인에게 재산상의 손해를 가하여야 한다. 손해는 적극적 손해이든 소극적 손해이든 묻지 않으나, 재산상의 손해는 본인의 전체 재산의 감소를 말한다.[300*] 따라서 손해에 상응하는 반대급부가 주어져 전체재산에 대한 감소가 없으면 재산상의 손해는 인정되지 않는다. 그리고 손해발생의 판단은 경제적 관점에서 이루어져야 한다.[301*] 따라서 재산처분행위가 법률상 무효여도 경제적 관점에서는 재산상의 손해가 발생할 수 있다. 그런데 대법원은 여기서 한 걸음 더 나아가 '본인에게 손해를 가한 때'의 해석을, 현실적인 손해의 발생뿐만 아니라 손해의 '위험 발생'을 초래한 경우까지 확대하고 있다.[302*] 일부 견해[303*]도 여기에 동조하고 있다. 그러나 형법 제355조의 문언 해석상 위험범으로 해석하여 기수를 손해발생의 위험으로까지 확대하는 것은 바람직하지

296* 이승준, "합병형 차입매수(LBO)의 배임죄 성부 판단", 형사정책연구 제24권 1호, 2013, 79면 이하 재구성.

297* 대판 2002.7.22, 2002도1696.

298* 김성돈, 형법각론, 438면.

299* 대판 1987.4.28, 83도1586.

300* 대판 1981.6.23, 80도2934.

301* 대판 1995.11.21, 94도1375.

302* 대판 2000.3.14, 99도4023 판결 등.

303* 박상기, 형법각론, 403면 ; 이재상, 형법각론, 429면; 정성근/박광민, 형법각론, 475면.

않다.[304*] 배임죄의 미수규정도 존재하므로 미수로 처벌하면 족한 것이다. 다만 불량대출, 저당권이 설정된 부동산의 시가매수처럼, 경제적 관점에서 현실적 손해와 동일시될 수 있는 손해의 위험을 야기했다면 손해의 발생으로 파악할 수 있을 것이다.[305*] 배임죄도 재산죄로서 재산상의 이익보호가 주된 목적이므로 현실의 거래관행상 현실적 손해와 동일하게 평가될 수 있는 손해의 위험을 야기했다면 현실의 거래관행에서 손해를 인정할 수 있기 때문이다.[306*]

3. 주관적 구성요건

배임죄가 성립하기 위해서 주관적 구성요건요소로서 고의가 요구됨은 의문이 없다. 그런데 고의의 내용에 대해, 임무에 위배하는 행위를 하여 본인에게 손해를 가한다는 의사가 필요 없다는 주장이 있다.[307*] 그러나 배임죄는 배임행위로 인한 본인의 재산침해가 구성요건 표지의 핵심이라는 점, 자신의 행위가 임무에 위배되는 행위로서 본인에게 재산상의 손해를 가하며 이로 인해 자기 또는 제3자가 이익을 취득한다는 점에서 고의의 의적 요소로서 본인에게 손해를 가한다는 의사가 있어야 한다. 본인에게 이익을 주려는 의사가 있더라도 자신 또는 제3자의 이익취득이 주거나, 손해를 가하려는 의사가 주된 것이라면 고의가 인정된다.[308*]

한편 불법이득의사와 관련하여서도, 배임죄의 행위태양에는 재산상의 이익을 취득하는 것이 포함되어 있으며, 이는 고의의 내용이 되므로 초과주관적 구성요건요소로 불법이득의사는 불필요하다는 견해[309*]가 있다. 그러나 순수한 재산침해범죄로 규정한 독일과 달리 형법의 경우 배임죄가 이득죄라는 점을 고려할 때 불법이득의사는 별도로 필요하다고 하겠다.[310*]

304* 다수의 견해가 이러한 입장을 취하고 있다.

305* 안경옥, "배임죄에 있어서 손해의 산정과 기수시기", 박재윤 교수 정년기념논문집, 2002, 274면 이하; 허일태, "배임죄에서의 행위주체와 손해의 개념", 비교형사법연구 제6권 2호, 2004, 152면 이하.

306* 허일태, 앞의 논문, 153면.

307* 대판 1983.12.13, 83도2330 전합; 대판 2004.7.22, 2002도4229; 오영근, 형법각론, 514면.

308* 대판 2003.2.1, 2002도5679.

309* 김성돈, 형법각론, 420면; 오영근, 형법각론, 514면; 정성근/박광민, 형법각론, 476면. 이러한 입장에 따르면 이득의 불법에 대한 인식은 위법성의 인식으로서 책임요소가 된다.

310* 김일수/서보학, 앞의 책, 495면; 박상기, 형법각론, 406면; 대판 1994.9.9, 94도619.

III. 차입매수(LBO)와 배임죄[311*]

1. LBO의 개념과 유형

(1) LBO의 개념

일반적으로 LBO(Leveraged Buyout)란 인수하고자 하는 대상회사의 자산을 직접 또는 간접으로 담보로 제공하고 인수자금을 외부로부터 조달하는 새로운 방식의 M&A 기법을 말하며, 차입매수라고도 한다.[312*] 타인의 자본을 지렛대로 삼아 소규모의 자기자본으로 기업을 인수하는 것이다. 조금 더 구체적인 정의로는 인수회사가 자금을 조달함에 있어 주로 인수대상회사의 기업가치를 이용하는 방법, 즉 거의 전적으로 대상회사의 영업에서 발생하는 현금흐름 또는 대상회사의 자산이 조달자금상환을 위한 책임재산으로 제공되는 방법으로 이해되기도 한다.[313*]

차입매수, LBO는 미국의 경우 통상 인수회사가 자회사로서 특수목적회사(Special Purpose Company, 이하 SPC)를 설립하고, 이를 통해 외부차입에 의한 피인수회사를 인수하는데 필요한 자금을 조달하고, 조달된 자금의 부채는 피인수회사의 자산이나 현금흐름으로 상환되며, 그 상환을 위해 피인수회사의 자산이 담보로 제공되고, SPC의 부채비율(debt ratio)을 높게 가져가며, 인수회사는 자회사인 SPC의 부채에 대한 직접적 책임을 부담하지 않는다는 점이 특징으로 나타난다.[314*] 우리나라의 경우 이와 달리, SPC의 부채비율이 간접투자자산 운영용법의 규제를 받아 그리 높지 않았으며, 인수회사가 대부분 자회사인 SPC의 채무에 대해 채무보증, 유상증자 참여, 지분출자 등의 방법으로 신용보강(credit enhancement)을 하고 있다.[315*]

역사적으로 LBO는 대공황기인 1933년 택배업체 UPS의 사례처럼 회사 내에 유보된 자산으로 공개기업의 주식을 사들여 상장폐지를 통해 폐쇄회사를 만들고 안정적 경영을 통해 가치를 상승시키는 행위에서 비롯되었다. 이후 1960년대와

311* 이승준, "합병형 차입매수(LBO)의 배임죄 성부 판단", 형사정책연구 제24권 1호, 2013, 79면 이하 재구성.

312* 박태현, "LBO의 효과 및 허용범위에 대한 미국 회사법상의 논의", BFL 제24호, 서울대학교 금융법센터, 2007.7, 66면; 송종준, "會社法상 LBO의 背任罪 成否와 立法課題", 증권법연구 제10권 제2호, 2009, 321면; 조 국, 앞의 논문, 173면; 전현정, "LBO와 배임죄 -손해를 중심으로-", BFL 제24호, 서울대학교 금융법센터, 2007.7, 85면; 대판 2006.11.9, 2004도7027.

313* 이창원/이상현/박진석, "LBO의 기본구조 및 사례분석", BFL 제24호, 서울대학교 금융법센터, 2007.7, 6면.

314* David W. Morse, Legal Issues in Leveraged Acquisitions : From the Lender's Perspective, A Guide to M&A, Practising Law Institute, 2006, p.1009. 이창원/이상현/박진석, 앞의 논문, 7면에서 재인용.

315* 이창원/이상현/박진석, 앞의 논문, 7면 참조.

70년대에 미국 내 자본시장의 발전과 함께 성장한, 부채와 지분 투자 사이의 자금조달의 무차별성 이론(irrelevance theory)을 바탕으로 부채를 동원한 공격적 기업인수방식으로 전환되었으며, 1980년대 정점에 이르렀다가 2005년 이후 다시 주목받고 있다.[316*]

우리나라의 경우 최근에 논의가 되기 시작하였는데, 론스타와 같은 외국의 투기자본 PEF(Private Equity Fund, 사모투자펀드)에 대응하여 국내 PEF를 활성화하기 위해 기존의 투자신탁, 기업구조조정투자회사, 창업투자조합 등의 기존 PEF와 다른 사모투자전문회사를 규정한 간접투자자산운용업법의 개정으로 본격적으로 등장하였다.[317*] 2005년부터 신한 LBO, 해태제과 LBO, 휠라코리아 LBO, 브릿지증권 LBO, 한국까르푸 LBO 등[318*] 대규모 LBO가 이루어져 그 규모가 급성장하였으나, 최근에는 이러한 PEF 주도의 LBO 급증현상에 대해 우려의 목소리가 나오고 있다.

대법원도 2009도6634 판결[319*]에서 LBO의 개념에 대해 설시하였는데, 차입매수 또는 LBO란 일의적인 법적 개념이 아니라 일반적으로 기업인수를 위한 자금의 상당 부분에 관하여 피인수회사의 자산을 ① 담보로 제공하거나 ② 그 상당 부분을 피인수기업의 자산으로 변제하기로 하여 차입한 자금으로 충당하는 방식의 기업인수 기법을 일괄하여 부르는 경영학상의 용어라고 정의하고, 그 태양은 거래현실에서 매우 다양하게 나타난다고 판시하였다.

생각건대 LBO의 개념은 M&A를 연구대상으로 하는 경영학상의 용어에서 왔기 때문에 형법학계에서는 엄밀한 정의가 내려지지 않는 듯하다. 그러나 한일합섬 LBO 판결처럼 피인수회사의 자산이 담보로 제공되지 않는 경우 등을 LBO에 포섭시킬 것인지, 아니면 제외할 것인지 여부는 LBO의 개념정의에서부터 시작된다. LBO는 차입매수로서 자본(equity)이 부채(debt)에 의해 대체되는 회사의 구조재편행위를 의미한다.[320*] 따라서 인수회사가 피인수회사를 담보제공의 형태로 인수하느냐를 절대적 기준으로 삼을 것이 아니라, 합병 후 피인수회사의 현금흐름 내지 자산 등이 인수를 위한 자금상환에 사용되는가에 초점이 맞추어져야 한다. 그렇다면 직접 또는 간접으로 담보를 제공하는 형태나, SPC를 활용하여 합병 후 피인수회사의 자산을

316* 설민수, “M&A의 한 방법으로서의 LBO에 대한 규제, 그 필요성과 방법, 그리고 문제점”, 사법논집 제45호, 2007.12, 7~8면 참조.

317* 설민수, 앞의 논문, 8면 참조.

318* 이들 LBO에 대한 논의는 이창원/이상현/박진석, 앞의 논문 참조.

319* 대판 2010.4.15. 2009도6634.

320* Simon M. Lorne and Joy Marlene Bryan, Acquisitions and Mergers : Negotiated and Contested Transactions, Vol II (CBC, 1996), § 5.01[1]. 송종준, “PEF와 M&A : LBO의 構造와 法的 問題”, 金融法研究 제2권 1호, 2005, 62면에서 재인용.

부채에 상환하는 형태, 유상감자를 하는 형태가 차입매수로서 타인의 자본을 지렛대로 삼아 동일한 재무효과를 의도한다는 점에서는 차이가 없다. 따라서 피인수·합병 회사의 실질적 자산이 유출되는가가 LBO 개념의 핵심이 된다고 할 것이다.[321*] 우리나라의 경우, 특이하게도 담보제공으로 국한하는 정의를 내리고 있으나, 미국에서도 LBO를 인수자가 인수자금으로 고수익채 등의 부채를 사용하는 것으로 정의되며[322*] 담보제공의 형태에 국한되지 않는다.

기업의 속성상 새로운 형태의 M&A 기법은 계속될 수밖에 없으며, 이러한 신기법이 나올 때마다 실질은 동일하지만 판례상 금지되는 행위가 아니어서 배임죄의 규제에서 벗어나는 형평성의 문제가 제기될 수 있다. 따라서 LBO에 해당하는지는 인수회사의 담보제공 등의 인수형태에 구속될 것이 아니라, 차입매수라는 실질이 중요한 것이며 피인수 회사의 실질적 자산이 유출되는가가 기준이 되어야 한다.[323*]

(2) LBO의 구조와 유형

LBO의 순기능으로 레버리지 효과, 법인세 절감효과, 효율성 증대효과를 들 수 있다[324*]. 즉 부채, 타인자본 사용에 따라 발생하는 고정적 이자비용이 지렛대 역할을 하여 주주에게 돌아가는 세후순이익의 비율이 증대되며, 차입금에 대한 이자가 손비로 인정되어 법인세 과세대상 수입이 감소되고, 이자 및 현금상환의무에 따라 경영진에 의한 잉여 현금흐름의 비효율적 집행을 봉쇄하고 경영진의 지분율 증대나 스톡옵션 등을 목표로 한 자발적 수익 극대화라는 대리비용 감소를 가져온다.

이러한 순기능은 LBO의 자본조달 구조에 기인한다. 즉 LBO에 있어 인수회사는 자회사인 SPC를 통해 피인수회사의 인수를 위한 차입, 사채발행 및 신주발행 등에 나서게 되는데, 주로 차입과 사채를 통해 SPC의 부채증가를 가져오고, 이는 결국 합병을 통해 피인수회사로 승계된다. 이와 같은 LBO의 자금은 선순위채무(은행, 보험회사 등 금융기관의 대부), 후순위채무(우선주, 전환사채, 신주인수권부사채 등의 중간금융), 자본출자(보통주, 우선주, 주식매수권증서 등)의 3층 구조로 이뤄지는 것이

321* 송종준, "會社法상 LBO의 背任罪 成否와 立法課題", 334면; 이상훈, "LBO와 배임죄(상)-손익관계와 출자환급적 성격 및 법익 이익독립론을 중심으로-", 법조 제619호, 2008.4, 10면은 거래유형이 달라도 추구하는 경제적 실질이 같으면 재무효과가 같아지므로, 담보제공, 인수합병 등 거래유형의 차이에도 LBO라는 이름으로 개념화할 수 있다고 한다.

322* Stephen M. Bainbridge, *Mergers and Acquisitions*, 2d. ed, 2009, p.25.

323* 송종준, "會社法상 LBO의 背任罪 成否와 立法課題", 334면 이하도 일련의 거래 전과정을 종합적으로 관찰하여 그 실질을 중시하면서 판단하여야 하며, 한일합섬 사안도 LBO 거래에 속한다고 보고 있다.

324* 이에 대한 상세한 기술은 박태현, "LBO의 효과 및 허용범위에 대한 미국 회사법상의 논의", BFL 제24호, 서울대학교 금융법센터, 2007.7, 67면 이하 참조.

보통이다.[325*]

LBO는 여러 기준으로 분류되는데, 먼저 인수주체에 따라 대상회사의 경영진이 주도할 때에는 경영진 차입매수(MBO), 대상회사의 종업원이 주도할 때에는 종업원 차입매수(EBO), 경영진과 종업원이 공동으로 주도할 때에는 경영진·종업원 차입매수(MEBO)로 구성되며, 최근의 LBO는 대부분 MBO방식으로 이뤄진다.[326*] 다른 분류로는 인수방식에 따라 합병형, 담보제공형, 환급형(감자형) 등으로 나누는 등의 방식이 있다.[327*]

2. LBO 처벌 여부

우리나라에서 LBO가 비교적 최근에 논의되고 실무에서 M&A기법으로 활용되고 있지만 그 활용이 미국[328*]이나 일본보다 크지 않은 것은, 배임죄 규정이 포괄적으로 규정되어 있고 그 적용의 외연을 넓히고 있는 상황에서 피인수회사의 자산을 담보로 제공하거나 유보된 자산을 활용하는 것이 이사의 배임죄 성립으로 비화될 수 있음에 기인하는 것으로 볼 수 있다. LBO의 배임죄 처벌가능성에 대한 견해의 대립을 살펴보면 다음과 같다.

먼저 처벌 반대론이다. 이 견해는 LBO가 시작된 미국의 경우 배임죄 처벌 규정이 없고 LBO가 광범위하게 허용되고 있으며, 창의와 자율성에 기반한 금융산업의 발전 관점에서 LBO를 배임죄로 처벌하는 것은 적절하지 않다고 한다. LBO 거래의 순기능, 피인수회사의 경영을 정상화하거나 재무구조를 개선하는 효과가 존재함에도 형사사법을 전면적으로 적용하는 것은 금융산업의 발전이나 그를 통한 산업고도화를 방해하는 중요한 걸림돌이 될 가능성이 높으므로 배임죄의 성립을 부정하는 것이 타당하다는 것이다.[329*]

325* 이에 대한 상세한 고찰은 송종준, "PEF와 M&A : LBO의 構造와 法的 問題", 金融法硏究 제2권 1호, 2005, 66면 이하 참조.

326* 송종준, "會社法상 LBO의 背任罪 成否와 立法課題", 증권법연구 제10권 제2호, 2009, 321면.

327* 담보제공형 LBO와 합병형 LBO로 구분하는 견해로는 김종수, 앞의 논문, 122면 및 윤영신, "동양그룹의 합병형 LBO와 배임죄", BFL 제36호, 서울대 금융법센터, 2009,7, 23면. 유상감자형 LBO를 자산유출형 차입매수로 보는 견해로는 이재방, "차입매수행위와 배임죄의 성립", 홍익법학 제13권 제1흐, 2012, 550면 이하가 있다. 합병 이후 유상감자나 이익배당을 통해 차입금을 상환하는 유형이 가능하므로 감자형 보다는 환급형이 더욱 적절한 용어로 생각된다(이와 같이 분류하고 있는 견해로는 한석훈, 앞의 책, 172면.)

328* 미국에서 LBO가 발달한 이유로는 경영자 자신이 자본참여자가 될 수 있는 대안, 적대적 M&A의 저지를 위한 효율적 백기사 대응책의 필요, LBO에 의한 M&A 자금조달환경의 고무적 조성, 장기자본이익에 대한 세율의 현저한 인하로 급증한 벤처캐피탈 자금의 LBO 유입을 들고 있다(송종준, "PEF와 M&A : LBO의 構造와 法的 問題", 63면~64면).

329* 설민수, 앞의 논문, 111면~112면.

또한 기업범죄의 범죄화에 대한 법사회학적 비판의 견지에서, 차입매수의 배임범죄화는 실패하지 않은 차입매수 사안에 대해서도 범죄로 인정하는 셈이고 이는 회사, 채권자 등의 재산권보호의 철저한 심정윤리에 대한 위반만으로 형벌을 부과하는 것이어서, 포괄구성요건처럼 운영되는 배임죄의 행위주체, 행위, 결과의 해당성을 부정하기도 한다.[330*]

다음으로 LBO 처벌 찬성론이 있다. 이 입장에 의하면 형법에는 배임죄 처벌규정이 존재하고, LBO 이외의 다른 거래형태에 대해서는 배임죄의 요건을 충족하면 별다른 의문 없이 배임죄로 처벌하면서 LBO에 대해서만 배임죄의 적용범위에서 적용한다면 형평에 반하는 것이며 형사책임체계를 파괴하는 것이라고 한다.[331*] 미국의 경우 배임죄의 규정이 없지만 모든 형태의 LBO가 허용되는 것은 아니고, 절차가 합법적이고 공정한 가격으로 이루어진 경우에만 적법하기 때문에 LBO 거래가 배임죄의 적용에서 완전히 배제될 수는 없다고 한다. 그리고 LBO 방식을 이용하여 기업을 인수한 후에 피인수회사가 경영실패에 이른 경우가 적지 않음을 감안하면 여기에 일정한 사법적 제한이 필요하다고 한다.[332*] 또한 인수자의 자산이 회사로 들어온 후 회사자산이 되고 이 자산이 회사의 이익에 반하여 외부로 유출된다면, 회사로서는 LBO 전에 비해 재산상 손해가 발생하였다고 볼 수 있으며, LBO로 인해 회사 자산 흐름의 개선, 경영정상화나 재무구조개선의 효과를 가져올 수 있으나 그 경제적 효과의 평가가 쉽지 않으며, 경제효과가 회사 자산 대부분의 외부 유출이나 회사의 운명을 좌우할만한 채무부담 행위까지 상쇄할만한 긍정적 효과를 가져오는 경우는 많지 않기 때문이라고 한다.[333*]

이에 대해 LBO의 배임죄 성립여부 판단은 LBO 진행의 전 과정을 보지 않으면 '과잉범죄화'의 결과를 낳을 것이며, 이는 M&A라는 전형적인 경영영역을 위축시킬 것이므로, 배임죄를 침해범으로 보고 이사의 중대한 임무위반이 있는 경우에 한해 업무상 배임죄를 적용하자는 입장도 있다.[334*]

대법원은 이른바 신한 LBO 사건에서, "기업인수에 … 피인수회사의 자산을 담보로

330* 이상돈, "차입매수와 배임죄", 한국증권법학회 정기세미나 자료, 2006.12.23, 5~9면. 매수 후 대표로 취임할 예정인 자는 적극적 재산관리의무가 없으므로 매수할 회사의 '사무를 처리하는 자'에 해당되지 않으며, 자산담보형식의 차입매수가 비윤리적 행위일수는 있으나, 권한 초월이나 남용이라는 임무위배행위의 본래적 의미와는 너무 멀리 떨어진 것이며, 허용된 경영 리스크 범위 안에 있는 행위라고 한다. 손해도 전체적 실질적으로 고찰한다면 기사회생의 가능성으로 손해가 상쇄되며, 차입매수자의 의사는 인수회사측과 피인수회사측 모두 이익이 되게 하려는 윈-윈 의사를 가져 불법이득의사를 인정할 수 없고, 배임고의가 탈락된다고 한다.

331* 전현정, 앞의 논문, 101면 이하.

332* 송종준, "會社法상 LBO의 背任罪 成否와 立法課題", 340~341면.

333* 김종수, "이른바 차입매수와 배임죄의 성립여부", 한림법학 FORUM 제21권, 2010, 129면.

334* 조 국, 앞의 논문, 173~174면 및 179면.

제공하는 방식[이른바 LBO(Leveraged Buyout) 방식]을 사용하는 경우, … 만일 인수자가 피인수회사에 아무런 반대급부를 제공하지 않고 임의로 피인수회사의 재산을 담보로 제공하게 하였다면, 인수자 또는 제3자에게 담보 가치에 상응한 재산상 이익을 취득하게 하고 피인수회사에게 그 재산상 손해를 가하였다고 봄이 상당하다"고 판시하여[335*], 기업인수에 대해서도 형사처벌이 가능함을 선언하였다.

그리고 신한 LBO 사건과, 피인수회사 자산의 담보제공이나 합병이 인수회사의 대표이사 겸직 이사 또는 인수자의 지배하에 있는 의사에 의해 이뤄진 이해충돌적 거래라는 점, 피인수회사 인수를 위한 SPC를 설립한 점, 인수자가 사전에 금융기관과의 약정에 의해 인수자금을 차입한 점에서 등에서 동일한 한일합섬 LBO 판결에서는, "차입매수에 관하여는 이를 따로 규율하는 법률이 없는 이상 일률적으로 차입매수방식에 의한 기업인수를 주도한 관련자들에게 배임죄가 성립한다거나 성립하지 아니한다고 단정할 수 없는 것이고, 배임죄의 성립 여부는 차입매수가 이루어지는 과정에서의 행위가 배임죄의 구성요건에 해당하는지 여부에 따라 개별적으로 판단되어야 한다"고 판시하였는데, 이는 '차입매수≠적법'이라는 표현을 통해 신한 LBO 사건에서 선언한 형법의 독자적 배임죄 성부판단을 통한 형사처벌이라는 기본 입장을 유지하면서도, '차입매수≠위법'의 명시를 통해 긍정적 효과를 지닌 합병이라는 기업활등을 위축시키지 않기 위해서 균형점을 모색한 것으로 보인다. 이 점에서 LBO 방식이 위법하다는 인식을 기초로 하여, 한일합섬 LBO의 사안이 신한 LBO 방식과 기본적인 전제가 다르다고 판단한 원심의 논리보다는 타당하다고 할 것이다. 다만 판결이유에서 "원심은 … 이는 피인수회사의 자산을 직접 담보로 제공하고 기업을 인수하는 방식과 다르고, 위 합병의 실질이나 절차에 하자가 없다는 사정 등을 들어 위 합병으로 인하여 공소외 1 주식회사가 손해를 입었다고 볼 수 없다고 판단하였다. … 위와 같은 판단은 정당한 것으로 수긍이 간다."라고 설시한 점은 동양메이저의 한일합섬 인수합병이 LBO에 해당되며, LBO 자체는 적법할 수도 위법할 수도 있다는 대법원의 논리를 스스로 부정하는 것이 되므로 타당하다고 할 수 없다.

335* 대판 2006.11.9, 2004도7027.

3. LBO 처벌과 형법의 확장 여부

(1) 법현실과 형법의 최후수단성

한일합섬 LBO 사건[336*]에서 1심 법원은 '합병 및 그 과정에 대한 규율은 상법과 관련법령에 의하여 규율하여 시정하는 것이 바람직하다'고 보고, '기업의 인수 · 합병의 동기에 합병 이후 피인수합병기업 내의 자산으로 인수차입금채무를 변제하겠다는 의도가 포함되어 있다고 하여 법률적 · 경제적 효과를 무시한 채 배임행위로 단정하기는 어려우며', '존속회사의 채무금을 변제하는 것은 존속회사의 자율적 경영판단 영역'이라고 하여 배임죄의 처벌로부터 LBO를 해방시켜 주려는 듯했다. 그러나 신한 LBO 사건 발생시의 법현실과 한일합섬 LBO 사안이 발생한 법현실 사이에 차입매수를 통한 동일한 재무효과라는 측면에서 어떠한 차이가 있는지 의문이다.

물론 형법의 최후수단성과 배임죄 처벌규정의 추상성 · 포괄성 등에 비추어 본다면 적극적인 기업활동의 영역에 속하는 LBO에 대해서 배임죄의 적용을 부정하는 것이 타당하다는 의견이 일리가 없는 것은 아니다.[337*] 그러나 판례와 학설은 배임죄의 처벌 축소를 위해 나름의 논리들을 집적해 왔으며, 그 결과 배임죄의 적용범위가 현실에서 무한히 확장되고 있지는 않다. 기업의 경영활동이라고 하여 배임죄 적용 자체를 배제하는 것은 형법의 성역으로서 불문의 치외법권을 인정하는 것이 되므로 허용할 수 없다. 형법의 기존 이론들을 통해 배임죄로의 처벌을 막는 방법은 현실적으로 충분히 가능하기 때문이다. LBO를 처음부터 형법의 적용대상에서 제외하는 것은 타 법률현상들과의 형평성에도 어긋나는 것이다. 다만 기업활동의 자유와 경영판단의 고도의 난이성 등을 고려하여 LBO에 대해 최대한 배임죄의 적용을 '자제'하여야 할 것이다. LBO를 형법의 적용영역 내에 두되, 적용에 있어 과소범죄화[338*]와 과잉범죄화 사이에 균형을 찾아야 하는 것이다. LBO가 미국에서 발달한 점은 수긍할 수 있으나, 미국과 우리의 법체계와 법문화, 법현실이 다르다는 것은 공지의 사실이다. 그럼에도 불구하고, 배임죄 처벌에 대해서만 유독 미국의 LBO 논의를 맹종(盲從)하려는 논의들은 경계해야 한다. 결국 형법 제355조 제2항의 엄격한 해석을 통하여 차입매수

336* 대판 2010.4.15, 2009도6634.

337* LBO에 대해 비형법적 제재로 상법상의 채권자취소소송(민법 제404조), 합병무효의 소(상법 제529조 제1항), 부인권(채무자 회생 및 파산에 관한 법률 제105조)을 활용할 수 있다.

338* 조 국, 앞의 논문, 175~176면은 정경유착, 총수의 제왕적 · 독단적 경영, 부당거래와 분식회계, 불법적 비자금 조성 등 기업경영의 반시장 행위의 현실 속에서, 형법의 보충성 원칙의 이름 하에 형법이 회사 내부의 문제에 대해서 대폭 후퇴하라고 요구할 수 없으며, 위와 같은 우리 사회의 조건에서 업무상 배임죄를 없애거나 무력화시키는 것은 오히려 과소범죄화의 오류를 범하는 것이라고 한다.

형태에 따라 개별적으로 배임죄 구성요건을 충족시키는가에 따라 형사처벌이 결정되어야 할 것이다.

(2) 개별사례와 배임죄 구성요건 충족여부 판단

1) 배임행위

임무위배행위의 판단에 있어, 담보제공행위 또는 합병의 위법성 여부에 대한 판단을 위해서 이사의 신인의무 위반 여부가 선행적으로 검토되어야 한다는 견해가 있다.[339*] 이 견해에 따르면, 상법은 회사경영의 특성을 고려하여 이사의 회사에 대한 신인의무(fiduciary duty)를 규정하고 있는데(상법 제382조 제2항, 제382조의3), 이는 선관주의의무와 충실의무르 구성되며, 이사는 회사의 업무를 집행함에 있어 선관주의를 다하여야 하며 그 지위를 이용하여 자기 또는 제3자의 이익이 아니라 회사를 위하여 전심전력을 기울여 업무를 집행하여야 한다.[340*] 이 중 충실의무는 이사의 업무집행이 이사 또는 이사를 지배하는 자와 회사 사이에 이해충돌의 관계에 있는 모든 거래에 적용되는데, 거래를 위한 의사결정 절차와 그 거래 내용의 공정성이 준수되었는지가 엄격하게 판단되어야 하며 충실의무에 위반한 거래는 무효가 될 수 있다.

인수회사에 의한 지배권 취득과 인수자의 사적인 지배이익이 정당화되기 위해서는 합병계획의 추진에 있어 피인수회사의 이사는 선관주의의무와 충실의무를 이행하여야 하는데, 예컨대 한일합섬 LBO의 경우에서도 인수자측은 동양그룹 계열사라는 점에서 동일인이라 할 수 있고 피인수회사의 이사회의 과반수를 차지하는 이사들도 동 그룹의 지배를 받는 관계에 있으므로, 피인수회사의 자산에 의한 채무변제가 목적인 합병거래는 이사와 회사 간의 이해충돌관계에 있다는 점에서 엄격한 공정요건이 준수되어야 하는 이사의 충실의무가 적용되어야 할 대상이 된다고 한다. 법원은 막연하게 경제적으로 우월한 기업이 피인수회사를 합병한 경우에는 재산잠식을 예상할 수 없다고 단정하였지만, 합병비율의 공정성 검토를 통한 충실의무 위반으로 인한 임무위배성 여부가 판단되었어야 한다는 것이다.[341*]

이 견해는 이사의 배임행위 판단기준으로, 현행 상법의 목적과 규정에 주목하여

339* 송종준, "會社法상 LBO의 背任罪 成否와 立法課題", 342면.

340* 송종준, 앞의 논문, 343면; 정동윤, 회사법(제7판), 박영사, 2001, 432면.

341* 송종준, "會社法상 LBO의 背任罪 成否와 立法課題", 346면. 다만 판결상으로 합병비율의 언급이 나타나 있지 않으므로 이사의 충실의무가 수행되었는지 판단하기 어렵지만, 법원이 인정하는 바대로 이에 대한 문제가 없음이 명백하다면 이사의 임무위배를 인정하기는 어렵다고 한다.

합병비율의 공정성이라는 구체적 기준을 제시하고 이를 통해 이사의 충실의무 위반시 임무위배행위를 인정할 수 있다는 것을 지적한 점에 의미가 있다. 그러나 배임행위의 유무를 판단하기 위해서는 "이사의 상법상 의무위반행위가 배임행위인가?"에 대한 문제가 선결과제로서 해결되어야 한다는 점을 간과하고 있다. 이에 대해 독일의 경우, 회사법적 의무위반과 배임죄의 재산관리의무위반과의 관계에 대해 첨예한 논쟁이 있었는데, BGH가 키노벨트 판결[342*]에서는 회사법적 의무위반이 재산관리의무위반을 위한 충분조건은 아니며 재산관리의무위반을 인정하기 위해서는 회사법적 의무위반이 추가적으로 '중대한'이라는 요건을 갖추어야 한다고 판결하였으나, 만네스만 판결[343*]에서는 회사법상 의무위반의 중대성이 필요하지 않다고 판시하면서 열띤 논쟁을 불러일으키게 되었다. 이에 대해 학계에서도, 회사법적으로 중대한 의무위반인 경우에만 배임죄의 재산관리의무위반을 인정하는 것은 형법 제266조의 문언에 명확히 반하는 해석이며, 이 경우 배임죄보다 중대한 손해를 야기한 경우에만 성립할 수 있게 되어 사소한 손해를 야기하거나 사소한 물건을 절취한 절도범이나 사기범에 비해 배임행위자를 우대하게 되어 불공평한 결과가 된다는 주장[344*]과, 이와 달리 형사법 적용 영역을 제한하려는 입장에서 '협의의 명백한 핵심영역에 대한 위반'[345*], '형법적 불법의 기준은 명백한 권한남용행위'[346*], '전체적인 관점에서 재산의 보호와 기능적 관련성이 있는 중대한 형법 외적 의무위반'[347*] 등의 표현으로 배임행위 판단을 엄격히 하려는 다수의 견해가 대립되고 있다.

이러한 논의에 대해, 우리나라의 경우 대체로 후자의 입장에서, 회사법적 의무위반과 형법적 의무위반을 동일시하는 것은 형법의 최후수단의 원칙의 관점에서 문제가 있으며 양자의 구분은 중대한 의무위반이라는 견해들이 주로 주장되고

342* BGH NStZ 2006, S. 221. 영화판권의 취득 및 마케팅, 영화관의 운영 등을 사업영역으로 하던 Kinowelt Medien AG의 주주 겸 이사인 피고인이 사업영역 확대를 위해 개인자금으로 축구경기의 판권, 라이센스권, TV 시청료 수입을 수입원으로 하는 회사 Sportwelt를 설립하고 이를 Kinowelt 그룹에 편입시키기 위해 Sportwelt의 지분 매입을 계획하였으나, 자금사정의 악화로 그룹의 유동성이 부족해지자 전환사채의 발행으로 계획을 변경하였으나, 이마저도 실패하고 Kinowelt 그룹이 채무불이행 상태에 빠졌다. 그럼에도 불구에도 피고인은 인수불가능한 Sportwelt에 자금을 이체하여, 결국 양 회사 모두 도산절차가 개시되어 투자 및 자금유출행위에 대해 배임죄로 기소된 사안이다.

343* BGHSt 50, 331. 만네스만(Mannesmann)사가 영국 보다폰(Vodafone)과의 적대적 인수에 대한 공방 후 합병에 이르게 된 과정에서, 만네스만사의 회장단 회의에서 이사회의장 등 6명에게 퇴직위로금, 보다폰과의 합병성공, 회사가치 증대에 대한 공로 등의 명목으로 거액의 특별보수를 지급하자, 부당한 이익의 취득을 통해 Vodafone의 Mannesmann 인수를 용이하게 하기 위한 것이었다는 이유로 배임죄로 기소되었다.

344* Schünemann, Die "gravierende Pflichtverletzung" bei der Untreue : dogmatischer Zauberhut oder taube Nuss?, NStZ 2005, S.475

345* Tiedemann, Wirtschafts-strafrecht BT, 3. Aufl., Rn. 390

346* Günther, Untreue im Wirtschaftstrafrecht, in: Festschrift für Weber, 2004, S.316

347* Kubiciel, Gesellschaftsrechtliche Pflichtwidrigkeit und Untreuestrafbarkeit, NStZ 2005, S.357

있다.[348*]

생각건대 이사의 신인의무 위배가 배임행위의 충분조건이 될 수는 없다.[349*] 상법과 형법은 겸억성(謙抑性), 보충성(補充性)에서 차이가 나기 때문이다. 그리고 회사법상 의무위반행위를 이와 같이 이해해야 배임죄 규정의 추상성 · 포괄성을 제한하여 상사의 형사화를 막을 수 있다. 다만 신인의무 위배, 구체적으로 충실의무 위반이 LBO 거래의 배임행위 판단의 중요한 기초로 작용함은 부정할 수 없다. 그렇다면 앞에서 살펴본 이사의 충실의무 위반시 곧바로 배임행위를 인정할 수 있다는 견해[350*]는 받아들이기 어렵다. 즉 이사의 충실의무위반이 중대한 경우에 한하여 배임행위를 인정할 수 있다고 하겠다.[351*] 여기서 의무위반이 '중대한' 경우란 SPC가 자본금을 초과하여 차입금을 차입하고 과도한 채무초과상태에서 합병하거나, 피인수회사에 유보된 자산의 탈취를 주된 목적으로 합병하는 경우와 같이 이사가 회사라는 독자적 법인 존속을 위해 두고 있는 회사법의 자본충실유지와 관련된 본질적 규정을 위반한 경우라고 할 것이다. 그리고 이러한 '중대한'의무 위반은 구체적으로 판례의 집적을 통해 세부적인 기준이 정립되어야 할 것이다.

그렇다면 피인수회사의 이사로 취임한 이사들의 행위가 이사의 중대한 의무위반인가 검토되어야 한다. 여기서 자산담보형식의 차입매수가 비윤리적 행위일 수는 있으나, 권한 초월이나 남용이라는 임무위배행위의 본래적 의미와는 너무 멀리 떨어진 것이라는 관점에서, 합병형 LBO 역시 배임행위가 아니라고 볼 수도 있다.[352*] 그러나 회사법의 규정 내지 신의칙상 하지 말아야 할 행위를 하여 회사와의 신임관계를 저버렸다면 배임행위는 성립할 수 있다. 배임죄의 적용을 검토한다고 하여 실패한 LBO에 대해 모두 처벌의 칼을 들이대는 것은 아니다. 경영정상화 내지 구조개선의 실패라는 결과가 중요한 것이 아니라, 그 과정에서 이사 등의 배임성이 있었느냐가 판단의 척도이기 때문이다. 한편 합병의 효과를 고려한다면 존속회사는 소멸회사인 SPC의 부채를 포괄승계하고, 2차 합병을 통해 소멸하게 되는 피인수회사의 자산도 포괄승계하여 SPC와 자신의 채무를 변제를 하는 것이

348* 최문희, "독일에서의 이사의 의무위반과 배임죄", BFL 제36호, 서울대학교 금융법센터, 2009.7, 105~106면, 조 국, 앞의 논문, 172면.

349* 최문희, 앞의 논문, 105면도 충분조건이 아니라 한 요건에 지나지 않는다고 한다.

350* 송종준, "會社法상 LBO의 背任罪 成否와 立法課題", 346면.

351* 조 국, 앞의 논문, 179면은 이사의 행위가 상법, 세법 등 법률이나 정부지침을 위반하였거나 위반을 의도 · 계획한 경우, 회사의 원래 목적과 관계없는 이사 자신 또는 제3자의 이익을 실현하기 위한 경우, 이사회 결의에 중대한 절차적 하자가 있는 경우라고 하나, 대부분 LBO와 같은 경우 이사의 행위가 대부분 상법상의 자본충실규정과 신인의무 규정을 위반하게 되므로 어느 정도의 상법 위반시 형법이 개입하여야 하는가에 대한 구체적인 기준의 제시라고 보기 어렵다.

352* 이상돈, 앞의 논문, 8면.

당연하다. 그렇다면 이사의 신인의무 위반을 물을 수 없게 되고 배임행위를 인정할 수 없다는 논리적 귀결에 이른다. 여기서 합병형 LBO의 배임행위 판단에는 합병 이후 존속회사의 채무변제와 합병 이전 인수회사의 피인수회사 인수의도, 자본조달계획, SPC의 자산(부채의 규모, 자기자본비율 등), SPC의 (피)인수회사로의 합병과정[353*], 인수회사와 피인수회사와의 합병과정 등이 전체적으로 고찰되어야만 한다.

대법원처럼 합병형 LBO를 판단할 경우, LBO 중에서도 인수회사가 대기업인 순차적 합병의 경우 대부분 배임행위를 인정할 수 없는 위험성이 내포되어 있다.[354*] "합병의 법률적 · 경제적 효과를 전혀 무시한 채 합병기업에 대한 배임행위라고 단정하기는 어렵다"는 판단이 내려지기 위해서는 합병 효과의 논의 이전에 피인수회사의 자산가치, 시장가치, 수익가치, 회사의 주식가치에 영향을 미칠 제 요소를 고려한 합병비율의 공정성 판단이 선행되어야 하며, 그 다음 합병효과에 대한 재무적 · 종합적 판단이 뒤따라야만 한다. 그리고 LBO 판결에서 합병의 유무효는 배임죄의 성부 판단에 영향을 주지 않는다. 합병절차의 준수 및 채권자보호조치의 이행, 합병의 공정성 등은 배임행위 판단의 보조자료가 될 수는 있지만, 합병이 유효라고 하더라도 배임행위는 성립할 수 있기 때문이다.[355*]

2) 재산상의 손해

피인수회사의 이사 내지 인수회사의 이사들의 LBO로 인해, 본인인 피인수회사가 손해를 보았는가가 문제된다. 이는 '손해'를 바라보는 관점에 따라 결론이 달라질 수 있다. 기업경영과 관련된 이사 내지 주주의 행위가 배임행위로서 본인에게 손해를 가하였다고 하기 위해서는 '누구에 대하여'손해를 가하였는가가 먼저 해결되어야 하기 때문이다.

이에 대해 형법학계에서는 대부분 회사를 기준으로 삼는 회사기준설을 취하고 있다.[356*] 즉 회사 법인의 재산은 1인 주주와 별개의 법인격을 가진 것이므로, 1인 회사의 대표이사로서 신임관계에 위배되는 회사업무 처리시 회사에 손해를 가할 수 있다는 것이다. 예컨대 1인 주주의 채무를 담보하기 위하여 회사 소유의 재산에 담보권을 설정하는 것은 회사의 재산상 손해가 될 수 있는 것이다. LBO와

353* 통상 SPC와 인수회사가 합병한다면 배임행위를 쉽게 인정할 수 있을 것이다.

354* 이 점에서 법원은 아마도 大馬不死의 환상에 사로 잡혀 있는 것은 아닌지 모르겠다. 그러나 우리는 '승자의 저주'에 몰락한 무수한 대기업을 경험하였다는 점을 잊지 말아야 한다.

355* 대판 1987.4.28, 83도1586.

356* 법인과 대표와의 관계를 명시적으로 언급하고 있는 문헌들로, 김일수/서보학, 형법각론, 483면; 정성근/박광민, 형법각론, 466면; 장덕조, "전환사채의 저가발행과 회사의 손해", 법조 제55권 10호, 2006.10, 73면; 전현정, 앞의 논문, 91면.

관련하여서는 주주 또는 채권자에 대한 손해 발생 여부의 검토는 회사에 대한 손해 발생 여부를 판단하는데 도움을 줄 수는 있지만, 주주에게는 손해가 미치지 않으면서 회사에 대해서는 손해가 발생할 수 있다는 점에서 재산상의 손해는 회사를 기준으로 하여야 함을 주장한다.[357*] 우리 회사법은 주주, 채권자 개인의 이익보호보다는 이해관계자 자본주의(stakeholder capitalism)에 바탕을 둔 법인재산의 독자성을 전제로 하고 있으므로, 회사의 손해 개념도 독립적인 회사 재산가치의 감소 또는 감소 위험성을 기준으로 파악하여야 하며, 합병형 LBO의 경우에도 주주와 채권자 등의 개인적 이해관계를 떠나 법인의 집단적 손익을 기준으로 파악하여야 한다는 것이다.

반면 이해관계자기준설은 회사의 손해를 회사의 배후에 있는 주주, 채권자 등의 이해관계자 전체의 손해와 동일시하여 이들에 대하여 손해가 있는 경우 회사의 손해가 있다고 본다.[358*] 법정책적으로 주식회사와 같은 법인에서는 법인격이 인정된 단체와 그 단체의 배후에 있는 실질적 이해관계자가 개념적으로 분리되어 존재하나, 회사의 배후에 있는 이해관계자의 이익과 별개의 개념으로서 회사의 이익을 상정할 필요는 없다는 것이다. 이해관계자의 이익에 대한 구체적인 고려 없이 추상적으로 회사를 독립한 손익주체로 이해하여 도그마로 적용하게 되면 회사 이해관계자들의 실질적인 손익과는 동떨어진 결과가 될 수 있기 때문이라고 한다.[359*] LBO와 관련하여서 보면, 이사의 선관의무의 보호대상이 주주와는 독립된 법인이며 주주와 법인의 손익이 엄격히 구별된다는 이론은 개념이 모호하며, 회사법 등 기업규범과 맞지 않으므로 피인수회사의 재정적 부담행위는 주주의 이익을 위한 금융지원 활동으로 선관의무의 관점에서 정당화될 수 있다거나[360*], 회사의 손익 판단은 주주와 채권자들의 손익과 별개로 볼 수 없고 회사의 이해관계자들의 이익을 떠나 회사의 이익을 우선시해야 한다는 논리는 법률적 · 경제적 실익을 찾아볼 수 없다고 한다.[361*]

이에 대해 절충적 입장으로, 주주배정방식 신주 등 발행의 경우에는 자본거래의 본질상 회사에 손해를 인정할 수 없으나, 제3자배정방식 신주 등 저가발행의 경우에는 적정가격과 발행가액 또는 전액가액과의 차액만큼 회사에 들어올 수입이 감소된

357* 전현정, 앞의 논문, 91면.

358* 설민수, 앞의 논문, 103~104면; 윤영신, "전환사채의 저가발행에 대한 이사의 배임죄 성부", 민사판례연구 29, 2007, 332면; 이종상, "이사의 책임과 배임죄에 대한 비판적 고찰", BFL 제19호, 서울대 금융법센터, 2006.9, 52면 이하; 이철송, "자본거래와 임원의 형사책임", 인권과 정의 제359호, 대한변협, 2006.7, 106면.

359* 윤영신, "동양그룹의 합병형 LBO와 배임죄", 25~29면.

360* 이상훈, 앞의 논문, 15면 이하.

361* 박태현, "차입매수(Leveraged Buyout)에 있어서의 이사의 신인의무", 인권과 정의 제369호, 대한변호사협회, 2007.5, 223~224면.

소극적 손해를 회사에 발생시킨 것으로 보는 입장도 있다.[362*] 주주에게는 출자의무가 없고, 준비금의 자본전입이나 주식배당의 경우에는 무상으로 신주발행도 이루어지며, 제3자 배정의 경우에는 이사와 통모하여 불공정한 발행가액으로 신주 등을 인수한 제3자에 대해 공정한 발행가액과의 차액반환의무를 인정하고 있다는 점을 논거로 하고 있다.

대법원은 대체로 회사기준설을 취하고 있다.[363*] 과거 1인 주주인 1인 회사에서 회사의 손해는 주주의 손해라는 입장[364*]을 변경하면서, 주식회사의 주식이 사실상 1인 주주에 귀속하는 소위 1인 회사에 있어서도 행위의 주체와 그 본인은 분명히 별개의 인격이며 그 본인인 주식회사에 재산상 손해가 발생하였을 때 배임의 죄는 기수가 되는 것이므로 궁극적으로 그 손해가 주주의 손해가 된다고 하더라도(또 주식회사의 손해가 항시 주주의 손해와 일치한다고 할 수도 없다) 이미 성립한 죄에는 아무 소장이 없다고 판시한 후,[365*] 이러한 입장을 고수하고 있다.[366*]

생각건대 이사의 회사에 대한 배임행위 성부 판단에서 재산상 손해의 파악은 회사제도를 규율하고 있는 회사법의 이념과 정신, 현행 규정을 토대로 이뤄져야 한다. LBO가 생겨나고 발달한 미국의 경우 주주자본주의(shareholder capitalism)를 근간으로 하고 있다. 따라서 이사는 주주의 이익을 극대화하기 위해 임무를 수행하여야 하며, 주주에게 이익이 되면 채권자에게는 손해가 되는 것이 허용될 수 있으며, 주주자본주의는 채권자보호를 위한 자본충실 및 유지의 원칙을 버림으로써 채권자보호의 관념에서 전환되어, 회사법은 주주, 채권자, 종업원 등의 이해관계자들간의 계약규범으로서 임의규정의 성격을 띠고 있다.[367*] 이해관계자기준설에서 제시하는 논거들은 이러한 주주자본주의의 이념과 대체로 일치한다.[368*] 그러나 우리 회사법은 이와 달리 이해관계자 자본주의가 기본이념으로 작동하고 있다.[369*] 회사법은 대부분 강행법규로서 주주들에 의한 정관자치를 억제하고 있으며, 채권자보호의 정신을 실현하기 위해 자본유지 및 충실의 원칙을

362* 대판 2009.5.29, 2007도4949 전합. 김홍기, "현행 주식가치평가의 법적 쟁점과 '공정한 가액'에 관한 연구", 상사법연구 제30권 제1호, 2011.5, 192면 이하. 한석훈, 앞의 책, 146면은 이러한 입장을 구분설이라고 칭하고 있다.

363* 대판 1983.12.13, 83도2330 전합; 대판 2005.10.28, 2005도4915.

364* 대판 1974.4.23, 73도2611.

365* 대판 1983.12.13, 83도2330 전합.

366* 대판 1996.8.23, 96도1525, 대판 2011.3.10, 2008도6335 등.

367* 주주자본주의와 이해관계자자본주의에 관한 상세한 논의는 송종준, "會社法상 LBO의 背任罪 成否와 立法課題" 및 최준선, "주주자본주의와 이해관계자 자본주의", 상사법연구, 제26권 제2호, 한국상사법학회, 2007 참조.

368* 송종준, "會社法상 LBO의 背任罪 成否와 立法課題", 337면.

369* 송종준, 위의 논문, 338면; 장덕조, 앞의 논문, 98면.

주식회사의 본질로 삼아 주주자본주의가 포기하고 있는 법정자본제도를 유지하고 있다.[370*] 이처럼 우리의 회사법제가 이해관계자 자본주의에 바탕을 두고 회사 법인의 독자성을 전제로 하면서, 주주의 개인적 이익보다 회사의 단체 이익을 극대화함으로써 주주의 재산과 구별되는 독립된 법인격을 유지하도록 하고 있으므로, 이사 등 경영진은 법인 재산의 유지, 이익의 극대화를 기하거나 손실의 최소화에 그 임무가 있다.[371*] 따라서 이사의 배임행위로 인한 손해의 판단은 회사의 독자적 이익을 기준으로 하여야 하는 것이다.[372*] 이러한 측면에서 본다면 배임죄의 재산상 손해도 이해관계자 자본주의의 관점에서 회사기준설을 취해야 한다. 즉 주주, 채권자 등의 이해관계에 의해 구속되는 것이 아니라, 회사 존속의 관점에서 이들 요소를 포함해 종합적으로 재산상 손해를 판단하여야 하는 것이다. 이러한 점에서 주주의 동의나 양해가 배임죄의 성립을 저지할 수도 없다.

IV. 전환사채의 저가발행과 배임죄

1. 전환사채의 개념과 발행의 필요성

전환사채(convertible bond)라 함은 주식으로 전환할 수 있는 권리(전환권)가 인정된 사채를 말하며, 회사의 사업이 부진한 때에는 사채로 이자를 받고, 이후 회사의 사업이 호전되면 전환권을 행사하여 주주가 되어 이자보다 많은 이익배당을 향유할 수 있어 사채의 안전성과 주식의 투기성을 병유하고 있는 특수한 사채이다.[373*] 전환사채는 이처럼 유리한 조건으로 사채를 모집할 수 있어 매우 편리한 자금조달 수단으로 여겨지고 있다.

전환사채의 발행[374*]은 신주발행절차와 매우 유사한데, ① 발행사항을 결정하고, ② 전환사채의 발행절차를 거치고, ③ 전환청구를 하는 단계를 거친다. 먼저 발행사항의

370* 채권자의 이익침해를 위해 자본금이 채권자의 담보책임재산으로 파악되며, 주식의 액면미달발행이 금지되고, 법정준비금, 이익배당의 제한, 자기주식취득의 제한 등의 엄격한 제도들이 보장되고 있다.

371* 송종준, "會社法상 LBO의 背任罪 成否와 立法課題", 339면.

372* 대체로 이러한 맥락에서 파악하는 견해로, 송종준, 위의 논문, 341면도 법인의 집단적 손익기준으로 파악하여야 함을 주장하며, 전현정, 앞의 논문, 91면은 회사를 기준으로 손해를 판단하여야 하며, 주주나 채권자에게 손해가 있는지를 분석하는 것은 회사의 손해 여부를 판단하는데 도움이 될 수 있다고 한다.

373* 정동윤, 상법(上), 739면.

374* 정동윤, 상법(上), 739면 이하 참조.

결정 단계로 전환사채의 발행방법에는 주주배정, 제3자배정, 모집의 3종류가 있으며 이에 따라 발행절차에 조금씩 차이가 있다. 전환사채의 발행사항은 정관으로 주주총회에서 결정하기로 정한 경우를 제외하고는 정관에 규정이 없는 것은 이사회가 결정하는데, 결정사항은 전환사채의 총액, 전환의 조건, 전환으로 인하여 발행할 주식의 내용, 전환을 청구할 수 있는 기간 등이고(상법 제513조의2), 주주배정의 경우에는 주주에게 전환사채의 인수권을 준다는 뜻과 인수권의 목적인 전환사채의 액에 대해(제513조2 제5항), 주주 외의 자에게 전환사채를 발행하는 경우(제3자배정 및 모집)에는 주주 외의 자에게 전환사채를 발행한다는 것과 이에 대하여 발행할 전환사채의 액을 결정하여야 한다(동조 제6항). 주주 외의 자에게 전환사채를 발행하는 경우에는 주주의 이익을 보호하기 위해 이사회 결의 외에 발행할 수 있는 전환사채의 액, 전환의 조건, 전환으로 인하여 발행할 주식의 내용과 전환을 청구할 수 있는 기간에 관하여 정관에 규정이 없으면 주주총회의 특별결의로써 정하여야 한다(제513조의3). 이처럼 주주 외의 자에게 전환사채를 발행할 때에는 신기술의 도입, 재무구조의 개선 등 경영상 목적을 달성하기 위하여 필요한 경우에 한하여 가능하다(제513조의3 후단). 전환의 조건은 전환비율 또는 전환가액으로 정해지는데, 전환비율은 전환될 사채와 이에 대하여 발행할 주식의 비율을 의미하며, 전환가액은 전환에 의해 발행되는 주식 1주에 대해 요구되는 사채액면금액을 뜻한다. 전환가액의 결정방법에는 시가전환방식과 액면전환방식이 있다.

주주 외의 자에게 공모에 의하지 않고 전환사채를 발행하는 이른바 사모전환사채는 최근 M&A에 대한 방어대책이나 부의 상속수단으로 자주 이용되고 있다.[375*]

전환사채의 발행절차[376*]는 주주에게 전환사채인수권이 있는 경우에는 회사는 이사회 또는 주주총회의 사채발행사항 결정에 따라 전환사채 배정일을 정하여 그 날 주주명부에 기재된 주주가 전환사채인수권을 가진다는 것과 전화사채인수권의 양도가 가능한 경우에는 그 뜻을 배정일 또는 주주명부 폐쇄기간의 초일 2주간 전에 공고하여야 한다(제513조의2 제2항, 제418조 제3항). 또한 각 주주에 대해 그 인수권을 가지는 전환사채액, 발행가액, 전환조건, 전환으로 인하여 발행할 주식의 내용, 전환기간과 일정한 청약기일까지 전환사채의 청약을 하지 않으면 그 인수권을 상실한다는 뜻을 알려야 하는데, 기명주주에게 청약기일 2주일 전에 통지하고 무기명주주에 대하여는 공고한다. 청약기일까지 전환사채의 청약을 하지 않는 때에는 전환사채인수권을 상실한다(제513조의3, 제419조). 이러한 절차를 거쳐 전환사채의

375* 정동윤, 상법(上), 740면.

376* 한석훈, 앞의 책, 138면 이하 참조.

청약과 배정을 하여 사채모집이 종료되면 기채회사나 사채모집의 위탁을 받은 회사가 지체 없이 전환사채 인수인에 대하여 각 사채의 전액 또는 제1회의 납입을 시켜야 한다(제476조).

전환사채권자가 주식으로 전환하고자 할 경우, 전환기간 내에 전환청구서에 채권 또는 전자등록기관의 전자등록부에 채권을 등록한 경우에는 전자등록된 채권의 증명자료를 첨부하여 전환을 청구할 수 있고, 전환청구시 전환된 신주의 발행 효력이 생긴다(제515조). 전환의 청구는 사채권자의 일방적 의사표시이며, 전환의 청구가 있으면 회사의 승낙을 요하지 않고 전환을 청구한 때 당연히 효력이 발생하기 때문이다(제516조 제2항, 제350조 제1항). 전환청구는 전환을 청구할 수 있는 기간 중에는 언제든지 할 수 있으며, 이때 전환으로 인하여 신주식을 발행하는 경우 전환 전의 사채의 발행가액을 신주식의 발행가액으로 하게 되는데(제516조 제2항, 제348조), 전환사채의 발행가액과 전환조건에 따라 전환된 신주의 발행가액의 적정성이 문제될 수 있다.[377*]

2. 전환사채의 저가발행 판단과 배임죄의 성부

회사가 법령 또는 정관에 위반하거나 현저하게 불공정한 방법에 의해 전환사채를 발행하는 경우 기존 주주가 불이익을 받을 염려가 있다. 즉 전환사채의 발행가액과 전환조건에 있어 신주의 발행가액이 현저히 저가로 발행하는 등 현저히 불공정한 방법에 의해 발행되는 경우가 발생할 수 있기 때문이다. 이 경우 주주는 회사에 대해 그 발행을 유지할 것을 청구할 수 있고(상법 제516조 제1항, 제424조), 또 이사와 통모하여 현저하게 불공정한 발행가액으로 전환사채를 인수한 자는 회사에 대하여 공정한 발행가액과의 차액에 상당한 금액을 지급할 의무가 있으며, 이에 관하여 주주의 대표소송이 인정된다(제516조 제1항, 제424조의2 제3항). 이 경우 이사는 회사 또는 제3자에 대하여 손해배상의 책임이 있다(제516조 제1항, 제424조의2 제3항).

문제는 이러한 상법적 구제 수단이 아니라 형법상 배임죄가 성립하는가의 여부이다. 특히 오늘날 재벌그룹의 총수가 자녀들에게 경영권을 승계시키는 방법으로, 계열사의 부당지원을 통한 경영권 승계의 종자돈을 마련하는 방식 및 그룹의

377* 한석훈, 앞의 책, 139면.

지주회사 내지 지주회사격인 회사의 주식을 증여하는 방식과 더불어 승계 대상회사의 전환사채를 주주가 아니라 자신들의 자녀에게 시가보다 저가로 배정하는 방식이 선호되는 상황에서[378*] 배임죄의 성부 판단은 우리 사회에서 공정한 부의 상속과 대기업의 사회적 책임이라는 관점에서 범국민적 관심사가 될 수밖에 없다.

대법원은 2009년 S그룹의 비상장 계열사인 에버○○ 사건에서 다수의견 5, 별개의견 1(다수의견과 결론은 동일), 소수의견 5로 배임죄의 성립을 부정하였다.[379*] 에버○○(1996년말 기준 자본금 35억여원, 1주 금액 5,000원, 자산총액, 8380여억원, 발행 주식총수 707,200여주)는 피고인들(대표이사, 자금담당 상무)의 주도로 17명[380*] 중 8명만 참석한 상태에서 이사회(1차 이사회)를 열어 전환사채의 발행을 결정하였는데, 그 내용은 무보증전환사채 총액 99억 5,495만원을 표면이율 연 1%, 전환기간은 사채발행일 다음 날부터 상환시까지, 전환가격 7,700원으로 정하여 발행하며, 현재 주주에게 우선배정하되, 실권시에는 이사회 결의에 의해 제3자에게 배정하기로 하는 내용이었다. 청약 및 납입만기일까지 J제당 주식회사만 그 지분비율 2.94%에 따른 전환사채의 인수청약을 하였으나, 나머지 주주들은 전환사채의 인수청약을 하지 않았다. 이에 피고인들은 청약만기일(1996.12.3.)이 경과하기도 전인 12. 3. 16시경 위 실권 전환사채를 배정하기 위한 이사회를 열고, 긴급한 자금수요가 있는 상황도 아님에도 새롭게 제3자 배정방식의 발행을 결의하거나 주주총회의 동의를 받음이 없이 기존 이사회에서 결의한 조건과 동일하게 위 전환사채를 S그룹 회장의 자녀이자 에버○○의 특수관계자인 A, B, C, D 4명에게 전액 재배정하는 결의(2차 이사회)를 하였고, 이에 A등은 같은 날 17시경에 배당받은 전환사채를 모두 청약, 납입하였다. 이들은 같은 달 17일 인수한 전환사채 전부를 주식으로 전환청구하였고, 그 결과 기존 대주주 순서가 J일보, J모직, 이건○에서, A가 1대주주로, J일보가 2대 주주로, B, C, D가 그 다음 순위로 변경되었다.

그런데 당시 신주 1주의 발행가액은 7,700원이었으나, 장외 거래에서 에버○○의 주식이 8,5000원에서 89,290원에 거래되는 실례가 있었으므로, 피고인들은 S그룹자녀들의 변칙 상속을 위해 주식의 실제 시장가액인 8,5000원과 전환가액 7,700의 차액에 상당하는 금액과 전환으로 취득한 신주를 기준으로 산정된 969억 9400여만원 상당의 손해를 에버○○에 입혔다는 혐의로 기소되었다.

378* 이상돈, "전환사채의 저가발행을 통한 경영권 승계의 배임성", 형사정책연구 제23권 제2호, 2012, 6면 이하.

379* 이상돈, 위의 논문, 7면은 이러한 대법원 판결을 형법적 면죄부로 비판하고 있다.

380* 이들 주주는 대부분 S그룹의 계열사이거나 계열사였다가 계열분리된 8개 회사와 1개의 재단법인, 그룹회장, S그룹의 전현직 임직원들이었다.

이에 대해 대법원의 다수의견은 ① 주주는 회사에 대하여 주식의 인수가액에 대한 납입의무를 부담할 뿐 인수가액 전액을 납입하여 주식을 취득한 후에는 주주 유한책임의 원칙에 따라 회사에 대하여 추가 출자의무를 부담하지 않는 점, 회사가 준비금을 자본으로 전입하거나 이익을 주식으로 배당할 경우에는 주주들에게 지분비율에 따라 무상으로 신주를 발행할 수 있는 점 등에 비추어 볼 때, 회사가 주주 배정의 방법, 즉 주주가 가진 주식 수에 따라 신주, 전환사채나 신주인수권부사채(이하 '신주 등'이라 한다)의 배정을 하는 방법으로 신주 등을 발행하는 경우에는 발행가액 등을 반드시 시가에 의하여야 하는 것은 아니다. 따라서, 회사의 이사로서는 주주 배정의 방법으로 신주를 발행하는 경우 원칙적으로 액면가를 하회하여서는 아니 된다는 제약 외에는 주주 전체의 이익, 회사의 자금조달의 필요성, 급박성 등을 감안하여 경영판단에 따라 자유로이 그 발행조건을 정할 수 있다고 보아야 하므로, 시가보다 낮게 발행가액 등을 정함으로써 주주들로부터 가능한 최대한의 자금을 유치하지 못하였다고 하여 배임죄의 구성요건인 임무위배, 즉 회사의 재산보호의무를 위반하였다고 볼 것은 아니다. 그러나 주주배정의 방법이 아니라 제3자에게 인수권을 부여하는 제3자 배정방법의 경우, 제3자는 신주 등을 인수함으로써 회사의 지분을 새로 취득하게 되므로 그 제3자와 회사와의 관계를 주주의 경우와 동일하게 볼 수는 없다. 제3자에게 시가보다 현저하게 낮은 가액으로 신주 등을 발행하는 경우에는 시가를 적정하게 반영하여 발행조건을 정하거나 또는 주식의 실질가액을 고려한 적정한 가격에 의하여 발행하는 경우와 비교하여 그 차이에 상당한 만큼 회사의 자산을 증가시키지 못하게 되는 결과가 발생하는데, 이 경우에는 회사법상 공정한 발행가액과 실제 발행가액과의 차액에 발행주식수를 곱하여 산출된 액수만큼 회사가 손해를 입은 것으로 보아야 한다. 이와 같이 현저하게 불공정한 가액으로 제3자 배정방식에 의하여 신주 등을 발행하는 행위는 이사의 임무위배행위에 해당하는 것으로서 그로 인하여 회사에 공정한 발행가액과의 차액에 상당하는 자금을 취득하지 못하게 되는 손해를 입힌 이상 이사에 대하여 배임죄의 죄책을 물을 수 있다. 다만, 회사가 제3자 배정의 방법으로 신주 등을 발행하는 경우에는 회사의 재무구조, 영업전망과 그에 대한 시장의 평가, 주식의 실질가액, 금융시장의 상황, 신주의 인수가능성 등 여러 사정을 종합적으로 고려하여, 이사가 그 임무에 위배하여 신주의 발행가액 등을 공정한 가액보다 현저히 낮추어 발행한 경우에 해당하는지를 살펴 이사의 업무상배임죄의 성립 여부를 판단하여야 한다. ② 신주 등의 발행에서 주주 배정방식과 제3자 배정방식을 구별하는 기준은 회사가 신주 등을 발행하는 때에 주주들에게 그들의 지분비율에 따라 신주 등을 우선적으로 인수할 기회를 부여하였는지 여부에 따라 객관적으로 결정되어야 할 성질의 것이지, 신주 등의 인수권을 부여받은 주주들이 실제로 인수권을 행사함으로써 신주 등을 배정받았는지 여부에 좌우되는 것은 아니다. 회사가 기존 주주들에게 지분비율대로 신주 등을 인수할 기회를 부여하였는데도 주주들이 그 인수를 포기함에 따라 발생한 실권주 등을 제3자에게 배정한 결과 회사 지분비율에 변화가 생기고, 이 경우 신주 등의 발행가액이 시가보다 현저하게 낮아 그 인수권을 행사하지 아니한 주주들이 보유한 주식의 가치가 희석되어 기존 주주들의 부(富)가 새로이 주주가 된 사람들에게 이전되는 효과가 발생하더라도, 그로 인한 불이익은 기존 주주들 자신의 선택에 의한 것일 뿐이다. 또한, 회사의 입장에서 보더라도 기존 주주들이 신주 등을 인수하여 이를 제3자에게 양도한 경우와 이사회가 기존 주주들이 인수하지 아니한 신주 등을 제3자에게 배정한 경우를 비교하여 보면 회사에 유입되는 자금의 규모에 아무런 차이가 없을 것이므로, 이사가 회사에 대한 관계에서 어떠한 임무에 위배하여 손해를 끼쳤다고 볼 수는 없다. ③ 상법상 전환사채를 주주 배정방식에 의하여 발행하는 경우에도 주주가 그 인수권을 잃은 때에는 회사는 이사회의 결의에 의하여 그 인수가 없는 부분에 대하여 자유로이 이를 제3자에게 처분할 수 있는 것인데, 단일한 기회에 발행되는 전환사채의 발행조건은 동일하여야 하므로, 주주배정으로 전환사채를 발행하는 경우에 주주가 인수하지 아니하여 실권된 부분에 관하여 이를 주주가 인수한 부분과 별도로 취급하여 전환가액 등 발행조건을 변경하여 발행할 여지가 없다. 주주배정의 방법으로 주주에게 전환사채인수권을 부여하였지만 주주들이 인수청약하지 아니하여 실권된 부분을 제3자에게 발행하더라도 주주의 경우와 같은 조건으로 발행할 수밖에 없고, 이러한 법리는 주주들이 전환사채의 인수청약을 하지 아니함으로써 발생하는 실권의 규모에 따라 달라지는 것은 아니다. ④ 전환사채 발행을 위한 이사회 결의에는 하자가 있었다 하더라도 실권된 전환사채를 제3자에게 배정하기로 의결한 이사회 결의에는 하자가 없는 경우, 전환사채의 발행절차를 진행한 것이 재산보호의무 위반으로서의 임무위배에 해당하지 않는다. ⑤ 이사가 주식회사의 지배권을 기존 주주의 의사에 반하여 제3자에게 이전하는 것은 기존 주주의 이익을 침해하는 행위일 뿐 지배권의 객체인 주식회사의 이익을 침해하는 것으로 볼 수는 없는데, 주식회사의 이사는 주식회사의 사무를 처리하는 자의 지위에 있다고 할 수 있지만 주식회사와 별개인 주주들에 대한 관계에서 직접 그들의 사무를 처리하는 자의 지위에 있는 것은 아니고, 더욱이 경영권의 이전은 지배주식을 확보하는 데 따르는 부수적인 효과에 불과한 것이어서, 회사 지분비율의 변화가 기존 주주 자신의 선택에 기인한 것이라면 지배권 이전과 관련하여 이사에게 임무위배가 있다고 할 수 없다고 판단하였다.

그러나 이러한 판례의 논리에 동의할 수 없다. 대법원이 S그룹의 편법상속에 면죄부를 준 핵심논거는 다음과 같다. 전환사채의 배정에 있어 주주배정의 경우 액면가를 하회하지 않는 이상 시가브다 낮아도 임무위배가 되지 않으나, 제3자 배정의 경우에는 시가보다 현저하게 낮은 가액으로 발행하면 배임행위가 되며, 현저하게 불공정한 가액인지 여부는 회사의 재무구조, 영업전망과 그에 대한 시장의 평가, 주식의 실질가액, 금융시장의 상황, 신주의 인수가능성 등 여러 사정을 종합적으로 판단하여야 한다. 양자의 구별기준은 회사가 주주들에게 신주 등을 우선적으로 인수할 기회를 부여하였는지 여부에 따라 객관적으로 결정된다. 상법상 전환사채를 주주 배정방식에 의해 발행하는 경우에도 주주가 인수권을 상실한 때에는 이사회 결의에 의해 실권된 만큼 자유로이 제3자에게 처분할 수 있으며, 단일한 기회에 발행되는 전환사채의 발행조건은 동일하여야 하므로 기존 주주가 인수한 부분과 별도로 취급하여 전환가액 등 발행조건을 변경하여 발행할 필요가 없다. 전환사채 발생을 위한 이사회 결의에 하자가 있었다고 하더라도 실권된 전환사채를 제3자에게 배정하기로 의결한 이사회 결의에는 하자가 없다면 전환사채의 발행절차를 진행한 것이 임무위배에 해당되지는 않는다. 이사가 주식회사의 지배권을 기존 주주의 의사에 반하여 제3자에게 이전하는 것은 기존 주주의 이익을 침해하는 행위일 뿐 지배권의 객체인 주식회사의 이익을 침해하는 것으로 볼 수 없으며, 이사는 주식회사의 사무를 처리하는 지위에 있지 주주들에 대한 관계에서 그들의 사무를 처리하는 자의 지위에 있는 것은 아니고 경영권의 이전은 지배주식 확보에 따른 부수적 효과에 불과하여 이사의 임무위배가 인정되지 않는다는 것이다.

대법원 다수의견의 논리가 일견 타당해 보일 수도 있으나, 형식적 논리에 갇혀 기존 대법원 판단과의 정합성을 상실하고 국민의 정의관념에도 부합하지 않는 결론에 이르고 말았다. 첫째, 전환사채의 발행에 있어 주주배정과 제3자 배정이 다르며 이에 따라 제3자 배정의 경우에는 현저하게 불공정한 가액으로 배정하게 되면 임무위배행위가 된다고 판단한 점은 백보 양보하여 수용할 수 있다. 그러나 양자의 구별기준을 단순히 신주 등의 우선적 인수기회라는 형식적 기준에 의해 판단할 수 없는 문제점이 있다. 경영권 세습 등 부정한 목적 하에 의도적으로 전환권을 실권시킬 수 있으므로 실질을 고려하여야 한다. 그리고 현저하게 불공정한 가액이 회사의 재무구조, 주식의 실질가액 등 여러 요소들을 고려하여 판단한다고 하더라도, 당시

거래가액에 현저히 미달하는 7,700원은 임무위배의 수준에 이른다고 할 수 있다.[381*] 둘째, 전환권을 행사하지 않아 실권된 분량을 이사회가 자유롭게 결의하여 신주를 제3자에게 발행할 수 있으며, 단일한 기회에 발행하는 만큼 조건이 동일하여야 한다는 논거는 대법원 스스로 주주배정과 제3자 배정방식을 구분하여 배임성 여부를 판단한 근거를 붕괴시키는 것이다. 기존에 실권주의 제3자 배정에 대해 구체적인 판례나 논의가 없었다고 하더라도 신주나 전환사채의 제3자 배정은 상법규정상 신기술의 도입, 재무구조의 개선 등 회사의 경영상 목적을 달성하기 위해 필요한 경우에 한하여 발행가능하다. 그러나 에버○○ 사안은 그룹 내 사실상의 지주회사의 비상장 주식을 자녀들에게 편법승계시켜 그룹의 지배권을 이전하려는 의도와 목적 외에 신기술의 도입, 재무구조의 개선 등 회사의 경영상 목적을 찾아보기 어려우므로 배임의 여지가 충분하다. 또한 이사의 중대한 상법상 절차 규정위반행위는 배임죄의 임무위배행위에 해당함을 부정할 수 없다. 주주, 편법적 상속에 동의할 수밖에 없는 주주들로 구성된 상황에서 의도적으로 전환권을 행사하지 않고 실권시키고 1대 주주를 변경시키기에 충분한 수의 신주를 발행하는 안건이라면 제3자에게 배정함에 있어서는 제3자에 의한 지배권 취득과 사적인 지배이익이 정당화되기 위해서는 더욱 충실한 신인의무(상법 제382조 제2항, 제382조의3)[382*]를 이행하였어야 하나, 주주평등의 원칙을 심각하게 훼손할 우려[383*]가 있는 상황에서 그러한 의무를 다함이 없이 단일 기회의 신주 발행이므로 발행가액이 동일하여야 한다는 것은 전환사채의 신주 전환에 대한 규정의 공백을 기계적 이해로 메우는 것에 불과하다. 셋째, 전환사채 발생을 위한 이사회 결의(1차 이사회)에 하자가 있었다고 하더라도 실권된 전환사채를 제3자에게 배정하기로 의결한 이사회 결의(2차 이사회)에는 하자가 없다는 논거도 받아들일 수 없다. 상법상 이사의 신인의무 위반이 중대한 경우에는 형법상 배임행위를 인정할 수 있으며, 상법상 절차조항의 규정 취지와 목적을 중대하게 위반한 경우에도 배임행위를 인정할 수 있다. 1차 이사회 결의가 정족수 미달의 하자가 있다면 이때 이루어진 전환사채 발행 결의가 중대한 하자로 무효가 된다는 의미이며, 유효한 전환사채를 전제로 실권한 전환사채를 제3자에게 배정한다는 2차 결의는 무효의 치유가 이루어질 수 없는 것이다.[384*] 따라서 2차 이사회 결의로 나아간 행위는 배임행위로 판단하기에

381* 원심(서울고법 2007.5.29, 2005노2371)에서는 1주당 적정 전환가격이 최소 14,825원이라고 판단하였다.

382* 이에 대한 상세한 논의는 제2절 배임죄 III.차입매수(LBO)와 배임죄 3.LBO 처벌과 형법의 확장 여부 부분 참조.

383* 대법원도 '이사가 주식회사의 지배권을 기존 주주의 의사에 반하여 제3자에게 이전하는 것은 기존 주주의 이익을 침해하는 행위'라는 점은 인정하고 있다.

384* 대판 1993.10.12, 92다28235 참조. 성민섭, "전환사채의 저가발행에 대한 이사의 형사책임", 국민대 법학논총 제23권 제2호, 2011, 422면도 이러한 점을 지적하고 있다.

충분하다. 넷째, 이사가 주식회사의 지배권을 기존 주주의 의사에 반하여 제3자에게 이전하는 것은 기존 주주의 이익을 침해하는 행위일 뿐 지배권의 객체인 주식회사의 이익을 침해하는 것으로 볼 수는 없으며, 주식회사와 별개인 주주들에 대한 관계에서 주식회사와 달리 직접 그들의 사무를 처리하는 자의 지위에 있는 것은 아니고, 더욱이 경영권의 이전은 지배주식을 확보하는 데 따르는 부수적인 효과에 불과한 것이어서, 회사 지분비율의 변화가 기존 주주 자신의 선택에 기인한 것이라면 지배권 이전과 관련하여 이사에게 임무위배가 있다고 할 수 없다는 논거도 동의할 수 없다. 경제적 손익의 귀속이 다른 별개인 인격체로서 회사와 대표, 주주는 상호 구별되어야 한다. 그러나 회사의 이사 등이 회사에 더해서는 항상 타인의 사무처리자에 해당하지만, 주주에 대해서는 항상 타인의 사구처리자가 아니라고 판단하는 것은 타당하지 않다. 회사 지배권의 이전이 있는 정도의 신주 발생이라면 이는 기존 주주에 대해 주주평등의 원칙을 심각하게 훼손하는 것이므로 단순히 회사의 사무처리자로 그치는 것이 아니라 회사의 자본증감 과정에 제3자가 개입함으로써 주주와 회사의 자본적 일체성과 무관하게 자본적 운명공동체인 주주들과 회사의 손익으로 귀속되는 것으로 볼 수 있기 때문이다.[385*]

Ⅴ. 최소운영수입보장(MRG) 약정 민간투자기업의 자금재조달과 배임죄[386*]

1. 문제점

사회간접자본(Social Overhead Capital)은 국민 경제생활의 기본이 되는 기반시설 및 서비스로, 도로, 항만, 철도, 통신, 전력, 수도 등 공공 설비 및 서비스 관련 시설을 뜻하며, 그 국가의 사회발전을 가늠할 수 있는 중요한 척도로 여겨지고 있다. 이러한 사회간접자본의 건설 및 구축은 그 속성상 막대한 자금과 장시간을 요하기 때문에 공공재원만으로는 해결되기 어려운 경우가 많았다. 이러한 문제점 해결을 위한 한 방안으로, 1994년 민간부문의 자율성과 효율성을

385* 성민섭, 앞의 논문, 436면.

386* 이승준, "최소운영수입보장(MRG) 약정 민간투자기 업의 자금재조달(refinancing)과 형법적 문제에 관한 小考 -배임죄를 중심으로-", 법학연구 제24권 제2호, 연세대학교 법학연구원, 2014.6, 173면 이하 재구성.

공공부분에 도입할 수 있도록 사회간접자본시설에 대한 민간자본유치촉진법(이하 '민간자본유치촉진법'이라 함)이 제정되었으며, 1998년 사회간접자본시설에 대한 민간투자법(이하 '민간투자법'이라 함)이 입법되었다. 1994년 민간자본유치촉진법은 기존에 도로법, 항만법 등 개별 법률에 의해 통일된 기준과 절차 없이 진행되던 민간참여를 공통의 절차를 통해 적용될 수 있도록 하였으며, 조세감면 등 각종 지원 절차를 일원화함으로써 민간투자 사업의 효과를 강화함에 목적이 있었다. 그러나 민간자본유치촉진법의 시행에도 민간투자사업의 경험부족과 금융시장의 미성숙으로 민간투자사업의 활용실적은 저조하였다.[387*] 이러한 상황에서 1997년 외환위기에 따른 국제통화기금의 구제금융 사태는 정부의 재정긴축으로 이어졌고, 민간자본의 사회간접자본시설에 대한 투자는 더욱 절실해져, 정부는 1998년 법개정을 통해 최소운영수입보장제도(MRG, Minimum Revenue Guarantee)를 도입하고, 사회간접자본투융자회사의 설립을 허용하였으며, 민간투자기업의 사회간접자본시설의 무상사용과 사용기간내 수익사업을 통한 사용료 징수 제도를 마련하여 투자기업의 이윤을 보장하고 수익성을 확보해 주고자 하였다. 그 결과 민간투자사업이 질적·양적으로 급성장하였다. 그런데 사회간접자본 재정 대비 민간투자 비율이 상승하면서, 민간부분의 참여로 의도했던 긍정적 기능 외에도, 의도하지 않았으나 기업의 본질적 속성상 예정되었던 부작용들이 속속 드러나고 있다.

2. MRG 약정의 의의

사회간접자본에 대한 우리나라의 민간투자사업은 주로 수익형 민자사업(Build Transfer Operate) 방식, 민간사업자가 사회간접자본 건설 후 소유권을 국가 또는 지자체에 이전하고 시설 이용자로부터 사용료를 징수하여 투자비를 회수하는 방법[388*]으로 진행되어 왔으며, 그 과정에서 최소운영수입보장(Minimum Revenue Guarantee) 약정이 체결되어 왔다.

MRG는 민간투자사업 실시협약에서 정한 추정 운영수입에 대하여 일정 부분

387* 이종운, "민간투자사업의 문제점과 향후 전망", 교통 기술과 정책 제8권 제2호, 2011.4., 38면.

388* 이 외에도 건설(build) 후 사업시행자에게 소유권이 인정되는지 여부(transfer), 임차(lease) 또는 관리운영권(operate)의 유무 등에 따라, 사업시행자에게 시설관리운영권을 인정하고 그 사회간접자본 시설을 국가 등이 임차하여 수익을 보장하는 BTL(Build Transfer Lease), 일정 기간 사업시행자에게 소유권이 인정되고 기간 만료시 국가 등에 소유권이 이전되는 BOT(Build Own Transfer), 건설과 동시에 사업시행자에게 소유권이 인정되는 BOO(Build Own Operate) 등이 있으며, 경우에 따라 민간부분이 제안하는 방식, 또는 주무관청이 수립하여 제시한 방식으로서 BLT(Build Lease Transfer), ROT(Rehabilitate Own Transfer), ROO(Rehabilitate Own Operate), RTL(Rehabilitate Transfer Lease) 등이 있다(이종운, 앞의 논문, 41면 참조).

미달될 경우 그 부족분을 국가가 보전해주는 제도로, 부족분은 추정운영수입에 대한 최소운영수입 보장비율(통상 70~90%)의 산출액에서 실제수입을 제한 금액이 된다.[389*] MRG는 1998년 사회간접자본시설에 대한 민간투자법의 개정으로 민간투자사업의 수익성 강화를 통해 외국자본의 유치와 민간자본 유입확대를 위해 도입되었다. 그런데 외국의 경우 MRG 운용에 있어 제도적으로 일률적으로 보장해주는 경우는 거의 없으며, 개별 사업별로 필요성이 인정될 경우 보장해주고 있다.[390*]

MRG가 합리적으로 운용될 경우, 민간투자기업의 적정 이윤보장을 위한 안전장치가 될 수 있다. 그리고 적정 이윤보장을 통해 적기에 시행된 민간투자사업은 결과적으로 정부의 재정건전성 확보, 국가경쟁력 증대 및 국민 편익 증가, 경제위기 극복 및 경제성장, 생산적 투자처의 제공, 금융 시장의 성장 및 발전에의 기여 등 많은 긍정적 효과를 가져 온다.[391*]

그러나 운영수입이 방만하게 보장되는 경우, 민간투자기업들은 사업수요를 과다 예측하고 사회간접자본시설의 공공성을 망각한 채 수익에만 몰두하게 되며, 정치적 이해관계에 따라 지자체 내지 중앙정부의 선심성 공약으로 민간투자사업이 실시된 경우 이러한 현상이 더욱 심각해진다.[392*] 또한 과대 수요예측으로 인한 사업성 판단의 오류, 지나치게 장기인 사용기간, 경쟁시설에 대한 손실보전[393*] 등으로 이용자들뿐만 아니라, 일반 국민들의 불만을 초래하고 나아가 '먹튀'논란까지 불러일으킨다. 이용과정에서도 공기업 자체투자 시설에 비해 월등히 높은 요금과 요금 인상률로 국민들의 불만이 제기되고 있다.[394*]

최소운영수입보장제도의 이 같은 문제점 노출로 인해, 감사원은 2004년에 'SOC 민간투자제도 운용실태'에 대해 감사[395*]를 실시하여, 기획예산처에 적정 투자수익률,

---

389* 감사원, 최소운영수입보장 민자사업 사후관리실태 감사결과 처분요구서, 2011.5., 5면.

390* 이종운, 앞의 논문, 39면.

391* 김반석/이석원/김주형/김재준, "SOC 민자사업에서 편익비용과 관련한 최소운영수입보장제도(MRG)의 타당성 분석 필요성에 대한 연구", 대한건축학회 추계학술발표대회 논문집 제32권 제2호, 2012.10., 631면. 이 연구에 따르면 기획재정부 자료를 기초로 한 2008년의 경우, 명목 GDP 97,779백억원에서 민간 투자 사업규모가 805백억원으로 GDP 성장에 미치는 규모는 194백억원이며, 성장효과는 0.198이라고 한다.

392* 2005년부터 적격성 조사제도를 통해, 총 사업비 2천억원 이상인 민간제안 사업의 경우 한국개발연구원(KDI) 공공투자관리센터(PIMAC)에 의뢰해 재정사업 시행시와 민자사업 시행시 건설비용, 운영비용, 지불이자, 위험비용 등에 기초하여 정부부담액 차이를 비교하여 정부부담액이 절감되어 VFM(Value for money)이 인정되어야 민간투자사업 적격성이 인정되나, 과다 수요예측으로 인한 선심성 사업을 전적으로 차단하지는 못하고 있다.

393* 인천 영종도 하늘도시의 경우, 인천대교 및 영종대교의 경쟁시설에 대한 손실보전금액 7조원 요구로 인해 제3연륙교 건설이 5년 넘게 착공이 미루어졌다. 노컷뉴스 2012.10.4.자 '민자사업의 역습 다리 놓으려면 7조원 보상" 기사 참조.

394* 대표적으로 인천공항고속도로, 인천대교, 광주2순환도로, 지하철 9호선, 대구 순환도로 등이 이러한 논란에 휩싸였다.

395* 2006년 10월에도 '공공시설 민간투자사업 추진실태'의 감사가 실시되었다.

민간투자 적격성, 최소운영수입보장 수준의 축소 등 제도개선을 촉구하였다. 그 결과 정부는 2005년 기존 법률을 사회기반시설에 대한 민간투자법으로 개정하여, 민간제안사업에 대한 MRG를 폐지하고, 대신 민간투자사업의 범위를 이전 35개 대상에서 학교 · 군 · 공공임대주택 · 사회복지시설 · 문화시설 등 44개 대상으로 확대하였으며, 수익형 민자사업 방식(BTL)방식을 사업 시행방식으로 추가하여 민간투자사업의 활성화라는 목표를 유지하고자 하였다.

결국 MRG 보장 약정은 언론 및 여론의 질타, 국회 국정감사 및 감사원 감사 등으로 인해 2006년 1월 민간제안사업, 2009년 8월 정부고시사업 등에 대해 각각 적용이 제외되어 사실상 폐지된 것으로 볼 수 있다. 그러나 기존 협약사업에 대한 MRG 지급규모는 1개 사업에 매년 수십억에서 3,000억에 달하는 규모로 지급되고 있다.[396*] 사업기간도 최대 40년, 기존 MRG 기간도 최대 30년으로 2038년까지 지속되는 경우[397*]가 있어, MRG 약정 민간투자기업의 자금재조달에 따른 법적 문제는 여전히 진행 중이다.

3. 민간투자사업의 자금재조달

기업의 자금재조달은 기존 차입금의 높은 이자율을 낮추거나, 사업진행 경과에 따라 만기를 연장하기 위하여 여러 방식을 통해 진행될 수 있다. 자금조달 방식으로는 자산담보대출(ABL), 자산담보증권(ABS), 자산유동화전자단기사채(ABSTB), 자산유동화기업어음(ABCP) 등이 활용된다.

여기서 자금재조달(refinancing)은 기존의 자본 및 재무 구조를 기업입장에서 보다 유리한 구조로 바꾸는 것으로, 차입이자율의 하락, 상환만기 연장 또는 배당제한 조건 등의 차입계약조건을 완화시키거나, 민자사업의 가장 큰 위험인 건설위험이 해소되고 운영단계에 접어들면서 새로운 사업위험 구조를 효과적으로 분담하여 이익을 가시화하거나, 금융시장의 민자사업에 대한 신뢰도 증대, 금융시장의 여건 변화, 새로운 금융기법의 등장 등 사업구도와 큰 관련이 없는 사정 등에 의해

396* MRG 운영기간이 2007년부터 2037년까지인 인천국제공항철도는 2013년을 기준으로 연 2,959억원이 지급되고 있으며, 향후 추가지급 예상액도 18조원으로 예측되고 있다. 인천국제공항철도의 경우 건설비용 4조 2천억원의 수배에 해당하는 금액을 MRG로 지출하는 상황이 도래할 수 있다(2013.10.4. 제320회 국회 정기회 제2차 국토교통위원회 질의 속기록 참조).

397* 부산-울산 고속도로의 경우, MRG 기간이 30년으로 2038년까지, 서울 외곽순환도로의 경우 MRG가 2026년까지 예정되어 있다(국회 김영환 의원 2012.10.18. 보도자료 「세금먹는 하마」 최소운영수입보장(MRG) 민자사업 국무총리실, 정부재정보전액 8천억원 축소은폐 의혹 참조).

이뤄진다.[398*] 그런데 민간투자사업의 경우, 협약 체결시점에 약정한 자기자본 및 타인자본 비율, 타인자본 조달금리, 법인세 비용 등을 적용한 재무모델에 따라 사업의 수익률이 산정되었으므로, 이후 민간투자 사업자가 자본금 축소, 후순위차입금 도입 등으로 자본구조를 변경하게 되면 법인세 절감 및 조기배당 효과 등으로 투자자에게 추가이익이 발생하므로,[399*] 이러한 목적에서 '임의적인' 자금 재조달이 이뤄지고 있다.

그런데 MRG 약정 기업은 약정 그 자체로 기업의 사업위험을 국민 세금으로 보전하여 위험을 전가한다는 측면이 있다. 이러한 기본적 구조에서 자금재조달의 실시가 민자사업으로 인한 이용자 내지 국가의 부담을 감소하는 것이 아니라, 주주의 이익을 위한 불합리한 수준의 고금리 자기차입으로 이루어질 경우 윤리적 문제를 넘어 법적 문제, 특히 형법적 문제가 발생할 여지도 있다.

민간투자사업의 자금조달 및 재조달은 기획재정부 고시 민간투자사업기본계획에 의해 상세히 규정되고 있다. 이에 의하면 ① 5/100 이상 출자자가 변경되는 경우, ② 자기자본, 후순위채 등을 증감시켜 자본구조의 변경과 자본구조의 변경을 수반하는 타인자본조달조건의 변경, ③ 타인자본 조달금리, 상환기간, 부채상환금 적립조건 등 타인자본 조달조건의 현저한 변경, ④ 최초금융 약정 체결시 또는 체결전 협약상의 출자자, 자본구조, 금융조건 등의 변경을 통하여 출자자의 기대수익이 증가하는 경우가 자금재조달로 정의된다.[400*] 그리고 이러한 자금재조달로 출자자가 투자한 자본금 및 후순위 대출금 등에 대해 투자기간 동안 산정되는 수익률인, 기대수익률의 증가분을 이익공유의 대상으로 하며, MRG가 있는 경우 주무관청과 사업시행자간 50:50의 비율을 원칙으로 이 이익을 공유한다.[401*] 그리고 공유된 이익은 정부측의 공유이익을 우선적으로 사용료 인하에 사용하고, 그렇지 않은 경우에는 운영수입보장 축소, 무상사용기간 단축 등 해당 민간투자사업의 사업시행조건 개선에 사용할 수 있다.[402*]

결국 민간투자사업에서 자금재조달을 하는 경우, 주주 및 특수관계인의 이익이 아니라 자금 및 재무구조 개선으로 인한 발생이익의 공유가 핵심목표가 되는 것이다.

398* 김흥수/이영찬, "민간사업의 재차입계약 어떻게 볼 것인가", 국토정책 제60호, 국토연구원, 2004.5.3., 2면.

399* 감사원, 최소운영수입보장 민자사업 사후관리실타 감사결과 처분요구서, 2011.5., 32면.

400* 민간투자사업기본계획 제27조 제1항 및 2항.

401* 민간투자사업기본계획 제28조 제1항 내지 3항.

402* 민간투자사업기본계획 제28조 제5항.

4. 배임죄의 성부

MRG 약정이 민간투자사업에 대해 폐지되었다고는 하나, SOC 투자비 중 민간투자비율이 MRG제도 폐지 등으로 급락한 사정[403*]에 비추어 볼 때 향후 정책적 판단으로 위축된 민간투자사업의 회복을 위해 MRG의 부활 및 강화의 가능성은 상존하며,[404*] 전술하였듯이 현재 MRG 약정기업에 대한 수입 부족분의 보전 지급규모[405*]에 비추어 볼 때, 배임죄 문제를 검토하는 것은 여전히 유의미하다. 아울러 현실은 MRG 약정 민간투자사업이 MRG로 인해 다른 민간투자사업 실시의 발목을 잡고 있는 실정이다. 더욱이 우리 사회가 1997년 이후 외환위기를 거치면서 대기업 총수 일가의 기업지배가 유지·강화되고, 시장영역은 물론 비시장영역에 대한 기업의 영향력과 지배력이 확대되어 한국사회가 기업의 논리와 모델에 따라 재조직화되는 기업사회로 변화되었다는 지적처럼,[406*] 한국사회에서 기업이 사회에 미치는 영향은 사회의 구조와 구성을 급진적으로 변화시킬 만큼 막강한 영향력을 발휘하고 있어, 기업활동 영역에서 배임죄 판단은 여전히 중요한 과제이다.[407*]

MRG 약정 민간투자기업이 대주주 등 특수관계인으로부터 고이율의 자금을 차입하여 자금재조달을 하는 행위에 대해 형법이 배임죄 처벌로 개입하여야 하는가? 자본구조 변경을 통해 특수관계인에게 높은 이자를 제공하고, 그 결과 사회간접자본시설 이용료를 인하하지 않고 국민의 세금으로 운영수입 손실분을 보전하는 것을 형사처벌로써 금지하는 것이 시민의 자유로운 생활과 사회 존립에 필요불가결한 전제인가? 아니면 형법의 단편성(斷片性)[408*]을 인정하고 법의 흠결 영역으로 받아들여야 하는가? 형법은 헌법의 사회윤리적 가치질서에 기초하고, 헌법의 실현을 지향하는 보호규범이자, 평화규범이다. 헌법에 대한 이러한 구속하에서 형법은 공동체 생활의 필수 근본가치를 보호하고, 사회적 질서 내에서 법평화의 유지를

403* 기획재정부의 「2011~2015년 국가재정운용계획」(2011)에 따르면, SOC 총 투자비 중 민간투자비율은 2008년 13.2%까지 상승하였다가, 2010년 10.5%, 2011년 6.1%로 급락하였다.

404* 건설회사 및 엔지니어링의 민간투자사업 담당자들에 대한 민간투자사업 제도 및 시장여건 악화에 영향을 준 요소들의 영향력 평가에서, MRG 제도의 폐지와 건설보조금의 축소가 각각 1위와 2위를 차지하였다(류시균/김대호/김채만/김점산/박경철, 민간투자사업 개선방안, 경기개발연구원, 2011, 8면).

405* I 공항고속도로의 경우, 민간투자액이 14,602억원이나, 2012년까지 지급된 MRG 지급액은 8,671억원이나, 연간 723억원씩 2020년까지 추가로 지급해야할 예상액은 5,800억원에 이른다.

406* 김동춘, 앞의 책, 14면 이하 등 참조.

407* 사무처리자의 업무자 신분에 따라 업무상 배임죄가 성립할 수 있으나, 배임죄의 성부 문제로 검토한다.

408* 이 표현은 일반적으로 Binding, Lehrbuch BT, Bd. Ⅰ, 1902, S. 20 이하에서 유래한 것으로 본다(Roxin, Strafrecht AT, Bd. Ⅰ, 4. Aufl., 2006, § 2 Rn. 97). Binding의 단편성 개념에 대한 상세한 문헌으로는 Vormbaum, Fragmentarisches Strafrecht in Geschichte und Dogmatik, ZStW 123(2011), S. 661 이하 참조.

확보하며, 갈등이 발생한 경우 불법에 대해 정당한 법을 실현시킬 과제를 지닌다.[409*] 헌법 제119조는 제1항에서 기업의 경제상의 자유와 창의를 존중함을 대한민국의 경제질서의 기본으로 명시하고 있다. 이러한 헌법질서 하에 우리 형법은 제355조 제2항에서 타인의 사무를 처리하는 자가 그 임무에 위배되는 행위로써 재산상의 이익을 취득하거나 제3자로 하여금 이를 취득하게 하여 본인에게 손해를 가한 때에 배임죄로 처벌하는 규정을 두고 있다. 위 조문의 '타인의 사무를 처리하는 자'에 회사의 재산상의 사무를 독립된 권한과 지위에서 처리하는 (업무집행)사원, 지배인, (대표)이사 등 회사의 구성원이 포함됨에는 의문이 없다.

여기서 이러한 회사 구성원에 의한 MRG 약정 민간투자기업의 비정상적 자금재조달행위의 배임죄 처벌에 대해, 두 가지 입장이 주장될 수 있다. 자금재조달의 순기능이 존재함에도 형사사법을 전면적으로 적용하는 것은 형법의 보충성에 반하며, SOC에 대한 민간기업의 투자를 저해하고, 산업다양화와 세계적인 추세를 거슬러 경제발전의 장애물이 될 수 있다는 판단[410*]과, 형법의 배임죄 규정이 존재하는 이상 기업의 특정 거래행위가 배임죄의 요건을 충족하면 배임죄로 처벌하면서 민간투자기업의 자금재조달 행위에 대해서만 적용범위에서 제외하는 것은 형평에 반하며, 형사책임의 체계를 붕괴시킬 수 있다는 판단[411*]이 가능하다. 여기서 배임죄 적용의 문제는 MRG 약정 민간투자기업의 비합리적 자금재조달 행위도 보충성의 원칙을 저버린 형법의 확장인가라는 관점에서 살펴 볼 필요가 있다. 이 과정에서 우리 형법의 배임죄 처벌 조항이 지나치게 포괄적 · 추상적으로 규정됨과 더불어 위임과 대리를 통하여 특별한 신임관계가 형성된 경우에 한해 배임죄로 개입한다는 당시의 취지[412*]와 달리 광범위하게 활용되고 있다는 점은 반드시 고려되어야 할 사정이다.

MRG 약정기업이 자금재조달 과정에서 차입계약조건의 완화 또는 사업위험 구조의 효과적 분담의 목적이 아니라, 기존 주주로부터 합리적이지 않은 이자율로

409* BVerfGE 51, 324, 343; Hefendehl, Die Materialisierung von Rechtsgut und Deliktsstruktur, GA 2002, S. 21; Wessels/Beulke, 앞의 책, § 1 Rn. 7

410* 명시적으로 MRG 문제를 언급하고 있지 않으나, 이러한 입장에 가까운 주장으로 추측해 볼 수 있는 견해로 이상돈 교수가 있다. 이 교수는 "배임죄를 비윤리적 경영행위를 처벌하는 포괄구성요건으로 리모델링하는 작업을 이제 중지해야 한다"(이상돈, 윤리경영과 형법, 신영사, 2005, 67면)고 하거나, 경영행위의 과도한 범죄화를 해결하기 위한 방안으로 미국의 '경영판단의 원칙'을 형사법에 도입하여 형법해석정책을 수행하자거나(앞의 책, 69면 이하), 경영판단을 범죄화하는 것은 법을 윤리의 실천도구로 종속시키며, 법적 책임을 윤리적 책임으로 완화시키는 것(앞의 책, 24면 이하)이라고 비판하는 입장에 서 있기 때문이다.

411* 조 국 교수는 정경유착, 총수의 제왕적 · 독단적 경영, 부당거래와 분식회계, 불법적 비자금 조성 등 우리 기업경영의 모습은 시장질서의 근간을 위협하는 명백한 반시장 행위이며, 이러한 행위를 처벌하기 위하여 형법이 나서는 것이야말로 시장질서를 살리는 정책적 선택이라고 한다(조 국, 앞의 논문, 175면).

412* 이에 대한 상세한 문헌으로는 江家義男, "背任罪の立法的考察", 江家義男教授刑事法論文集, 早稲田大學出版部, 1959, 231頁 이하 및 W. Dunkel, Erfordernis und Ausgestaltung des Merkmals "Vermögensbetreuungspflicht" im Rahmen des Missbrauchstatbestandes der Untreue, 1976, S 85 이하 참조.

금전을 차입하고 그 이자비용을 손비처리하는 경우, 배임행위 여부가 첫 번째 쟁점이 된다. 예컨대, I 공항고속도로의 경우 2012년 기준으로 통행료 1,163억원, 국고보조 827억원 등의 수입에 506억원을 이자비용으로 지출하였으며, 이 중 M한국인프라투융자회사, H교직원공제회 등 7개 특수관계자와의 거래에서 발생한 이자비용이 493억원에 이르렀는데,[413*] 이러한 고이자율의 자금재조달이 기업의 이윤추구라는 합리적 한계를 넘어 회사에 손해를 끼치는 배임행위인지 문제되는 것이다. 특수관계인인 민간사업자들은 본래 추구하여야 할 사업이익 대신 이자수입이라는 비사업이익을 통해 이윤을 창출하고 그로 인해 운영사는 외관상 재산상 손실을 입기 때문이다.

입법단계를 지나 해석단계에서 형법의 보충성 원칙을 실현하기 위해서 배임죄의 특정한 법률표지들이 어떻게 해석되어야 하는지는 형법의 확장 관점에서 판단되어야 한다. 민간투자기업의 주주들이 전략적 투자자(strategic investors)로 기업가치 및 사업가치의 극대화를 가져오는 것이 아니라 단순한 재무적 투자자(financial investors)에 머무르는 행위가 윤리적 비난을 넘어, 법적 비난이 가해지는 것이 정당한 것인가가 판단되어야 한다. 배임행위는 통상 처리하는 사무의 내용, 성질 등 구체적 상황에 비추어 법률의 규정, 계약의 내용 또는 신의칙상 당연히 할 것으로 기대되는 행위를 하지 않거나 당연히 하지 않아야 할 것으로 기대되는 행위를 함으로써 본인과의 사이에 신임관계를 저버리는 일체의 행위[414*]로 이해되고 있다. 조금 더 구체적으로는 형식적으로 법령을 위반한 모든 경우를 의미하는 것이 아니고, 문제가 된 구체적인 행위유형 또는 거래유형 및 보호법익 등을 종합적으로 고려하여 경제적 실질적 관점에서 본인에게 재산상의 손해가 발생할 위험이 있는 행위[415*]로 이해된다. 여기서 기업의 경우, 배임행위 판단에 특수성이 있다. 이사는 배신행위로 회사에 손해를 주어서는 안 되며, 상법이 회사경영의 특성을 고려하여 선관주의의무와 충실의무로 구성되는 신인의무(상법 제382조 제2항, 382조의3)를 따로 규정하고 있다. 따라서 이사는 회사의 업무를 집행함에 있어 선관주의를 다하여야 하며, 그 지위를 이용하여 자기 또는 제3자의 이익을 꾀할 것이 아니라 회사를 위하여 가장 유리하도록 성실하게 권한을 행사하여야 하고, 회사의 이익과 자기의 이익이 충돌되는 경우에는 항상 회사의 이익을 우선시켜야 한다.[416*] 충실의무로 인해,

---

413* M회사의 후순위채 차입 금액은 2,144억원이었으며, 차입이자율은 13.9%로 역대 최고 이자율로 투자수익은 150%에 이르렀다. 국회 박상은의원실 자료(http://www.newspim.com/ view. jsp?newsId=20131015000021) 참조.

414* 대판 2002.7.22, 2002도1696. 학설도 대체로 찬동하고 있다.

415* 대판 2009.5.29, 2007도4949.

416* 정동윤, 상법(上), 628면.

이사의 업무집행이 이사 또는 이사를 지배하는 자와 회사 사이에 이해충돌의 관계에 있는 모든 거래에 적용되며, 거래를 위한 의사결정 절차와 그 거래 내용의 공정성이 준수되었는지 엄격하게 판단되어야 한다.[417*]

그런데 이러한 회사법적 의무위반이 인정된다고 하여 바로 배임죄의 재산관리의무위반, 배임행위를 인정할 수는 없다.[418*] 상법과 형법의 법익에 대한 보호수단의 차이, 보충성의 발현 등의 차이를 인정하고, 배임죄 처벌 규정의 추상성 · 포괄성으로 인한 과다범죄화를 막기 위해서는 이사의 신인의무 위배는 충실의무 위반이 중대한 경우[419*]에 한하여 배임행위를 인정할 수 있을 것이다.[420*] 배임행위 인정의 기초가 신의칙 위반까지 확장되어 있으며, 일체의 신임관계 위반이 모두 배임행위로 파악되는 상황에서 엄격해석으로 이사의 중대한 의무위반으로 제한될 필요가 있는 것이다. 이때 '중대한' 의무위반은 이사가 회사라는 독자적인 법인의 존속을 본질적으로 침해한 경우로, 회사 본래 목적 또는 회사 아닌 자의 이익을 위하여 회사 자본구조를 현저히 변경하는 경우, 상법 등 부수형법의 규정과 정부의 지침 등을 고의적으로 위반한 경우, 이사 또는 주주의 이익 실현을 위해 이사회 결의 등 절차적인 요건을 위반한 경우 등이 될 수 있을 것이다. 예컨대, W터널과 같이, 회사 자본금의 50%에 해당하는 금액을 감자하고, 이를 주주로부터 후순위차입하여 통상 자금조달 금리의 2배 이상을 이자로 주주에게 지출한 경우에는 이사의 '중대한' 의무위반이라고 할 수 있을 것이다. 따라서 배임행위의 판단기준, 즉 회사의 정관, 회사와 이사 등 사무처리자와의 관계, 이사 등의 권한범위, 사무처리행위(계약 등)의 목적과 경위, 사무처리의 형태와 내용, 사무처리로 인한 거래규모, 회사의 자본금 등 재정상태, 사무처리시 주주총회의 의결과 경과 등을 종합적으로 고려할 때, 주주의 과도한 이익실현을 위한 자본재조달행위는 거래의 공정성을 결여한 중대한 의무위반으로 임무에 위배되는 행위라고 하겠다. 기업활동에 내재되어 있는 재산상 손해발생의 위험과 경영상 오판의 가능성을 고려하더라도, 자금재조달 행위의 근본 목적, 즉 차입이자율의 하락과 배당제한 조건 등 차입계약조건 완화의 목적에서

417* 송종준, "會社法상 LBO의 背任罪 成否와 立法課題", 343면.

418* 독일의 경우, Kinowelt 판결에서는 '중대한 의무위반'이 필요하다고 하였으나, Mannesmann 판결에서는 이를 요구하지 않았다[이승준, 합병형 차입매수(LBO)의 배임죄 성부 단단, 96면 이하 참조].

419* 독일의 경우, 협의의 명백한 핵심영역에 대한 위반(Tiedmann), 형법적 불법의 기준은 명백한 권한남용행위(Günther), 전체척인 관점에서 재산의 보호와 기능적 관련성이 있는 중대한 형법 외적 의무위반(Kubiciel)으로 배임행위 판단을 엄격히 하려는 다수의 견해가 주장되고 있다[이승준, "합병형 차입매수(LBO)의 배임죄 성부 판단", 96~97면].

420* 같은 취지로, 최문희, "독일에서의 이사의 의무위반과 배임죄", BFL 제36호, 서울대학교 금융법센터, 2009.7., 105~106면, 조 국, 앞의 논문, 172면. 조 국교수는 논거로 이러한 허석이 '입법적 해석'이지만, 업무상 배임죄의 남용을 막는다는 정책적 필요성이 있고, 이러한 해석은 피고인에 유리한 축소해석이므로 허용된다고 한다(조 국, 앞의 논문, 173면).

벗어나, 주주의 추가이익 확보가 주된 목적인 경우로서 과도한 감자 등으로 회사의 자본충실을 저해하였기 때문이다. 형법은 기업활동의 과정에서 발생하는 모든 위험을 허용하는 것이 아니라 건전한 수익추구를 위한 합리적 위험을 허용할 따름이다.

다음으로 본인에 대한 손해가 발생하였는지를 살펴보면, 배임죄에서 손해는 적극적 손해이든 소극적 손해이든 묻지 않으나, 본인의 전체 재산의 감소가 있어야 한다.[421*] 이때 손해발생의 판단은 경제적 관점에서 이루어져야 한다. 따라서 재산처분행위가 법률상 무효여도 손해가 인정될 수 있다. 그런데 대법원은 손해의 개념을 해석함에 있어 현실적인 손해 발생에 더하여 손해의 '위험 발생'을 초래한 경우까지 손해 개념에 포함시키고 있다.[422*] 일부 학설[423*]도 이러한 대법원의 입장을 지지하고 있다. 그러나 형법 제355조 제2항의 문언 해석상, 배임죄를 위험범으로 해석하여 기수를 손해발생의 위험으로까지 확대하는 것은 바람직하지 않다. 배임죄는 재산죄로서 재산상의 이익보호가 주된 목적이므로 손해 발생의 위험이 초래된 경우에는 미수규정으로 처벌하면 족하기 때문이다. MRG 약정 민간투자기업이 비합리적 자금재조달을 할 경우 이러한 손해가 발생하는가는 손해를 바라보는 관점에 따라 결정된다.

기업영역 등에서 재산상의 손해액을 산정하기란 쉽지 않다. 복잡한 재무적 분석이 동반되어야 하기 때문이다. 여기에 배임죄에서 재산상의 손해액 산정은 공소제기시 공소사실로 특정될 필요가 없기 때문에,[424*] 재산상 손해 파악은 관념적·추상적 판단에 머무르는 현상을 부추기고 있다. 더욱이 기업경영과 관련하여, 이사 내지 주주의 행위가 배임죄에 해당되기 위해서는 '본인의 손해'에서 누가 본인에 해당하는가의 문제가 선결되어야 한다. 이러한 손해에 대해 형법학계에서는 대부분 회사기준설을 취하고 있다.[425*] 회사 법인의 재산은 1인 주주와 별개의 법인격을 가진 것이므로, 1인 회사의 대표이사라고 하더라도 회사에 손해를 가할 수 있다는 것이다.[426*] 반면 상법학계에서는 주로 이해관계자기준설을 취하고 있다.[427*]

421* 대판 1981.6.23, 80도2934.

422* 대판 2000.3.14, 99도4023 등.

423* 박상기, 형법각론, 403면; 이재상, 형법각론, 429면; 정영일, 형법각론(제3판), 박영사, 2011, 424면; 명확하지는 않으나, 정성근/박광민, 형법각론, 475면도 침해범·위험범 분류와 연관시킬 필요 없이 재산권 실행을 불가능하게 할 상태를 초래한 경우를 포함하여 손해발생의 위험을 손해로 인정하는 듯하다.

424* 대판 1983.12.27, 83도2602.

425* 법인과 대표와의 관계를 명시적으로 언급하고 있는 문헌들로, 김일수/서보학, 형법각론, 483면; 정성근/박광민, 형법각론, 463면; 장덕조, 앞의 논문, 73면; 전현정, 앞의 논문, 91면.

426* 이 외에 특별한 논거의 제시는 찾아보기 어렵다.

427* 윤영신, "전환사채의 저가발행에 대한 이사의 배임죄 성부", 332면; 이종상, 앞의 논문, 52면 이하; 이철송, 앞의 논문, 106면 등.

이해관계자기준설은 회사의 손해를 회사의 배후에 있는 주주, 채권자 등의 이해관계자 전체의 손해와 동일시하여 이들에 대하여 손해가 있는 경우 회사의 손해가 있다고 본다. 법인과 그 배후의 이해관계자가 법정책적으로 분리되어 개념적으로 존재하는 것이지, 회사의 배후에 있는 이해관계자의 이익과 별개의 개념으로서 회사의 이익을 상정할 필요는 없다는 것이다.

대법원은 과거 1인 회사에서 회사의 손해는 주주의 손해라는 판결[428*] 이후, "1인 회사에 있어서도 행위의 주체와 그 본인은 분명히 별개의 인격이며 그 본인인 주식회사에 재산상 손해가 발생하였을 때 배임의 죄는 기수가 되는 것"이라고 하면서 주식회사의 손해가 항시 주주의 손해와 일치한다고 할 수도 없다는 입장을 취한 후,[429*] 회사기준설의 입장을 줄곧 유지하고 있다.[430*]

생각건대 기업영역에서 이사 등의 배임행위로 재산상 손해가 누구에게 발생하였는가의 문제는 회사제도를 규율하고 있는 우리 회사법의 이념과 정신, 현행 규정을 토대로 판단되어야 한다.[431*] 미국처럼 주주자본주의를 근간으로 하고 있는 법제의 경우, 회사의 이사는 주주 이익의 극대화 관점에서 임무를 수행하여야 하고, 주주에게 이익이 되는 경우 채권자에게는 손해가 발생하더라도 허용될 수 있으며, 주주자본주의는 채권자보호를 위한 자본충실 및 유지의 원칙을 포기함으로써 채권자보호의 관념에서 전환되어 회사법은 주주, 채권자, 종업원 등의 이해관계자들간의 계약규범으로서 임의규정적 성격을 지닌다.[432*] 그러나 우리 회사법은 이러한 주주자본주의와 달리 이해관계자 자본주의가 기본이념으로 작동하고 있다.[433*] 따라서 회사법은 자본유지 및 자본충실의 원칙을 주식회사의 본질적 기초로 하고, 그 규정들도 대부분 강행법규로 작동하여 주주들에 의한 정관자치를 억제하고 있으며, 채권자보호의 정신을 실현하기 위해 법정자본제도를 취하고 있다.[434*] 이처럼 우리의 회사법제가 이해관계자 자본주의에 바탕을 두고, 회사 법인의 독자성을 전제로 하면서 주주의 개인적 이익보다 회사의 단체 이익을 극대화함으로써 주주의 재산과

428* 대판 1974.4.23, 73도2611.

429* 대판 1983.12.13, 83도2330 전원합의체.

430* 대판 1996.8.23, 96도1525, 대판 2011.3.10, 2008도6335 등.

431* 이승준, 합병형 차입매수(LBO)의 배임죄 성부 판단, 102면.

432* 이해관계자기준설에서 제시하는 논거들은 대체로 주주자본주의의 이념과 일치한다. 주주자본주의와 이해관계자자본주의에 관한 상세한 논의는 송종준, "會社法상 LBO의 背任罪 成否와 立法課題" 및 최준선, "주주자본주의와 이해관계자 자본주의", 상사법연구, 제26권 제2호, 한국상사법학회, 2007 참조.

433* 송종준, "會社法상 LBO의 背任罪 成否와 立法課題", 338면; 장덕조, 앞의 논문, 98면.

434* 이승준, 합병형 차입매수(LBO)의 배임죄 성부 판단, 102면. 채권자의 이익침해를 위해 자본금이 채권자의 담보책임재산으로 파악되며, 주식의 액면미달발행이 금지되고, 법정준비금, 이익배당의 제한, 자기주식취득의 제한 등의 엄격한 제도들이 보장되고 있다.

구별되는 '회사'라는 독립된 법인격을 유지하도록 하고 있으므로, 이사 등 경영진은 주주와 특수관계인이 아닌 회사 재산의 유지와 이익의 증대, 손해의 감소를 위해 임무를 다하여야 한다. 따라서 이사의 배임행위로 인한 손해의 판단은 이해관계자 자본주의 관점에서 회사기준설에 따라 파악하여야 한다. 주주도 출자의무와 충실의무를 지는 구성원이라는 점에서, 재산상의 손해는 이들과 별개로 회사 법인의 존속의 관점에서 객관적 · 종합적으로 판단해야 하는 것이다.

그렇다면 MRG 약정 민간투자기업이 비합리적 자금재조달을 할 경우, 배임행위로 인한 손해는 회사에게 손해가 발생하는가의 문제로 귀착된다. 회사 주주들의 이윤추구가 전적으로 부정되어서는 안 된다. 회사라는 별개의 법인격의 존립 기반의 하나가 주주이며, 그들의 이익이 보장되지 않을 경우, 회사라는 법적 관념 자체가 붕괴될 우려도 있기 때문이다. 그러나 주주는 기본적으로 수익추구의 관성(慣性)을 지니고 있으며, 주주총회, 사외이사 등이 존재하나 제왕적 경영 · 비전문적 가족경영 하에서 대주주의 전횡을 견제하기에 이들만으로는 역부족이다.[435*] 결국 주주의 이익은 건전하고 적정한 이윤의 추구로 머물러야 하는 것이다. 회사 자본금의 50%에 해당하는 금액을 감자하고, 이를 주주로부터 후순위차입하여 통상 자금조달 금리의 2배 이상을 이자로 주주에게 지출하는 경우와 같은 비합리적 자금재조달의 경우, 주주의 이익은 대폭 증가한다. 그러나 자금재조달의 본래 목적과 기능을 도외시한 채, 통상 시장금리의 2~2.5배를 지급하는 것은 차입비용을 손비처리하고 주주와 별개인 회사에 지불할 필요가 없는 이자를 지급하여 전체재산의 감소를 가져오는 적극적인 손해 유발에 해당한다고 보아야 한다. 기업영역에서 배임죄가 무한히 확대되는 것을 막기 위해서는 배임죄의 재산상의 손해는 손해발생의 위험은 제외되는 협의의 개념으로 해석되어야 하며, 이것이 법문의 일상적 의미 내에서 법문의 가능한 의미가 제대로 위치를 잡는 것이다. 이러한 엄격해석에도 불구하고, 현재 MRG 약정 민간투자기업의 자금재조달은 기업경영 활동에서 수반되는 합리적 경영판단의 범위를 넘어, 현저히 손해를 유발함으로써 배임죄의 손해가 인정되는 경우가 있다고 하겠다.

헌법상 보장된 기업의 경제상의 자유를 보장하기 위해 배임행위와 재산상 손해에 대한 엄격해석 내지 축소해석이 필요하다. 그럼에도 불구하고, MRG 약정

435* 최근 한 조사에 따르면 최대주주 지분율이 높을수록 사외이사 재직년수가 과다한 것으로 나타났는데, 이는 대주주를 견제하는 역할로서 사외이사의 기능이 마비되었다는 방증으로 볼 수 있으며(경향 비즈앤라이프 2015.3.24. 기사 참조 http://bizn.khan.co.kr/ khan_art_view.html?artid=201503241002041&code=920301&med=khan), 이러한 경향은 KDI 보고서(사외이사 제도의 문제점과 개선 방안—이사회 구성과 사외이사 행태를 중심으로)에서도 유사하게 나타났다. 즉 주요 의사결정 과정에서 반대표를 던진 사외이사들은 찬성만 하는 사외이사들보다 이듬해 교체 확률이 2배나 높은 것으로 나타났으며, 불출석할 경우 안건 결정에 대한 권한이 사내이사에게 집중될 수 있으므로 의결출석률이 저조한 학계 출신 사외이사는 교체율이 낮은 경향을 보였다(조선비즈 2015.5.28. 기사 참조 http://biz.chosun.com/site/data/html_dir/2015/05/28/2015 052800308.html).

민간투자기업의 비합리적 자금재조달행위는 배임죄 성립의 가능성 크다. 형벌규정은 법익침해 또는 행위 자체의 일정한 강도(Intensität)를 처음부터 예상해서 마련된 것이므로,[436*] 법익침해가 경미하거나 침해행위의 태양으로부터 판단하여 경미범죄에 대해 법적용을 배제하는 법원의 해석상의 여과기능이 요청된다고 하더라도,[437*] 회사 법인의 자본충실과 존속을 위협하는 비합리적 수준의 자금조달은 비범죄화될 수 없기 때문이다. 법익, 사회적 유해성, 당벌성, 필벌성의 개념이 궁극적으로 시대문화와 사회의 가치관에 의존하는 평가적 · 추상적 성격을 가지고 있다는 점[438*]을 고려하더라도, 일시적인 감금, 자연적으로 치유될 정도의 상해처럼 공동체 구성원들이 용인할 수 있는 수준의 침해와 행위 강도를 넘어선 경우라고 보아야 한다. 기업의 사회적 영향과 책임, 윤리경영의 필요성이라는 헌법적 가치를 간과할 수 없기 때문이다. 헌법 전문(前文)은 자유에 권리에 따르는 책임과 의무를 명시하고 있으며, 제23조 제2항도 재산권의 행사는 공공복리에 적합하도록 규정하고 있으며, 제37조 제2항에 의해 국민의 자유와 권리도 공공복리를 위하여 법률로써 제한될 수 있으므로, 비합리적 자금조달을 일삼는 기업에 대한 배임죄 처벌이 자유주의적 법치국가의 배려를 저버린 형법의 확장이라고 보기 어렵다. 형법의 보충성 구현도 헌법합치적이어야 하므로, 법적 사태간의 자의적 차별을 용인할 수 없기 때문이다.

436* Maurach/Zipf, Strafrecht AT 1, 7. Aufl., 1987, S. 166. Hassemer, Theorie und Soziologie des Verbrechens, 1973, S. 130 이하에서도 형법적 보호의 대상이 되는 법익을 결정함에 있어 포함되어야 할 사회현상의 고려에서, 형법에 의하여 보호될 객체에 대해 사회적으로 승인 가능한 가치평가의 요소들로 이익 침해의 빈도, 보호필요 강도 및 위협의 강도를 들고 있다.

437* 임 웅, 비범죄화의 이론, 법문사, 1999, 48면.

438* 임 웅, 앞의 책, 18면.

제3절 특별배임죄

상법은 형법상 배임죄 또는 업무상 배임죄의 특별범죄유형으로 회사 발기인 · 이사 · 집행임원 등의 특별배임죄(상법 제622조), 주식회사 채권자집회 대표자 등의 특별배임죄(제623조)를 규정하고 있다. 이 외의 특별법, 예컨대 상호저축은행법에 상호저축은행 임원 등의 배임죄, 신탁법에 신탁사채권자집회 대표자 등의 특별배임죄 등이 규정되어 있다.

이러한 규정들에 산재되어 있는 특별배임죄는 형법상의 배임죄와 구성요건은 대동소이하나, 세부적으로 행위주체, 피해자가 다를 뿐이며, 이에 따라 법정형이 달리 규정되어 있을 따름이다. 이에 대해 상법상의 특별배임죄는 형법의 업무상 배임죄와 같이 단순한 신분적 가중처벌 범죄가 아니라 '화이트칼라범죄'로서의 독자적인 사회적 구조와 규범적 의미가 있다고 하면서 회사 내에서의 특수한 신분을 가진 자가 범하는 특수한 신분범죄로 이해하는 견해도 있다.[439*] 그러나 형법상 배임죄 규정과 상법상 특별배임죄 규정은 행위주체가 가지는 권한에 따라 배신이 이루어지는 사무의 성질이 달라질 뿐 위탁관계에 의한 신뢰관계를 침해한다는 점에서는 본질적 차이가 없다고 하겠다. 따라서 특별배임죄는 신분에 따라 가벌성이 차이나는 부진정신분범이라고 할 수 있다.[440*] 형법상 배임죄 내지 업무상 배임죄는 전자의 경우 5년 이하의 징역 또는 1천 500만원 이하의 벌금에 처하고, 후자의 경우 10년 이하의 징역 또는 3천만원 이하의 벌금에 처하도록 규정되어 있다. 이에 대해 상법상 특별배임죄는 10년 이하의 징역 또는 3천만원 이하의 벌금에 처하도록 하여 업무상 배임죄의 법정형과 동일하게 규정되어 있다. 사채권자집회의 대표자 등의 특별배임죄는 7년 이하의 징역 또는 2천만원 이하의 벌금에 처하도록 규정하고 있다.

여기서 상법 기타 특별법상의 특별배임죄와 형법상 배임죄의 관계가 문제된다. 이에 대해 특별관계로 법조경합이라는 견해가 있다.[441*] 회사임원 등의 특별배임죄는

439* 송호신, "상법상의 회사관련범죄에 대한 연구- 벌칙조항의 활성화 방안을 중심으로-", 한양대학교 박사학위논문, 2002, 39, 48면.

440* 같은 취지로 한석훈, 앞의 책, 63면.

441* 강동욱, "배임죄의 본질과 주체에 관한 고찰 – 상법상의 특별배임죄와 관련하여-", 법과 정책연구 제10집 제1호, 2010.4, 230면; 이상돈, 윤리경영과 형법, 17면.

업무상배임죄의 구성요건을 모두 포함하면서 행위주체가 회사 임원 등 특별한 신분자로 제한되어 있고, 사채권자집회 대표자 등의 특별배임죄도 배임죄의 구성요건을 모두 포함하면서 사채권자집회 대표자 또는 그 결의를 집행하는 자라는 신분자일 것을 요구하고 있으므로 특별관계에 있는 특별배임죄가 우선한다는 것이다. 이에 대해 업무상배임죄 또는 배임죄의 요건도 모두 포함하는 이상 업무상 배임죄 또는 배임죄로 의율하더라도 무방하다는 주장이 있다.[442*] 특경법상 가중처벌 대상에 특별배임죄가 포함되지 않으므로 배임으로 인한 재산상 이익의 가액이 클 경우 형법상 배임죄로 의율할 필요가 있다는 것이다. 사채권자집회 대표자 등의 특별배임죄는 형법상 배임죄의 신분적 가중처벌 규정이자 업무상 배임죄의 감경구성요건 관계로 사채권자집회 대표자 등의 사무가 업무상배임죄의 업무로 행하여지는 경우에는 법조경합으로 사채권자집회 대표자 등의 특별배임죄로 의율된다는 것이다.

생각건대 회사임원 등의 특별배임죄의 경우 상법 [법률 제1000호, 1962.1.20.] 제정시부터 '10년 이하의 징역 또는 2백만환 이하의 벌금에 처한다'고 규정하고 있었다. 그러나 부칙에서 형벌과 관련하여 다른 법률과의 관계에 대해서는 제정 이후 언급되어 있지 않다. 형법의 경우에도 다른 법령과의 관계 제하에 "이 법 시행 당시 다른 법령에서 종전의 「형법」의 규정을 인용한 경우에 이 법 가운데 그에 해당하는 규정이 있는 때에는 종전의 규정을 갈음하여 이 법의 해당 규정을 인용한 것으로 본다."고 규정하고 있을 뿐이다. 회사임원 등의 특별배임죄나 사채권자집회 대표자 등의 특별배임죄 모두 형법상 배임죄에 대해서는 가중처벌 규정으로 진정신분범으로 파악할 수 있다. 그러나 업무상 배임죄와 관련하여서는 형이 오히려 가볍거나 동일하므로 특별배임죄가 가중적 규정으로 보기는 어렵다. 형법상 특별관계는 특별법률을 침해하는 모든 행위태양이 항상 동시에 일반법률을 침해하여야 하며,[443*] 하나의 구성요건이 다른 구성요건에 비해 그 요소의 확장이 있거나 변경이 있는 경우이므로 법정형의 경중이 논리필연적으로 일반법과 특별법을 결정짓는 것이라고 할 수는 없다. 따라서 상법상의 특별배임죄는 형법상의 배임죄나 업무상 배임죄에 대하여 행위주체에 있어 부가적인 요소를 내포하고 있으므로 특별관계에 있다고 할 것이다.

442* 한석훈, 앞의 책, 104면 이하.

443* 대판 2003.4.8, 2000도6033.

♦ 배신형 범죄의 주요 판례 ♦

Ⅰ. 비자금 조성과 횡령죄

대법원 1999. 9. 17. 선고 99도2889 판결[특정경제범죄가중처벌등에관한법률위반(횡령)·업무상횡령(일부 인정된 죄명:업무상배임)·배임수재][공1999.11.1.(93),2269]

【판시사항】

[1] 횡령행위의 한 태양으로서의 은닉의 의미 및 회사의 비자금을 회계장부상 일반자금 속에 은닉한 것이 이에 해당하는지 여부(소극)

[2] 공동정범의 주관적 성립요건으로서의 공동가공의 의사의 의미

【판결요지】

[1] 횡령행위의 한 태양으로서의 은닉이란, 타인의 재물의 보관자가 위탁의 본지에 반해 그 재물을 발견하기 곤란한 상태에 두는 것을 말하는 것인바, 피고인이 조성한 비자금이 회사의 장부상 일반자금 속에 은닉되어 있었다 하더라도 이는 당해 비자금의 소유자인 회사 이외의 제3자가 이를 발견하기 곤란하게 하기 위한 장부상의 분식(粉飾)에 불과하여 그것만으로 피고인의 불법영득의 의사를 인정할 수는 없다.

[2] 공동정범이 성립하기 위한 주관적 요건으로서 공동가공의 의사는 타인의 범행을 인식하면서도 이를 제지하지 아니하고 용인하는 것만으로 부족하고, 공동의 의사로 특정한 범죄행위를 하기 위하여 일체가 되어 서로 다른 사람의 행위를 이용하여 자기의 의사를 옮기는 것을 내용으로 하는 것이어야 한다.

【참조조문】

[1] 형법 제355조 제1항[2] 형법 제30조

【참조판례】

[2] 대법원 1997. 1. 24. 선고 96도2427 판결(공1997상, 708)
대법원 1997. 9. 30. 선고 97도1940 판결(공1997하, 3364)

대법원 1998. 6. 26. 선고 97도3297 판결(공1998하, 2044)
대법원 1998. 9. 22. 선고 98도1332 판결(공1998하, 2633)

【전 문】

【피고인】 피고인 1 외 1인

【상고인】 검사 및 피고인 1

【변호인】 변호사 하죽봉 외 2인

【원심판결】 서울고법 1999. 6. 23. 선고 99노829 판결

【주문】

피고인 1과 검사의 각 상고를 모두 기각한다.

【이유】

1. 피고인 1의 변호인의 상고이유를 판단한다.

원심이 유지한 제1심판결이 채용한 증거를 기록에 비추어 살펴보니, 피고인의 판시 특정경제범죄가중처벌등에관한법률위반(횡령)의 범행을 유죄로 인정한 제1심을 유지한 원심의 조치는 정당하고, 거기에 불가벌적 사후행위에 해당하는 행위를 횡령으로 인정하였다거나 영득의사의 범위를 확대 적용한 위법은 없다.

횡령행위의 한 태양으로서의 은닉이란, 타인의 재물의 보관자가 위탁의 본지에 반해 그 재물을 발견하기 곤란한 상태에 두는 것을 말하는 것인바, 피고인 2등이 조성한 비자금이 회사의 장부상 일반자금 속에 은닉되어 있었다 하더라도 이는 당해 비자금의 소유자인 회사 이외의 제3자가 이를 발견하기 곤란하게 하기 위한 장부상의 분식(粉飾)에 불과하여 그것만으로 피고인의 불법영득의 의사를 인정할 수는 없으므로 , 이와 반대의 견지에서, 이 사건 비자금이 회계장부상 일반자금 속에 은닉된 때 이미 횡령이 이루어졌음을 전제로 그 비자금의 임의사용 행위는 불가벌적 사후행위에 해당한다는 주장은 받아들일 수 없다.

상고이유의 그 주장들은 모두 받아들이지 아니한다.

2. 검사의 상고이유를 판단한다.

가. 피고인 1에 대한 무죄 부분에 관하여

(1) 피고인 1이 박진동으로부터 합계 금 250,000,000원을 교부받아 배임수재하였다는 점에 관하여

기록에 의하니, 원심이 피고인 1이 박진동으로부터 합계 금 250,000,000원을

교부받아 배임수재하였다는 공소사실에 관하여 이에 부합하는 박진동의 검찰 및 제1심 법정에서의 진술을 판시와 같은 이유로 배척하고 무죄를 선고한 제1심판결을 그대로 유지한 조치는 정당하다고 판단되고, 거기에 채증법칙에 위배하여 사실을 오인한 위법은 없다.

이 점에 관한 상고이유의 주장은 받아들이지 아니한다.

(2) 피고인 1이 피고인 2와 공모하여 공소외 주식회사 소유의 공금 300,000,000원을 업무상 횡령하였다는 점에 관하여

공동정범이 성립하기 위한 주관적 요건으로서 공동가공의 의사는 타인의 범행을 인식하면서도 이를 제지하지 아니하고 용인하는 것만으로 부족하고, 공동의 의사로 특정한 범죄행위를 하기 위하여 일체가 되어 서로 다른 사람의 행위를 이용하여 자기의 의사를 옮기는 것을 내용으로 하는 것이어야 한다(대법원 1998. 6. 26. 선고 97도3297 판결, 1998. 9. 22. 선고 98도1832 판결 등 참조).

원심은, 피고인 2가 1997. 8. 초경 여의도 의원회관 사무실로 피고인 1을 찾아가 이미 공소외 주식회사의 대표이사를 사임하고 회사의 고문으로 있던 그에게, 공소외 1의 문제를 해결하기 위해서는 공소외 1에게 금 3억 원을 주어 무마하는 수밖에 없다고 보고하자 피고인 1이 아무런 말도 없이 창 밖만 쳐다보았으므로 이에 동의한 것으로 알았고, 그 후 피고인 1에게 돈을 준 것을 보고하지 아니한 사실을 인정한 다음, 그 인정사실만으로는 피고인 1이 피고인 2와 공모하여 판시 범행을 저질렀다고 인정하기에 부족하다는 이유로 그 부분에 대하여 무죄를 선고하였다.

기록과 위에서 본 법리에 비추어 살펴보니, 원심의 그 인정 및 판단은 정당하고 거기에 공범에 관한 법리오해의 위법은 없다.

이 점에 관한 상고이유의 주장도 받아들이지 아니한다.

나. 피고인 2에 대한 무죄 부분에 관하여

기록에 의하니, 피고인 2가 공소외 2, 3과 공모하여 기아자동차 주식회사 소유의 주식매각대금 1,500,000,000원을 횡령하였다는 공소사실에 관하여 그 주식매각대금을 공소외 2, 3이 기아자동차 주식회사를 위한 용도에 사용하지 아니하고 피고인 1의 선거자금으로 불법지원될 것이라는 사정을 피고인 2가 알고 그 범행에 가담하였다고 인정할 증거가 없다는 이유로 무죄를 선고한 제1심판결을 유지한 원심의 조치는 정당하고, 거기에 채증법칙 위배 또는 횡령죄의 범의 내지 범행가공의사에 관한 법리오해의 위법은 없다.

이 점에 관한 상고이유의 주장도 받아들이지 아니한다.

3. 결론

그러므로 피고인 1과 검사의 각 상고를 모두 기각하기로 관여 대법관들의 의견이 일치되어 주문에 쓴 바와 같이 판결한다.

II. 합병형 차입매수와 배임죄

대법원 2010.4.15. 선고 2009도6634 판결[배임수재 · 특정경제범죄가중처벌등에관한법률위반(배임) · 특정경제범죄가중처벌등에관한법률위반(횡령)(인정된죄명:업무상횡령) · 배임증재][공2010상,946]

【판시사항】

[1] 인수 · 합병 추진 계획이 있는 피인수회사의 이사로 취임한 갑이 미리 인수회사 그룹에 피인수회사의 매각업무에 관한 정보를 제공하고 인수회사의 대표이사 을로부터 거액의 재산상 이익을 취득한 사안에서, 피고인 갑의 배임수재 및 피고인 을의 배임증재의 공소사실에 대하여 무죄를 선고한 원심판결을 법리오해의 위법을 이유로 파기한 사례

[2] 이른바 차입매수 또는 LBO(Leveraged Buy-Out의 약어) 방식의 기업인수에서 배임죄 성립 여부의 판단 기준

[3] 회사의 비자금을 보관하는 자가 비자금을 사용하는 경우, 횡령죄 인정 여부의 판단 기준

【판결요지】

[1] 인수 · 합병 추진계획이 있는 피인수회사의 이사로 취임한 갑이 미리 인수회사 그룹에 피인수회사의 매각업무에 관한 정보를 제공하고 인수회사의 대표이사 을로부터 거액의 재산상 이익을 취득한 사안에서, 피고인 갑이 회사의 이사로서 다른 이사들에 대한 감시의무가 있고, 이사 본래의 사무로서 이사회에 참석하여 발언하고 의결하는 등의 방법으로 그 회사의 매각절차에 관여할 수 있는 지위에 있었으며, 실제 이사

취임을 전후로 인수회사 그룹에 매각업무에 관한 정보를 제공하고 피인수회사에 이 그룹을 인수업체로 추천하였을 뿐만 아니라, 인수회사와 사이에 경영자문계약을 체결한 점 등에 비추어 위 매각절차에 관련한 업무를 처리하는 지위에 있다고 볼 것이고, 피고인 갑이 위 정보제공 외에 피고인 을로부터 특별한 대가를 받을 이유가 없고, 일부 금원은 인수회사의 비자금에서 지급된 점 등에 비추어 정보제공 등으로 인수를 도와달라는 취지의 묵시적 청탁이 있었다고 추인함이 상당하고, 위와 같은 청탁은 사회상규 또는 신의성실의 원칙에 반하는 부정한 청탁이라는 이유로, 피고인 갑의 배임수재 및 피고인 을의 배임증재의 공소사실에 대하여 무죄를 선고한 원심판결을 법리오해의 위법을 이유로 파기한 사례.

[2] 이른바 차입매수 또는 LBO(Leveraged Buy-Out의 약어)란 일의적인 법적 개념이 아니라 일반적으로 기업인수를 위한 자금의 상당 부분에 관하여 피인수회사의 자산을 담보로 제공하거나 그 상당 부분을 피인수기업의 자산으로 변제하기로 하여 차입한 자금으로 충당하는 방식의 기업인수 기법을 일괄하여 부르는 경영학상의 용어로, 거래현실에서 그 구체적인 태양은 매우 다양하다. 이러한 차입매수에 관하여는 이를 따로 규율하는 법률이 없는 이상 일률적으로 차입매수 방식에 의한 기업인수를 주도한 관련자들에게 배임죄가 성립한다거나 성립하지 아니한다고 단정할 수 없는 것이고, 배임죄의 성립 여부는 차입매수가 이루어지는 과정에서의 행위가 배임죄의 구성요건에 해당하는지 여부에 따라 개별적으로 판단되어야 한다.

...

【참조조문】

[1] 형법 제357조 제1항, 제2항 [2] 형법 제355조 제2항, 제356조 [3] 형법 제355조 제1항, 제356조

【참조판례】

[3] 대법원 2009. 2. 28. 선고 2007도4784 판결

【전 문】

【피 고 인】 피고인 1외 2인

【상 고 인】 검사

【변 호 인】 변호사 손지열 외 3인

【원심판결】 부산고법 2009. 6. 25. 선고 2009노184 판결

【주 문】

원심판결 중 피고인 1에 대한 부분 및 피고인 2에 대한 배임증재의 점에 관한 부분을 파기하고, 이 부분 사건을 부산고등법원에 환송한다. 나머지 상고를 기각한다.

【이 유】

상고이유를 본다.

1. 피고인 1에 대한 부분 및 피고인 2의 배임증재의 점

가. 배임수재죄는 타인의 사무를 처리하는 자가 그 임무에 관하여 부정한 청탁을 받고 재물 또는 재산상의 이익을 취득한 경우에, 배임증재죄는 위와 같이 재물 또는 이익을 공여한 경우에 각 성립하고(형법 제357조 제1항, 제2항), 한편 이들 배임수증재죄는 재물 또는 이익의 취득 또는 공여만으로 바로 기수에 이르며, 그 청탁에 상응하는 부정행위 내지 배임행위에 나아갈 것이 요구되지 아니한다(대법원 1987. 11. 24. 선고 87도1560 판결 참조).

여기서 '타인의 사무를 처리하는 자'라 함은 타인과의 대내관계에 있어서 신의성실의 원칙에 비추어 그 사무를 처리할 신임관계가 존재한다고 인정되는 자를 의미하고, 반드시 제3자에 대한 대외관계에서 그 사무에 관한 권한이 존재할 것을 요하지 아니하며, 사무를 처리할 신임관계는 법령의 규정, 법률행위, 관습 또는 사무관리에 의하여도 발생할 수 있다.

또한 '임무에 관하여'란 타인의 사무를 처리하는 자가 위탁받은 사무를 말하는 것이나 이는 그 위탁관계로 인한 본래의 사무뿐만 아니라 그와 밀접한 관계가 있는 범위 내의 사무도 포함되며, 나아가 고유의 권한으로서 그 처리를 하는 자에 한하지 아니하고 보조기관으로서 직접 또는 간접으로 그 처리에 관한 사무를 담당하는 경우도 포함한다(대법원 2004. 12. 10. 선고 2003도1435 판결 등 참조).

한편 '부정한 청탁'이란 청탁이 사회상규와 신의성실의 원칙에 반하는 것을 말하고, 이를 판단함에 있어서는 청탁의 내용 및 이와 관련되어 교부받거나 공여한 재물의 액수 · 형식, 보호법익인 사무처리자의 청렴성 등을 종합적으로 고찰하여야 하며, 그 청탁이 반드시 명시적임을 요하는 것은 아니다(대법원 1998. 6. 9. 선고 96도837 판결 참조).

나. 원심이 적법하게 채택한 증거 및 기록에 의하면 다음과 같은 사실을 알 수 있다.

피고인 1은 2006년에 정리회사인 공소외 1 주식회사의 법정관리인인 공소외 2로부터 공소외 1 주식회사가 2004년 공소외 3 주식회사에 마산공장 부지를 매각하면서 체결한 시공권 약정에 관한 분쟁을 해결하기 위하여 공소외 1 주식회사에 입사해 줄 것을 제의받았는데, 그 과정에서 공소외 1 주식회사가 위 매각대금 1,700억 원을 사내에 보유하고 있고 곧 공소외 1 주식회사의 인수 · 합병이 추진될 것이라는 사실을 알게 되었다. 이에 피고인 1은 2006년 7월 말 또는 8월 초경 평소 알고 지내던 공소외 4 주식회사의 기업인수 · 합병팀 팀장이던 공소외 5에게 조만간 공소외 1 주식회사가 매각될 것인데 자신이 법정관리인인 공소외 2를 잘 알고 있으니 소개를 해주겠다고 하였다.

공소외 5는 2006년 8월 중순경 상호출자제한기업집단이던 '○○그룹'의 투자사업본부장이던 피고인 2에게 공소외 1 주식회사의 인수에 관한 검토보고서를 제출하였고, 피고인 2는 2006년 9월경 공소외 5에게 ○○그룹에서 공소외 1 주식회사의 인수를 추진할 의향이 있음을 밝혔으며, 공소외 5는 피고인 1의 소개로 공소외 2를 만나 ○○그룹에 대한 홍보를 하였다.

한편 당시 공소외 1 주식회사에 대하여 진행되고 있던 회사정리절차를 관할하는 정리법원인 창원지방법원은 2006. 9. 27. 공소외 1 주식회사 매각을 위한 매각주간사를 선정하여 같은 해 11. 14. 공소외 1 주식회사 인수 · 합병을 위한 기업매각공고를 하였다. 공소외 6 주식회사는 2006. 12. 13. 공소외 1 주식회사 인수를 위한 특수목적회사로 공소외 7 주식회사를 설립하여 피고인 2가 그 대표이사로 취임하였고, 공소외 7 주식회사를 주축으로 한 '공소외 6 주식회사컨소시엄'은 같은 달 21. 우선협상대상자로 선정된 후 2007. 1. 31. 공소외 1 주식회사의 회사채 2,000억 원 및 신주 3,002억 원을 인수하는 방식으로 공소외 1 주식회사를 인수하였다.

피고인 1은 2006. 10. 18. 공소외 1 주식회사의 이사로 취임하여 건설산업본부 부사장으로 마산에 근무하면서 공소외 2에게 ○○그룹을 공소외 1 주식회사의 인수업체로 추천하였고, 공소외 6 주식회사컨소시엄이 위와 같이 공소외 1 주식회사의 인수를 마치고 공소외 1 주식회사의 이사진을 선임한 2007. 2. 6. 법정관리인 공소외 2, 감사 공소외 8 등과 함께 공소외 1 주식회사의 이사직에서 퇴임하였다. 당시 위 정리법원은 퇴직금과 특별보수로 공소외 2에게 4억 8,300만 원, 공소외 8에게 1억 6,000만 원을 지급하기로 결정하였으나, 피고인 1에 대하여는 그와 같은 결정을 하지 아니하였다. 그런데 그 무렵 피고인 2가 작성한 '공소외 1 주식회사 기존 임원 관련 사항'이라는 제목의 문서에는 피고인 1에 관하여 "M&A 관련 공소외 5 부장에 대한 적극적인 지원 공로 감안, M&A 보상금 대상"으로 기재되어 있다.

피고인 1은 그 후 피고인 2에게 30억 원을 요구하였고 피고인 2와의 협의 결과 21억 원을 지급받기로 하였다. 피고인 2는 위 돈을 공소외 7 주식회사가 공소외 1 주식회사 인수자금으로 빌린 돈으로 지급하려고 하였으나 대주단(貸主團)으로부터 약 12억 원에 대하여만 승인을 받자, 나머지 중 일부는 대주단으로부터 빌린 돈으로 지급하되 피고인 1이 그 명의를 빌린 공소외 9(공소외 1 주식회사 건설사업본부장)에게 지급하는 것으로 하고, 일부는 자신이 보관하고 있는 공소외 6 주식회사의 비자금으로 지급하기로 하였다. 이를 위하여 2007. 2. 9.자로 공소외 7 주식회사와 피고인 1 및 공소외 9 사이의 경영자문합의서(자문료 1,289,427,500원)와 공소외 7 주식회사와 공소외 9 사이의 경영자문합의서(자문료 355,049,685원)가 각 작성되었는데, 위 각 경영자문합의서에 기재된 자문내용은 "공소외 1 주식회사 추가 주식 취득을 위한 자료·정보의 제공 및 자문, 기업의 경쟁력 제고를 위한 경영전략 등과 관련한 자료 제공, 기타 기업경영과 관련하여 필요한 정보제공 및 자문"이었다.

피고인 2는 2007. 4. 20. 및 같은 달 23. 피고인 1이 알려준 공소외 10 주식회사 명의 계좌로 공소외 6 주식회사의 비자금 각 3억 원을 송금하였고, 같은 해 6. 19. 피고인 1 계좌로 9억 5,000만 원, 차명계좌인 공소외 9의 계좌로 339,427,500원을 송금하였으며, 같은 해 5월부터 8월까지 자문료 형식으로 매월 공소외 6 주식회사의 비자금 967만 원(자문료 1,000단 원 중 세금을 공제한 금액)을 피고인 1에게 송금하여, 결국 도합 1,937,777,500원을 지급하였다. 한편 피고인 2는 2007년 9월경 피고인 1이 거액을 받았다는 소문을 들은 공소외 2로부터 항의를 받은 후 피고인 1에게 매월 지급하던 위 967만 원의 지급을 중단하고 피고인 1로부터 2007. 4. 23.자로 공소외 10 주식회사 명의의 6억 원에 대한 차용증을 받았다.

다. 이에 대하여 원심은 그 판시와 같은 이유로, 피고인 1이 공소외 1 주식회사의 이사로 취임하기 전에는 공소외 1 주식회사의 사무를 처리하는 자의 지위에 있지 아니하고, 공소외 1 주식회사의 이사로 취임한 후에도 공소외 1 주식회사의 매각에 관한 업무를 담당하지 아니하였으며, 피고인 1과 피고인 2 사이에 부정한 청탁이 있었음을 인정할 수도 없다고 판단하여, 피고인 1의 배임수재죄 및 피고인 2의 배임증재죄에 대하여 무죄를 선고한 제1심판결을 유지하였다.

라. 원심의 위와 같은 판단 중 피고인 1이 공소외 1 주식회사의 이사로 취임하기 전에는 공소외 1 주식회사의 사무를 처리하는 자의 지위에 있지 아니하다는 부분은 앞의

가.에서 본 법리에 비추어 정당한 것으로 수긍이 간다. 그러나 나머지 부분에 대하여는 다음과 같은 이유로 이를 수긍할 수 없다.

피고인 1은 공소외 1 주식회사의 이사로 취임한 후 건설사업부문을 담당하기는 하였지만, 이사의 지위에서 다른 이사들에 대한 감시의무가 있을 뿐만 아니라 이사의 본래 사무로서 이사회에 참석하여 발언하고 의결하는 등의 방법으로 공소외 1 주식회사의 매각절차에 관여할 수 있는 지위에 있었으며, 실제로 이사 취임을 전후하여 앞서 본 바와 같이 ○○그룹과 접촉하여 공소외 1 주식회사에 관련한 정보를 제공하고 ○○그룹을 인수업체로 추천하였을 뿐만 아니라 인수회사인 공소외 7 주식회사와 경영자문계약까지 체결하는 등 매각과정에 관여하였다. 그렇다면 피고인 1의 위와 같은 업무는 공소외 1 주식회사의 매각 관련 업무와 밀접한 관계에 있다고 하지 않을 수 없으므로, 피고인 1은 공소외 1 주식회사의 매각 관련 업무를 처리하는 자의 지위에 있었다고 할 것이다.

나아가 피고인 2가 피고인 1에게 지급하기로 한 21억 원이나 실제로 지급한 19억 원은 공소외 2나 공소외 8에게 지급된 퇴직금과 특별보수에 비하여 현저히 거액인 점, 피고인 1이 공소외 1 주식회사 인수와 관련하여 도움을 준 외에는 인수회사의 대표이사인 피고인 2로부터 특별한 대가를 받을 이유가 없는 점, 피고인 1이 공소외 1 주식회사 내의 다른 임직원들 몰래 비밀리에 위 돈을 지급받은 점, 지급받은 돈 중 약 6억 4,835만 원은 공소외 6 주식회사의 비자금에서 지급되었고 그 중 6억 원은 피고인 1이 지정한 공소외 10 주식회사의 계좌로 송금된 점, 약 3억 4,000만 원은 피고인 1의 차명계좌로 송금된 점 등을 종합하면, 피고인 2와 피고인 1 사이에 부정한 청탁이 있었음을 인정할 명백한 증거는 없으나 피고인 1이 공소외 1 주식회사 인수와 관련한 정보를 제공하는 등으로 공소외 7 주식회사의 공소외 1 주식회사 인수를 도와달라는 취지의 묵시적 청탁이 있었다고 추인함이 상당하고, 피인수회사의 이사와 인수회사의 대표이사 사이의 위와 같은 청탁은 사회상규 또는 신의성실의 원칙에 반하는 부정한 청탁이라고 할 것이다.

그럼에도 이와 달리 피고인 1의 배임수재죄 및 피고인 2의 배임증재죄가 성립하지 아니한다고 판단한 원심에는 배임수증재죄에 관한 법리를 오해하여 판결 결과에 영향을 미친 위법이 있다. 이 점을 지적하는 상고취지는 이유 있다.

2. 피고인 3에 대한 배임증재의 점

공동정범이 성립하기 위하여는 주관적 요건으로서 공동가공의 의사와 객관적 요건으로서 공동의사에 기한 기능적 행위지배를 통한 범죄의 실행사실이 필요하다. 주관적 요건으로서의 공동가공의 의사는 타인의 범행을 인식하면서도 이를 제지하지 아니하고 용인하는 것만으로는 부족하고, 공동의 의사로 특정한 범죄행위를 하기 위하여 일체가 되어 서로 다른 사람의 행위를 이용하여 자기의 의사를 옮기는 것을 내용으로 하는 것이어야 한다(대법원 2003. 6. 13. 선고 2003도1469 판결 참조).

따라서 피고인 3을 피고인 2의 배임증재죄에 관하여 그 공동정범으로 처벌하기 위하여는 피고인 3이 피고인 2의 배임증재행위를 통하여 배임증재의 의사를 실현하려고 하였어야 할 것이다.

그러나 원심이 적법하게 채택한 증거만으로는 피고인 3에게 위와 같은 공동가공의 의사가 있었다고 인정하기에 부족하다. 그렇다면 원심이 피고인 3의 배임증재의 점에 대하여 무죄를 선고한 제1심판결을 유지한 것은 그 결론에 있어 정당하다. 거기에 상고이유 주장과 같은 공모공동정범에 관한 법리 오해 등의 위법이 없다.

3. 피고인 2, 3의 '특정경제범죄 가중처벌 등에 관한 법률'위반(배임)의 점

이른바 차입매수 또는 LBO(Leveraged Buy-Out의 약어이다)란 일의적인 법적 개념이 아니라 일반적으로 기업인수를 위한 자금의 상당 부분에 관하여 피인수회사의 자산을 담보로 제공하거나 그 상당 부분을 피인수기업의 자산으로 변제하기로 하여 차입한 자금으로 충당하는 방식의 기업인수 기법을 일괄하여 부르는 경영학상의 용어로, 거래현실에서 그 구체적인 태양은 매우 다양하다. 이러한 차입매수에 관하여는 이를 따로 규율하는 법률이 없는 이상 일률적으로 차입매수방식에 의한 기업인수를 주도한 관련자들에게 배임죄가 성립한다거나 성립하지 아니한다고 단정할 수 없는 것이고, 배임죄의 성립 여부는 차입매수가 이루어지는 과정에서의 행위가 배임죄의 구성요건에 해당하는지 여부에 따라 개별적으로 판단되어야 한다.

원심은 공소외 6 주식회사가 공소외 1 주식회사를 인수 및 합병한 경위와 과정에 관하여 그 판시와 같은 사실을 인정한 다음, 이는 피인수회사의 자산을 직접 담보로 제공하고 기업을 인수하는 방식과 다르고, 위 합병의 실질이나 절차에 하자가 없다는 사정 등을 들어 위 합병으로 인하여 공소외 1 주식회사가 손해를 입었다고 볼 수 없다고 판단하였다.

기록 및 관련 법리에 비추어 보면, 원심의 위와 같은 판단은 정당한 것으로 수긍이 간다. 거기에 상고이유 주장과 같은 합병형 차입매수에 있어서의 배임죄 성립에 관한 법리 오해 등의 위법이 없다.

…

5. 결론

그러므로 원심판결 중 피고인 1에 대한 부분 및 피고인 2에 대한 배임증재의 점에 대한 부분을 파기하고 이 부분 사건을 다시 심리 · 판단하게 하기 위하여 원심법원에 환송하고 나머지 상고를 기각하기로 하여, 관여 대법관의 일치된 의견으로 주문과 같이 판결한다.

III. 환급형 차입매수와 배임죄

대법원 2013.6.13. 선고 2011도524 판결[특정경제범죄가중처벌등에관한법률위반(배임) · 특정경제범죄가중처벌등에관한법률위반(횡령) · 업무상횡령][미간행]

【판시사항】

이른바 차입매수 또는 LBO(Leveraged Buy-Out의 약어) 방식의 기업인수를 주도한 관련자들에게 배임죄가 성립하는지 판단하는 기준

【참조조문】

형법 제355조 제2항, 제356조

【참조판례】

대법원 2010. 4. 15. 선고 2009도6634 판결(공2010상, 946)

대법원 2011. 12. 22. 선고 2010도1544 판결

【전 문】

【피 고 인】피고인 1 외 2인

【상 고 인】검사

【변 호 인】법무법인 국제 외 8인

【원심판결】부산고법 2010. 12. 29. 선고 2010노669 판결

【주 문】

상고를 모두 기각한다.

【이 유】

상고이유를 판단한다.

1. 피고인들에 대한 '특정경제범죄 가중처벌 등에 관한 법률'위반(배임)의 점

이른바 차입매수 또는 LBO(Leveraged Buy-Out의 약어)란 일의적인 법적 개념이 아니라 일반적으로 기업인수를 위한 자금의 상당 부분에 관하여 피인수회사의 자산을 담보로 제공하거나 그 상당 부분을 피인수기업의 자산으로 변제하기로 하여 차입한 자금으로 충당하는 방식 등의 기업인수기법을 일괄하여 부르는 경영학상의 용어로, 거래 현실에서 그 구체적인 태양은 매우 다양하다. 이러한 차입매수에 관하여는 이를 따로 규율하는 법률이 없는 이상 일률적으로 차입매수 방식에 의한 기업인수를 주도한 관련자들에게 배임죄가 성립한다거나 성립하지 아니한다고 단정할 수 없는 것이고, 배임죄의 성립 여부는 차입매수가 이루어지는 과정에서의 행위가 배임죄의 구성요건에 해당하는지 여부에 따라 개별적으로 판단되어야 한다(대법원 2010. 4. 15. 선고 2009도6634 판결 등 참조).

이 부분 공소사실의 요지는, 공소외 1 주식회사(이하 '공소외 1 회사'라고 한다)의 공소외 2 주식회사(이하 '공소외 2 회사'라고 한다) 인수를 위한 대출금을 변제하려는 목적으로 피고인 2, 3이 주도적으로 유상감자 및 이익배당을 실시하였고 이에 피고인 1이 공모 · 가담하여 결국 614억 원을 회사에서 빼내어감으로써 공소외 1 회사로 하여금 614억 원 상당의 재산상 이익을 취득하게 하고 공소외 2 회사에게 동액 상당의 재산상 손해를 가하였다는 것이다. 이에 대하여 원심은, 피고인 2, 3이 공소외 2 회사의 이사로서 수행한 유상감자 및 이익배당으로 인하여 공소외 2 회사의 적극재산이 감소하였다고 하더라도 이는 우리 헌법 및 상법 등 법률이 보장하는 사유재산제도, 사적 자치의 원리에 따라 주주가 가지는 권리의 행사에 따르는 결과에 불과하고, 유상감자 당시 공소외 2 회사의 영업이익이나 자산 규모 등에 비추어 볼 때 유상감자의 절차에 있어서 절차상의 일부 하자로 인하여 공소외 2 회사의 채권자들에게 손해를 입혔다고 볼 수 없으며, 1주당 감자 환급금액과 공소외 2 회사의 배당가능이익을 감안하면 결국 이 사건 유상감자 및 이익배당으로 인하여 공소외 2 회사의 주주들에게 부당한 이익을 취득하게 함으로써 공소외 2 회사에 손해를 입혔다고 볼 수 없다고 판단하였다.

위와 같은 판단을 바탕으로 원심은 피고인 1이 위와 같은 피고인 2, 3의 행위에 공모 · 가담하였는지 여부에 관하여 더 나아가 살필 필요가 없이 피고인들에 대한 이 부분 공소사실을 무죄로 인정하여, 이와 결론을 같이한 제1심판결을 유지하였다.

관련 법리에 비추어 기록을 살펴보면, 원심의 위와 같은 판단은 정당하고, 거기에 상고이유의 주장과 같이 차입매수에 있어서 업무상 배임죄의 성립, 업무상 배임죄에서 손해의 발생 또는 유상감자와 이익배당 등에 관한 법리를 오해하거나 논리와 경험의 법칙을 위반하여 사실을 인정하는 등의 위법이 있다고 할 수 없다.

…

3. 피고인 1에 관한 상고이유

가. 공소외 2 회사 및 공소외 3 주식회사의 자금 사용으로 인한 '특정경제범죄 가중처벌 등에 관한 법률'위반(횡령)의 점

기록에 비추어 살펴보면, 원심이 그 판시와 같은 이유를 들어 이 부분 공소사실에 대하여 피고인 1에게 불법영득의사가 인정되지 아니한다고 보아 이를 무죄로 판단한 제1심판결을 그대로 유지한 것은 수긍할 수 있고, 거기에 상고이유 주장과 같이 논리와 경험의 법칙을 위반하여 사실을 인정하거나 업무상 횡령죄에 있어서 불법영득의 의사에 관한 법리를 오해하는 등의 위법이 없다.

나. 특별상여금 지급으로 인한 '특정경제범죄 가중처벌 등에 관한 법률'위반(횡령)의 점

단체의 비용으로 지출할 수 있는 변호사 선임료는 원칙적으로 단체 자체가 소송당사자가 된 경우에 한하므로 다른 특별한 사정이 없는 한 단체의 대표자 개인이 당사자가 된 민·형사사건의 변호사 비용은 단체의 비용으로 지출할 수 없다. 그러나 예외적으로 분쟁에 대한 실질적인 이해관계는 단체에게 있으나 법적인 이유로 그 대표자의 지위에 있는 개인이 소송 기타 법적 절차의 당사자가 되었다거나 대표자로서 단체를 위하여 적법하게 행한 직무행위 또는 대표자의 지위에 있음으로 말미암아 의무적으로 행한 행위 등과 관련하여 분쟁이 발생한 경우와 같이, 당해 법적 분쟁이 단체와 업무적인 관련이 깊고 당시의 제반 사정에 비추어 단체의 이익을 위하여 소송을 수행하거나 고소에 대응하여야 할 특별한 필요성이 있는 경우에는 단체의 비용으로 변호사 선임료를 지출할 수 있다고 할 것이다(대법원 2006. 10. 26. 선고 2004도6280 판결, 대법원 2009. 9. 24. 선고 2009도3982 판결 등 참조).

이러한 법리에 비추어 기록을 살펴보면, 원심이 그 판시와 같은 이유를 들어 이 부분 공소사실을 무죄로 판단한 제1심판결을 그대로 유지한 것은 수긍할 수 있고, 거기에 상고이유의 주장과 같이 논리와 경험의 법칙을 위반하여 사실을 인정하거나 업무상횡령죄에 관한 법리를 오해하는 등의 위법이 없다.

다. 공소외 2 회사의 연대보증으로 인한 '특정경제범죄 가중처벌 등에 관한 법률'위반 (배임) 의 점

기록을 살펴보면, 원심이 그 판시와 같은 이유를 들어 이 부분 공소사실에 대하여 피고인 1에게 불법이득의 의사가 인정되지 아니하거나 또는 공소외 2 회사에 어떠한 재산상의 손해가 발생할 위험이 초래되었다고 할 수 없다고 보아 이를 무죄로 판단한 제1심판결을 그대로 유지한 것은 수긍할 수 있다. 거기에 상고이유의 주장과 같이 논리와 경험의 법칙을 위반하여 사실을 인정하거나 업무상 배임죄에 있어서 불법이득의사에 관한 법리를 오해하는 등의 위법이 있다고 할 수 없다.

라. 공소외 2 회사의 2006년 유상감자로 인한 '특정경제범죄 가중처벌 등에 관한 법률'위반(배임)의 점

관련 법리에 비추어 기록을 살펴보면, 원심이 그 판시와 같은 이유를 들어 이 부분 공소사실에 대하여 공소외 2 회사의 2006년 유상감자로 인하여 공소외 2 회사의 주주들에게 부당한 이익을 취득하게 함으로써 공소외 2 회사에 손해를 입혔다고 할 수 없다고 보아 이를 무죄로 판단한 제1심판결을 그대로 유지한 것은 수긍할 수 있고, 거기에 상고이유 주장과 같이 업무상 배임죄 또는 유상감자 등에 관한 법리를 오해하거나 논리와 경험의 법칙을 위반하여 사실을 인정하는 등의 위법이 있다고 할 수 없다.

4. 결론

그러므로 검사의 상고를 모두 기각하기로 하여 관여 대법관의 일치된 의견으로 주문과 같이 판결한다.

IV. 전환사채의 저가발행과 배임죄

대법원 2009.5.29. 선고 2007도4949 전원합의체 판결[특정경제범죄가중처벌등에관한법률위반(배임)][공2009하,1079]

【판시사항】

[1] 회사의 이사가 시가보다 현저하게 낮은 가액으로 신주 등을 발행한 경우 업무상배임죄가 성립하는지 여부

[2] 신주 등의 발행에서 주주 배정방식과 제3자 배정방식을 구별하는 기준 및 회사가 기존

주주들에게 지분비율대로 신주 등을 인수할 기회를 부여하였다면 주주들이 그 인수를 포기함에 따라 발생한 실권주 등을 시가보다 현저히 낮은 가액으로 제3자에게 배정한 경우에도 주주 배정방식으로 볼 수 있는지 여부

[3] 주주 배정방식에 의한 전환사채 발행시 주주가 인수하지 아니하여 실권된 부분을 제3자에게 발행하는 경우 전환가액 등 발행조건을 변경하여야 하는지 여부

[4] 전환사채 발행을 위한 이사회 결의에는 하자가 있었다 하더라도 실권된 전환사채를 제3자에게 배정하기로 의결한 이사회 결의에는 하자가 없는 경우, 전환사채 발행절차를 진행한 것이 업무상배임죄의 임무위배에 해당하지 않는다고 한 사례

[5] 회사 지배권 이전을 목적으로 한 전환사채의 발행이 이사의 임무위배에 해당하는지 여부(소극)

【판결요지】

[1] [다수의견]

주주는 회사에 대하여 주식의 인수가액에 대한 납입의무를 부담할 뿐 인수가액 전액을 납입하여 주식을 취득한 후에는 주주 유한책임의 원칙에 따라 회사에 대하여 추가 출자의무를 부담하지 않는 점, 회사가 준비금을 자본으로 전입하거나 이익을 주식으로 배당할 경우에는 주주들에게 지분비율에 따라 무상으로 신주를 발행할 수 있는 점 등에 비추어 볼 때, 회사가 주주 배정의 방법, 즉 주주가 가진 주식 수에 따라 신주, 전환사채나 신주인수권부사채(이하 '신주 등'이라 한다)의 배정을 하는 방법으로 신주 등을 발행하는 경우에는 발행가액 등을 반드시 시가에 의하여야 하는 것은 아니다. 따라서, 회사의 이사로서는 주주 배정의 방법으로 신주를 발행하는 경우 원칙적으로 액면가를 하회하여서는 아니 된다는 제약 외에는 주주 전체의 이익, 회사의 자금조달의 필요성, 급박성 등을 감안하여 경영판단에 따라 자유로이 그 발행조건을 정할 수 있다고 보아야 하므로, 시가보다 낮게 발행가액 등을 정함으로써 주주들로부터 가능한 최대한의 자금을 유치하지 못하였다고 하여 배임죄의 구성요건인 임무위배, 즉 회사의 재산보호의무를 위반하였다고 볼 것은 아니다. 그러나 주주배정의 방법이 아니라 제3자에게 인수권을 부여하는 제3자 배정방법의 경우, 제3자는 신주 등을 인수함으로써 회사의 지분을 새로 취득하게 되므로 그 제3자와 회사와의 관계를 주주의 경우와 동일하게 볼 수는 없다. 제3자에게 시가보다 현저하게 낮은 가액으로

신주 등을 발행하는 경우에는 시가를 적정하게 반영하여 발행조건을 정하거나 또는 주식의 실질가액을 고려한 적정한 가격에 의하여 발행하는 경우와 비교하여 그 차이에 상당한 만큼 회사의 자산을 증가시키지 못하게 되는 결과가 발생하는데, 이 경우에는 회사법상 공정한 발행가액과 실제 발행가액과의 차액에 발행주식수를 곱하여 산출된 액수만큼 회사가 손해를 입은 것으로 보아야 한다. 이와 같이 현저하게 불공정한 가액으로 제3자 배정방식에 의하여 신주 등을 발행하는 행위는 이사의 임무위배행위에 해당하는 것으로서 그로 인하여 회사에 공정한 발행가액과의 차액에 상당하는 자금을 취득하지 못하게 되는 손해를 입힌 이상 이사에 대하여 배임죄의 죄책을 물을 수 있다. 다만, 회사가 제3자 배정의 방법으로 신주 등을 발행하는 경우에는 회사의 재무구조, 영업전망과 그에 대한 시장의 평가, 주식의 실질가액, 금융시장의 상황, 신주의 인수가능성 등 여러 사정을 종합적으로 고려하여, 이사가 그 임무에 위배하여 신주의 발행가액 등을 공정한 가액보다 현저히 낮추어 발행한 경우에 해당하는지를 살펴 이사의 업무상배임죄의 성립 여부를 판단하여야 한다.

[대법관 양승태의 별개의견]

회사에 자금이 필요한 때에는 이사는 가능한 방법을 동원하여 그 자금을 형성할 의무가 있다 할 것이나, 이사는 회사에 필요한 만큼의 자금을 형성하면 될 뿐 그 이상 가능한 한 많은 자금을 형성하여야 할 의무를 지는 것은 아니고, 또 회사에 어느 정도 규모의 자금이 필요한지, 어떠한 방법으로 이를 형성할 것인지는 원칙적으로 이사의 경영판단에 속하는 사항이다. 그런데 신주발행에 의한 자금형성의 과정에서 신주를 저가 발행하여 제3자에게 배정하게 되면 기존 주주의 지분율이 떨어지고 주식가치의 희석화로 말미암아 구 주식의 가치도 하락하게 되어 기존 주주의 회사에 대한 지배력이 그만큼 약화되므로 기존 주주에게 손해가 발생하나, 신주발행을 통하여 회사에 필요한 자금을 형성하였다면 회사에 대한 관계에서는 임무를 위배하였다고 할 수 없고, 신주발행으로 인해 종전 주식의 가격이 하락한다 하여 회사에 손해가 있다고 볼 수도 없으며, 주주의 이익과 회사의 이익을 분리하여 평가하는 배임죄의 원칙상 이를 회사에 대한 임무위배로 볼 수 없어, 배임죄가 성립한다고 볼 수 없다.

[2] [다수의견]

신주 등의 발행에서 주주 배정방식과 제3자 배정방식을 구별하는 기준은 회사가 신주 등을 발행하는 때에 주주들에게 그들의 지분비율에 따라 신주 등을 우선적으로 인수할 기회를 부여하였는지 여부에 따라 객관적으로 결정되어야 할 성질의 것이지, 신주 등의 인수권을 부여받은 주주들이 실제로 인수권을 행사함으로써 신주 등을 배정받았는지 여부에 좌우되는 것은 아니다. 회사가 기존 주주들에게 지분비율대로 신주 등을 인수할 기회를 부여하였는데도 주주들이 그 인수를 포기함에 따라 발생한 실권주 등을 제3자에게 배정한 결과 회사 지분비율에 변화가 생기고, 이 경우 신주 등의 발행가액이 시가보다 현저하게 낮아 그 인수권을 행사하지 아니한 주주들이 보유한 주식의 가치가 희석되어 기존 주주들의 부(富)가 새로이 주주가 된 사람들에게 이전되는 효과가 발생하더라도, 그로 인한 불이익은 기존 주주들 자신의 선택에 의한 것일 뿐이다. 또한, 회사의 입장에서 보더라도 기존 주주들이 신주 등을 인수하여 이를 제3자에게 양도한 경우와 이사회가 기존 주주들이 인수하지 아니한 신주 등을 제3자에게 배정한 경우를 비교하여 보면 회사에 유입되는 자금의 규모에 아무런 차이가 없을 것이므로, 이사가 회사에 대한 관계에서 어떠한 임무에 위배하여 손해를 끼쳤다고 볼 수는 없다.

[대법관 김영란, 대법관 박시환, 대법관 이홍훈, 대법관 김능환, 대법관 전수안의 반대의견]
신주 등의 발행이 주주 배정방식인지 여부는, 발행되는 모든 신주 등을 모든 주주가 그 가진 주식 수에 따라서 배정받아 이를 인수할 기회가 부여되었는지 여부에 따라 결정되어야 하고, 주주에게 배정된 신주 등을 주주가 인수하지 아니함으로써 생기는 실권주의 처리에 관하여는 상법에 특별한 규정이 없으므로 이사는 그 부분에 해당하는 신주 등의 발행을 중단하거나 동일한 발행가액으로 제3자에게 배정할 수 있다. 그러나 주주 배정방식으로 발행되는 것을 전제로 하여 신주 등의 발행가액을 시가보다 현저히 저가로 발행한 경우에, 그 신주 등의 상당 부분이 주주에 의하여 인수되지 아니하고 실권되는 것과 같은 특별한 사정이 있는 때에는, 그와 달리 보아야 한다. 주주 배정방식인지 제3자 배정방식인지에 따라 회사의 이해관계 및 이사의 임무 내용이 달라지는 것이므로, 회사에 대한 관계에서 위임의 본지에 따른 선관의무상 제3자 배정방식의 신주 등 발행에 있어 시가발행의무를 지는 이사로서는, 위와 같이 대량으로 발생한 실권주에 대하여 발행을 중단하고 추후에 그 부분에 관하여 새로이 제3자 배정방식에 의한 발행을 모색할 의무가 있고, 그렇게 하지 아니하고 그 실권주를 제3자에게 배정하여 발행을 계속할 경우에는 그 실권주를 처음부터 제3자 배정방식으로 발행하였을 경우와 마찬가지로 취급하여 발행가액을 시가로 변경할 의무가 있다고 봄이 상당하다. 이와 같이 대량으로 발생한 실권주를 제3자에게 배정하는 것은, 비록 그것이 주주 배정방식으로 발행한 결과라고 하더라도, 그 실질에 있어 당초부터 제3자 배정방식으로 발행하는 것과 다를 바 없고, 이를 구별할 이유도

없기 때문이다. 그러므로 신주 등을 주주 배정방식으로 발행하였다고 하더라도, 상당 부분이 실권되었음에도, 이사가 그 실권된 부분에 관한 신주 등의 발행을 중단하지도 아니하고 그 발행가액 등의 발행조건을 제3자 배정방식으로 발행하는 경우와 마찬가지로 취급하여 시가로 변경하지도 아니한 채 발행을 계속하여 그 실권주 해당부분을 제3자에게 배정하고 인수되도록 하였다면, 이는 이사가 회사에 대한 관계에서 선관의무를 다하지 아니한 것에 해당하고, 그로 인하여 회사에 자금이 덜 유입되는 손해가 발행하였다면 업무상배임죄가 성립한다.

[3] [다수의견]

상법상 전환사채를 주주 배정방식에 의하여 발행하는 경우에도 주주가 그 인수권을 잃은 때에는 회사는 이사회의 결의에 의하여 그 인수가 없는 부분에 대하여 자유로이 이를 제3자에게 처분할 수 있는 것인데, 단일한 기회에 발행되는 전환사채의 발행조건은 동일하여야 하므로, 주주배정으로 전환사채를 발행하는 경우에 주주가 인수하지 아니하여 실권된 부분에 관하여 이를 주주가 인수한 부분과 별도로 취급하여 전환가액 등 발행조건을 변경하여 발행할 여지가 없다. 주주배정의 방법으로 주주에게 전환사채인수권을 부여하였지만 주주들이 인수청약하지 아니하여 실권된 부분을 제3자에게 발행하더라도 주주의 경우와 같은 조건으로 발행할 수밖에 없고, 이러한 법리는 주주들이 전환사채의 인수청약을 하지 아니함으로써 발생하는 실권의 규모에 따라 달라지는 것은 아니다.

[대법관 김영란, 대법관 박시환, 대법관 이홍훈, 대법관 김능환, 대법관 전수안의 반대의견]

상법에 특별한 규정은 없지만, 일반적으로 동일한 기회에 발행되는 전환사채의 발행조건은 균등하여야 한다고 해석된다. 그러나 주주에게 배정하여 인수된 전환사채와 실권되어 제3자에게 배정되는 전환사채를 '동일한 기회에 발행되는 전환사채'로 보아야 할 논리필연적인 이유나 근거는 없다. 실권된 부분의 제3자 배정에 관하여는 다시 이사회 결의를 거쳐야 하는 것이므로, 당초의 발행결의와는 동일한 기회가 아니라고 볼 수 있다. 그 실권된 전환사채에 대하여는 발행을 중단하였다가 추후에 새로이 제3자 배정방식으로 발행할 수도 있는 것이므로, 이 경우와 달리 볼 것은 아니다. 그리고 주주 각자가 신주 등의 인수권을 행사하지 아니하고 포기하여 실권하는 것과 주주총회에서 집단적 의사결정 방법으로 의결권을 행사하여 의결하는 것을 동일하게 평가할 수는 없는 것이므로, 대량의 실권이 발생하였다고 하여 이를 전환사채 등의 제3자 배정방식의 발행에 있어서 요구되는 주주총회의 특별결의가 있었던 것으로 간주할 수도 없다.

[4] 전환사채 발행을 위한 이사회 결의에는 하자가 있었다 하더라도 실권된 전환사채를 제3자에게 배정하기로 의결한 이사회 결의에는 하자가 없는 경우, 전환사채의 발행절차를 진행한 것이 재산보호의무 위반으로서의 임무위배에 해당하지 않는다고 한 사례.

[5] 이사가 주식회사의 지배권을 기존 주주의 의사에 반하여 제3자에게 이전하는 것은 기존 주주의 이익을 침해하는 행위일 뿐 지배권의 객체인 주식회사의 이익을 침해하는 것으로 볼 수는 없는데, 주식회사의 이사는 주식회사의 사무를 처리하는 자의 지위에 있다고 할 수 있지만 주식회사와 별개인 주주들에 대한 관계에서 직접 그들의 사무를 처리하는 자의 지위에 있는 것은 아니고, 더욱이 경영권의 이전은 지배주식을 확보하는 데 따르는 부수적인 효과에 불과한 것이어서, 회사 지분비율의 변화가 기존 주주 자신의 선택에 기인한 것이라면 지배권 이전과 관련하여 이사에게 임무위배가 있다고 할 수 없다.

【참조조문】

[1] 형법 제355조 제2항, 제356조, 상법 제330조, 제417조, 제424조의2 제1항, 제516조 제1항, 제516조의10 [2] 상법 제416조, 형법 제355조 제2항, 제356조 [3] 상법 제513조 [4] 형법 제355조 제2항, 제356조, 상법 제390조, 제416조, 제513조 [5] 형법 제355조 제2항, 제356조, 상법 제513조

【참조판례】

[1] 대법원 2001. 9. 28. 선고 2001도3191 판결(공2001하, 2403)
대법원 2005. 5. 27. 선고 2003도5309 판결

【전 문】

【피 고 인】피고인 1외 1인

【상 고 인】피고인들 및 검사

【변 호 인】변호사 주한일외 1인

【원심판결】서울고법 2007. 5. 29. 선고 2005노2371 판결

【주 문】

원심판결을 파기하고, 사건을 서울고등법원에 환송한다.

【이 유】

상고이유를 본다.

1.

가. 업무상배임죄는 타인의 사무를 처리하는 자가 업무상의 임무에 위배하는 행위로써 재산상의 이익을 취득하거나 제3자로 하여금 이를 취득하게 하여 그 본인에게 손해를 가한 때에 성립하는 범죄로서, 여기에서 '임무에 위배하는 행위'라 함은 처리하는 사무의 내용, 성질 등에 비추어 법령의 규정, 계약의 내용 또는 신의칙상 당연히 하여야 할 것으로 기대되는 행위를 하지 않거나 당연히 하지 않아야 할 것으로 기대되는 행위를 함으로써 사무 처리를 위임한 본인과의 신임관계를 저버리는 일체의 행위를 포함하고(대법원 2004. 6. 24. 선고 2004도520 판결, 대법원 2008. 5. 29. 선고 2005도4640 판결 등 참조), '재산상의 손해를 가한 때'라 함은 총체적으로 보아 본인의 재산 상태에 손해를 가하는 경우를 말하고, 현실적인 손해를 가한 경우뿐 아니라 재산상 실해 발생의 위험을 초래한 경우를 포함한다. 이러한 재산상 손해의 유무에 관한 판단은 법률적 판단에 의하지 아니하고 경제적 관점에서 실질적으로 판단되어야 하는바, 여기에는 재산의 처분 등 직접적인 재산의 감소, 보증이나 담보제공 등 채무부담으로 인한 재산의 감소와 같은 적극적 손해를 야기한 경우는 물론, 객관적으로 보아 취득할 것이 충분히 기대되는데도 임무위배행위로 말미암아 이익을 얻지 못한 경우, 즉 소극적 손해를 야기한 경우도 포함된다(대법원 1972. 5. 23. 선고 71도2334 판결, 대법원 2003. 10. 10. 선고 2003도3516 판결, 대법원 2008. 5. 15. 선고 2005도7911 판결 등 참조). 이러한 소극적 손해는 재산증가를 객관적 · 개연적으로 기대할 수 있음에도 임무위배행위로 이러한 재산증가가 이루어지지 않은 경우를 의미하는 것이므로 임무위배행위가 없었다면 실현되었을 재산 상태와 임무위배행위로 말미암아 현실적으로 실현된 재산 상태를 비교하여 그 유무 및 범위를 산정하여야 할 것이다.

나.

(1) 주식회사는 상행위 기타 영리를 목적으로 하여 설립된 사단법인으로서, 주식회사의 자본은 사업을 영위하기 위한 물적 기초를 구축하기 위하여 주주들이 출연하는

금원이고, 주식은 주주들이 출자비율에 따라 주식회사에 대하여 가지는 지분이다. 주식회사가 회사 운영을 위하여 필요한 자금을 조달하는 수단으로는 신주를 발행하여 자기자본을 증가시키는 방법과 사채의 발행이나 금융기관으로부터의 대출 등에 의하여 타인자본을 조달하는 방법 등이 있다. 전환사채나 신주인수권부사채(이하 '전환사채 등'이라고 하며, 유상증자를 위해 발행되는 신주와 함께 '신주 등'이라 한다)는 타인자본의 조달수단인 사채의 일종이라는 점에서 주식과는 법적 성질을 달리하지만, 양자 모두 사채권자의 전환권 또는 신주인수권의 행사에 의하여 신주발행이 이루어지고 사채권자의 지위가 주주로 변경된다는 점에서 잠재적 주식으로서의 성질을 가지고, 이러한 이유로 상법은 전환사채 등의 발행에 있어서는 신주발행에 관한 규정을 준용하도록 하고 있다(상법 제516조, 제516조의10).

(2) 회사가 주주들에게 지분비율에 따라 신주 등을 유상으로 발행하는 경우에, 회사로서는 그 인수대금만큼 자금이 유입됨으로써 자본 및 자산의 증가가 이루어지는데 주주들로서는 신주 등을 인수하더라도 기존에 보유하던 지분비율에는 아무런 영향이 없고 단지 보유 주식수만 늘어나는 것이므로 실질적으로는 기존 주식의 분할과 주주들의 추가 출자가 동시에 이루어지는 셈이라고 할 것이다.
그리고 주주는 회사에 대하여 주식의 인수가액에 대한 납입의무를 부담할 뿐(상법 제331조) 인수가액 전액을 납입하여 주식을 취득한 후에는 주주유한책임의 원칙에 따라 회사에 대하여 추가 출자의무를 부담하지 아니하는 점, 회사가 준비금을 자본으로 전입하거나 이익을 주식으로 배당할 경우에는 주주들에게 지분비율에 따라 무상으로 신주를 발행할 수 있는 점 등에 비추어 볼 때, 회사가 주주배정의 방법, 즉 주주가 가진 주식수에 따라 신주 등의 배정을 하는 방법으로 신주 등을 발행하는 경우에는 발행가액 등을 반드시 시가에 의하여야 하는 것은 아니다. 그러므로 회사의 임원인 이사로서는 주주배정의 방법으로 신주를 발행함에 있어서 원칙적으로 액면가를 하회하여서는 아니 된다는 제약(상법 제330조, 제417조) 외에는 주주 전체의 이익과 회사의 자금조달의 필요성과 급박성 등을 감안하여 경영판단에 따라 자유로이 그 발행조건을 정할 수 있다고 보아야 할 것이므로, 시가보다 낮게 발행가액 등을 정함으로써 주주들로부터 가능한 최대한의 자금을 유치하지 못하였다고 하여 배임죄의 구성요건인 임무위배, 즉 회사의 재산보호의무를 위반하였다고 볼 것은 아니다.

(3) 그러나 주주배정의 방법이 아니라 제3자에게 인수권을 부여하는 제3자배정 방법의

경우, 제3자는 신주 등을 인수함으로써 회사의 지분을 새로 취득하게 되므로 그 제3자와 회사와의 관계를 주주의 경우와 동일하게 볼 수는 없는 것이다. 제3자에게 시가보다 현저하게 낮은 가액으로 신주 등을 발행하는 경우에는 시가를 적정하게 반영하여 발행조건을 정하거나 또는 주식의 실질가액을 고려한 적정한 가격에 의하여 발행하는 경우와 비교하여 그 차이에 상당한 만큼 회사의 자산을 증가시키지 못하게 되는 결과가 발생하는데, 이 경우에는 회사법상 공정한 발행가액과 실제 발행가액과의 차액에 발행주식수를 곱하여 산출된 액수만큼 회사가 손해를 입은 것으로 보아야 한다. 이러한 회사의 손해는, 시가보다 낮은 가격으로 발행된 신주와 기존 주주들이 보유하고 있던 구주가 주주평등의 원칙에 따라 동등하게 취급됨으로 말미암아 구주의 실질가치가 희석됨으로써 기존 주주들이 입는 손해와는 그 성질과 귀속 주체를 달리하며 그 평가방법도 일치하지 아니하므로, 신주 등의 저가발행으로 인한 회사의 손해와 주주의 손해는 마땅히 구별되어야 할 성질의 것이다. 그렇기 때문에 상법은 신주 등의 발행에 있어서 제3자가 이사와 통모하여 현저하게 불공정한 발행가액으로 주식을 인수한 경우 회사에 대하여 공정한 발행가액과의 차액에 상당한 금액을 지급할 책임을 인정하고(상법 제424조의2 제1항, 제516조 제1항, 제516조의10), 이러한 경우에 기존 주주는 회사에 대하여 제3자를 상대로 위 공정한 발행가액과의 차액에 상당한 금원의 지급을 구하는 소를 제기할 것을 청구할 수 있으며, 만일 회사가 이러한 청구에 응하지 않을 경우에는 주주가 직접 제3자를 상대로 회사를 위하여 공정한 발행가액과의 차액에 상당하는 금원의 지급을 구하는 대표소송을 제기할 수 있을 뿐 아니라(상법 제424조의2 제2항, 제403조), 이와는 별도로 이사는 회사에 대하여 임무위배로 인한 손해배상책임을 부담하는 것이다(상법 제399조 제1항). 결국 이와 같이 현저하게 불공정한 가액으로 제3자배정방식에 의하여 신주 등을 발행하는 행위는 이사의 임무위배행위에 해당하는 것으로서 그로 인하여 회사에 공정한 발행가액과의 차액에 상당하는 자금을 취득하지 못하게 되는 손해를 입힌 이상 이사에 대하여 배임죄의 죄책을 물을 수 있다고 할 것이고, 그것이 종래 대법원의 판례이기도 하다(대법원 2001. 9. 28. 선고 2001도3191 판결, 대법원 2005. 5. 27. 선고 2003도5309 판결 등 참조).

2.

가. 원심은 그 판시 증거들을 종합하여, ○○에버○○ 주식회사(이하, '에버○○'라고 한다)는 1996. 10. 30. 이사회를 열어 총 17명의 이사 중 8명이 참석한 상태에서 무기명식 이권부 무보증전환사채의 발행을 결의하였는데, 그 주요 내용은 전환사채의

총액은 9,954,590,000원, 자금의 사용목적은 시설자금, 사채의 배정방법은 1996. 11. 14.을 기준으로 주주에게 우선 배정하되 실권시에는 이사회의 결의에 의하여 제3자에게 배정하고, 전환의 조건은 전환사채의 총액을 전환가액으로 나눈 주식의 수를 기명식 보통주식으로 발행하며 그 전환가액은 1주당 7,700원으로 정한 사실, 이 사건 전환사채의 발행 당시 에버○○의 법인주주들은 에버○○가 계열사로 있는 삼성그룹의 다른 계열사이거나 계열사이었다가 계열 분리된 8개 회사와 1개의 재단법인이고, 개인주주들은 삼성그룹의 회장인 이건희를 비롯하여 대부분 삼성그룹 계열사의 전 · 현직 임원들인 17명이었던 사실, 에버○○는 주주들에게 1996. 10. 30. 전환사채 배정기준일 통지를, 1996. 11. 15. 전환사채 안내를 발송하여, 전환사채 발행총액, 발행방법 및 배정금액은 각 위와 같고, 배정기준일은 1996. 11. 14. 16:00이며, 배정방법은 배정기준일 현재 주주명부에 등재된 주주에게 주식 지분비율대로 배정하되 실권시 이사회 결의에 의하여 제3자에게 배정하며, 전환사채 청약 및 납입일은 각 1996. 12. 3.이며, 사채 청약 증거금은 배정 금액의 100%이고, 청약 및 납입장소는 각 에버○○ 경영관리팀(서울 중구 을지로 1가 50 삼성빌딩 12층)이라고 알려주었으며, 주주들이 그 무렵 통지 등을 수령한 사실, 주주들 중 제일제당 주식회사(이하, '제일제당'이라고 한다)는 위 전환사채 청약만기일까지 그 지분비율(2.94%)에 따른 전환사채의 인수청약을 하였으나 나머지 주주들은 해당 전환사채(97.06%)의 인수청약을 하지 아니한 사실, 에버○○는 같은 날 이사회를 개최하여 주주들이 실권한 전환사채를 이건희의 장남인 이재○ 등 4인(이하 '이재○ 등'이라고 한다)에게 배정하기로 하는 안건을 의결하였고 그에 따라 이재○ 등은 같은 날 인수청약 및 인수대금 납입을 완료하였으며, 그 후 각 전환권을 행사하여 에버○○의 주주가 된 사실, 당시 에버○○는 자금의 수요는 있었으나 긴급하고 돌발적인 자금조달의 필요성은 없었던 사실 등을 인정하고, 1996. 10. 30.자 이사회 결의는 정족수 미달로 무효이고, 그 이사회 결의 내용 중 '실권시 제3자배정'이라는 부분 역시 여전히 무효인 상태이므로 에버○○의 임원인 피고인들로서는 더 이상의 발행절차를 중단해야 하고 제3자에 대한 배정으로 나아가지 말아야 하는데도 그 상태에서 제3자에 대한 배정에 나아간 것은 실질적으로 주주배정이 아니라 제3자배정으로 보아야 한다고 전제한 다음, 당시 에버○○의 대표이사였던 피고인 1과 상무이사인 경영지원실장으로 근무하면서 에버○○의 자금조달계획을 수립, 집행하는 등의 업무에 종사한 피고인 2는 이를 알면서도 마치 유효한 결의가 있었던 것처럼 가장하여 전환사채 발행에 나아간 점, 제3자인 이재○ 등에게 현저히 낮은 가격에 배정한 점, 긴급한 경영상의 필요도 없는 상태에서 기존 주주들의 동의도 없이 특정 제3자에게 전환사채를 몰아서 배정하여 회사의 지배권을 넘긴 점 등에서 피고인들의 임무위배를 인정할 수 있다고 보아 공소사실을 유죄로 인정하였다.

나. 이사는 회사에 대하여 법령과 정관의 규정에 따라 직무를 충실하게 수행하여야 할 선관주의의무 내지 충실의무를 부담하는 것이므로, 신주 등을 발행함에 있어서 이사로서의 임무에 위배하고 그로 인하여 회사에 손해를 입힌 경우에는 업무상배임의 죄책을 지게 된다. 그런데 회사가 주주배정의 방법으로 신주 등을 발행하는 경우에는 신주의 발행가액 등이 시가보다 현저히 낮다고 하더라도 특별한 사정이 없는 한 이사로서의 임무를 위배하여 회사에 손해를 입혔다고 볼 수 없음은 앞서 살펴본 바와 같다. 그러나 회사가 제3자배정의 방법으로 신주 등을 발행하는 경우에는 회사의 재무구조, 영업전망과 그에 다한 시장의 평가, 주식의 실질가액, 금융시장의 상황, 신주의 인수가능성 등 여러 사정을 종합적으로 고려하여, 이사가 그 임무에 위배하여 신주의 발행가액 등을 공정한 가액보다 현저히 낮추어 발행한 경우에 해당하는지를 살펴 이사의 업무상 배임죄의 성립 여부를 판단하여야 할 것이다.

(1) 먼저 이 사건 전환사채의 발행이 제3자배정의 방법에 의한 것인지 여부에 관하여 본다. 신주 등의 발행에 있어서 주주배정방식과 제3자배정방식을 구별하는 기준은 회사가 신주 등을 발행함에 있어서 주주들에게 그들의 지분비율에 따라 신주 등을 우선적으로 인수할 기회를 부여하였는지 여부에 따라 객관적으로 결정되어야 할 성질의 것이지, 신주 등의 인수권을 부여받은 주주들이 실제로 인수권을 행사함으로써 신주 등을 배정받았는지 여부에 좌우되는 것은 아니다. 회사가 기존 주주들에게 지분비율대로 신주 등을 인수할 기회를 부여하였는데도 주주들이 그 인수를 포기함에 따라 발생한 실권주 등을 제3자에게 배정한 결과 회사 지분비율에 변화가 생기고, 이 경우 신주 등의 발행가액이 시가보다 현저하게 낮아 그 인수권을 행사하지 아니한 주주들이 보유한 주식의 가치가 희석되어 기존 주주들의 부(富)가 새로이 주주가 된 사람들에게 이전되는 효과가 발생하더라도, 그로 인한 불이익은 기존 주주들 자신의 선택에 의한 것일 뿐이다. 또한 회사의 입장에서 보더라도 기존 주주들이 신주 등을 인수하여 이를 제3자에게 양도한 경우와 이사회가 기존 주주들이 인수하지 아니한 신주 등을 제3자에게 배정한 경우를 비교하여 보면 회사에 유입되는 자금의 규모에 아무런 차이가 없을 것이므로, 이사가 회사에 대한 관계에서 어떠한 임무에 위배하여 손해를 끼쳤다고 볼 수는 없다.

원심판결 이유에 의하면, 이 사건 전환사채의 배정은 실질적으로 주주배정이 아니라 제3자배정으로 보아야 한다는 것인데, 그 의미가 피고인들이 내심으로는 기존 주주들이 전환사채의 청약을 하지 아니함으로써 실권할 것을 기대하였다는 취지인지, 아니면 주주들 가운데 제일제당만이 인수청약을 하였을 뿐 대부분의 다른 주주들이 인수청약을 하지 아니함으로써 실권한 이상 그 경제적 효과가 제3자배정방식에 의한 경우와 같다는 취지인지 분명하지 않지만, 원심이 인정한 사실에 의하더라도 이 사건 전환사채의 발행은 주주배정방식에 의한 것임이 분명하고, 에버○○의 이사회가 실권한 전환사채를 이재○ 등에게 배정한 것은 기존 주주들 스스로가 인수청약을 하지 않기로 선택한 데 기인한 것이므로 이 사건 전환사채의 발행이 제3자배정방식에 의한 것이라고 선뜻 단정해서는 안될 것이다.

그리고 상법상 전환사채를 주주배정방식에 의하여 발행하는 경우에도 주주가 그 인수권을 잃은 때에는 회사는 이사회의 결의에 의하여 그 인수가 없는 부분에 대하여 자유로이 이를 제3자에게 처분할 수 있는 것인데(상법 제513조의3, 제419조 제4항, 제469조), 단일한 기회에 발행되는 전환사채의 발행조건은 동일하여야 하므로, 주주배정으로 전환사채를 발행하는 경우에 주주가 인수하지 아니하여 실권된 부분에 관하여 이를 주주가 인수한 부분과 별도로 취급하여 전환가액 등 발행조건을 변경하여 발행할 여지가 없다. 즉, 사채는 채권(債券) 발행의 방법에 의한 기채(起債)로서 유통성, 공중성, 집단성 등의 성질을 가지고 있으므로, 동일 종류의 사채에서는 각 사채의 금액은 균일하거나 최저액으로 정제(整除)할 수 있는 것이어야 하고(상법 제472조 제2항), 채권에 법에 정한 사항을 기재하여 발행하여야 한다(상법 제478조 제2항). 전환사채의 경우 회사는 전환사채의 총액, 전환의 조건, 전환으로 인하여 발행할 주식의 내용, 전환을 청구할 수 있는 기간 등을 결정한 뒤 이러한 사항 등을 사채청약서, 채권, 사채원부에 기재하여야 하고(상법 제513조 제2항, 제514조), 전환사채의 납입이 완료된 때에는 위 각 사항 등을 등기하도록 규정하고 있는바(상법 제514조의2), 이는 같은 기회에 발행하는 전환사채의 발행조건 등이 동일한 것을 전제로 하는 것이다. 그러므로 주주배정의 방법으로 주주에게 전환사채인수권을 부여하였지만 주주들이 인수청약하지 아니하여 실권된 부분을 제3자에게 발행하더라도 주주의 경우와 같은 조건으로 발행할 수밖에 없고, 이러한 법리는 주주들이 전환사채의 인수청약을 하지 아니함으로써 발생하는 실권의 규모에 따라 달라지는 것은 아니다.

이 사건에서 주주들 가운데 제일제당은 이 사건 전환사채를 이사회가 결정한 발행조건으로 인수청약하여 이를 배정받았음은 위에서 본 바와 같은바, 이 경우 제일제당 이외의 기존 주주들이 인수청약을 하지 아니하여 실권된 부분에 대하여 전환사채의 발행을 계속할 때에는 반드시 이사회를 통하여 전환의 조건 등 전환사채의 발행사항을 변경하여 발행하여야 한다면, 회사의 이사에게 동일한 기회에 발행되는 전환사채의 발행가액을 서로 달리하여 발행함으로써 동일 종류의 사채에서 그 발행조건이 상이한 채권을 발행하도록 강제하는 것이 될 것인데, 이는 오히려 이사에게 사채권자평등의 원칙에 반하는 결과를 의무지우는 것으로서 이를 인정할 만한 아무런 법적 근거가 없다(더 나아가 전환사채의 전부가 실권된 경우라 하더라도, 예를 들어 주주 1인이 모든 주식을 보유하고 있는 비상장 법인인 1인 회사의 경우에 이사의 전환사채 발행 당시 그 1인 주주가 전환사채를 전부 인수하여 이를 제3자에게 양도하는 것에 갈음하여 미리 그 전부에 대하여 실권을 예정하고 있다가 제3자에게 그 발행조건 그대로 배정되도록 하였다면, 이를 두고 이사가 임무에 위배하였다고 볼 수는 없다).

따라서 이 사건 전환사채의 발행이 실질적 제3자배정방식에 해당한다는 원심판결에는 전환사채의 발행에 관한 법리를 오해한 위법이 있다.

이 점을 지적하는 피고인들의 상고이유 주장은 이유 있다.

(2) 전환사채 발행을 위한 이사회 결의가 정족수 미달로써 무효임에도 전환사채 발행절차를 진행한 것이 배임죄에서의 임무위배에 해당하는지 여부에 관하여 본다.

배임죄에 있어서 임무위배행위라 함은 형식적으로 법령을 위반한 모든 경우를 의미하는 것이 아니고, 문제가 된 구체적인 행위유형 또는 거래유형 및 보호법익 등을 종합적으로 고려하여 경제적 실질적 관점에서 본인에게 재산상의 손해가 발생할 위험이 있는 행위를 의미한다(대법원 2008. 6. 19. 선고 2006도4876 전원합의체 판결 등 참조).

이러한 법리에 비추어 살펴보면, 이 사건 전환사채의 발행이 주주배정방식으로 이루어진 이상 회사에게 어떠한 손해가 생겼다고 보기 어려운 점, 신주 발행에 관한 이사회의 결의가 없거나 그 결의에 흠이 있다고 하더라도 이사회의 결의는 회사의 내부적 의사결정에 불과하므로 신주발행의 효력에는 영향이 없는 점(대법원 2007. 2. 22. 선고 2005다77060, 77077 판결 등 참조), 이 사건 실권된 전환사채를 이재○ 등 에게 배정하기로 의결한 위 1996. 12. 3.자 이사회 결의에 어떠한 흠이 있다고 인정할 아무런 자료가 없는 점 등을 종합하여 보면, 피고인들이 이 사건 전환사채의 발행절차를 중단하지 아니하고 이를 진행한 것이 회사의 재산보호의무위반으로서의 임무위배에 해당한다고 볼 수는 없다.

따라서 이 점에 관한 원심의 판단은 배임죄의 임무위배에 관한 법리를 오해한 위법이 있다.

이 점을 지적하는 피고인들의 상고이유 주장도 이유 있다.

(3) 지배권 이전을 목적으로 한 전환사채의 발행이 이사의 임무위배에 해당하는지 여부에 대하여 본다.

이사가 주식회사의 지배권을 기존 주주의 의사에 반하여 제3자에게 이전하는 것은 기존 주주의 이익을 침해하는 행위일 뿐 지배권의 객체인 주식회사의 이익을 침해하는 것으로 볼 수는 없다 할 것인바, 주식회사의 이사는 주식회사의 사무를 처리하는 자의 지위에 있다고 할 수 있지만 주식회사와 별개인 주주들에 대한 관계에서 직접 그들의 사무를 처리하는 자의 지위에 있는 것은 아니다(대법원 2004. 6. 17. 선고 2003도7645 전원합의체 판결 참조). 더욱이 경영권의 이전은 지배주식을 확보하는 데 따르는 부수적인 효과에 불과한 것인바(대법원 2004. 2. 13. 선고 2001다36580 판결 참조), 회사 지분비율의 변화가 기존 주주 스스로의 선택에 기인한 것이라면 이사에게 지배권 이전과 관련하여 임무위배가 있다고 할 수 없다.

따라서 회사 지배권의 이전을 초래하는 다량의 실권된 전환사채를 제3자에게 배정한 것이 이사로서의 임무위배에 해당한다고 본 원심의 판단에는 배임죄의 임무위배에 관한 법리를 오해한 위법이 있다.

이 점을 지적하는 피고인들의 상고이유 주장도 이유 있다.

(4) 이 사건 전환사채의 전환가액에 관한 검사의 상고이유에 대하여 본다.

검사의 상고이유는 이 사건 전환사채의 적정 전환가액을 주당 85,000원으로 보아야 함에도 원심이 그 판시와 같은 이유를 들어 주당 14,825원으로 인정하고 그 범위 내에서만 죄책을 인정한 것이 부당하다는 취지이나, 이 사건 전환사채는 주주배정의 방법으로 발행되었고, 주주배정의 방법에 의하여 전환사채를 발행할 경우에는 반드시 시가 또는 주식의 실질가액을 반영한 전환가액으로 발행하여야 하는 것이 아니라는 것은 앞서 살펴 본 바와 같으므로, 이 사건 전환사채의 전환가액이 적정한지 여부에 관하여는 더 나아가 판단할 필요도 없이 검사의 상고이유 주장은 이유 없다.

(5) 결국 위 각 점을 지적하는 피고인들의 상고이유 주장은 이유 있고, 검사의 상고이유 주장은 이유 없으므로, 피고인들의 나머지 상고이유 주장에 나아갈 것도 없이 원심판결은 파기를 면하지 못한다.

3. 그러므로 원심판결을 파기하고, 사건을 다시 심리 · 판단하게 하기 위하여 원심법원에 환송하기로 하여, 주문과 같이 판결한다.

이 판결에는 위 2. 나. (1)항에 대한 대법관 김영란, 대법관 박시환, 대법관 이홍훈, 대법관 김능환, 대법관 전수안의 반대의견과 다수의견과 결론은 같이하나 이유를 달리하는 대법관 양승태의 별개의견이 있는 외에는[444*] 관여 대법관의 의견이 일치하였다.

444* 분량상 생략하기로 한다.

제5장 입찰담합관련 범죄

제1절 경매 · 입찰방해죄

Ⅰ. 서설

경매 · 입찰방해죄는 기업범죄에서 빈번히 발생하는 유형 중의 하나이다. 관급공사의 경우, 전체 건설시장에서 차지하는 비중이 절반에 가까우며,[445*] 사실상 부도 위험이 없다는 점에서 기업체가 선호하는 시장이 될 수밖에 없어, 이러한 시장을 독과점 형태가 유지되는 기업체들이 위계의 방법으로 가격을 조작하여 경매 · 입찰의 공정을 해하게 된다.

단군 이래 최대 토목공사로 불리던 4대강 사업은, 대규모 관급공사 내지 물품 구매사업이 입찰 참가요건 등의 규정으로 진입장벽이 정해질 경우, 독과점 형태의 기업들의 잇속 챙기기 현장에 불과할 정도로 경매 · 입찰의 공정을 해하여 자유시장경제질서를 훼손하는 심각한 사안임을 보여 주었다. 문제는 과거와 달리 소위 '짬짜미', 담합의 수단과 방법이 점점 교묘해지고 지능적으로 발달해 담합업체의 리니언시(leniency) 내지 배신이 없다면 경매 · 입찰방해행위를 적발하기 쉽지 않아졌다는 점이다.

Ⅱ. 경매 · 입찰방해죄의 주요 구성요건과 위법성

1. 구성요건

(1) 객체

경매 · 입찰방해죄는 위계 또는 위력 기타 방법으로 경매 또는 입찰의 공정을

445* 대한상공회의소 자료에 의하면, 건설업의 경우 정부·공공기관 발주 공사는 국내 건설시장의 40%(수주 기준)를 차지하지 있다 (http://www.yonhapnews.co.kr/bulletin/2015/05/25 /0200000000AKR201505250112 00003.HTML?input=1195m)

해하면 성립한다. 여기서 행위객체는 경매 또는 입찰이다. 경매는 다수인으로부터 구두로 청약을 받고 그 중 최고가격의 청약자에게 승낙을 하여 매매를 성립(경락)시키는 것이며, 입찰이란 경쟁계약에 있어 경쟁에 참가한 다수인으로부터 계약의 내용을 표시하게 하여 가장 유리한 청약자를 상대로 하여 계약을 체결(낙찰)하는 것을 말한다.[446*] 경매는 경쟁자들이 청약자의 가격정보를 알 수 있으나, 입찰은 입찰자들이 경쟁자의 입찰 정보를 알 수 없다.

경매 · 입찰의 종류는 묻지 않으며 국가 · 공공단체에 의해 실시되든 사인에 의해 실시되든 상관이 없다. 다만 범죄가 성립하기 위해서는 현실적으로 경매 · 입찰이 존재하여야 한다.[447*] 대법원은 추상적 위험이 있으면 경매 · 입찰방해죄의 성립을 인정하고 있다.[448*]

(2) 행위

1) 위계 또는 위력 기타의 방법

위계란 사람의 착오 또는 부지를 이용하거나 기망 또는 유혹의 수단을 사용하는 일체의 행위를 뜻한다.[449*] 위계 · 위력은 예시에 불과하며, 기타의 방법으로 가능하다. 따라서 가장경쟁자를 조작하여 단독입찰하는 가장입찰 내지 1인의 낙찰자를 제외한 나머지는 입찰을 포기하는 단독입찰은 위계에 의한 경매 · 입찰방해행위에 해당된다. 한편 위력의 의미는 신용훼손죄 내지 업무방해죄와 동일하다는 것이 일반적이며,[450*] 위력에 해당되기 위해서는 폭행 · 협박의 정도에 이르러야만 되는 것은 아니며, 입찰장소 주변을 에워싸고 입찰참가자들의 출입을 막는 행동으로도 족하다.[451*]

여기서 가장 빈번한 행위수법으로 담합행위가 문제된다. 담합행위란 경매 · 입찰의 경쟁에 참여하는 자 상호간에 통모하여 특정한 자에게 경락 또는 낙찰되도록 하기 위해서 나머지 참가자는 일정한 가격 이상 또는 이하로 호가(입찰)하지 않을 것을 공모하는 것을 뜻한다.[452*] 최근에는 소위 '사다리 타기' '뽑기' 등을 통해 사전에 입찰 참여기업 사이에 호가(투찰율)를 공모하고 낙찰자를 사전에 결정하는 방식이 주로

446* 김성돈, 형법각론, 237면.

447* 대판 2005.9.9, 2005도3587.

448* 대판 2007.5.31, 2006도8070

449* 이재상, 형법각론, 219면; 정성근/박광민, 형법각론, 247면.

450* 이재상, 형법각론, 219면; 김성돈, 형법각론, 238면.

451* 대판 1993.3.23, 92도3395.

452* 정성근/박광민, 형법각론, 248면.

쓰이고 있다.

담합행위는 대표적인 위계에 의한 경매·입찰방해행위이다. 입찰참가자 전원이 담합상태에 이르러야 하는 것은 아니고, 일부 사이에만 담합이 이루어진 경우에도 입찰방해죄가 성립하며,[453*] 추상적 위험범으로 파악하면 담합하였으나 입찰에 참여한 업체의 수가 많아서 실제로 가격형성에 부당한 영향을 주지 않았다고 하더라도 본죄가 성립할 수 있다.[454*] 이는 낙찰가격이 입찰시행자에게 유리하게 결정되었고 담합자 사이에 금품의 수수가 없었다고 하더라도 동일하다.[455*] 특정업체를 낙찰시키도록 담합하였으나 당초의 합의에 따르지 아니한 채 자신이 낙찰받기로 한 업체보다 저가로 입찰한 경우에도 이러한 행위는 담합을 이용하여 낙찰을 받은 것이라는 점에서 적법하고 공정한 경쟁방법을 해한 것이 되어 입찰방해죄에 해당한다.[456*] 다만 단순히 정보를 교환하여 응찰가격을 조정하는 정도에 그칠 때에는 담합행위에 포함되지 않는다.[457*]

2) 공정가격

경매·입찰방해죄의 보호법익은 경매 또는 입찰의 공정이다. 즉 경매 또는 입찰이 적정한 가격을 형성하는 공정한 자유경쟁을 말하고, '공정을 해한다'는 것은 공정한 자유경쟁을 방해할 염려가 있는 상태를 발생시키는 것으로 공정한 자유경쟁을 통한 적정한 가격형성에 부당한 영향을 주는 상태를 발생시키는 것을 의미한다.[458*] 여기서 가격은 물론 적법하고 공정한 경쟁방법을 해하는 행위도 포함된다.[459*]

문제는 적정가격이 무엇을 의미하는가인데, 이에 대해 경쟁가격설과 시장가격설이 대립하고 있다. 경쟁가격설은 자유경쟁의 구체적인 진행과정에서 얻어지는 가격이라는 입장이며,[460*] 시장가격설은 평균적인 시장가격을 기준으로 해야 한다는 입장이다.[461*] 시장가격설은 입찰제도라고 하더라도 무한정하고 절대적인 자유경쟁이 허용되는 것은 아니므로 사회적으로 적정한 이윤이 고려되는 시장가격이 무난하다고

453* 대판 2006.12.22, 2004도2581.

454* 대판 2009.5.14, 2008도11361. 이러한 판례의 입장을 반대하는 견해로는 이재상, 형법각론, 220면.

455* 대판 1994.5.24, 94도600.

456* 대판 2010.10.14, 2010도4940.

457* 대판 1997.3.28, 95도1199.

458* 대판 2003.9.26, 2002도3924.

459* 대판 1971.4.30, 71도519.

460* 김성돈, 형법각론, 239면; 박상기, 형법각론, 216면. 이재상, 형법각론, 219면.

461* 김일수/서보학, 형법각론, 221면; 정성근/박광민, 형법각론, 248면.

한다.[462*]

경쟁가격과 시장가격설은 과거 '1원 입찰'과 같이 구체적인 경매·입찰 진행과정에서 시장의 통상적인 가격과 차이가 발생하는 경우에 견해 대립의 실익이 있다. 생각건대 경매·입찰방해죄의 보호법익을 고려할 때 경매 또는 입찰의 공정을 해할 수 있는 과정에 의해 형성된, 즉 공정한 자유경쟁을 통한 가격형성이 방해된 것이면 시장가격이라고 하더라도 적정가격이라고 할 수 없다. 따라서 경쟁가격설이 타당하다고 하겠다.

2. 위법성

경매·입찰방해행위가 담합행위라고 하더라도 무모한 출혈경쟁을 방지할 목적으로 상거래질서에 비추어 상당한 수단으로 이루어진 경우 경매·입찰방해죄의 위법성이 인정되어 범죄가 성립하는지 문제된다. 이에 대해 일반 거래관념상 정당한 행위로 인정될 수 있는 경우에는 이러한 사전협정행위는 처음부터 담합행위가 아니라는 견해[463*]도 있으나, 사회상규에 위배되지 않는 행위로서 위법성이 조각될 수 있다.[464*] 단순히 정보를 교환하여 응찰가격을 조정하는 정도에 그칠 때에는 처음부터 담합행위에 해당되지 않는다고 하겠으나, 이러한 단계를 넘어서는 경우에는 공정한 자유경쟁을 저해할 상태를 창출해낸 것이므로 금지되는 담합행위이며 담합의 방법, 담합자간의 금품수수 여부, 전체 업체 수, 담합참여업체의 수, 담합가격의 수준, 담합의 규모 등을 종합적으로 살펴보아 사회상규에 비추어 용인될 수 있는 수준이라면 위법성이 조각된다고 하겠다. 이러한 맥락에서 동업자 사이의 무모한 출혈경쟁을 방지하기 위한 수단으로 단독입찰하면서 경쟁입찰한 것 같이 가장하였다면[465*] 이는 경쟁입찰의 방법을 해한 것으로 위법성이 조각될 수 있는 범위를 넘어선 것이라고 하겠다.

462* 정성근/박광민, 형법각론, 248면.

463* 박상기, 형법각론, 217면; 이정원, 형법각론, 234면.

464* 김성돈, 형법각론, 240면; 임 웅, 형법각론, 25면.

465* 예컨대 1994.11.8, 94도2142와 같은 사안이다.

제2절 업무방해의 죄

Ⅰ. 서설

기업범죄에서 업무방해죄가 성립한다는 것을 상정하기는 쉽지 않다. 그러나 경우에 따라서는 경쟁사의 실패를 위해 업무방해를 감행하는 경우, 자사의 광고나 매출증대를 위해 포털사이트와 같은 매개업체의 업무를 방해하거나 입찰 발주자측의 전산망에 침입하는 경우도 배제할 수 없는 상황이 되었다. 또한 경매·입찰방해죄의 위계·위력과 업무방해죄의 위계·위력은 동일하다. 여기서 입찰업무를 담당하는 자의 구체적 직무집행을 저지하거나 현실적으로 곤란하게 하면서 입찰의 공정을 해하는 행위를 한 경우에는 경매·입찰방해죄 외에 업무방해죄가 별도로 성립할 수 있다. 대법원도 경매업무의 경우 위계에 의한 공무집행방해죄가 별도로 성립하며 양죄는 상상적 경합 관계에 있음을 인정하고 있다.[466*]

그리고 최근 한전입찰비리 사건에서 볼 수 있듯이, 앞으로는 과거의 인적, 물리적 업무방해 보다는 컴퓨터 내지 전산망에 침입하여 정보처리 과정에서 낙찰을 조작하는 컴퓨터 등 업무방해 형태가 증가할 것으로 예측된다.

Ⅱ. 업무방해의 죄의 주요 구성요건[467*]

1. 업무방해죄

(1) 위계

업무방해죄에서의 위계는 사람의 착오 또는 부지를 이용하거나 기망·유혹의

466* 대판 2000.3.24, 2000도102.

467* 이승준, "'위장취업'과 업무방해죄의 성부 판단", 한양법학, 제25권 1호, 2014, 317면 이하 재구성.

수단을 사용하는 일체의 행위로 이해되고 있다.[468*] 위계는 허위사실의 유포를 포함하는 개념으로, 상대방의 착오나 부지를 이용하는 일체의 행위가 해당된다. 판례도 '행위자의 행위목적을 달성하기 위하여 상대방에게 오인, 착각 또는 부지를 일으키게 하여 이를 이용하는 것을 말하며, 상대방이 이에 따라 그릇된 행위나 처분을 하였다면 위계에 의한 업무방해죄가 성립된다고 할 것'으로 판시[469*]하여 동일하게 이해하고 있다.

(2) 위력

위력이란 사람을 제압·혼란케 할 정도의 일체의 세력 내지 억압적 방법을 말한다.[470*] 폭행·협박 등 유형적 세력은 물론 사회적·경제적·정치적 지위나 권세를 이용하는 무형적 세력도 포함하고, 제3자를 통한 간접적 행사도 포함한다.[471*] 범인의 위세, 인원수, 주위상황으로 보아 의사를 제압·혼란하게 할 수 있는 세력이 있으면 족하고, 현실적으로 의사가 제압·혼란하게 되었음을 요하지 않는다.[472*]

현행 형법 조문상 위력이 규정되어 있는 죄는 살인의 죄, 공무방해에 관한 죄, 협박의 죄, 강간과 추행의 죄, 강도의 죄 등 10개의 장, 12개 조문에 이르며 개별 구성요건 사이에는 미세한 차이가 엄연히 존재하고 있다. 그럼에도 불구하고 지금까지 형법상 '위력'개념에 대한 체계적·종합적 개념 정의는 찾아보기 어렵다. 이 점은 업무방해죄의 위력에 대해서도 마찬가지이다. 그러나 최근 업무방해죄의 위력 개념에 대해서는 제한적 해석의 필요성을 강조하는 견해가 많아졌으며, 대법원도 근로자의 파업행위와 관련하여 확대해석을 지양하고 범죄성립을 제한하는 방향으로 축소해석하는 바람직한 흐름[473*]이 나타나고 있다.

(3) 업무방해

업무방해죄가 인정되기 위해서는 위계 또는 위력에 의해 '업무'가 '방해'되어야 한다.

업무방해죄의 '업무'는 사람의 사회생활상의 지위에 기하여 계속 반복적으로

468* 정성근/박광민, 형법각론, 233면; 손동권, 형법각론, 222면.

469* 대판 1992.6.6, 91도2221.

470* 김성돈, 형법각론, 229면; 이재상, 형법각론, 213면; 대판 2013.2.28, 2011도16718.

471* 대판 2013.2.28, 2011도16718.

472* 대판 1995.10.12, 95도1589.

473* 대판 2011.3.17, 2007도482 전합.

종사하는 사무 또는 사업을 말한다.[474*] 사회생활상의 지위에 기한 것이면 경제적인 것일 필요는 없다.[475*] 따라서 시험실시와 같은 정신적 사무도 포함된다.[476*] 보수나 영리의 수반 여부도 문제되지 않는다. 아울러 주된 사무와 밀접한 관계가 있는 부수적 사무도 포함된다.[477*]

그리고 이러한 업무는 타인의 업무로서, 형법상 보호할 가치가 있어야 한다. 이 경우 보호가치의 유무는 사무나 활동자체의 위법성이 중하여 사회생활상 용인될 수 없는 반사회성을 띠지 않는 것으로,[478*] 업무가 실제로 평온한 상태에서 일정기간 지속·반복적으로 운영됨으로써 사회생활의 기반을 이루고 있느냐로 볼 수 있다.[479*] 따라서 반드시 적법·유효할 필요는 없으나, 무면허의료행위와 같이 사회생활상 용인될 수 없는 경우에는 업무로 보호될 수 없다.[480*] 기업의 경우 특별히 업무성이 문제되는 경우는 많지 않다.

이러한 '업무'가 업무방해죄의 보호법익에 해당하는지, 아니면 행위객체에 해당하는지에 대하여, 다수의 견해[481*]는 보호법익이라고 하나, 일부 견해[482*]는 업무는 행위객체이며 사람의 사회적·경제적 활동의 안전과 자유가 보호법익이라고 한다. 또 다른 견해는 업무의 개념을 정적인 가치물로 본다면 양자의 견해대립이 실익이 있으나, '업무=사람의 활동'이 되므로 양자의 견해대립은 실익이 없으며 업무의 개념은 업무수행자의 활동의 자유라고 한다.[483*] 판례는 업무를 보호대상으로 이해하고 있다.[484*]

생각건대 업무방해죄는 업무자체를 보호한다기보다는 업무의 실질적 내용을 보호하고자 하는 것으로 볼 수 있다.[485*] 형법 제34장에 함께 규정되어 있는

474* 김성돈, 형법각론, 225면; 대판 1993.2.9, 92도2929.

475* 손동권/김재윤, 형법각론, 217면.

476* 손동권/김재윤, 형법각론, 217면.

477* 대판 1993.2.9, 92도2929.

478* 대판 2001.11.30, 2001도2015.

479* 같은 취지로, 손동권/김재윤, 형법각론, 219면; 변종필, "업무방해죄에서의 업무의 개념과 범위", 형사판례연구 (16), 박영사, 2008, 114면.

480* 대판 2001.11.30, 2001도2015.

481* 배종대, 형법각론, 295면; 오영근, 형법각론, 235면; 이재상, 형법각론, 208면; 임 웅, 형법각론, 228면. 이러한 견해에 대해 대부분의 문헌들은 통설 내지 다수설로 소개하고 있다. 그러나 현재 다수설의 지위를 점하고 있는지는 의문이다.

482* 김성돈, 형법각론, 221면; 김일수/서보학, 형법각론, 213면; 박상기, 형법각론, 201면; 변종필, 앞의 논문, 113면; 이정원, 형법각론, 신론사, 2012, 223면; 정성근/박광민, 형법각론, 235면; 정영일, 형법각론, 200면.

483* 손동권/김재윤, 형법각론, 216면.

484* 대판 2001.11.30, 2001도2015.

485* 박상기, 형법각론, 201면.

경매 · 입찰 방해죄의 보호법익이 경매와 입찰의 공정성인 것과 동일한 구조를 지니는 것이다. 아울러 업무는 재산적 이익과 무관한 사회적 활동업무도 포함된다는 점[486*]에서, 업무방해죄의 보호법익은 업무 수행자의 활동의 자유라고 할 것이다.

다음으로 업무의 '방해'란 업무수행에 어떤 지장을 주는 것을 의미한다.[487*] 업무방해의 결과가 발생하여야 하는지에 대해, 추상적 위험범이므로 업무방해의 결과가 현실적으로 발생할 필요가 없으며 업무를 방해할 우려있는 상태가 발생한 때에 기수가 된다는 견해,[488*] 구체적 위험범으로 해석하여 방해결과의 발생에 대한 구체적 위험이 있어야 기수가 되며, 업무방해의 일반적 위험(추상적 위험)만으로는 부족하다는 견해[489*]와 업무방해죄는 문리적, 역사적, 체계적, 목적론적 해석의 관점에서 위험범이 아니라 침해범으로 해석하여야 한다는 견해[490*]가 주장되고 있다.

대법원은 업무 집행자체를 방해하는 경우뿐만 아니라 업무의 경영을 저해하는 경우도 포함시키고 있다.[491*] 나아가 업무가 방해될 추상적인 위험이 있는 경우에 업무방해죄가 성립한다고 한다.[492*] 대법원[493*]은 또한 위계에 의한 업무 방해의 위험성에 대해 업무담당자의 불충분한 심사에 의한 것인지 아니면 관계 규정에 따라 요건의 존부에 관하여 충분한 심사를 하였음에도 신청사유나 소명자료가 허위임을 발견하지 못한 것인지를 기준으로 한다. 상대방으로부터 신청을 받아 일정한 자격요건 등을 갖춘 경우에 한하여 그에 대한 수용 여부를 결정하는 업무에 있어서는 신청서에 기재된 사유가 사실과 부합하지 않을 수 있음을 전제로 그 자격요건 등을 심사 · 판단하는 것이므로, 그 업무담당자가 사실을 충분히 확인하지

486* 김일수/서보학, 형법각론, 213면.

487* 박상기, 형법각론, 203면

488* 김성돈, 형법각론, 231면; 박상기, 형법각론, 198면; 박종민, "업무방해죄에 있어서 위계 및 위력의 의미", 대법원 판례해설 56호, 법원도서관, 2005.12., 307면; 이재상, 형법각론, 215면; 이형국, 형법각론, 272면; 임 웅, 형법각론, 230면; 정성근/박광민, 형법각론, 235면.

489* 배종대, 형법각론, 302면.

490* 김태명, "업무방해죄의 법적 성질과 결과발생의 요부", 형사판례연구 (18), 박영사, 2010, 125~129면. 김태명교수는 문리적 해석의 관점에서 업무방해죄는 "…하여 …한 자"의 형태로 규정되어 있으며, 역사적 해석의 관점에서 일본의 구형법이 1907년 형법을 제정하면서 지금과 같은 형태의 업무방해죄 규정을 두게 되었으나 확대적용의 위험성을 완화하기 위해 입법자들이 침해범으로서의 성격을 명확히한 점, 체계적 해석의 관점에서 수단이 협박죄나 폭행죄와 달리 허위사실의 유포 등의 위계나 위력으로 그 자체만으로는 비교적 불법성이 경미한 행위태양인데 반해 형벌이 높은 것은 불법성을 업무방해라는 법익침해의 결과에서 찾아야 한다는 점, 목적론적 해석의 관점에서 업무방해죄 규정의 확대적용의 위험성을 들고 있다. 아울러 일본의 경우, 침해범으로 보아야 한다는 견해가 유력하게 주장된다[西田典之, 刑法各論(第4版), 弘文堂, 2009, 121頁; 平野龍一, 刑法概說, 東京大學出版會, 1977, 188頁; 大谷 實, 刑法講義各論(新版 第3版), 成文堂, 2009, 142頁; 前田雅英, 刑法各論講義(第4版), 東京大學出版會, 2007, 173頁].

491* 대판 1999.5.14, 98도3767.

492* 대판 1999.12.10, 99도3487; 대판 2008.1.17, 2006도1721.

493* 대판 2004.3.26, 2003도7927.

아니한 채 신청인이 제출한 허위의 신청사유나 허위의 소명자료를 가볍게 믿고 이를 수용하였다면 업무담당자의 불충분한 심사에 기인한 것으로 신청인의 위계가 업무방해의 위험성을 발생시켰다고 할 수 없으나, 신청인이 허위의 주장을 하면서 이에 부합하는 허위의 소명자료를 첨부하여 제출한 경우 그 수리 여부를 결정하는 업무담당자가 관계 규정이 정한 바에 따라 그 요건의 존부에 관하여 나름대로 충분히 심사를 하였음에도 신청사유 및 소명자료가 허위임을 발견하지 못하여 그 신청을 수리하게 될 정도에 이르렀다면, 이는 업무담당자의 불충분한 심사가 아니라 신청인의 위계행위에 의하여 업무방해의 위험성이 발생한 것이라고 판단한다.[494*]

생각건대 업무방해죄를 위험범으로 파악하는 견해는 업무방해라는 결과 입증의 곤란을 피하기 위한 의도가 내재되어 있는 것 같다.[495*] 이에 더하여 과거 노동현장에서 노동자들의 투쟁을 제압하기 위해 정치적 수단으로 업무방해죄가 활용되면서[496*] 위험범이라는 판례의 입장을 무비판적으로 받아들인 결과라고도 할 수 있다. 그런데 업무방해죄가 위험범이라는 학설과 판례는 위험이 업무집행 자체에 대해 위험을 초래하는 것이며, 현실적인 업무방해를 통한 결과발생의 위험성으로 이해하지 않는다. 업무방해의 결과를 초래할 위험이 발생하면 족하며, 업무수행 자체가 아니라 업무의 적정성 내지 공정성이 방해된 경우에도 업무방해죄를 인정하기 때문이다.[497*] 그러나 위험범에서의 위험이란 법익침해의 위험이지, 구성요건적 행위 실현 자체의 위험성을 의미하는 것이 아니며, 업무방해죄가 위험범이라면 위험성은 판례와 학설처럼 업무집행 자체에 대한 위험성이 아니라 업무방해로 인한 업무의 실질적 내용 침해의 위험성으로 파악하는 것이 타당하다.[498*] 방화죄의 위험이 목적물 소훼의 위험이 아니라, 공공의 안전과 평온을 해한 위험과 동일한 논리인 것이다.[499*] 이 점은 본죄가 자유에 대한 죄이며, 보호법익을 업무 자체가 아니라 개인의 경제적 · 사회적 업무수행 활동의 안전과 자유라고 보면 더욱 명확해진다. 아울러 개인의 자유에 대한 죄 중 다른 위험범과는 달리 비교적 경미한 수단인 위계만으로 높은 법정형을 규정하고 있는 것은

494* 대판 2009.1.30, 2008도6950.

495* 前田雅英, 前掲書, 173頁은 메밀국수집의 업무가 방해된 경우 매출의 손해 입증이 곤란한 예를 들면서 일본 판례의 이러한 경향을 지적하고 있다. 일본 판례(最判昭 28.1.30 刑集 7.1.128)는 '妨害の結果を発生せんむべき虞ある行為'라고 표현하고 있다,

496* 배종대, 형법각론, 301면도 91도2221 판결에 대해 형법을 산업평화달성의 수단으로 인정한 매우 정치적인 판결이라고 비판하고 있다.

497* 대판 2008.1.17, 2006도1721.

498* 추상적 위험범설을 취하면서 위험을 이렇게 이해하고 있는 견해로는 박상기, 형법각론, 199면.

499* 박상기, 형법각론, 199면.

법익침해의 위험이 아니라 법익침해의 결과 발생을 고려한 것으로 해석할 수 있다.[500*] 그리고 구체적 위험범이라는 견해가 업무방해죄 확대적용의 위험을 경계한 점은 적절하다고 할 수 있다. 그러나 구체적 위험범이 되기 위해서는 구성요건상 구체적 위험이 명시되어야 한다는 원칙을 고려하면 타당하지 않다.

형법상 업무의 집행을 방해하는 죄는 업무방해죄와 공무집행방해죄(제136조), 위계에 의한 공무집행방해죄(제137조), 법정 또는 국회회의장모욕죄(제138조), 인권옹호직무방해죄(제139조) 등이 있다. 여기서 각각의 범죄가 위험범인지 침해범인지는 조문의 문언, 규정의 체계, 해당규정의 도입취지와 목적 등을 종합적으로 고려하여 판단할 수밖에 없다. 그런데 업무방해죄는 행위방법이 위계, 위력임에도 불구하고 법정형이 공무집행방해죄와 동일하게 규정되어 있다. 그리고 위계에 의한 공무집행방해죄도 폭행, 협박을 수단으로 하는 공무집행방해죄와 동일하게 형이 규정되어 있다. 이러한 상황에서 이들을 조화롭게 이해하려면 업무방해죄를 위험범으로 해석하여 처벌을 확대할 것이 아니라, 조문의 문언대로 '사람의 업무를 방해한' 침해범으로 해석하여야 한다.

2. 컴퓨터 등 업무방해죄

(1) 객체

컴퓨터 등 업무방해죄는 컴퓨터 등 정보처리장치 또는 전자기록 등 특수매체기록을 손괴하거나 정보처리장치에 허위의 정보 또는 부정한 명령을 입력하거나 기타 방법으로 정보처리에 장애를 발생하게 하여 사람의 업무를 방해하면 성립하는 범죄이다. 여기서 컴퓨터 등 정보처리장치란 자동적으로 계산이나 데이터의 처리를 할 수 있는 장치를 말한다. 하드웨어가 아닌 소프트웨어에 대해서 정보처리에 이용되는 전자기록에 해당하므로 특수매체기록에 포함하여야 한다는 견해[501*]도 있으나 정보처리장치의 구동이 하드웨어만으로는 부족하고 소프트웨어와 결합하여 이루어지는 것이 일반적이므로 컴퓨터 등을 구동할 수 있는 소프트웨어를 손괴하거나 허위정보를 입력하는 행위는 특수매체기록에서 '기록'을 손괴하는 등의 행위와는 구별하여야 하며, 소프트웨어도 정보처리장치에 포함되는 경우가 있다고 하겠다. 특수매체기록은 전자기록, 전기적 기록, 광기록 등으로 정보처리장치에 사용되는

500* 유사한 취지로, 김태명, 앞의 논문, 128면.

501* 김성돈, 형법각론, 234면, 박상기, 형법각론, 212면; 임 웅, 형법각론, 232면.

기록을 의미한다.

(2) 행위

이 죄는 정보처리장치 또는 전자기록 등 특수매체기록을 손괴하거나 정보처리장치에 허위의 정보 또는 부정한 명령을 입력하거나 기타 방법으로 정보처리에 장애를 발생하게 하여 사람의 업무를 방해하면 성립한다.

여기서 손괴란 물질적으로 멸실 또는 훼손케 하거나 기록을 말소시켜 효용을 해하는 것을 말하며, 허위의 정보 또는 부정한 명령의 입력이란 포털사이트의 통계집계시스템에 대한 허위클릭과 같이 정보처리장치의 시스템에 예정되어 있는 사무처리 목적에 비추어 진실에 반하는 내용의 정보를 입력하거나(허위의 정보), 사무처리 과정에 주어서는 안 될 프로그램을 변경, 삭제, 추가하는 것(부정한 명령)을 말한다. 외부에서 입찰공고회사 서버에 접속해 입찰정보를 빼낼 수 있는 프로그램을 설치하고 입찰 추첨번호와 다른 업체들의 투찰 정보, 낙찰 하한가를 예측할 수 있도록 하는 것[502*]도 여기에 해당된다고 하겠다. 그리고 기타의 방법이란 전원차단과 같이 정보처리장치의 작동에 직접 영향을 줄 수 있는 가해행위를 말한다.

업무방해란 업무가 방해될 위험으로 족하며[503*] 방해란 정보처리장치의 용역을 통해서 처리하려는 업무에 지장을 초래하는 일체의 행위를 말한다.[504*] 정보처리의 장애는 현실적으로 발생하여야 한다.[505*] 한편 본죄의 업무에는 공무소가 포함된다.

502* 한전 KDN은 발전에서부터 송·변전, 배전, 판매데 이르기까지 전력계통 전 과정에 있어 첨단 전력IT 기술을 적용해 전력 계통 감시 및 제어, 전력사업 정보관리 등의 토털 서비스를 제공하는 공기업으로, 2014년 말 광주와 전남지역에서는 배전단가 공사(변전소→가정까지 공급) 입찰과 관련해 300대1, 최대 1000대1의 치열한 경쟁률에도 특정 업체들이 낙찰을 싹쓸이 하고 있다는 소문이 돌았다. 검찰은 이에 입찰비리를 의심하고 수사에 착수하였고, 입찰 과정에서 현직 한전 KDN 파견업체 직원이 부정한 명령어를 입력한 전산 로그기록을 확보하였다. 이들은 외부게서 한전 서버에 접속해 입찰 정보를 빼낼 수 있는 2개의 프로그램으로 4개의 입찰 추첨번호와 다른 업체들의 투찰 정보, 낙찰 하한가를 분석하여 정확하게 예측했다[한전은 각종 전기공사 중 적격심사제 방식으로 진행되는 전자입찰의 경우 기초 금액, 예비 가격 범위(±2.5%) 등을 명시해 공고하고, 전자입찰시스템 서버는 투찰 마감 전 날인 오후 4시께 기초 금액의 ±2.5%의 범위 내에서 생성이 가능한 1365개의 예비가격 중 15개를 임의로 선택해 암호화한 뒤 15개의 추첨번호에 임의로 배정시켜 저장하나, 금액과 추첨번호 배정은 외부에 공개되지 않는다]. 검찰 조사 결과 현재까지 확인된 불법 낙찰공사는 전국에 걸쳐 83개 전기공사업체 총 133건(계약금액 기준 2709억원 상당)이었다. 이들은 규모가 크고 마진율도 매우 높은 전기공사의 특성상 사활을 걸고 입찰에 참여하였고, 낙찰받기 위해서 이들과 공모하는 것도 주저하지 않았으며, 불법 낙찰을 받을 경우, 공사대금의 1~10% 상당을 이들에게 건네 온 것으로 파악되었다(뉴시스 2015.2.16.자 기사 참조 http://www.newsis.com/ar_detail/view.html ?ar_id=NISX20150216_0013483210&cID=10203&pID=10200).

503* 대판 2009.4.9, 2008도11978.

504* 김성돈, 형법각론, 236면.

505* 대판 2013.3.28., 2010도14607.

III. 죄수 및 타죄와의 관계

업무방해죄와 컴퓨터등 업무방해죄는 특별관계에 있으므로 컴퓨터등 업무방해죄가 성립하면 업무방해죄는 성립하지 않는다.(컴퓨터등) 업무방해행위가 동시에 배임에 해당하는 경우에는 배임죄와 상상적 경합이 된다.[506*]

컴퓨터를 손괴하여 업무를 방해한 때에도 상상적 경합이 된다는 견해[507*]도 있으나, 본죄의 행위태양에 포함되므로 법조경합관계로 봄이 타당하다.[508*] 컴퓨터등 업무방해죄의 경우, 포탈사이트 허위클릭과 같이 1개의 정보처리장치에 수회의 허위정보나 부정한 명령을 입력하여도 동일한 고의로 행위가 시간적으로 연속되었을 때에는 컴퓨터등 업무방해죄 일죄가 될 수 있다.[509*] 또한 정보통신망을 이용한 경우에는 '다른 법률과의 관계'규정으로 인해[510*] 정보통신망 이용촉진 및 정보보호 등에 관한 법률상의 금지행위인 악성프로그램을 전달 또는 유포하거나, 정보통신망에 장애가 발생하게 하거나, 정보통신망에 침입하는 경우 동법에 의해 처벌받게 된다.

506* 김성돈, 형법각론, 237면.

507* 이재상, 형법각론, 218면,

508* 김성돈, 형법각론, 237면; 박상기, 형법각론, 215면; 정성근/박광민, 형법각론, 246면.

509* 김성돈, 형법각론, 237면; 정성근/박광민, 형법각론, 246면.

510* 제5조(다른 법률과의 관계) 정보통신망 이용촉진 및 정보보호 등에 관하여는 다른 법률에서 특별히 규정된 경우 외에는 이 법으로 정하는 바에 따른다.

♦ 입찰담합관련 범죄의 주요 판례 ♦

Ⅰ. 담합과 입찰방해죄

대법원 2001.6.29. 선고 99도4525 판결[배임증재 · 입찰방해][미간행]

【판시사항】

[1] 동업자 들이 무모한 출혈경쟁을 방지하기 위한 수단으로 실질적으로 단독입찰을 하면서 경쟁입찰인 것같이 가장한 경우, 입찰방해죄가 성립하는지 여부(적극)

[2] 한국전력공사 지사에서 발주하는 배전공사 특수단가계약의 입찰에 참가한 피고인들이 공모하여 실질적으로 단독입찰을 경쟁입찰인 것처럼 가장한 사안에서, 위 담합행위는 적법하고 공정한 경쟁방법을 해치고 적정한 가격형성을 방해한 것으로서 입찰방해죄를 구성한다고 한 원심판단을 수긍한 사례

【참조조문】

[1] 형법 제315조 [2] 형법 제315조

【참조판례】

[1] 대법원 1988. 3. 8. 선고 87도2646 판결(공1988, 725)
대법원 1994. 5. 24. 선고 94도600 판결(공1994하, 1867)
대법원 1994. 11. 8. 선고 94도2142 판결(공1994하, 3316)

【전 문】

【피고인】피고인 1외 4인

【상고인】피고인들

【변호인】변호사 황도연

【원심판결】부산지방법원 1999. 9. 16. 선고 99노404 판결

【주 문】

상고를 모두 기각한다.

【이 유】

상고이유를 본다.

1. 피고인들에 대한 입찰방해의 점에 관하여

원심판결 이유에 의하면, 원심은 피고인들에 대한 이 사건 공소사실 중 입찰방해의 점에 관하여, 제1심이 채택한 증거에 의하여, 피고인들 및 제1심 공동피고인 공소외인은 한국전력공사 부산지사에서 발주하는 동래 5개 지역에 대한 98 배전공사 특수단가계약의 입찰에 참가함에 있어 그 입찰 방식이 발주자가 미리 공개한 10개의 복수예비가격에서 무작위로 3개의 예비가격을 추첨하여 합한 후 다시 3으로 나누어 평균가격을 산출하고, 그 평균가격의 90%를 입찰기준금액으로 정하여 입찰 당일 입찰자 중에서 위 입찰기준금액을 상회함과 동시에 그에 가장 근접한 가격으로 입찰한 자를 낙찰자로 정하여 향후 2년 동안 그 지역에서 시공되는 단가 5,000만 원 이하의 전기공사를 독점하고, 그 공사대금은 처음 낙찰 당시 정해진 낙찰률에 따라 지급받게 되어 있자, 피고인들 및 공소외인이 공모하여 공소외인은 형식상 입찰에 참가하되 복수예비가격 중 최소가격 3개가 추첨되거나 또는 그 다음 최소가격 3개가 추첨되었을 때에만 낙찰받을 수 있는 가격을 써넣음으로써 사실상 입찰을 포기하고, 피고인들은 1개 지역씩 자신이 낙찰받을 지역을 정하여 복수예비가격 중 최대가격으로 3개가 추첨되었을 경우 또는 그에 근접한 경우에만 낙찰될 수 있는 가격을 써넣어 최대한 높은 가격으로 응찰하고 나머지 입찰 참가자들은 공소외인과 같이 도저히 낙찰받을 수 없는 가격을 써넣어 실질적으로 단독입찰을 경쟁입찰인 것처럼 가장하여 피고인들이 각 1개 지역씩을 낙찰받고, 공소외인은 입찰을 포기한 대가로 1억 원을 지급받은 사실을 인정하고, 피고인들의 위와 같은 행위는 적법하고 공정한 경쟁방법을 해치고 적정한 가격형성을 방해한 것이 되어 입찰의 공정을 해하였다 할 것이어서 형법 제315조 소정의 입찰방해죄를 구성한다고 할 것이므로, 제1심이 피고인들의 행위를 입찰방해죄로 의율한 것은 정당하다고 판단하여 피고인들의 항소를 기각하고 위 공소사실을 유죄로 인정한 제1심판결을 유지하였다.

「입찰방해죄는 위태범으로서 결과의 불공정이 현실적으로 나타나는 것을 요하는 것이 아니며, 그 행위에는 가격을 결정하는 데 있어서 뿐만 아니라 적법하고 공정한 경쟁방법을 해하는 행위도 포함되므로, 그 행위가 설사 동업자 사이의 무모한 출혈경쟁을 방지하기 위한 수단에 불과하여 입찰가격에 있어 입찰실시자의 이익을 해하거나 입찰자에게 부당한 이익을 얻게 하는 것이 아니었다 하더라도 실질적으로는 단독입찰을 하면서 경쟁입찰인 것같이 가장하였다면 그 입찰가격으로서 낙찰하게 한 점에서 경쟁입찰의 방법을 해한 것이 되어 입찰의 공정을 해한 것으로 되었다 할 것이다」(대법원 1994. 11. 8. 선고 94도2142 판결 참조).

기록과 위 법리에 비추어 살펴보면, 원심의 사실인정과 판단은 정당하고 거기에 상고이유로 주장하는 것과 같은 채증법칙 위배로 인한 사실오인이나 법리오해 및 심리미진의 위법이 없다.

2. 피고인 2에 대한 배임증재의 점에 관하여

피고인 2는 이 부분에 관하여 상고를 제기하고서도 아무런 상고이유를 제출하지 아니하였다.

3. 그러므로 상고를 모두 기각하기로 하여 관여 법관의 일치된 의견으로 주문과 같이 판결한다.

Ⅱ. 악성 프로그램의 설치와 업무방해

대법원 2013.3.28. 선고 2010도14607 판결[컴퓨터등사용사기 · 정보통신망이용촉진및정보보호등에관한법률위반(정보통신망침해등) · 컴퓨터등장애업무방해][공2013상,811]

【판시사항】

[1] 갑 주식회사 대표이사인 피고인이, 갑 회사가 운영하는 웹사이트에서 무료프로그램을 다운로드받을 경우 악성프로그램이 숨겨진 특정 프로그램을 필수적으로 컴퓨터 내에 설치하도록 유도하는 방법으로 컴퓨터 사용자들의 정보통신망에 침입하였다고 하여 구 정보통신망 이용촉진 및 정보보호 등에 관한 법률 위반으로 기소된 사안에서, 악성프로그램이 설치됨으로써 피해 컴퓨터 사용자들의 정보통신망에 침입하였다고 보아 유죄를 인정한 원심판단을 수긍한 사례

[2] 구 정보통신망 이용촉진 및 정보보호 등에 관한 법률 제48조 제3항, 제71조 제5호에서 정한 '정보통신망의 안정적 운영을 방해하는 장애'와 '부정한 명령'의 의미

[3] 정보통신망에서 처리가 예정된 종류의 정보자료인 이상 허위의 정보자료를 처리하게 함으로써 정보통신망 관리자나 이용자의 주관적 입장에서 보아 진실에 반하는 정보처리 결과를 만들어 내었더라도, 정보통신망에서 정보를

수집 · 가공 · 저장 · 검색 · 송신 또는 수신하는 기능을 물리적으로 수행하지 못하게 하거나 그 기능 수행을 저해하지는 아니하는 경우, '정보통신망 장애'에 의한 구 정보통신망 이용촉진 및 정보보호 등에 관한 법률 위반죄로 처벌할 수 있는지 여부(소극)

[4] 갑 주식회사 대표이사인 피고인이, 컴퓨터 사용자들의 컴퓨터에 설치된 악성프로그램이 자동으로 갑 회사의 서버 컴퓨터로부터 내려받은 작업 리스트에 따라 인터넷 포털사이트의 검색창에 지시된 검색어를 입력하고 그 검색 결과에서 지시된 업체의 웹사이트를 클릭하도록 하여 해당 업체와 관련된 검색어에 대하여 '연관검색어', '자동완성어'를 생성하거나 해당 웹사이트 순위를 향상시킴으로써 정보통신망에 장애를 발생하게 하였다고 하여 구 정보통신망 이용촉진 및 정보보호 등에 관한 법률 위반으로 기소된 사안에서, 피고인에게 유죄를 인정한 원심판결에 법리오해의 위법이 있다고 한 사례

[5] 갑 주식회사 대표이사인 피고인이, 악성프로그램이 설치된 피해 컴퓨터 사용자들이 실제로 인터넷 포털사이트에 해당 검색어로 검색하거나 검색 결과에서 해당 스폰서링크를 클릭하지 않았음에도 그와 같이 검색하고 클릭한 것처럼 인터넷 포털사이트의 관련 시스템 서버에 허위의 신호를 발송하는 방법으로 정보처리에 장애를 발생하게 하였다고 하여 컴퓨터등장애업무방해로 기소된 사안에서, 피고인에게 유죄를 인정한 원심판단을 수긍한 사례

【판결요지】

[1] 갑 주식회사 대표이사인 피고인이, 갑 회사가 운영하는 웹사이트에서 무료프로그램을 다운로드받을 경우 'eWeb.exe'이라는 악성프로그램이 몰래 숨겨진 'ActiveX'를 필수적으로 컴퓨터 내에 설치하도록 유도하는 방법으로 컴퓨터 사용자들의 정보통신망에 침입하였다고 하여 구 정보통신망 이용촉진 및 정보보호 등에 관한 법률(2008. 6. 13. 법률 제9119호로 개정되기 전의 것) 위반으로 기소된 사안에서, 피해 컴퓨터에 연결된 정보통신망을 이용한 악성프로그램의 피해 컴퓨터 내 설치 경위, 피해 컴퓨터 사용자들이 인식하지 못하는 상태에서 악성프로그램의 실행 및 피해 컴퓨터에 연결된 정보통신망을 이용한 갑 회사 서버 컴퓨터와의 통신, 그 통신에 의한 지시에 따라 피해 컴퓨터와 인터넷 포털사이트 '네이○'시스템 사이에 연결되는 정보통신망을 이용한 네이○ 시스템에 대한 허위 신호 발송 결과 등에 비추어 볼

때, 악성프로그램이 설치됨으로써 피해 컴퓨터 사용자들이 사용하는 정보통신망에 침입하였다고 보아 유죄를 인정한 원심판단을 수긍한 사례.

[2] 구 정보통신망 이용촉진 및 정보보호 등에 관한 법률(2008. 6. 13. 법률 제9119호로 개정되기 전의 것) 제48조 제3항 및 제71조 제5호는 정보통신망의 안정적 운영을 방해할 목적으로 대량의 신호 또는 정보자료를 보내거나 부정한 명령을 처리하도록 하는 등의 방법으로 정보통신망에 장애가 발생하게 한 자를 처벌하도록 정하고 있으므로, 위 정보통신망 장애 행위로 처벌하기 위해서는 정보통신망의 안정적 운영을 방해하는 장애가 발생되어야 한다. 정보통신망은 전기통신기본법 제2조 제2호의 규정에 따른 전기통신설비를 이용하거나 전기통신설비와 컴퓨터 및 컴퓨터의 이용기술을 활용하여 정보를 수집 · 가공 · 저장 · 검색 · 송신 또는 수신하는 정보통신체제를 말하므로, 정보통신망의 안정적 운영을 방해하는 장애는 정보통신망에서 정보를 수집 · 가공 · 저장 · 검색 · 송신 또는 수신하는 기능을 물리적으로 수행하지 못하게 하거나 그 기능 수행을 저해하는 것을 의미한다고 보인다. 따라서 위 규정들에서 정하고 있는 '부정한 명령'은 '대량의 신호 또는 정보자료'를 보내는 것과 마찬가지로 정보통신망의 안정적 운영을 방해하는 장애가 발생될 수 있는 방법의 하나로서 그에 해당하는 명령이라고 해석하여야 하므로, 정보통신망의 운영을 방해할 수 있도록 정보통신망을 구성하는 컴퓨터시스템에 그 시스템의 목적상 예정하고 있지 않은 프로그램을 실행하게 하거나 그 시스템의 프로그램을 구성하는 개개의 명령을 부정하게 변경, 삭제, 추가하거나 프로그램 전체를 변경하게 하는 것이 이에 해당한다.

[3] 허위의 정보자료를 처리하게 하였다고 하더라도 그것이 정보통신망에서 처리가 예정된 종류의 정보자료인 이상 구 정보통신망 이용촉진 및 정보보호 등에 관한 법률(2008. 6. 13. 법률 제9119호로 개정되기 전의 것, 이하 '정보통신망법'이라고 한다) 제48조 제3항 및 제71조 제5호에서 정한 '부정한 명령'을 처리하게 한 것이라 할 수 없고, 나아가 그와 같이 허위의 자료를 처리하게 함으로써 정보통신망의 관리자나 이용자의 주관적 입장에서 보아 진실에 반하는 정보처리 결과를 만들어 내었다고 하더라도 정보통신망에서 정보를 수집 · 가공 · 저장 · 검색 · 송신 또는 수신하는 기능을 물리적으로 수행하지 못하게 하거나 그 기능 수행을 저해하지는 아니하는 이상 형법에서 정한 '정보처리 장애'에 해당하여 컴퓨터등장애업무방해죄가 성립될 수 있음은 별론으로 하고 위 규정들에서 정한 '정보통신망 장애'에 해당한다고 할 수

없으므로, 이를 정보통신망 장애에 의한 정보통신망법 위반죄로 처벌할 수는 없다.

[4] 갑 주식회사 대표이사인 피고인이, 컴퓨터 사용자들의 컴퓨터에 설치된 악성프로그램이 자동으로 갑 회사의 서버 컴퓨터로부터 내려받은 작업 리스트에 따라 인터넷 포털사이트 '네이◯'의 검색창에 지시된 검색어를 입력하고 그 검색 결과에서 지시된 업체의 웹사이트를 클릭하도록 하여 해당 업체와 관련된 검색어에 대하여 '연관검색어', '자동완성어'를 생성하거나 해당 웹사이트 순위를 향상시킴으로써 네이◯의 정보통신망에 장애를 발생하게 하였다고 하여 구 정보통신망 이용촉진 및 정보보호 등에 관한 법률(2008. 6. 13. 법률 제9119호로 개정되기 전의 것, 이하 '정보통신망법'이라고 한다) 위반으로 기소된 사안에서, 피고인이 네이◯의 관련 시스템 서버에 마치 컴퓨터 사용자들이 실제로 네이◯의 검색창에 검색어를 입력하였거나 해당 업체의 웹사이트를 클릭한 것처럼 사실과 다른 정보자료를 보냈다고 하더라도 그것이 네이◯의 관련 시스템에서 통상적인 처리가 예정된 종류의 정보자료여서 정보통신망의 안정적 운영을 방해하는 장애가 발생될 수 있는 방법이 사용되었다고 보기 어려우므로 정보통신망법 제48조 제3항 및 제71조 제5호에서 정한 '부정한 명령'을 처리하게 한 것은 아니고, 나아가 피고인의 위 행위로 네이◯의 관련 시스템에서 정보를 수집 · 가공 · 저장 · 검색 · 송신 또는 수신하는 기능을 물리적으로 수행하지 못하게 되거나 그 기능 수행이 저해되었다고 할 수 없어 '정보통신망 장애'가 발생되었다고 할 수 없으므로 정보통신망 장애에 의한 정보통신망법 위반죄가 성립된다고 할 수 없는데도, 이와 달리 보아 피고인에게 유죄를 인정한 원심판결에 정보통신망법 제48조 제3항에서 정한 부정한 명령과 정보통신망의 장애에 관한 법리오해의 위법이 있다고 한 사례.

[5] 갑 주식회사 대표이사인 피고인이, 악성프로그램이 설치된 피해 컴퓨터 사용자들이 실제로 인터넷 포털사이트 '네이◯'검색창에 해당 검색어로 검색하거나 검색 결과에서 해당 스폰서링크를 클릭하지 않았음에도 악성프로그램을 이용하여 그와 같이 검색하고 클릭한 것처럼 네이◯의 관련 시스템 서버에 허위의 신호를 발송하는 방법으로 정보처리에 장애를 발생하게 하였다고 하여 컴퓨터등장애업무방해로 기소된 사안에서, 피고인의 행위는 객관적으로 진실에 반하는 내용의 정보인 '허위의 정보'를 입력한 것에 해당하고, 그 결과 네이◯의 관련 시스템 서버에서 실제적으로 검색어가 입력되거나 특정 스폰서링크가 클릭된 것으로 인식하여 그에 따른 정보처리가 이루어졌으므로 이는 네이◯의 관련 시스템 등 정보처리장치가 그 사용목적에

부합하는 기능을 하지 못하거나 사용목적과 다른 기능을 함으로써 정보처리의 장애가 현실적으로 발생하였고, 이로 인하여 네이○의 검색어 제공서비스 등의 업무나 네이○의 스폰서링크 광고주들의 광고 업무가 방해되었다는 이유로 유죄를 인정한 원심판단을 수긍한 사례.

【참조조문】

[1] 구 정보통신망 이용촉진 및 정보보호 등에 관한 법률(2008. 6. 13. 법률 제9119호로 개정되기 전의 것) 제48조 제1항, 제72조 제1항 제1호 [2] 구 정보통신망 이용촉진 및 정보보호 등에 관한 법률(2008. 6. 13. 법률 제9119호로 개정되기 전의 것) 제48조 제3항, 제71조 제5호(현행 제71조 제10호 참조), 전기통신기본법 제2조 제2호 [3] 구 정보통신망 이용촉진 및 정보보호 등에 관한 법률(2008. 6. 13. 법률 제9119호로 개정되기 전의 것) 제48조 제3항, 제71조 제5호(현행 제71조 제10호 참조), 형법 제314조 제2항 [4] 구 정보통신망 이용촉진 및 정보보호 등에 관한 법률(2008. 6. 13. 법률 제9119호로 개정되기 전의 것) 제48조 제3항, 제71조 제5호(현행 제71조 제10호 참조) [5] 형법 제314조 제2항

【전 문】

【피 고 인】피고인 1 외 6인

【상 고 인】피고인 1 외 3인 및 검사

【변 호 인】법무법인 나은 외 6인

【원심판결】서울중앙지법 2010. 10. 14. 선고 2010노750 판결

【주 문】

원심판결 중 피고인 1에 대한 유죄 부분과 피고인 2, 4에 대한 부분을 각 파기하고, 이 부분 사건을 서울중앙지방법원 합의부에 환송한다. 피고인 3의 상고와 검사의 상고를 모두 기각한다.

【이 유】

상고이유(상고이유서 제출기간이 경과한 후에 제출된 보충상고이유서의 기재는 상고이유를 보충하는 범위 내에서)를 판단한다.

1. 검사의 상고이유에 대하여

원심은 그 판시와 같은 이유를 들어 피고인 5, 6, 7에 대한 이 사건 공소사실에 대하여 그 범죄의 증명이 없음을 이유로 무죄를 선고하였다.

원심판결 이유를 기록에 비추어 살펴보면, 위와 같은 원심의 판단에 상고이유의 주장과 같이 논리와 경험의 법칙을 위반하여 자유심증주의의 한계를 벗어난 위법이 없다.

2. 피고인 3의 상고에 대하여

피고인을 위한 상소는 하급심법원의 재판에 대한 불복으로서 피고인에게 불이익한 재판을 시정하여 이익된 재판을 청구하는 것을 그 본질로 한다. 따라서 하급심법원의 재판이 피고인에게 불이익하지 아니하면 이에 대하여 피고인은 상소권을 가질 수 없다(대법원 2005. 9. 15. 선고 2005도4866 판결 등 참조).

기록에 의하면, 피고인 3에 대하여 유죄를 선고한 제1심판결에 대하여 위 피고인은 항소를 하지 아니하였고, 검사가 양형부당을 이유로 항소하였으나 원심판결은 검사의 항소를 기각하였으니, 이 부분의 원심판결은 위 피고인에게 불이익한 판결이라고 할 수 없다. 그렇다면 피고인 3은 원심판결에 대하여 상고권이 없다 할 것이어서 이 부분 상고는 부적법하다.

3. 피고인 4의 상고이유에 대하여

가. 정보통신망 침입의 점에 대하여

원심은, 피고인 4의 공소외 1 주식회사(이하 '공소외 1 회사'라 한다)는 그 회사가 운영하는(인터넷 주소 생략)이라는 웹사이트에서 컴퓨터 사용자들이 무료프로그램을 다운로드받을 경우 eWeb.exe(이하 '이 사건 프로그램'이라 한다)이라는 악성프로그램이 몰래 숨겨진 'ActiveX'를 필수적으로 설치하도록 유도하는 방법으로 그들의 컴퓨터(이하 '피해 컴퓨터'라 한다)에 이 사건 프로그램을 설치하였는데, 이 사건 프로그램의 목적, 기능에 비추어 이 사건 프로그램에 대한 정확한 정보를 제공받았다면 그들이 이를 설치하지 않았을 것으로 보이므로, 그들이 "키워드 프로그램을 설치하겠습니까"라는 공지사항을 확인한 후 'ActiveX'를 설치하였다고 하더라도 그것만으로 이 사건 프로그램의 설치에 동의한 것으로 볼 수 없다고 판단하고, 이 사건 프로그램이 피해 컴퓨터에서 사용자가 인식하지 못하는 상태에서 추가적인 명령 없이 자동으로 실행되면서 공소외 1 회사의 서버 컴퓨터와 주기적으로 HTTP로 통신을 하다가 공소외 1 회사 서버 컴퓨터 작업지시에 따라 피해 컴퓨터로 하여금 네이○[엔에이치엔 주식회사가 정보통신서비스 제공자로서 설치한 인터넷에 관한 종합서비스(인터넷 이용자들은 이를 '포털서비스'라 부른다)이다] 시스템에 연결하여 특정 검색어를 검색하거나 검색 후 나오는 결과 화면에서 특정 링크를 클릭한 것처럼 네이○ 시스템에 허위의 신호를 발송하는 등의 작업을 하도록 한 원심 판시 인정사실에 비추어, 위 피고인이 정당한 접근권한 없이 또는 허용된 접근권한을 초과하여 피해 컴퓨터 사용자들이 사용하는 정보통신망을 침입한 사실을 인정할 수 있다는 이유로, 이를 다투는 항소이유를 받아들이지 아니하고 이 부분 공소사실에 대하여 유죄를 선고한 제1심판결을 그대로 유지하였다.

구 정보통신망 이용촉진 및 정보보호 등에 관한 법률(2008. 6. 13. 법률 제9119호로 일부 개정되기 전의 것, 이하 '정보통신망법'이라고 한다) 제72조 제1항 제1호, 제48조 제1항 위반죄는 정당한 접근권한 없이 또는 허용된 접근권한을 넘어 정보통신망에 침입하면 성립할 수 있다(대법원 2011. 7. 28. 선고 2011도5299 판결 등 참조). 원심 판시에서 알 수 있는 피해 컴퓨터에 연결된 정보통신망을 이용한 이 사건 프로그램의 피해 컴퓨터 내의 설치 경위, 피해 컴퓨터 사용자들이 인식하지 못하는 상태에서의 이 사건 프로그램의 실행 및 피해 컴퓨터에 연결된 정보통신망을 이용한 공소외 1 회사 서버 컴퓨터와의 통신, 그 통신에 의한 지시에 따라 피해 컴퓨터와 네이○ 시스템 사이에 연결되는 정보통신망을 이용한 네이○ 시스템에 대한 허위 신호 발송 결과 등에 비추어 보면, 이 사건 프로그램이 설치됨으로써 피해 컴퓨터 사용자들이 사용하는 정보통신망에 침입하였다고 판단한 원심판결은 위의 법리에 기초한 것으로서, 거기에 상고이유의 주장과 같이 정보통신망법 제48조 제1항에서 정한 정보통신망의 침입에 관한 법리를 오해하는 등의 사유로 판결에 영향을 미친 위법이 없다.

나. 악성프로그램 유포의 점에 대하여

원심은 이 사건 프로그램이 피해 컴퓨터가 작동하는 동안 사용자가 인식하지 못하는 상태에서 추가적인 명령 없이 자동으로 실행되면서, 공소외 1 회사의 서버 컴퓨터와 주기적으로 통신을 하다가, 그 서버 컴퓨터의 작업지시에 따라 네이○에서 특정 검색어를 검색하거나 검색 후 나오는 결과 화면에서 특정 링크를 클릭한 것처럼 네이○ 시스템에 허위의 신호를 발송하는 등의 작업을 하도록 되어 있는데, 이는 피해 컴퓨터 사용자가 의도하지 않은 작업이 자신도 모르는 상태에서 이루어지고 그 과정에서 피해 컴퓨터의 CPU나 네트워크의 점유율을 높여 컴퓨터의 성능 및 인터넷 속도를 저하시킬 수 있으므로, 이 사건 프로그램은 정보통신시스템, 정보자료 또는 프로그램의 운용을 방해할 수 있는 프로그램으로서 정보통신망법 제48조 제2항에서 정한 '악성프로그램'에 해당한다는 이유로, 이 부분 공소사실에 대하여 유죄를 선고한 제1심판결을 그대로 유지하였다.

원심판결 이유를 정보통신망법 제48조 제2항 및 적법하게 채택된 증거들에 비추어 살펴보면, 위와 같은 원심의 판단에 상고이유 주장과 같이 정보통신망법 제48조 제2항에서 정한 '악성프로그램'에 관한 법리를 오해하는 등의 위법이 없다.

다. 정보통신망 장애의 점에 대하여

(1) 정보통신망법 제48조 제3항 및 제71조 제5호는 정보통신망의 안정적 운영을 방해할 목적으로 대량의 신호 또는 정보자료를 보내거나 부정한 명령을 처리하도록 하는 등의 방법으로 정보통신망에 장애가 발생하게 한 자를 처벌하도록 정하고 있으므로, 위 정보통신망 장애 행위로 처벌하기 위해서는 정보통신망의 안정적 운영을 방해하는 장애가 발생되어야 한다. 정보통신망은 전기통신기본법 제2조 제2호의 규정에 따른 전기통신설비를 이용하거나 전기통신설비와 컴퓨터 및 컴퓨터의 이용기술을 활용하여 정보를 수집 · 가공 · 저장 · 검색 · 송신 또는 수신하는 정보통신체제를 말하므로, 정보통신망의 안정적 운영을 방해하는 장애는 정보통신망에서 정보를 수집 · 가공 · 저장 · 검색 · 송신 또는 수신하는 기능을 물리적으로 수행하지 못하게 하거나 그 기능 수행을 저해하는 것을 의미한다고 보인다. 따라서 위 규정들에서 정하고 있는 '부정한 명령'은 '대량의 신호 또는 정보자료'를 보내는 것과 마찬가지로 정보통신망의 안정적 운영을 방해하는 장애가 발생될 수 있는 방법의 하나로서 그에 해당하는 명령이라고 해석함이 상당하므로, 정보통신망의 운영을 방해할 수 있도록 정보통신망을 구성하는 컴퓨터시스템에 그 시스템의 목적상 예정하고 있지 않은 프로그램을 실행하게 하거나 그 시스템의 프로그램을 구성하는 개개의 명령을 부정하게 변경, 삭제, 추가하거나 프로그램 전체를 변경하게 하는 것이 이에 해당할 것이다.

그렇지만 비록 허위의 정보자료를 처리하게 하였다고 하더라도 그것이 정보통신망에서 처리가 예정된 종류의 정보자료인 이상 위 규정들에서 정한 '부정한 명령'을 처리하게 한 것이라 할 수 없고, 나아가 그와 같이 허위의 자료를 처리하게 함으로써 정보통신망의 관리자나 이용자의 주관적 입장에서 보아 진실에 반하는 정보처리 결과를 만들어 내었다고 하더라도 정보통신망에서 정보를 수집 · 가공 · 저장 · 검색 · 송신 또는 수신하는 기능을 물리적으로 수행하지 못하게 하거나 그 기능 수행을 저해하지는 아니하는 이상 형법에서 정한 '정보처리 장애'에 해당하여 컴퓨터등장애업무방해죄가 성립될 수 있음은 별론으로 하고 위 규정들에서 정한 '정보통신망 장애'에 해당한다고 할 수 없으므로, 이를 정보통신망 장애에 의한 정보통신망법 위반죄로 처벌할 수는 없다.

(2) 원심판결 이유와 적법하게 채택된 증거들에 의하면, 피고인 4는 이 부분 공소사실과 같이 2006. 7.경부터 2007. 10.경 이 사건 프로그램을 유포하기 전까지는 피고인 2에게 의뢰하는 방법으로, 그 후부터 2008. 8. 29.까지는 이 사건 프로그램을 이용하는 방법으로 피고인 1이 운영하는 꽃배달 업체인 공소외 2 주식회사 및 제1심판결의 별지 범죄일람표 3 기재 네이○의 해당 업체와 관련된 검색어의 '연관검색어'생성, '자동완성어'생성 및 순위 상향 작업을 하여 준 사실, 피고인 2가 한 작업은 수십 대의 전용 컴퓨터에 수십 회선의 ADSL 전용회선을 설치하여 자동으로 인터넷 프로토콜(IP)을 변환하여 실제는 얼마 되지 않는 컴퓨터에서 자동으로 네이○의 검색창을 띄워 '꽃배달'등의 검색어로 검색을 실시하고 그 검색 결과에서 해당 업체의 웹사이트를 클릭한 것임에도 마치 수많은 컴퓨터 사용자들이 그와 같은 검색을 실시하고 해당 업체의 웹사이트를 클릭한 것처럼 가장한 것이고, 한편 이 사건 프로그램을 이용한 방법은 앞서 본 바와 같이 이 사건 프로그램 등이 설치된 피해 컴퓨터 사용자들이 실제로 네이○의 검색창에 검색어를 입력하지 않고 해당 업체의 웹사이트를 클릭하지 않았음에도 피해 컴퓨터 사용자들이 모르는 사이에 피해 컴퓨터에서 이 사건 프로그럼을 구동시켜 이 사건 프로그램이 자동으로 피고인 4가 관리하는 공소외 1 회사의 서버 컴퓨터로부터 수행할 작업 리스트를 내려받고 그 작업 리스트에 따라 네이○의 검색창에 지시된 검색어를 입력하고 그 검색 결과에서 지시된 업체의 웹사이트를 클릭하도록 한 것으로서, 그로 인하여 네이○의 관련 시스템 서버는 피해 컴퓨터 사용자들이 실제로 검색어를 입력하고 해당 웹사이트를 클릭한 것으로 정보처리를 하여 위 피고인들이 의도한 대로 '꽃배달'등의 검색어에 대하여 '연관검색어', '자동완성어'를 생성하거나 해당 웹사이트의 순위를 향상시킨 사실을 알 수 있다.

(3) 위 사실관계를 앞에서 본 법리에 비추어 살펴보면, 위 피고인들이 네이○의 관련 시스템 서버에 마치 컴퓨터 사용자들이 실제로 네이○의 검색창에 검색어를 입력하였거나 해당 업체의 웹사이트를 클릭한 것처럼 사실과 다른 정보자료를 보냈다고 하더라도 그것이 네이○의 관련 시스템에서 통상적인 처리가 예정된 종류의 정보자료여서 정보통신망의 안정적 운영을 방해하는 장애가 발생될 수 있는 방법이 사용되었다고 보기 어려우므로 위 규정들에서 정한 '부정한 명령'을 처리하게 한 것은 아니고, 나아가 위 피고인의 위 행위로 네이○의 관련 시스템

서버가 컴퓨터 사용자들이 실제로 검색어를 입력하고 해당 웹사이트를 클릭한 것으로 정보처리를 하고 자동완성어나 연관검색어를 생성하거나 해당 웹사이트의 순위를 향상시켰다고 하더라도 위 사실관계에 나타난 사정만으로는 그로써 네이○의 관련 시스템에서 정보를 수집 · 가공 · 저장 · 검색 · 송신 또는 수신하는 기능을 물리적으로 수행하지 못하게 되거나 그 기능 수행이 저해되었다고 할 수 없어 '정보통신망 장애'가 발생되었다고 할 수 없다. 따라서 아래에서 보는 바와 같이 허위의 정보를 입력하여 정보처리에 장애를 발생시켜 네이○의 검색어 제공서비스 등의 업무를 방해함으로써 컴퓨터등장애업무방해죄가 성립됨은 별론으로 하고, 위 행위에 관한 이 부분 공소사실에 대하여 위 규정들에서 정한 정보통신망 장애에 의한 정보통신망법 위반죄가 성립된다고 할 수는 없다.

(4) 그럼에도 이와 달리, 원심은 이 사건 프로그램에 의하여 네이○의 관련 시스템에 허위의 신호를 발송하게 한 것은 '부정한 명령'을 입력한 것에 해당하고, 그로 인하여 위 피고인이 의도한 대로 '연관검색어', '자동완성어'가 생성되거나 그 순위가 상향되는 결과가 발생한 것은 네이○의 정보통신망에서 정보를 수집 · 가공 · 저장 · 검색하는 데 장애가 현실적으로 발생되었고 네이○의 정보통신망의 안정적 운영을 방해할 목적이 인정된다는 이유로, 피고인 4에 대한 이 부분 공소사실을 정보통신망법 제71조 제5호, 제48조 제3항 위반죄의 유죄로 인정한 제1심판결을 그대로 유지하였다. 따라서 이러한 원심판결에는 정보통신망법 제48조 제3항에서 정한 부정한 명령과 정보통신망의 장애에 관한 법리를 오해하여 판결에 영향을 미친 위법이 있다.

라. 컴퓨터등장애업무방해의 점에 대하여

형법 제314조 제2항은 '컴퓨터 등 정보처리장치 또는 전자기록 등 특수매체기록을 손괴하거나 정보처리장치에 허위의 정보 또는 부정한 명령을 입력하거나 기타 방법으로 정보처리에 장애를 발생하게 하여 사람의 업무를 방해한 자'를 처벌하도록 규정하고 있다. 위 죄가 성립하기 위해서는 위와 같은 가해행위 결과 정보처리장치가 그 사용목적에 부합하는 기능을 하지 못하거나 사용목적과 다른 기능을 하는 등 정보처리에 장애가 현실적으로 발생하였을 것을 요한다고 할 것이나, 정보처리에 장애를 발생하게 하여 업무방해의 결과를 초래할 위험이 발생한 이상, 나아가 업무방해의 결과가 실제로 발생하지 않더라도 위 죄가 성립한다(대법원 2009. 4. 9. 선고 2008도11978 판결 참조).

원심판결 이유에 의하면, 원심은 이 사건 프로그램이 설치된 피해 컴퓨터 사용자들이 실제로 네이◯ 검색창에 해당 검색어로 검색하거나 검색 결과에서 해당 스폰서링크를 클릭하지 않았음에도 위 피고인이 이 사건 프로그램을 이용하여 그와 같이 검색하고 클릭한 것처럼 네이◯의 관련 시스템 서버에 허위의 신호를 발송하는 방법의 작업을 하였으므로, 이는 객관적으로 진실에 반하는 내용의 정보인 '허위의 정보'를 입력한 것에 해당하고, 그 결과 네이◯의 관련 시스템 서버에서 실제적으로 검색어가 입력되거나 특정 스폰서링크가 클릭된 것으로 인식하여 그에 따른 정보처리가 이루어졌으므로 이는 네이◯의 관련 시스템 등 정보처리장치가 그 사용목적에 부합하는 기능을 하지 못하거나 사용목적과 다른 기능을 함으로써 정보처리의 장애가 현실적으로 발생하였다고 할 것이고, 나아가 이로 인하여 네이◯의 검색어 제공서비스 등의 업무나 네이◯의 스폰서링크 광고주들의 광고 업무가 방해되었다는 이유로, 이 부분 공소사실에 대하여 모두 유죄를 선고한 제1심판결을 그대로 유지하였다.

위와 같은 원심판결 이유를 적법하게 채택된 증거들에 비추어 살펴보면, 원심의 이러한 판단은 앞에서 본 법리에 따른 것으로서, 거기에 상고이유 주장과 같이 컴퓨터등장애업무방해죄에 관한 법리를 오해하는 등의 위법이 없다.

마. 컴퓨터등사용사기의 점에 대하여

원심은 통상은 공소외 3 유한회사가 '클릭방지시스템'을 구축하여 실시간으로 이를 운용하면서 불법시스템으로 인한 클릭, 특정 형태의 반복 클릭 패턴을 분석하여 걸러진 클릭에 대하여 요금을 청구하지 않는다고 하더라도, 피고인 4가 이 사건 프로그램을 이용하는 방법으로 ◯◯◯◯◯, △△△△△의 네이◯ 스폰서링크를 부정클릭함으로써 네이◯의 스폰서링크 광고대행사인 공소외 3 유한회사에 제1심판결이 적시한 범죄일람표 1-1 기재 중의 일부 범죄사실과 같이 광고비를 지급하게 한 사실을 충분히 인정할 수 있다는 이유로, 이 부분 공소사실에 대하여 유죄를 선고한 제1심판결을 그대로 유지하였다.

원심판결 이유를 적법하게 채택된 증거들에 비추어 살펴보면, 원심의 위와 같은 판단에 상고이유 주장과 같이 허위의 정보 내지 부정한 명령, 인과관계 및 재산상의 이익 등과 관련하여 컴퓨터등사용사기죄에 관한 법리를 오해하거나 논리와 경험의 법칙에 반하여 자유심증주의의 한계를 벗어나는 등의 위법이 없다.

4. 피고인 2에 대하여

가. 상고이유에 대한 판단

형사소송법 제383조 제4호에 의하면 사형, 무기 또는 10년 이상의 징역이나 금고가 선고된 사건에서만 양형부당을 사유로 한 상고가 허용되므로, 피고인에 대하여 그보다 가벼운 형이 선고된 이 사건에서 형의 양정이 부당하다는 주장은 적법한 상고이유가 되지 못한다.

나머지 상고이유의 주장은 피고인이 이를 항소이유로 삼거나 원심이 직권으로 심판대상으로 삼지 아니한 것을 상고이유에서 비로소 주장하는 것으로서 적법한 상고이유가 되지 못한다.

나. 정보통신망 장애의 점에 대한 직권 판단

원심판결 이유와 적법하게 채택된 증거들에 의하면, 이 부분 공소사실과 같이 피고인 2는 '네이○'의 '꽃배달'등 검색어와 관련된 불상의 검색어를 검색한 것처럼 조작하여 제1심판결의 별지 범죄일람표 2 기재와 같이 '네이○'의 '꽃배달'등 검색어와 관련된 '웹사이트 순위'상향 조작, '연관검색어'생성, '자동완성어'생성 작업을 하여 준 사실, 위와 같은 작업은 2006. 5. 22.부터 2008. 2.경까지는 수십 대의 전용 컴퓨터에 수십 회선의 ADSL 전용회선을 설치하여 자동으로 인터넷 프로토콜(IP)을 바꾸는 방법으로, 그 후부터 2008. 6.경까지는 PVPN이라는 프로그램을 이용하여 인터넷 프로토콜을 변환하는 방법으로, 각각 실제는 얼마 되지 않는 컴퓨터에서 자동으로 네이○의 검색창을 띄워 '꽃배달'등의 검색어로 검색을 실시하고 그 검색 결과에서 해당 업체의 웹사이트를 클릭한 것임에도 마치 수많은 컴퓨터 사용자들이 그와 같은 검색을 실시하고 해당 업체의 웹사이트를 클릭한 것처럼 가장한 것이고, 그로 인하여 네이○의 관련 시스템 서버는 컴퓨터 사용자들이 실제로 검색어를 입력하고 해당 업체의 웹사이트를 클릭한 것으로 정보처리를 함으로써 위 피고인이 의도한 대로 '꽃배달'등의 검색어에 대하여 '연관검색어', '자동완성어'를 생성하거나 해당 웹사이트의 순위를 향상시킨 사실을 알 수 있다.

위 사실관계를 살펴보면 위 3.의 다.항에서 본 것과 마찬가지로, 위 피고인이 네이○의 관련 시스템 서버에 마치 컴퓨터 사용자들이 실제로 네이○의 검색창에 검색어를 입력하였거나 해당 업체의 웹사이트를 클릭한 것처럼 정보자료를 보냈다고 하더라도 그것이 명령이나 프로그램이 아닌 네이○의 관련 시스템에서 통상적인 처리가 예정된 종류의 정보자료여서 정보통신망의 안정적 운영을 방해하는 장애가 발생될 수 있는 방법이 사용되었다고 보기 어려우므로 위 규정들에서 정한 '부정한 명령'을 처리하게 한 것은 아니고, 나아가 위 피고인의 위 행위로 네이○의 관련 시스템 서버가 컴퓨터 사용자들이 실제로 검색어를 입력하고 해당 웹사이트를 클릭한 것으로 정보처리를 하고 자동완성어나 연관검색어를 생성하거나 해당 웹사이트의 순위를 향상시켰다고 하더라도 위 사실관계에 나타난 사정만으로는 그로써 네이○의 관련 시스템에서 정보를 수집 · 가공 · 저장 · 검색 · 송신 또는 수신하는 기능을 물리적으로 수행하지 못하게 되거나 그 기능 수행이 저해되었다고 할 수 없어 '정보통신망 장애'가 발생되었다고 할 수 없으므르, 원심이 인정한 바와 같이 허위의 정보를 입력하여 정보처리에 장애를 발생시켜 네이○의 검색어 제공서비스 등의 업무를 방해한 행위로서 컴퓨터등장애업무방해죄가 성립될 수는 있지만, 정보통신망법 제71조 제5호, 제48조 제3항에서 정한 정보통신망 장애에 의한 정보통신망법 위반죄가 성립된다고 할 수는 없다.

그럼에도 원심은 이와 달리 피고인 2에 대한 이 부분 공소사실을 정보통신망법 제71조 제5호, 제48조 제3항 위반죄의 유죄로 인정한 제1심판결을 그대로 유지하였으니, 이러한 원심판결에는 정보통신망법 제48조 제3항에서 정한 부정한 명령과 정보통신망의 장애에 관한 법리를 오해하여 판결에 영향을 미친 위법이 있다.

5. 피고인 1에 대하여

가. 상고이유에 대한 판단

피고인이 제1심판결에 대하여 양형부당만을 이유로 항소한 경우에 그 항소심판결에 대하여는 사실오인이나 법리오해 등을 상고이유로 삼을 수 없다(대법원 2006. 4. 13. 선고 2006도1719 판결 등 참조).

기록에 의하면, 피고인 1은 제1심판결에 대하여 양형부당만을 항소이유로 내세워 항소하였음을 알 수 있으므로, 위 피고인이 상고심에 이르러서야 비로소 내세우는 법리오해, 심리미진, 판단누락 주장은 적법한 상고이유가 될 수 없다.

나. 정보통신망 장애의 점에 대한 직권 판단

위 피고인에 대한 공소사실 중 정보통신망 장애의 점은 2006. 1.경부터 2006. 6.경까지 '꽃배달'과 관련 있는 검색어가 1분에 1회씩 검색된 것처럼 조작하는 프로그램을 사용하여, 그 후부터 2007. 12.경까지 피고인 4와 공모하여 2007. 9.경까지는 피고인 4가 피고인 2가 운영하는 공소외 4 주식회사에 재의뢰하여 위 4.의 나.항에서 본 바와 같은 방법을 이용하고, 2007. 10.경 이후에는 피고인 4가 이 사건 프로그램을 다른 사람들의 피해 컴퓨터에 몰래 설치하여 위 3.의 다.항에서 본 바와 같은 방법을 이용하여, 각각 네이○ 등 포털사이트들의 정보통신망의 안정적 운영을 방해할 목적으로 대량의 신호 또는 데이터를 보내거나 부정한 명령을 처리하도록 하는 등의 방법으로 정보통신망에 장애를 발생하게 하였다는 것이다.

그러나 위 3.의 다.항에서 본 피고인 4에 대한 원심판결의 파기이유는 피고인 1에 대한 위 공소사실에도 공통되며, 또한 2006. 1.경부터 2006. 6.경까지의 피고인 1의 위 행위에 대하여도 그 파기이유가 그대로 해당된다고 할 것이다.

그럼에도 원심은 이와 달리 피고인 1에 대한 이 부분 공소사실을 정보통신망법 제71조 제5호, 제48조 제3항 위반죄의 유죄로 인정한 제1심판결을 그대로 유지하였으니, 이러한 원심판결에는 정보통신망법 제48조 제3항에서 정한 부정한 명령과 정보통신망의 장애에 관한 법리를 오해하여 판결에 영향을 미친 위법이 있다 할 것이고, 또한 이는 형사소송법 제392조에서 정한 공동피고인을 위한 파기사유에도 일부 해당된다.

6. 파기의 범위

앞서 본 바와 같이 피고인 1, 2, 4의 정보통신망 장애로 인한 정보통신망법 위반의 점은 각 파기되어야 하고, 피고인 1, 2, 4에 대하여 파기하는 위 각 부분은 원심이 위 피고인들에 대하여 유죄로 인정한 나머지 각 죄와 형법 제37조 전단의 경합범관계 또는 형법 제40조의 상상적 경합범 관계에 있다는 이유로 각 피고인별로 1개의 형이 선고되었으므로, 원심판결 중 피고인 1에 대한 유죄 부분과 피고인 2, 4에 대한 부분은 그 전부가 파기를 면할 수 없다.

7. 결론

그러므로 원심판결 중 피고인 1에 대한 유죄 부분과 피고인 2, 4에 대한 부분을 각 파기하고, 이 부분 사건을 다시 심리 · 판단하게 하기 위하여 원심법원에 환송하며, 피고인 3의 상고와 검사의 상고를 모두 기각하기로 하여, 관여 대법관의 일치된 의견으로 주문과 같이 판결한다.

제3편

기업범죄의 제재

제1장 기업범죄의 처벌근거 및 귀책원리

제2장 형사법적 제재

제3장 비형사법적 제재

제1장 기업범죄의 처벌근거 및 귀책원리

제1절 법인의 범죄능력

1. 서설

기업범죄를 논하게 되면 당연히 기업의 범죄능력과 형벌능력의 유무 문제로 논의가 옮겨가게 된다. 전통적으로 범죄에 대한 형사책임은 행위자의 타행위가능성에도 불구하고 불법으로 나아간 행위에 대한 법적 비난가능성을 의미한다. 그리고 이러한 책임 판단의 기본은 자유의지를 가진 사람을 전제로 하는 개념으로, 행위자의 행위를 평균인의 관점에서 판단대상으로 하는 행위책임이지 행상책임이 아니다. 따라서 책임판단의 전제가 되는 행위는 인간의 행위여야 하며, 외부적 행위로 의사에 의해 지배된 것이어야 한다. 결국 법인은 예외적인 경우이며 행위의 주체는 원칙적으로 자연인만을 의미하게 된다.[511*] 이러한 인식을 기초로 한 것이 독일을 위시하여 '단체는 죄를 범하지 못한다'는 법언에 충실한 대륙법계의 일반적 입장이다.

그러나 오늘날 기업범죄의 발생과 그 처벌의 한계는 기업의 범죄능력과 책임능력에 대해 새로운 논의를 필요하게 만들고 있다.

2. 외국의 입법례

법인의 범죄능력에 대한 논의는 로마형법에까지 거슬러 올라갈 수 있다. 로마형법상 법인은 재산권의 주체가 될 뿐 자연인과 같은 사고능력이나 의욕의 주체가 아니므로 범죄를 저지를 수 없었으며 따라서 법인은 형법의 규제대상이 될 수 없었다.[512*] 법인의 구성원인 자연인은 범죄의 주체로서 각자 또는 모든 구성원이 범죄를 저지를 수 있으나, 전체적 단일체로서 구성원 전체가 범죄를 저지를 수는 없었으며, 따라서 법인이 범죄나 불법행위의 주체가 될 수 있다는 주장은 자연인인

511* 이승준, 형법세미나 Ⅰ, 진원사, 2012, 18면 이하.

512* 조규창, 로마형법, 고려대학교 출판부, 1998, 35면.

구성원 개인의 범죄를 법인 자신의 범죄로 의제(擬制)한다는 데에 기인한다.[513*] 로마형법상 법인의 형사책임이 부인되고 구성원의 범죄는 개인의 행위로 그 행위자가 책임을 져야한다는 원칙이 일관성 있게 유지되었으나, 일부 범죄에 있어서는 구성원의 유책성의 존부를 묻지 않고 특정 도시나 전체 시민에게 집단적 연대책임을 인정한 경우가 있었다.[514*] 지방자치시가 로마에 반역 또는 적을 지원하거나 기타 중대한 범행을 저지른 경우 해당 도시를 범죄집단으로 보아 도시의 황폐화, 도시 성벽의 파괴 또는 철거, 주민의 강제이주 등을 실시하고, 시유지를 박탈하여 속주토지에 편입하거나 적대적인 도시의 전체주민을 항복인(降服人)으로 취급하여 권리능력을 제한하였다.[515*] 다만 이러한 강제처분은 형법상의 문제가 아니라 대외정복에 따라 영토확장과 지배권 장악을 위한 대외정책으로 로마형법상 도시나 주민전체에 대한 처벌은 규정된 바 없었다.[516*]

근대로 오면, 영국의 경우 19세기 이전에는 공적 생활방해를 야기하는 의무불이행을 제외하고는 법인의 범죄능력이 인정되지 않았으나, 19세기에 들어서면서 엄격책임 또는 대위책임이론에 근거하여 법인의 형사책임이 인정되기 시작하였고, 1940년대에는 일반 범죄에 대해서 대위책임이 아니라 자기책임을 인정하기 시작하였다. 1960년대로 오면서 법인의 기관인 자연인과 법인을 동일시하여 법인의 범죄능력을 인정하는 동일화원칙이 선언되었다.[517*]

미국의 경우 20세기 초부터 연방대법원이 법인의 기관이 직무상 행한 불법행위에 대해 사용자책임 내지 대위책임을 인정하였으며, 이후 명문의 규정이 없는 경우에도 인정하였다. 현재 행위주체의 해석에는 당연히 법인도 포함되며 자연인만이 범할 수 있는 범죄와 법정형이 자유형만으로 규정된 범죄를 제외하고는 법인의 범죄능력이 긍정되고 있다.[518*]

프랑스의 경우 형법 제121-1조 제1항 및 제2항과 제121-2조에서 국가를 제외한 법인은 제121-4조 내지 제121-7조의 구별에 따라 법인의 기관 또는 대표가 법인의 이익을 위하여 행한 범죄에 관하여 형사상 책임이 있다. 법인의 형사책임은 제121조-32조 제4항 규정의 유보 하에 동일한 사실에 대하여 정범 또는 공범이 되는 자연인의

513* 조규창, 앞의 책, 36~37면.

514* 조규창, 앞의 책, 37면.

515* Livius 2, 17; 8, 11:13-14; 20; 37; Liv. 10, 1. 조규창, 앞의 책, 37면에서 재인용.

516* 조규창, 앞의 책, 38면.

517* 오영근, 형법총론(제2판), 박영사, 2012, 140면 이하 참조.

518* 오영근, 형법총론, 141면. 미국을 비롯한 영국과 프랑스의 기업 형사처벌법제에 관한 연구로는 김호기/김택수/최준혁, 기업의 경제활동에 관한 형사법제 연구(Ⅱ), 한국형사정책연구원, 2010, 23면 이하 참조.

형사책임을 배제하지 않는다고 규정하고 있다. 아울러 제137-37조, 제131-38조, 제131-39조는 법인에 대한 형벌을 규정하고 있어 법인의 수형능력과 함께 법인의 독자적인 행위능력과 책임능력을 구정하고 있는 것으로 볼 수 있다.[519*]

이와 달리 독일이나 일본의 경우 범죄의 본질이 자유의사의 오용에 있으며 도의적 책임론과 개인주의 형법관을 따르는 바탕에서 법인은 범죄행위의 주체가 될 수 없다는 것이 통설과 판례의 입장이다.

3. 견해의 대립

대법원은 이른바 상가이중분양 사건[520*]에서 "형법 제355조 제2항의 배임죄에 있어서 타인의 사무를 처리할 의무의 주체가 법인이 되는 경우라도 법인은 다만 사법상의 의무주체가 될 뿐 범죄능력이 없는 것이며 그 타인의 사무는 법인을 대표하는 자연인인 대표기관의 의사결정에 따른 대표행위에 의하여 실현될 수밖에 없어 그 대표기관은 마땅히 법인이 타인에 대하여 부담하고 있는 의무내용 대로 사무를 처리할 임무가 있다 할 것이므로 법인이 처리할 의무를 지는 타인의 사무에 관하여는 법인이 배임죄의 주체가 될 수 없고 그 법인을 대표하여 사무를 처리하는 자연인인 대표기관이 바로 타인의 사무를 처리하는 자 즉 배임죄의 주체가 된다."고 판시하여, 사무처리의 주체와 배임죄의 타인의 사무처리자를 구분하여 법인의 의사결정기관인 대표이사에게 배임죄의 성립을 인정하였다. 이러한 논리의 기반에는 법인은 범죄능력이 없다는 점이 내재되어 있다.

우리나라의 통설도 판례와 마찬가지로 부정설을 취하고 있다. 범죄는 자연인의 의사활동에 따른 행위이므로 법인은 이러한 행위의 주체가 될 수 없으며, 법인은 결국 기관인 자연인을 통해서 행위하므로 그 자연인을 처벌하면 족하고, 법인을 처벌할 때에는 범죄와 관계없는 자까지 처벌하게 되어 근대형법의 책임원칙에 반한다는 점을 주요 논거로 한다.[521*] 이에 반해 긍정설은 법인의 사회적 활동에 따라 실효성 있는 범죄통제라는 형사정책적 처벌의 필요로 인해 법인의 범죄능력을 인정할 필요가 있다는 입장이다.[522*] 긍정설은 법인의 범죄능력의 부정이 법인실재설의 입장에서는

519* 김명준, "기업범죄의 형사규제에 관한 연구", 창원대학교 대학원 박사학위논문, 2013, 104면.

520* 대판 1984.10.10, 82도2595 전합 다수의견.

521* 이재상, 형법총론(제7판), 박영사, 2011, 93면 이하.

522* 김일수/서보학, 형법총론(제11판), 박영사, 2008, 137면; 정성근/박광민, 형법총론(전정판), SKKUP, 2012, 111면.

타당하다고 할 수 없으며, 법인은 그 기관을 통해 의사를 형성하고 행위하므로 법인에게도 의사능력과 행위능력이 있다고 해야 하며, 법인의 기관의 행위는 개인의 행위임과 동시에 법인의 행위이므로 이중처벌이 되는 것이 아니며, 재산형과 자격형은 법인에게도 효과적인 형벌이 될 수 있다는 점을 논거로 든다.[523*] 이에 대해 부분적 긍정설은 형사범에 있어서는 법인의 범죄능력을 부정하면서 윤리적 요소가 약한 행정범에 대해서는 범죄능력을 인정할 수 있다고 하거나,[524*] 법인 처벌의 명문규정이 있는 경우에는 법인의 행위를 인정할 수 있고 범죄의 주체가 된다고 해석한다.[525*]

생각건대, 현대로 올수록 과거와 달리 기업범죄와 같은 법인의 조직적, 계획적 범죄에 대처할 형사정책적 필요가 크다는 것을 부정할 수 없다. 그러나 범죄능력의 원칙을 포기할 수도 없다. 이 점에서 해석론과 정책적 고찰이 분리될 필요가 있다. 현행 특별형법 내지 각종 행정법규에서 양벌규정을 두고 있는 경우와 전통적인 형사범은 구별될 필요가 있는 것이다. 전통적인 형사범의 영역에서는 자유의사에 기한 의사결정과 행위를 인정할 수 없는 범인의 범죄능력을 부정함이 타당하다. 그리고 양벌규정을 두고 있는 각종 행정형법의 영역에서는 그 기술적 · 합목적적 성격으로 인해 법인의 범죄능력은 고려하지 않고 그 처벌능력을 규정한 것으로 이해할 수 있다. 행정형법의 특수성이 형법의 기본원리인 책임주의를 배제할 수 없기 때문이다.[526*]

523* 김일수/서보학, 형법총론, 136면.

524* 임 웅, 형법총론(제4정판), 법문사, 2012, 81면.

525* 신동운, 형법총론(제7판), 법문사, 2013, 113면; 오영근, 형법총론, 146면.

526* 권문택, 형사법강좌 Ⅰ, 박영사, 1981, 125면; 이재상, 형법총론, 95면.

제2절 법인의 형벌능력[527*]

범죄능력이 있는 곳에 책임이 있고 형벌능력이 인정되는 것이 원칙이다. 형벌은 범죄행위의 주체에게 그 행위를 이유로 과하는 법률효과이기 때문이다.[528*] 그런데 법인의 범죄능력 유무와 상관없이 현행 특별형법과 상법 등에는 400개 조금 넘는 양벌규정이 존재하여 법인에 대해서도 이미 형사처벌이 가해지고 있다. 여기서 법인의 범죄능력을 긍정하는 입장에 따르면 당연히 형벌능력을 인정할 수 있으나, 부정하는 입장에서는 형벌능력의 인정과 관련하여 다시 견해가 나뉠 수밖에 없다.

양벌규정은 통상적으로 형벌법규를 위반한 자연인(대표자, 대리인, 사용인, 종업원 등)에 더하여 그와 불가분의 관계에 있는 법인도 함께 처벌하는 규정을 의미한다. 이러한 양벌규정은 형법이론상 행위능력이 없어 범죄주체가 될 수 없는 법인을 처벌하기 위해 도입된 이론구성이다. 즉 양벌규정에는 소형법총칙적(小刑法總則的) 기능과 법인의 형사처벌 긍정기능 및 수범자 확대기능이 내포되어 있는 것이다.[529*] 형법 제8조가 규정하고 있는 특별구정의 대표적 예로 행정형법에 있어 총칙적 기능을 하고, 범죄능력이 부정되는 법인에 대한 형사처벌이 가능하게 되고, 행정형법이 의무주체를 일정한 신분자로 한정하거나 업무주 등 일정한 신분자의 행위를 처벌하는 규정을 둔 경우 신분자 아닌 행위자를 처벌할 수 있도록 한 것이다.[530*]

이와 같은 양벌규정은 법인의 방지조치 해태의 과실책임을 근거로 처벌하는 유형(구 선원법 제148조 제1항 단서, 구 공중위생법 제45조 단서, 구 건축법 제57조)과, 종업원의 위반행위를 알면서 조치해태 또는 교사한 경우 공범책임을 근거로 처벌하는 유형(구 근로기준법 제115조 제2항, 구 선원법 제148조 제2항), 조직 구성원(종업원)의 위반행위를 행위자에 더해 무조건 처벌하는 유형(구 환경범죄단속법 제10조)의 3유형으로 구분할 수 있었다.

범죄주체는 행위주체여야 하므로 그 전제로서 행위능력을 가져야 한다. 범죄능력은

527* 이승준, 앞의 책, 19면 이하 참조.

528* 이재상, 형법총론, 97면.

529* 이재상, 형법총론, 98면.

530* 이재상, 형법총론, 98면.

인간 고유의 윤리적 판단을 통해 여타의 존재와는 질적으로 다른 도덕적 우월성과 그에 대한 의미의 이해를 요구하므로, 법인에게 이러한 범죄능력을 인정하기 어렵다. 법인도 범죄의 주체가 될 수 있는가라는 범죄능력의 문제는 행위능력에 더해 책임능력까지 요구되는 개념이다. 여기서 법인도 처벌한다는 양벌규정은 법인의 범죄능력을 인정할 경우에는 문제되지 않지만, 부정할 경우 그 법인처벌의 근거로서 법적 성격이 논의되어야 한다.

양벌규정의 법인처벌의 법적 성질에 대해서는 무과실책임설, 과실의제설, 과실추정설, 과실책임설, 부작위감독책임설이 주장되며, 대법원은 법인의 범죄능력이 부정된다는 전제에서,[531*] 무과실책임설[532*], 과실추정설[533*], 과실책임설[534*] 등으로 개별적 판단을 취해 왔다. 위의 견해 중 무과실책임과 거증책임의 전환을 인정하는 것은 책임주의와 '의심스러울 때에는 피고인의 이익으로'라는 원칙에 반하여 허용할 수 없을 것이다.

최근 헌법재판소는 양벌규정에 대해 2개의 의미 있는 판결을 내렸다. 2005헌가10 판결[535*]과 2009헌가18 판결[536*]로, 전자는 개인 영업주에 대한 양벌규정(3유형)에 대한 판결로 과실책임설의 단초를 제시하였으며, 후자는 법인에 대해서도 이러한 입장을 재확인하였다는 점에 의미가 있다. 2005헌가10 판결은 영업주(개인)의 업무에 대해 종업원이 무면허의료행위를 하면 영업주의 책임유무와 관계없이 영업주도 보건범죄 단속에 관한 특별조치법 위반으로 처벌하는 것은 책임주의와 형벌의 비례성 원칙에 어긋남을 선언하였다. 2009헌가18 판결은 피용자의 행위와 관련하여 법인을 처벌하는 양벌규정에 대해서도 이러한 논리를 재확인해 주었다.

이러한 헌법재판소의 판결의 영향으로 양벌규정에 면책규정이 없어(양벌규정의 유형 중 3유형) 책임주의와 비례성의 원칙을 침해하여 위헌이라는 점이 확인되면서, 대다수의 양벌규정이 '법인 또는 개인이 그 위반행위를 방지하기 위하여 해당업무에 관하여 상당한 주의와 감독을 게을리하지 아니한 경우에는 그러하지 아니한다'는 면책규정을 신설하는 방향으로 개정되었다. 무과실에 대한 법인의 형사책임을 배제한다는 점에서 일면 타당하다고 할 수 있다. 그러나 이러한 개정의 방향은 법인처벌의 아무런 근거가 없던 규정에 처벌의 근거를 명확히 한다는 점에서는 의미가

531* 대판 1984.10.10, 82도2595 전합.

532* 대판 1990.10.12, 90도1219.

533* 대판 1982.6.22, 82도777.

534* 대판 1977.5.24., 77도412.

535* 헌재 2009.7.30, 2005헌가10.

536* 헌재 2010.7.29, 2009헌가18.

있으나, 개별 법률의 특수성을 도외시한 채 일률적으로 면책규정만을 신설하였으며, 고의와 과실이 결합되는 체계론상의 오류를 내포하고 있다는 점에서 문제가 있다. 이 점에서 양벌규정의 문제의 근본적 해결로 법인에 대한 전통적 형사제재에서 벗어나 다양한 제재로 전환할 필요가 있다.

제2장 형사법적 제재

Ⅰ. 벌금

벌금형은 범죄인에 대하여 일정한 금액의 지불의무를 강제적으로 부담하게 하는 재산형으로, 단기자유형의 폐해를 막고 과밀구금의 부담을 덜기 위해 가장 널리 선고되고 있는 형벌이다. 2004년부터 2013년까지 매년 약식명령사건이 전체 사건의 80%를 상회하고 있으며, 1심 공판사건 가운데 벌금형이 선고된 경우도 매년 30%를 넘고 있으며 2013년의 경우 81,442건으로 31.3%에 이르고 있다.[537*] 과거 속죄금 내지 배상금으로서 범죄인으로부터 재산을 박탈한다는 의미가 강했던 벌금형은 현대 자본주의사회, 특히 최근 신자유주의 하에서는 그 위력을 더욱 발휘하고 있다. 그러나 벌금형은 수형자의 자력에 따라 형벌 위하의 효과, 예방효과 등을 기대할 수 없다는 지적과 함께 황제노역이라는 비판까지 일고 있다.

기업범죄와 관련하여서도 벌금형은 징역형과 병과하여 또는 벌금형 단독으로 널리 활용되어 왔다. 법무연수원 범죄백서는 경제범죄로 관세법, 대외무역법, 독점규제법, 부정수표단속법, 상법, 외국환거래법, 조세범처벌법, 증권거래법 위반을 분류하고 있는데, 이 통계가 검찰의 사건처리결과에 불과하며 기업범죄의 발생 영역 전반을 포괄하고 있지 못하지만, 나름의 의미를 살펴볼 수 있다. 2013년 기준 기소건수를 보면 조세범처벌법(1위), 외국환거래법(2위), 부정수표단속법위반(3위), 관세법(4위), 대외무역법(5위), 상법(6위), 증권거래법(7위), 독점규제법(8위)의 순이며, 이들 중 구약식의 비율이 조세범처벌법의 경우 19.5%, 외국환거래법위반의 경우 86.4%, 부정수표단속법위반의 경우 18.2%, 관세법의 경우 44.6%, 대외무역법의 경우 43%, 상법의 경우 27.5%, 증권거래법의 경우 12.5%, 독점규제법의 경우 8.3%에 이르렀다.

앞서 기업범죄의 현황에서도 살펴보았듯이 정확한 통계라고 볼 수는 없지만 주로 법인체범죄로 처벌되는 영역은 도로법위반 등의 교통범죄와 건축법 등의 기타범죄가 되며, 이들은 양벌규정의 존재로 인해 행위자를 벌하는 외에 법인 또는 영업주에게도 해당 조문의 벌금형을 과할 수 있도록 되어 있기 때문으로 보인다.

그런데 기업범죄에 대해 벌금형을 부과할 경우, 자연인과 동일한 액수의 벌금만으로는 법인에 대한 위하효과가 크지 않다는 점, 법인의 범죄능력을 인정할 수 있는가의 점 등 벌금형 자체가 지니고 있는 문제점은 물론 기업의 벌금 납부로 인해 주주, 채권자들에게 간접피해가 전가될 수도 있다. 기업의 지불능력 감소로 인한 채권자의 불이익, 잠재적인 해고의 위험과 공장폐쇄로 인한 종업원의 불이익이 초래될

537* 법무연수원, 2014 범죄백서, 299면.

수 있기 때문이다.[538*] 이러한 지적은 일면 타당하나, 정확하고 유의미한 분석은 3년 이상의 기간을 두고 기업범죄의 정확한 통계산출이 이루어지고 그에 대한 검찰과 법원의 사건처리 결과 분석을 토대로 가능할 것이다.

지금까지 기업범죄를 범한 법인에 대한 벌금형의 부과는 오로지 양벌규정에 의해서만 가능했다. 행위자를 벌하는 외에 그 행위자가 법인이나 개인의 업무에 관하여 위법행위를 한 경우 업무의 주체인 법인이나 개인도 벌금형을 과할 수 있도록 규정한 양벌규정이 있는 경우에만 자연인과 동일한 형으로 법인에 대한 벌금형의 부과가 가능했던 것이다. 그런데 최근 들어 일부 법률들이 개정되면서 법인에 대한 벌금형에 변화가 시작되고 있다. 즉 산업재산권 보호를 위한 대표적인 법률들로 상표법 제97조(2001년 개정), 특허법 제230조(2001년 개정), 디자인보호법 제87조(2001년 개정), 실용신안법 제50조(2001년 개정) 등[539*]이 행위자인 개인과 분리하여 법인에 대하여 높은 벌금형을 부과하는 방향으로 개정되었다. 이들 법률은 위반행위를 한 행위자에 비하여 법인은 3배 가량 무거운 벌금형을 부과하도록 하고 있으며,[540*] 나아가 개인인 업무주와 법인인 업무주를 구분하여 법인인 업무주에 대해 높은 벌금형을 규정하고 있다. 이러한 입법적 개선은 향후 기업범죄를 범한 법인에 대한 벌금형 처벌에 대해서도 바람직한 방향성을 제시해 준다고 볼 수 있다.

II. 집행유예[541*]

지금까지 기업범죄에 대하여 법원은 매우 관대한 판결을 내려 왔다. 실제 복역하는 기업 총수 등은 많지 않았으며, 대부분 항소심에서 집행유예형을 받는 것이 다수였다.

형법 제62조는 형을 선고함에 있어 일정 기간 동안 그 집행을 유예하고 유예기간이 경과한 때에 형선고의 효력을 잃게 하는 집행유예제도를 규정하고 있다. 이러한 집행유예제도는 피고인에 대한 자유형의 집행이 의미가 없는 경우

538* 이정민, 기업범죄에 대한 제재의 현황과 한계, 형사정책연구원, 2010, 30면 이하.

539* 이천현/송효종, 기업의 경제활동에 관한 형사법제 연구(II), 한국형사정책연구원, 2010, 30면.

540* 예컨대 특허법 제230조는 양벌규정이라는 제하에 아래와 같이 규정하고 있다.
법인의 대표자나 법인 또는 개인의 대리인, 사용인, 그 밖의 종업원이 그 법인 또는 개인의 업무에 관하여 제225조 제1항, 제228조 또는 제229조의 어느 하나에 해당하는 위반행위를 하면 그 행위자를 벌하는 외에 그 법인에는 다음 각 호의 구분에 따른 벌금형을, 그 개인에게는 해당 조문의 벌금형을 과(科)한다. 다만, 법인 또는 개인이 그 위반행위를 방지하기 위하여 해당 업무에 관하여 상당한 주의와 감독을 게을리하지 아니한 경우에는 그러하지 아니하다.
1. 제225조 제1항의 경우: 3억원 이하의 벌금
2. 제228조 또는 제229조의 경우: 6천만원 이하의 벌금

541* 이승준, "화이트칼라범죄에 대한 집행유예", 법학연구 제16권 제3호, 2006.9, 101면 이하 재구성.

단기자유형의 집행으로 인한 폐해를 막고, 피고인에게 사회에 복귀할 수 있는 길을 마련해 줌으로써 사회복귀사상을 강조하는 특별예방적 형사정책이다. 현대 형법에 있어 집행유예제도는 교정시설의 과밀화를 완화하고 범죄인의 조기사회복귀의 기틀을 제공한다는 점에서 매우 중요한 형사정책적 개선의 결과로 여겨지고 있다. 영미의 probation에서 유래하여 19세기 후반 유럽에 전래된 집행유예제도는 조건부판결제도(bedingte Verurteilung)와 조건부면제제도의 형태로 발전하였는데, 형법 제62조의 집행유예는 형의 집행을 유예한 후에 유예기간을 경과하면 형선고의 효력을 잃게하는 조건부판결제도(bedingte Begnadigung)의 형태이다.[542*]

우리 사법 현장에서도 이미 집행유예는 확고하게 자리잡았으며, 발전된 현대적 의미의 형사정책으로 기능을 하고 있다. 그러나 집행유예제도는 합리적인 형사정책적 판단하에 단기자유형의 폐단을 방지하기 위하여 형을 유예할 필요가 있는 피고인에게 제한적으로 행하여져야 함에도 불구하고, 우리 사법현실에서는 자유형에 대해 집행유예를 하는 것이 일반적이고 실형을 선고받아 실제로 복역하는 경우가 예외적인 현상이 되고 있다. 집행유예제도가 발전된 현대적 의미의 형사정책의 결과라고 하나 우리나라에서는 과도하게 활용되고 있음을 부정할 수 없으며, 더욱 문제되는 것은 기업범죄를 비롯한 화이트칼라 범죄에 대하여 법원이 지나치게 관대한 관점을 지니고 있어 집행유예가 남발되어 왔다는 점이다.

서덜랜드가 화이트칼라범죄를 "높은 사회적 지위를 가진 자들이 의욕적 동기에서 자신의 직업활동과 관련하여 행하는 범죄"라고 정의한 이후, 화이트칼라범죄는 그 개념이 확대되어, 오늘날에는 "존경받고 합법적인 직업활동 과정에서 개인이나 집단에 의해 저질러진 법률위반행위"라고 정의되고 있다.[543*] 이러한 화이트칼라 범죄는 법률의 공백 및 허점을 교묘히 이용하거나 권력층과 연계하여 조직적으로 은밀하게 행하여지기 때문에 잘 드러나지 않지만, 밝혀지면 그 피해규모가 매우 큰 특징을 지니고 있다. 또한 일반 형사범과는 달리 직접 피해자뿐만 아니라 국민 대다수에게 영향을 미침에도 불구하고 국민들이 그 심각성을 제대로 인식하지 못한다. 이러한 화이트칼라범죄와 그 속성 내지 특성을 많이 공유하는 기업범죄도 건전한 시장경제질서를 해하고 국민 경제에 미치는 파급효과가 큼에도 불구하고 밝혀지지 않을 경우 일반인들은 그 유해성을 인식하기가 쉽지 않다. 문제는 우리 법원이 화이트칼라범죄를 범한 정치인, 고위 공무원, 언론사주 등과 기업범죄를 범한 기업인에게 범죄행위에 대한 형벌책임에 상응하는 형벌을 부과하는 것이 아니라,

542* 벨기에와 프랑스가 조건부 판결제도의 대표적인 나라이며, 독일은 조건부 면제제도를 취하고 있다.

543* 박상기/손동권/이순래, 형사정책(제7판), 한국형사정책연구원, 233면.

대부분 집행유예를 선고하여 일반 국민들과의 사법 형평성을 저해하고 나아가 국민들의 사법불신(司法不信)을 초래하여 왔다는 점이다.

2000년부터 2006년까지 특정경제범죄 가중처벌 등에 관한 법률상의 배임 또는 횡령혐의로 기소되어 재판을 받은 기업의 주요임원과 지배주주 69명에 대한 형량을 분석한 참여연대의 조사에서 이 점은 여실하게 나타나고 있다.[544*] 피고인 69명중 38명이 집행유예를 선고받아 1심 판결에서의 집행유예율은 55%에 이른다. 2심에서 집행유예가 선고된 피고인은 18명으로, 재판결과 실형이 아닌 집행유예를 선고받은 경우는 69명중 55명으로 79.7%에 달하고 있다.[545*] 흥미로운 부분은 기업이 도산하여 회사정리절차나 기업매각절차 등을 밟은 해체된 재벌(갑을그룹, 거평그룹, 동아그룹 등)의 임원과 주주에 대해서는 실형이 선고된 반면, 여전히 건재하고 있는 기업(동부, 삼성, 두산, 동국제강, 한라그룹 등)에 대해서는 재판부가 1심부터 집행유예를 선고하거나 항소심에서 집행유예로 변경하였다는 점이다. 살아있는 경제권력과 죽은 경제권력에 대한 차이가 반영된 것은 아닌지 의문이 드는 부분이다.

아울러 법원은 일반 범죄인 보다는 화이트칼라 범죄인에게 지나치게 관대한 기준을 적용해 왔다. 이러한 사실을 입증해주는 실증적인 조사가 진행되었다.[546*] 먼저 KBS 스페셜 '법은 평등한가'(2006.7.16.방영)팀에서 실시한 조사에 의하면 일반범죄에서 집행유예가 선고되는 경우는 1심에서 63.2%, 항소심에서 44.8%의 비율을 나타내는 반면 화이트칼라범죄는 1심에서 72%, 항소심에서 72.5%의 비율을 나타내고 있다.[547*] 여기에서 우리는 기업범죄를 비롯한 화이트칼라범죄에 대해 법원이 일반범죄와는 다른 기준을 적용하고 있으며, 죄질에 비해 판단이 지나치게 관대하다는 점을 알 수 있다. 조사기간 중 대상자 143명에 대한 최종심에서 집행유예가 선고된 경우는 114명으로 80%에 이른다. 2000년부터 2005년까지 부정부패 혐의로 재판을 받은 143명의 기업인, 정치인, 고위공직자, 언론사주 등에 대한 1심 재판 선고형량 분석 결과, 징역형 118명에 대한 집행유예의 비율이 72%에 이르고 있다. 이는 일반형사범에 대한 집행유예 선고율보다 8.8% 높다. 특히 이들 중 기업인은 징역형이 선고된 53명중 50명이 집행유예를 선고받아 94.3%의 집행유예율을 보였다. 또한

544* 참여연대 사법감시센터 자료, "2000년 이후 배임/횡령 기업인 범죄 판결사례 조사", 참여연대 이슈리포트 2006.7.2., 3-7면.

545* 참여연대, 이슈리포트. 7면 참조. 우리 법원이 화이트칼라 범죄를 범한 피고인들에 대해 과연 명확한 기준을 가지고 양형에 임하는지에 대한 의문이 가도록 하는 부분이다.

546* 화이트칼라범죄에 대한 명시적인 검토는 없으나, 부정부패사범에 대한 양형실무의 문제점과 개선방향에 관하여 검토하면서 과도한 집행유예율 등 법원의 온정적 양형의 문제점을 지적한 논문으로는 문형배, "뇌물 등 부정부패사범에 대한 적정한 양형", 법원행정처 양형실무위원회 자료집, 2003.10.6. 등이 있다.

547* 법원행정처, 사법연감, 2004, 50면.

143명중 항소심까지 진행된 피고인은 96명이며, 이들 중 59명의 항소심이 파기되어 항소심 파기율도 일반 형사재판의 48.1%보다 13.4% 높은 61.5%에 이르고 있다. 항소심이 파기된 59명중 78%인 46명은 1심보다 형량이 줄었으며, 집행유예가 선고된 경우는 징역형 40명중 29명으로 그 비율은 72.5%에 이른다.[548*]

이러한 결과는 기업범죄와 일반 국민의 범죄 사이에서 사회적 지위에 따른 집행유예의 선고비율에서도 동일한 경향을 띠었다. 2002년 1월부터 2005년 8월까지 업무상 횡령이나 특정경제범죄 가중처벌 등에 관한 법률상 횡령 혐의로 서울중앙지방법원에서 재판받은 458명의 선고형량을 전 · 현직 기업인의 1그룹, 식당이나 PC방 종업원 또는 배달원 등의 3그룹, 그 외의 2그룹으로 나누어 형량을 분석한 결과, 각 그룹의 횡령액은 1그룹에서 2그룹으로, 2그룹에서 3그룹으로 갈수록 금액이 작아지는데, 이들에 대한 집행유예의 비율은 60%, 47.6%, 34.6%로 정반대의 양상을 띠고 있다.[549*] 반면 실형의 비율은 3그룹의 46%에서, 2그룹은 41.4%로, 1그룹에서는 32.2%로 감소하였다.

이상의 조사 결과가 단기간에 소수의 표본을 대상으로 특정법원에서 이루어진 판결을 분석한 것으로 대표성이 부족하다고 할 수도 있을 것이다. 그러나 우리 법원이 집행유예선고의 판결에 있어 기업범죄인을 비롯한 화이트칼라 범죄를 범한 피고인들에 대하여 지나치게 관대한 입장을 취하고, 결과적으로 일반 국민들과의 사법 형평성을 저해하고 있음을 인정하기에는 충분하다고 생각된다.

다만 고무적인 부분은 과거의 이러한 경향과 달리, 박근혜 정부 취임 이후, 대기업 총수의 횡령, 배임사건 재판에서 실형의 경향이 강해지고 아직까지 SK그룹이나, CJ그룹 등 굴지의 기업 총수에 대한 사면도 이뤄지지 않아 기업 총수의 행위에 대해 강력한 책임을 묻겠다는 분위기가 형성되어 있다는 점이다.[550*]

III. 기존 형사제재의 한계

기업범죄에 대한 기존 형사제재는 주로 기업에 대한 벌금형, 기업 총수 등에

548* KBS 스페셜, '법은 평등한가'(2006.7.16) 자료집, 86-89면

549* KBS 스페셜, 앞의 자료집, 74-75면.

550* 물론 이러한 분위기는 경기침체로 인한 국가경제를 둘러싼 국민여론, 정치적 이해관계, 경총 등 사용자단체의 압력, 일부 매스컴의 여론 유도 등에 의해 언제든지 바뀔 수 있다는 점에 함정이 있다. 중요한 점은 기업인 등에 대한 사면이 경제상황 개선과 합리적 인과관계가 있는지에 대한 논리적 규명 작업이 선행되어야 하며, 경제 살리기를 위한 기업인의 특별사면이 유전무죄·무전유죄, 사법불신을 조장하여 대통령의 사면권 남용에 해당하는 것은 아닌지 신중하게 검토되어야 한다는 것이다.

대한 집행유예로 요약될 수 있다. 이에 대해 기업범죄에 있어서 벌금은 자연인에게 적용되는 벌금액수를 그대로 적용하기 때문에 너무 소액이라서 억지력이 충분하지 못하며 노역장 유치와 같은 담보수단도 없어 효율적인 대처가 어려우며, 기업범죄에 대한 형벌은 보충성의 원칙이 지켜져야 하는 가장 엄격한 제재이기 때문에 그 적용에 신중을 기한 나머지 불법행위를 방치하는 결과를 가져올 수 있다는 문제점이 지적되고 있다.[551*]

지금까지 대표적인 기업범죄 사례들을 살펴보면 단순히 기업범죄를 둘러싼 문제가 나타나는 경우도 있었지만, 우리나라 형사사법시스템의 구조적 문제로 형사정의에 반하는 결과가 나온 경우[552*]가 대다수였다. 벌금형의 상한 문제는 우리 형사법의 양벌규정 문제, 법인의 범죄능력 문제 등이 결부되어 나타나는 문제이며, 기업 회장 등에 대한 집행유예의 문제는 전관예우, 정경유착의 한국 사회의 병폐가 결합되어 나타난 것으로 이해할 수 있다. 결국 이러한 한국사회의 단면을 개혁하지 않고 현행 형사법 체계를 유지한다면 기존 형사제재만으로는 한계가 있으며 비형사법적 제재의 활성화가 필요하다는 결론에 이를 수밖에 없다.

551* 이정민, 앞의 보고서, 34면.

552* H자동차 회장에 대한 사회봉사명령 선고에서 본인이 직접 준법경영 강연과 신문기고를 하는 내용으로 사회봉사명령을 내린 것이 그 대표적 예라 할 수 있다.

제3장 비형사법적 제재

Ⅰ. 서설

기업범죄에 대한 비형사법적 제재는 '제재'를 바라보는 관점에 따라, 그 효과와 형태에 따라 매우 다양하게 분류될 수 있다. 예컨대 행정제재로 법인해산, 영업정지, 공급거부, 시정조치, 관허사업 제한, 과징금, 과태료, 이행강제금, 법위반사실의 공표 등을 언급할 수 있으며, 민사제재로 손해배상 등을 분류할 수 있다. 이러한 비형사법적 제재 중 법인의 해산과 과징금 등은 기업범죄 예방을 위해 매우 실효적이고 강력한 제재라고 볼 수 있다.

이하에서는 과징금과 같이 현실에서 널리 활용되고 있는 제재가 아니지만, 비형사법적 제재로서 향후 기업벅죄의 예방을 위해 특별히 의미가 있다고 판단되는 취업제한과 준법프로그램으로서 준법지원인의 준법감시에 대해 다루어보고자 한다.

Ⅱ. 취업제한

특정경제범죄 가중처벌 등에 관한 법률은 건전한 국민경제윤리에 반하는 특정경제범죄에 대한 가중처벌과 그 범죄행위자에 대한 취업제한 등을 규정함으로써 경제질서를 확립하고 나아가 국민경제 발전에 이바지함을 목적으로 하고 있다. 특경법 위반사범 중 특정한 자에 대해서는 취업제한을 규정하고 있다. 특경법 제14조는 아래와 같다.

> 제14조(일정 기간의 취업제한 및 인가 · 허가 금지 등) ① 제3조, 제4조제2항(미수범을 포함한다), 제5조 제4항 또는 제8조에 따라 유죄판결을 받은 사람은 다음 각 호의 기간 동안 금융회사 등, 국가 · 지방자치단체가 자본금의 전부 또는 일부를 출자한 기관 및 그 출연(出捐)이나 보조를 받는 기관과 유죄판결된 범죄행위와 밀접한 관련이 있는 기업체에 취업할 수 없다. 다만, 대통령령으로 정하는 바에 따라 법무부장관의 승인을 받은 경우에는 그러하지 아니하다.
>
> 1. 징역형의 집행이 종료되거나 집행을 받지 아니하기로 확정된 날부터 5년
> 2. 징역형의 집행유예기간이 종료된 날부터 2년
> 3. 징역형의 선고유예기간
>
> ② 제1항에 규정된 사람 또는 그를 대표자나 임원으로 하는 기업체는 제1항 각 호의 기간 동안 대통령령으로 정하는 관허업(官許業)의 허가 · 인가 · 면허 · 등록 · 지정 등(이하 이 조에서 "허가등"이라 한다)을 받을 수 없다. 다만, 대통령령으로 정하는 바에 따라 법무부장관의 승인을 받은

경우에는 그러하지 아니하다.

③ 제1항의 경우 국가 · 지방자치단체가 자본금의 전부 또는 일부를 출자한 기관 및 그 출연이나 보조를 받는 기관과 유죄판결된 범죄행위와 밀접한 관련이 있는 기업체의 범위는 대통령령으로 정한다.

④ 법무부장관은 제1항 또는 제2항을 위반한 사람이 있을 때에는 그 사람이 취업하고 있는 기관이나 기업체의 장 또는 허가 등을 한 행정기관의 장에게 그의 해임(解任)이나 허가 등의 취소를 요구하여야 한다.

⑤ 제4항에 따라 해임 요구를 받은 기관이나 기업체의 장은 지체 없이 그 요구에 따라야 한다.

⑥ 제1항, 제2항 또는 제5항을 위반한 자는 1년 이하의 징역 또는 500만원 이하의 벌금에 처한다.

문제는 특경법 제14조에 의해 취업제한이 가해진 사례는 찾아보기 어렵다는 점이다. 최근 15년간 취업승인 요청 및 승인 건수 등이 전무하여 동 조항이 애초 취지와 달리 사문화된 상태로 볼 수 있다.

법무부의 특정경제범죄 가중처벌 등에 관한 법률상 취업제한 조항 관련 업무수행 현황(2000년~2015년 4월)[553*] 은 다음과 같다.

내용	건수
유죄로 관련 기업 취업이 제한된 사람이 기업에서 일할 수 있게 취업승인을 요청	0
취업제한자의 승인 신청에 법무부장관이 승인	0
취업제한자가 임원으로 있는 기업체의 경우 관허업 인허가 등을 받을 수 없는데 법무부장관이 예외적으로 승인	0
취업제한 규정위반자가 있을 경우, 그 기업체에게 해임을, 허가 등을 한 행정기관의 장에게 허가 취소를 법무부장관이 요구	0
규정 위반자의 기소 현황	0

취업이 제한되는 대상은 금융회사 등, 국가 · 지방자치단체가 자본금의 전부 또는 일부를 출자한 기관 및 그 출연(出捐)이나 보조를 받는 기관과 유죄판결된 범죄행위와 밀접한 관련이 있는 기업체인데, 금산분리가 명확한 상황에서 기업범죄 특히 민간인의 취업제한이 문제되는 경우는 '유죄판결된 범죄행위와 밀접한 관련이 있는 기업체'라고 할 것이다.

여기서 기업범죄의 개념상 기업을 도구 내지 수단으로 활용할 경우 유죄판결된

553* 국회 서기호 의원실 자료(http://www.hani.co.kr/arti/economy/economy_general /692336.html 참조)

범죄행위와 밀접한 관련이 있는 기업체에 해당함은 이론의 여지가 크지 않다. 나아가 A라는 기업체와 관련하여 범죄행의로 유죄판결이 있었으나, A회사가 지주회사이거나 이에 준하는 회사인 경우, A와 그룹내 계열사 B가 인적 교류, 출자 등 경제적 교류가 있어 상호 긴밀히 연계되어 있는 경우에도 밀접한 관련이 있는 기업체로 인정할 수 있을 것이다.

그럼에도 불구하고 H그룹, S그룹 등의 회장 등은 여전히 회장직을 유지하면서 기업의 주요 결정에 참여하여 여전히 건재한 모습을 보이고 있다. 이들이 등기이사에서 미등기이사로 변경되거나, 여전히 동일한 직을 유지하고 있는 상황에 대한 주요한 이유는 등기이사에서 미등기이사로 변경될 경우 급여미지급 형태이므로 '취업'이라고 볼 수 없으며, 이미 회장 내지 대표이사직을 가진 상태로 취업이 되어 있는 상태이므로 유죄확정판결 이후 취업한 것으로 볼 수 없다는 것이다.

그러나 특경법의 제정당시 입법취지와 입법목적을 살펴보면, 당시 "경제범죄가 날로 대형화 · 조직화 · 지능화되고 경제 · 사회에 미치는 충격과 피해가 막심하여 그 근절대책이 절실한 실정임에도 현행처벌법규는 법정형이 지나치게 가볍거나 벌칙규정의 미비로 말미암아 적절히 대처하지 못하고 있으므로 건전한 국민경제윤리에 반하는 거액경제범죄 및 재산국외도피사범에 대한 법정형을 대폭 강화하여 가중처벌하고, 금융기관 임 · 직원의 금품수수 등 비위를 엄벌함과 아울러 범법자들의 경제활동을 제한함으로써 경제질서의 확립을 도모하고 나아가 국민경제의 발전에 이바지하려는 것"이라고 적시되어 있다. 당시 상황은 현재와 거의 변화가 없으며 경제사범관리위원회를 두어 오히려 체계적으로 관리하려고 했음을 알 수 있다.

취업의 문언적 의미는 '일정한 직업을 잡아 직장에 나감'을 의미하는데,[554*] 특경법 제14조가 신규취업을 규정한 것임은 명확하다. 그리고 신규취업의 경우 생계를 유지하기 위하여 소액이라도 유상으로 근무하는 경우에는 취업에 해당함을 문언해석으로 도출해낼 수 있다. 그렇다면 등기이사에서 미등기이사로 신분이 변동되는 것은 소액이라도 유상인 경우에는 기존 등기이사로서의 취업상태를 해소하고 새로운 직에 취업하는 것이므로 특경법 제14조의 승인대상이 된다고 하겠다. 문제는 대표이사 등의 취업상태가 유지되는 것인데, 금지되는 유추해석 내지 판례가 금지하고 있는 확장해석인지 다소 논란의 여지가 있어 보인다. 생각건대 '범법자들의 경제활동 제한'이라는 입법목적을 고려한다면 기존 취업상태를 유지하여 경제활동을 하는 것도 애당초 입법자의 의사에 반하는 금지행위라고 볼 수 있다.

554* 국립국어원 표준국어대사전(http://stdweb2.korean.go.kr/search/List_dic.jsp).

그러나 이는 개인의 경제적 활동의 자유, 취업관련 기본권을 제한하는 규정이므로 명확성의 원칙상 기존취업 상태의 유지도 금지되는 행위에 포함됨을 명시할 필요가 있다고 하겠다.

III. 준법지원인의 준법감시

우리나라는 기업의 준법경영과 윤리경영을 위해 2012년 4월 준법지원인 제도를 상법에 도입하였다. 이전에도 2010년 10월부터 자본시장과 금융투자업에 관한 법률 등 금융관련 법률상 은행, 증권, 보험, 종금 등 금융기관에 대해 준법감시인 설치를 의무화하였고 신용금고에도 2001년부터 의무화되었다. 준법지원인 제도는 미국에서 일반화된 준법프로그램(compliance program)의 일환으로 기업내부의 사전예방적 법령준수 통제시스템을 통해 기업범죄 등을 사전에 실효성 있게 예방하려는 차원에서 도입되었다.

여러 목표가 있지만 준법지원인 제도는 준법·윤리경영을 통해 주주를 보호하고, 기업경영의 투명성을 제고하여 사회적 책임을 다하는 지속가능한 기업환경을 조성할 수 있으며, 결과적으로 기업범죄를 감소시킬 수도 있다.

제도 도입 초기 기업부담을 고려하여 자산총액 1조 이상 상장회사에 대해서 우선적으로 도입된 이후,[555*] 2014년 1월부터는 자산총액 5천억원 이상 상장회사에 대해서도 준법지원인을 의무적으로 선임하도록 확대되었다. 그런데 최근 자료[556*]에 의하면 준법지원인을 의무적으로 설치해야 하는 상장회사 중 상당수가 상법 규정을 위반하여 준법지원인을 선임하고 있지 않은 것으로 나타났다. 반드시 준법지원인을 선임해야 함에도 불구하고, 대상회사 중 현재까지도 선임하지 않은 곳이 82곳에 이르고 있다. 이는 미응답회사를 제외하면, 준법지원인 선임의무 회사 중 40% 정도가 여전히 준법지원인을 선임하지 않은 것이다.

555* 제542조의13(준법통제기준 및 준법지원인) ① 자산 규모 등을 고려하여 대통령령으로 정하는 상장회사는 법령을 준수하고 회사경영을 적정하게 하기 위하여 임직원이 그 직무를 수행할 때 따라야 할 준법통제에 관한 기준 및 절차(이하 "준법통제기준"이라 한다)를 마련하여야 한다.
② 제1항의 상장회사는 준법통제기준의 준수에 관한 업무를 담당하는 사람(이하 "준법지원인"이라 한다)을 1명 이상 두어야 한다.
③ 준법지원인은 준법통제기준의 준수여부를 점검하여 그 결과를 이사회에 보고하여야 한다.

556* 국회 민병두 의원실 자료, "준법지원인 선임의무 위반회사 88개사 - 준법지원인제도의 실효성을 높이기 위한 제도 개선 필요", 2015.5. 참조.

	대상회사	응답		미응답
		선임	미선임	
2012년 4월	172개사 (1조원 이상)	69개사 (60%)	46개사 (40%)	57개사 (33.2%)
2014년 4월	306개사 (5천억원 이상)	108개사 (49.5%)	110개사 (50.5%)	88개사 (28.8%)
2015년 4월	304개사 (5천억원 이상)	123개사 (60%)	82개사 (40%)	99 (32.5%)

도입 당초부터 실효성을 두고 논란이 있었지만, 준법지원인 선임의무 위반에 대한 별도의 제재규정이 없기 때문에 선임의무가 있는 기업들이 고비용과 경영간섭을 감수하면서 준법지원인을 채용할 필요성을 느끼지 못하고 있는 것이다.

그러나 자율적 경영감시를 통해 기업경영의 투명성을 높이려는 사회적 공감대가 유지되기 위해서는 준법지원인의 조기 정착을 위한 준법지원인의 직무범위에 대해 보다 명확한 명시, 미선임시 제자 및 선임시 세무조사 면제 등의 인센티브 근거 설치 등 상법 개정 작업이 필요할 것으로 판단된다.[557*]

중요한 점은 이러한 자료가 지금 우리나라 기업인들의 인식, 기업문화, 준법경영에 대한 기업분위기를 단적으로 드러내 주는 것이라고 할 수 있다는 것이다. 아직까지 자율적 감시와 통제는 이른 감이 있음을 부정할 수 없다.

그럼에도 불구하고 비형사법적 제재가 활성화될 필요가 있다. 최근 우리나라 청년세대들은 3포 세대, 취업절벽 등 청년 고용시장 악화로 불행하고 절망적인 시기를 살고 있으며, 이들을 자식으로 둔 부모세대가 청년층 일자리와 경쟁해야 하는 암담한 현실에 직면하고 있다. 여기서 기업범죄를 예방하고 감소시키는 것도 기업이 사회 내의 한 조직체로서 순기능을 다하고 사회가 유기적으로 발전할 수 있도록 함에 그 목표가 있음을 새삼 떠올릴 필요가 있다. 건전하고 윤리적인 기업경영, 나아가 지속가능한 기업경영은 우리사회의 어두운 단면을 해결하는 데에도 유용한 해결책을 제시해 줄 수 있기 때문이다.

557* 민병두의원도 기업의 준법경영을 도모하기 위해 도입한 준법지원인제도의 취지를 살리기 위해서는 우선적으로 준법지원인 선임 현황을 파악할 수 있도록 기업공시서식을 개선하여 준법지원인 선임보고를 의무화하고, 상법 개정을 통해 준법지원인 도입 기업에 대한 인센티브를 부여하고, 도입하지 않은 기업에 대한 제재규정을 마련하여 기업들이 적극적으로 준법지원인 도입하도록 할 필요가 있다고 하였다.

제4편

기업범죄 및 형사책임론의 전망

제1장 기업범죄의 전망
제2장 비형사법적 제재의 활성화
제3장 형사법적 제재의 변화

제1장 기업범죄의 전망

간혹 매스컴에 등장하는 성공한 기업인으로 묘사되는 모습은 거리의 노점, 시장 모퉁이의 작은 점포에서 시작해, 좋은 상권에서 본점을 개점하고 이후 프랜차이즈 성공과 1,000여개의 가맹점을 둔 회사의 대표가 된 모습이다. 그런데 우리가 최종적으로 접하는 소식은 이들이 회사자금의 횡령 내지 배임으로 구속되고 실형을 선고받았다는 뉴스이다. 현재 재벌 형태를 갖추고 있는 우리나라의 대표적인 기업들도 처음에는 소점포의 형태로 출발하였다가 관주도 경제발전방식에 힘입어 급격히 사세가 성장하였거나, 산업성장 국면에 잘 편승하여 급성장 신화를 터트린 경우가 많다. 이러한 기업들이 30년, 50년, 100년을 지속해 나가야만 우리나라의 기업사회는 장밋빛 전망을 이어갈 수 있다. 그러나 현실은 그렇지 않다. 제대로 된 기업문화와 기업가정신 없이 자생력과 기업윤리를 갖추지 못한 채 성장한 기업들은 순식간에 붕괴되는 모습을 보여 왔다.

향후 기업들은 국제사회의 거대 기업과 경쟁하면서 더욱 치열한 생존 경쟁에 빠져들 것이다. 무한경쟁에 빠져들 수도 있다. 그렇다면 우리나라 기업들은 어떻게 될 것인가? 지금까지 우리나라 기업들의 세계 경쟁력, 자본구조, 기업윤리, 기업문화, 조직관리, 사회적 책임 이행 등을 고려했을 때 더욱 더 합법과 불법의 경계를 넘나드는 모습이 빈번해 질 수 있다. 기업범죄의 통계를 제대로 분석한 바 없으므로 그 향후 전개를 예상할 수는 없으나, 합리적으로 기업범죄의 개념을 정의한 후 기업범죄를 체계적으로 통계화한다면 편법과 탈법 사이에서 기업이 탈법의 법망에 걸릴 개연성이 커진다. 경제범죄가 그러하듯 기업범죄도 경제상황에 심대한 영향을 받을 수밖에 없으며 기업범죄의 증가는 단속의 강화를 낳아 범죄증가율은 높아질 것이기 때문이다. 또한 합법과 탈법의 비교형량, 범죄와 형벌의 법경제학적 분석을 통해 탈법을 통해 얻는 이익이 기업의 생존에 필수적이라면 기업들은 현행 양벌규정의 한계, 즉 형사법의 맹점을 계속 이용할 수밖에 없을 것이다. 이러한 상황과 더불어 기업이 잠재적 범죄 위험원으로 인식되고 기업범죄로 인한 국가경제와 국민의 피해 정도가 정확히 밝혀진다면 형법의 과제는 기업범죄를 처벌하는 방향으로 변모할 수밖에 없을 것이다.

결국 기업범죄는 점점 더 고도화, 지능화, 밀행화, 전문화될 것이며, 이에 대한 형사제재도 더욱 발달할 것이다. 외국계 기업의 국내 진출과 거대 다국적 기업과의 경쟁에 나서는 국내 기업들은 이들 기업의 선진화(?)된 범죄수법을 모방하게 될 것이며, 점점 더 법의 사각지대로 숨어들게 될 것이다.[558*] 따라서 향후 과제는 기업의

558* 이미 EU와 미국의 규제가 북유럽에도 영향을 주는 등 오늘날 기업범죄에 대한 다양한 형태의 규제는 상당히 국제화되어 가고 있다 (Paul Larsson, “Regulation Corporate Crime : From Punishment to Self-Regulation”, Journal of Scandinavian Studies in Criminology and Crime Prevention, Vol. 13, 2012, p.31).

자율적·윤리적 경영과 형사제재 사이에서 접점을 찾는 것이다.

기업범죄는 살인, 강도와 같이 형법의 대원칙이 그대로 적용될 수 있는 전통적 범죄가 아니라 현대사회형 범죄로 그 위법성과 책임을 쉽게 판단하기 어려운 속성이 있다. 여기에 우리의 고민이 노정되어 있다. 현대사회가 위험사회라는 울리히 벡의 주장을 기업사회에 적용시켜 보면, 기업이 현대사회의 위험이 되어서는 안 된다는 점은 명약관화하다. 본래적 의미의 위험사회, 즉 과학기술의 발전의 배후에 있는 어두운 측면들이 점차 사회적 논의를 주도하는 사회, 인위적으로 만들어진 원자력, 화학, 생태학, 유전공학의 자기파멸가능성이 존재하는 사회[559*]는 테러위협 등이 높아진 최근에 이르러서는 그 위험의 의미를 더욱 확대해서 받아들일 수 있다.[560*] 이 경우 위험사회는 기업사회와 결합됨으로써 기업위험사회(企業危險社會)가 될 가능성이 있다. 전 지구적 관점으로 시선을 돌려보면 국가 간의 전쟁 수행마저도 일부 민간군사기업(Private Military Companies)이 담당하여 온 점에서[561*] 비자금, 입찰담합, 환경오염과 같이 지금까지 우리가 경험해온 기업범죄와는 차원이 다른 문제가 발생할 수 있으며, 기업위험사회라는 현상의 도래가 기우(杞憂)라고 볼 수는 없을 것이다. 민간군사기업이 전쟁 수행과정에서 군사자금 횡령, 전쟁 포로 학대, 민간인 살상 및 오공격 등을 일으킨 경우, 제네바협약 위반과 같은 국제법적 문제와 더불어 국내법적으로도 복잡하고 심각한 문제상황이 발생할 것이다.[562*]

그러나 시민과의 계약을 통한 국가의 역할은 시민이 이러한 기업의 잠재적 범죄 위험에 노출되지 않게 함에 있다. 국민이 기업범죄로부터 안전하게 생활할 수 있도록 만들어야 하는 것이다. 그리고 이때의 안전은 개별 법률에서의 보호법익으로서의 기능으로 한정되는 것이 아니라, 헌법상 국민에게 보장된 기본권으로서의 안전권 관점에서 접근되어야 한다.

559* Ulich Beck, Politik in der Risikogesellschaft, Frankfrut a.M, 1991, S. 10 ff.

560* 울리히 벡이 전제한 위험은 현대사회의 복잡한 사회 양상에 의해 발생하는 일상적인 위험으로 Risiko이나 테러, 경제범죄와 같은 새로운 유형의 범죄는 이질적인 차원의 위험이기 때문이다. 즉 인간에 의해 의도된 위험까지 확대·심화된 위험사회라고 볼 수 있다(이승준, "새로운 위험의 등장과 형법의 임무 변화?", 109면 이하).

561* 민간군사기업은 군사공급기업(Military Provider Firms), 군사자문기업(Military Consultant Firms), 군사지원기업(Military Support Firms)으로 분류할 수 있으며, 대표적인 회사로는 Exeucutive Outcomes, SCI, NFD, MPRI, DynCorp, KBR 등이 있다. 이라크 전쟁이 대표적으로, 2만 여명의 민간군사기업 요원들이 취사, 운전 등의 단순노동에서부터 전투물자 정비, 기지건설, 요인경호, 경비, 통역, 포로 심문, 신병훈련, 경찰관 양성업무를 수행하였다. 한국에도 B사, M사, I사 등 10여개의 민간군사기업이 활동 중에 있다. 상세한 논의는 최응렬/송혜진/오세연, "민간군사기업의 도입방향에 관한 연구", 한국경호경비학회지 제17호, 2008, 341면 이하 참조.

562* 실제 이라크에서는 2004년 9월 미국의 PMC인 Black Water USA 직원들이 민간인을 무차별 공격해 11명이 사망하였으며, 이로 인해 PMC의 존재가 외부로 드러나게 되었는데, 이후에도 바그다드 니수르 광장 민간인 살상사건에 PMC가 연루되었다. 이들에 대해서는 과실치사와 일급살인으로 미국 내에서 공소제기가 이뤄졌다.

제2장 비형사법적 제재의 활성화

기술의 발달과 경제위기의 상시화 등 기업을 둘러싼 환경의 변화와 그로 인한 기업범죄의 진화는 기업에 대한 제재도 변화되기를 요구하고 있다. 먼저 비형사법적 제재의 경우, 이전보다 그 활성화가 요구된다. 법인의 해산과 과징금 및 이행강제금의 부과, 관허사업의 제한과 같은 비형사법적 제재들이 체계적이면서도 유기적으로 법인의 책임에 상응하게 가해진다면 기업범죄의 상당 부분은 예방효과가 나타날 수 있다. 그렇지만 이처럼 외부에 의한 타율적 제재만으로는 기업범죄 억지에 부족하다.[563*]

비형사법적, 비강제적 제재의 대표적인 준법지원인 제도의 활용도 수반되어야 한다. 그런데 현행 준법지원인제도에 대해서 준법지원인에게 법규준수에 관련된 업무뿐만 아니라 금융 등 각종 사업 리스크 관리를 포함한 내부통제업무 전반을 담당하도록 하고 있어 업무전문성을 떨어뜨린다는 점, 감사위원회와 준법지원인의 역할 및 기능이 중복된다는 점, 준법지원인의 지위에 대한 기업이나 사회의 인식부족으로 기업의 경영실무에서 그 역할이 경시될 위험이 있다는 점 등이 지적되어 왔다.[564*] 아울러 사전적 내부통제시스템에 불과하여 범죄를 차단할 수 있는 제재수단으로서는 한계가 있을 뿐만 아니라 경제범죄로 인한 막대한 피해자와 사회의 경제적 손실을 보전할 수 없다는 한계가 지적되어 왔다.[565*]

지금까지의 준법지원인 제드의 운영을 살펴보면 논자에 따라 이미 실패한 것으로도 볼 수 있다. 그러나 형사적 제재, 형벌과 보안처분이 실패한 준법지원인 제도를 실효적으로 변경시켜 줄 수는 없다. 오히려 오늘날 금융산업처럼 형법의 규제 조항만으로는 법익보호 내지 시장질서 유지가 명쾌하지 않은 영역이 늘어날 수 있다. 결국 형법과 부수형법, 특별형법 사이에 형법의 대원칙이 관통해야 함은 부정할 수 없으나, 각종 전문영역의 현상과 규범의 존재에 대해 다양성을 긍정할 필요가 있는 것이다. 즉 비형사법적 제재의 활성화를 통해 전문법과 형법, 그리고 형벌과 비형사적 제재 사이의 상보적 관계의 구축에 노력을 기울여야 하는 것이다.

더욱이 기업범죄는, 자유의사를 가지고 있으며 경우에 따라 격정범 등 비합리적

563* Braithwaite와 Ayres도 일찍이 대응 규제(Responsive Regulation) 이론을 전개하여 'Enforcement Pyramid'를 제시하였는데, 가장 낮은 단계의 Persuasion에서 Warning letter - Civil penalty - Criminal penalty - License suspension - License revocation로 이어지는 제재의 피라미드에서, 가장 가혹한 단계인 기업의 허가취소(License revocation)에 이르는 상위 단계의 제재 부과 전까지는 낮은 단계의 자율적 규제의 Persuasion부터 단계적으로 제재를 상향시켜야 함을 주장했다(Ian Ayres/John Braithwaite, *Responsive Regulation: Transcending the Deregulation Debate*, Oxford University Press, 1992, pp. 35-38.

564* 이진국, "기업범죄의 예방수단으로서 준법감시제도(compliance)의 형법적 함의", 형사정책연구 제21권 제1호, 2010.3, 78면 이하 등.

565* 천진호, "경제범죄에 대한 새로운 정책적 대응방안", 法學論叢 제33집 제1호, 2013, 154면.

사고에 따라 범죄를 감행할 수도 있는 자연인의 범죄 양상과는 다른 특징을 지니고 있다. 즉 시스템을 통해서 기업범죄의 일정 부분을 예방할 수도 있는 것이다. 그렇기 때문에 우리는 기업범죄에 대한 비형사법적 제재의 다양한 개발과 효율적 적용을 통해 기업범죄를 예방할 수 있는 방안을 모색하여야 할 것이다. 그리고 그 노력의 대표적 예가 준법 프로그램이라고 할 수 있다.

기업범죄에 있어서도 형법의 보충성원칙을 새삼 언급하지 않더라도 1차적으로는 형법 외적 제재로 가능할 경우 이러한 제재수단이 활성화되어야 한다. 기업의 경우 일반 자연인과 달리 개별 사안에 대한 준법성 검토 및 기업 전체의 관점에서 거시적 차원의 법적 쟁점 해소를 위한 인적·물적 기반이 충분하며, 이를 활용할 경우 형사법적 제재 이전에 범죄로 진행되는 것을 충분히 차단할 수 있기 때문이다. 다만 준법지원인 제도의 운용에서 알 수 있듯이 비형사적 제재의 실효성 있는 강력한 실행을 위해서 다양하고 효과적인 방안의 모색에 노력을 기울여야 할 것이다. 준법 프로그램 운영시 기업체가 희망하는 인센티브에 대한 설문조사[566*]에서, 기업체들은 형사제재와 행정제재 사이에서 처벌면제나 완화된 양형과 같은 형사제재상의 인센티브에는 큰 매력을 느끼지 않았으나, 세무조사 면제 등 세제혜택과 과태료 또는 과징금 감경이라는 행정제재 상의 인센티브에는 큰 관심을 보였다.[567*] 이러한 조사결과는 향후 기업범죄에 대한 현행 처벌규정의 문제점을 개선하고 나아가 비형사적 제재의 활성화를 위해 염두에 둘 대목이라고 생각된다.

566* 2010년 10월 서울·경기 소재 317개 업체를 대상으로 기업의 사회적 책임 및 기업범죄 등에 대한 인식을 알아보기 위해 실시한 조사였다. 이천현/송효종, 앞의 보고서, 75면 이하 참조.

567* 이천현/송효종, 앞의 보고서, 116면 이하.

제3장 형사법적 제재의 변화

제1절 기존 제재의 개선

1. 서설

기업범죄의 진화로 기업범죄에 대한 비형사적 제재의 활성화와 더불어 기존 형사법적 제재의 변화도 요구된다. 여기서 우리나라의 법인처벌에 관한 현 상황을 개선하기 위해 참고할 수 있는 좋은 입법례가 프랑스 형법이다. 프랑스 형법은 법인에 대한 벌금형 외에 제131조-39조에서 법인에게 적용되는 특별형벌을 매우 다양하게 규정하고 있다. 대륙법계 형사법 체계에 속하면서 법인의 범죄를 세부적으로 규정하고, 그 범죄에 대한 매우 다양하고 강력한 제재를 규정하고 있다는 점에서 우리의 기업범죄 제재방향에 시사하는 바가 크다.

구체적인 내용을 살펴보면, 먼저 ① 법인의 해산이 있다. 범죄를 범할 목적으로 법인이 설립되었거나, 중죄 또는 자연인이 범한 5년 이상의 구금형에 처하는 경죄에 대하여는 범죄를 범할 목적으로 그 설립취지를 일탈한 법인을 해산하는 것이 가능하다.[568*] 법인해산 결정이 있는 경우, 법인의 해산을 위한 사건은 재산청산절차를 관할하는 법원으로 이송된다.[569*] ② 직업 활동 또는 사회활동의 수행금지가 있다. 법인의 직업 활동 또는 사회활동 중 하나 또는 수개에 대해 영구적 또는 5년 이하의 기간으로 직접 또는 간접적 수행의 금지가 가능하다. 직업이나 사회활동 중 또는 이를 기화로 죄를 범한 경우 그 직업이나 사회활동을 대상으로 하거나 형사처벌을 규정한 법률이 정하는 다른 모든 직업 및 사회활동을 대상으로 할 수 있다.[570*] ③ 사법감시가 있다. 5년 이하의 기간으로 법인에 대한 사법감시가 가능하다. 법인을 사법감시에 처하는 판결이 선고될 때에는 감시업무의 수행자가 지명되고 구체적 임무가 정해진다. 이 임무는 범죄가 행해진 활동 또는 범죄의 기화가 된 활동에 한정되고, 감시업무 수행자는 최소 6개월 마다 그 임무수행의 결과를 형벌적용판사(juge de l'application

568* 프랑스 형법 제131-39조.

569* 프랑스 형법 제131-45조.

570* 프랑스 형법 제131조-28조.

des peines)에게 보고하여야 한다.[571*] ④ 영업소의 폐쇄가 있다. 범죄행위에 제공된 기업의 영업소 중 일부 또는 전부에 대해 영구적으로 또는 5년 이하의 기간으로 폐쇄가 가능하다. 영업소 폐쇄형은 범죄의 기회가 된 영업소에서의 직업 활동의 금지를 포함한다.[572*] ⑤ 공계약의 배제가 있다. 국가, 지방자치단체와 그 연합기구 및 그에 의하여 설립된 공공단체가 체결하는 모든 계약이나 국가, 지방자치단체와 그 연합단체가 인가하거나 감독하는 기업이 체결하는 모든 계약에 직접 또는 간접으로 참여하는 것의 금지를 포함하며,[573*] 영구적 또는 5년 이하의 기간으로 공계약의 배제가 가능하다. ⑥ 기업자금 공모금지가 있다. 영구적 또는 5년 이하의 기간으로 기업자금의 공모가 금지될 수 있다. 자금공모의 금지는 명칭 여하를 불문하고 증권 또는 주식을 운용하기 위하여 신용기관, 금융기관 또는 증권회사에 위탁하는 것 또는 모든 공모절차에 의뢰하는 것을 금지하는 것이다. ⑦ 수표발행 금지 또는 지불카드 사용금지가 있다. 5년 이하의 기간 동안 수표 발행이 금지되거나 지불카드의 사용이 금지될 수 있다(발행인이 지급인으로부터 자금을 회수하기 위한 수표 및 지급보증된 수표는 그러하지 아니하다). 수표의 발행금지는 피고인 또는 그 수임자가 소지하는 수표용지를 교부은행에 반환하여야 한다는 명령을 포함하며,[574*] 지불카드의 사용금지는 피고인 또는 그 수임자가 소지하는 지불카드를 교부은행에 반환하여야 한다는 명령을 포함한다.[575*] ⑧ 몰수가 있다. 범죄행위에 제공하였거나 제공하려고 한 물건 또는 범죄로 인하여 생긴 물건을 몰수할 수 있다. ⑨ 판결의 게시나 공고가 있다. 이에 따라 언론출판물이나 전자적 방식의 모든 대중매체에 의해 판결의 게시나 공고가 가능하다. 법원은 판결이유나 주문을 대중들에게 알리기 위해 판결의 전부나 일부에 대한 보도 자료의 게시 또는 공고를 명할 수 있다. 이러한 판결의 게시형은 법원이 정하는 기간 동안 법원이 정한 장소에서 집행되며, 판결의 공고는 관보, 언론출판물 또는 전자적 방식에 의한 대중매체에 의한다.[576*] ⑩ 동물의 몰수가 있다. 범죄를 위하여 사용되었거나 범죄의 대상이 되었던 동물의 몰수가 가능하다. 이 때 몰수는 유죄선고인의 소유이거나 자유롭게 처분할 수 있는 동물에 국한된다.[577*] ⑪ 동물소지의 금지가 있다. 영구적 또는 5년 이하의 기간으로 동물소지의 금지가

571* 프랑스 형법 제131-46조.

572* 프랑스 형법 제131-33조.

573* 프랑스 형법 제131조-34조.

574* 프랑스 형법 제131-19조.

575* 프랑스 형법 제131-20조.

576* 프랑스 형법 제131-35조.

577* 프랑스 형법 제131-21-1조.

가능하다.

이처럼 법인에 대한 다양한 형사처벌을 규정하고 있는 프랑스와 더불어 세계 각국이 법인의 범죄능력을 인정하고 형벌부과에 적극적인 방향으로 입법 흐름을 이어가고 있는 상황에 힘입어, 범죄능력 부정설의 견고한 입장인 독일에서도 Nordrhein-Westfalen 주 정부가 기업(법인)책임법안을 제안하였다는 점은 주목할 만한 점이다. 기업범죄에 대한 가장 강력한 예방책이 기업범죄를 범한 기업을 엄중히 직접 처벌하는 것임에 각국이 인식을 공유하고 있기 때문이다.

2. 벌금형 제도의 개선

기업범죄를 범한 법인에 더한 유일한 제재가 벌금형이라는 것이 일반적인 의견이며, 법인에 대해 벌금을 부과할 경우 이윤의 감소에 의해 제재의 위하력이 발휘될 수 있다고 한다.[578*]

형법 제45조에 의하면 벌금은 5만원 이상이며, 양벌규정에 의해 법인에게 벌금이 부과될 경우 자연인과 동일한 금액이 부과된다. 그러나 기업범죄의 파급효과와 불법을 고려할 때 벌금액의 산정과 방식은 변경될 필요가 있다.

먼저 벌금액이 인상되어야 한다. 미국 모범형법전의 경우, 범죄자의 범죄행위로 인한 금전적 수익의 2배에 해당하는 벌금형을 부과할 수 있다.[579*] 프랑스의 경우에도 법인에 대한 벌금의 상한은 자연인의 5배까지 가능하다.[580*] 기업의 경우는 자유의지를 가진 인간과 달리 이윤추구에 철저하므로 합리적 판단에 따른 범죄 실행이 이루어질 가능성이 크다. 따라서 기업범죄로 인한 수익과 그에 대한 제재로서의 벌금 등을 비교하여 전자가 후자보다 적다면 범죄로 나아가지 않을 가능성이 큰 것이다. 기업의 경우 기대효용이론이 적합할 수 있으며, 그 결과 기업범죄의 예방을 위해서는 검거된 범인에게 충분히 큰 부담을 가해서 범행으로 인한 이득보다 범행으로 인해 발생하는 비용이 커지도록 만들면 되는 것이다.[581*] 기대되는 처벌의 강도가 높아지면 범죄 발생건수가 줄어드는 범죄예방의 제1법칙이 가장 적절하게 맞는 곳이

578* 이기헌/박기석, “법인범죄에 대한 효율적 제재방안”, 형사정책연구원, 1996, 39면; 이보영, 앞의 논문, 161면.

579* Model Penal Code § 6.03

580* 프랑스 형법 제131-38조 제1항, 자연인어 대하여 벌금형이 규정되어 있지 않은 중죄의 경우 법인에 대한 벌금은 100만 유로이다(동조 제2항).

581* Robert Cooter/Thomas Ulen(한순구 역), 법경제학, 경문사, 2009, 584면.

기업범죄영역일 것이다.[582*] 따라서 현행 배수벌금제를 법익침해의 정도와 처벌의 필요성에 따라 신중히 검토한 후, 최대 재산상 이득액의 10배 이하의 금액까지 가능한 것으로 통일할 필요가 있다. 관세법과 조세범처벌법에 도입된 이후, 식품위생법과 부정경쟁방지 및 영업 비밀보호에 관한 법률까지 구체적이고 특정된 기준 없이 배수가 결정되고 있으나, 기업범죄의 처벌이 주목표가 되는 법률에 한해서는 벌금액의 상향을 통해 단호하고 과감한 규제로 방향을 선회하여야 한다.

그리고 주식벌금제를 도입할 필요가 있다. 기존 현금을 통한 벌금의 납부는 과도한 벌금으로 인한 잠재적 해고의 위협에 있는 직원과 벌금의 전가를 통한 소비자의 간접 피해, 직원의 대량 해고에서 오는 지역사회의 경제침체 우려 등의 문제점을 가지고 있었는데, 이를 해결해 줄 수 있다. 주식벌금은 상대적으로 기업범죄 예방의 비용을 주주에 집중시키고, 경영진에 수여되는 스톡옵션 등의 인센티브의 가치를 떨어뜨려 처벌의 효과면에서 더욱 효율적이 될 수 있고, 수익이 극대화되는 시점에서 현금화되어 총액적 측면에서 현금 벌금보다 더 강한 처벌이 될 수 있으며, 법적으로 불안한 기업의 주식가치는 떨어질 수밖에 없으므로 주주들은 이러한 노출을 줄이기 위해 기업내부에서 더 엄격해진 내부통제를 요구하여 기업범죄 억지력이 높아질 수 있다는 장점이 있다[583*].

물론 이러한 주식벌금제에 대해서, 미국처럼 천문학적인 벌금으로 인해 대량해고의 위협에 놓이거나 소비자가 간접피해를 전가받을 수 있으며, 책임주의 관점에서 범죄와 관련이 없는 재산인 주식이 형벌의 양을 결정하는 변수가 되어 책임주의에 반하며 자본주의자체를 부인하는 제도로 이해될 수 있고, 주식의 가격이 하락하고 경영자는 주식벌금제의 피해를 최소화하기 위해 현금보수나 액수가 큰 연금제도 등의 비주식 보조수단을 선택할 것이며, 스톡옵션이나 주식을 가지지 않은 경영자들의 경우에는 범죄억지효과가 상당히 낮아질 것이며, 경영자들이 비주식 보수를 선택한다면 죄 없는 소액주주들이 불공평한 부담을 가져 간접피해(과잉피해) 현상을 피할 수 없다는 지적들이 있다.[584*]

생각건대 우리나라의 경우 오히려 주식벌금제가 효과를 발휘할 수 있다. 우리나라의 경우 대부분의 기업들이 회장 내지 총수를 중심으로 순환출자형태 내지 지주회사를 형성하고 있으며 기업 경영자들이 기업에 대한 사유의식이 매우 강하다는 속성이 있다. 더욱이 대주주를 염두에 둔 고배당이 오히려 문제되고 있는

582* 이정민, 앞의 보고서, 63면.

583* 이정민, 앞의 보고서, 118면 이하.

584* 박기석, "벌금형의 개선방안", 형사정책 제12권 제2호, 2000, 20면 이하; 이정민, 앞의 보고서, 123면 이하.

상황이다. 그리고 최근에는 적대적 M&A 사례가 경영자들을 긴장하도록 하고 있다. 이러한 상황이라면 대부분의 경영자들이 스톡옵션을 가지고 개인적 이익이 기업의 주식가격이라고 여기며, 적대적 기업 인수를 두려워하며, 경영권의 자주권 상실에 대한 두려움이 존재하여야 한다는 미국의 기업시스템이 우리나라도 전혀 무관한 상황이라고 볼 수 없다. 또한 책임주의란 누구도 자신의 죄 없이는 형벌을 받지 아니한다는 의미로, 국가가 시민을 자유로운 인간으로 다루어야 한다는 법정책적 요청이며 그 요청은 인간의 존엄성에 대한 존중요구로부터 나오는 것이므로[585*] 기업에 대해서는 자연인과 달리 이해될 수 있다. 그리고 경영자가 현금보수나 연금 등의 비주식(非株式) 보조수단을 선택할 것이라는 비판[586*]도 오히려 연금제도가 발달한 미국의 사정에 적합하며 우리에게 적용시키는 것은 다소 무리가 있다. 한편 스톡옵션이나 주식을 보유하지 않은 경영진에게는 범죄 억지력이 약화된다는 주장도 일반론적으로는 타당하다고 할 수 있다. 그러나 우리나라의 경우 1997년 스톡옵션이 도입되었으나 불과 10년만인 2006년에 이르러 스톡옵션 부여 주식수가 40.34% 급감하였고 취소 주식수는 28.73% 증가하여 스톡옵션의 부여가 급감하였는데, 그 이유가 대주주 지분율이 높은 소유구조에 기인한다[587*]는 점에 주목할 필요가 있다. 삼성, SK 등이 스톡옵션을 폐지함으로써 우리나라에서 스톡옵션제도는 이미 무의미해졌으며, 스톡옵션 부여 회사의 경영성과 향상도 유의미하지 않다는 점과 외국인 투자비중이 높거나 2대주주의 영향력이 높을수록 스톡옵션 부여 가능성이 높다는 통계는 그룹 회장체제의 대주주 지분율이 높은 현재 환경이 향후에도 유지될 가능성이 크다는 것을 의미한다. 그렇다면 현재와 같이 대주주가 기업을 좌우하는 기업소유구조는 유지될 수밖에 없으며, 이러한 소유구조 하에서 경영진에 대한 주식벌금은 범죄 억지력을 유지할 수 있는 효율적인 제재수단이 될 수 있을 것이다.[588*]

다만 문제는 죄 없는 소수주주들이 선의의 간접 피해를 볼 수 있다는 점이다. 이 점에서 지배주주와 영향력이 없는 주주를 구별할 수 있는 방법을 고안해내야 한다는

585* 김일수/서보학, 형법총론, 19면.

586* 이정민 교수도 Brent Fisse의 Reconstructing Corporate Criminal Law p.1233을 인용하고 있다.

587* 도태현, "스톡옵션 도입이 소유구조와 경영성과에 미치는 효과에 관한 실증분석", 경기대학교 대학원 박사학위논문, 2007, 69면 이하.

588* 최근 들어 외국계 사모(헤지)펀드의 적대적 M&A 영향으로 소수 지분으로 경영권을 좌우해온 우리나라 재벌들이 경영권 방어에 다급해진 모습들이 나타나고 있다. 미국계 사모펀드 엘리엇 매니지먼트가 삼성이 오너 일가의 삼성전자 지배권 승계를 위해 부당한 합병비율로 삼성물산-제일모직 합병을 추진한다고 주장하며 합병을 반대하고 나서자, 삼성측이 과거 눈길도 주지 않았던 소액주주들로부터 합병 통과를 위한 의결권 위임을 받기 위해 권유 대리인으로 직원 8명을 선정하고 수임을 위한 대대적인 광고에 까지 나섰다는 소식은 소수 지분으로 지배권을 잃지 않으려는 우리 재벌의 현실을 방증해 준다.

지적[589*]은 의미 있다고 하겠다. 주식벌금형을 도입하고 이들에 대한 구제는 결국 이사 등의 의무위반에 대한 상법상의 구제책으로 1차적인 해결을 도모하고, 주식벌금 선고시 지배주주의 영향력을 상실시킬 수 있는 상법적 제도의 보완이 수반되어야 할 것이다. 예컨대 이미 자본시장과 금융투자업에 관한 법률[590*]에 도입되어 있는 주식거래 금지제도를 기업범죄를 범한 지배주주에게 적극 활용하는 것이다.

589* 이정민, 앞의 보고서, 124면.

590* 자본시장법 제132조는 금융위원회가 증권의 거래를 정지 또는 금지할 수 있도록 규정해 놓고 있으며, 한국거래소가 거래금지한 사유는 분식회계, 횡령·배임 등의 혐의였다(이정민, 앞의 보고서, 142면). 또한 독점규제 및 공정거래에 관한 법률도 제18조에서 제9조(상호출자의 금지 등), 제9조의2(순환출자의 금지)를 위반하여 상호출자, 순환출자를 한 주식에 대하여는 그 시정조치의 명령을 받은 날부터 법위반상태가 해소될 때까지 해당 주식 전부에 대하여 의결권을 행사할 수 없다고 규정하고 있다.

제2절 기업에 대한 보호관찰

기업에 대한 보호관찰은 기업에 대하여 일정한 제재를 부과하고 그 준수 여부를 보호관찰관이 감독하여 기업으로 하여금 적법한 활동을 할 수 있도록 체질개선을 도모하는 형벌을 의미한다.[591*] 기업이 위험하고 중대한 범죄를 범하였으며,그 범죄가 환경범죄와 같이 개인에 의한 범죄라기보다는 법인의 구조에 근거한 범죄인 경우, 피해자에 대한 배상이 적절한 경우 장래 그 기업이 다시 범죄를 저지르지 않도록 기업의 정책결정과정을 재편성하기 위한 것이다.[592*]

미국의 경우 양형개혁법의 개정으로 기업에 대한 보호관찰이 1984년부터 명시되어 벌금형과 선택적 또는 병렬적으로 부과할 수 있게 되었다.[593*] 프랑스의 경우 5년 이하의 기간으로 법인에 대한 사법감시가 가능하다.[594*] 미국의 보호관찰을 구체적으로 살펴보면, 보호관찰의 준수요건으로 재범금지, 금제품 소지금지 등 반드시 부과해야 하는 필수 준수요건과 가족부양, 피해배상 등 법원이 재량에 의하 부과할 수 있는 재량적 준수요건이 있다.[595*] 보호관찰의 준수요건은 공정한 형벌, 범죄억지, 사회보호, 교정처우, 양형불균형의 방지, 원상회복이라는 양형목적에 부합되도록 부과되어야 하며, 자유와 재산박탈을 내용으로 하는 것은 필요한 경우 제한적으로 허용되고 있다. 또한 이러한 보호관찰은 원상회복(restitution)의 확보, 구제명령(remedial order)의 실시 또는 사회봉사명령의 수행을 위해 필요한 경우에 선고된다.[596*] 1984년 연방 양형개혁법이 기업의 활동방침이나 관리시스템에의 개입을 준수사항으로 하는 보호관찰에 대해 소극적이면서 벌금형이나 사회봉사명령의 이행의 감시방안으로서 보호관찰을 명시한 이후,[597*] 미국 양형위원회는 양형지침에서 범죄를 저지른 기업에 대해 5년의 범위 내에서 보호관찰을 선고할 수 있도록

591* 이기헌/박기석, 앞의 보고서, 131면.

592* 이승현, 앞의 논문, 797면.

593* 18 U.S.C. § 3551(c)

594* 프랑스 형법 제131-46조.

595* 18 U.S.C. § 3563(a)

596* U.S.S.G MANUAL § 8B1

597* 박미숙, “법인범죄 제재의 정책적 근거 및 제재 다양화방안”, 형사정책연구 제20권 제1호, 2009.3, 775면 이하.

하고 있다.[598*] 이로 인해 사업운영상의 변화나 한계를 고려하여 보다 많은 범죄를 예방하도록 하고, 과거 범죄에 대한 제재를 통해 기업활동에 대한 외부 모니터링을 활성화하며 양형에 있어 부족한 부분을 위해 보호관찰이 활용되고 있다.[599*] 구체적인 보호관찰 사유는 피해배상의 확보, 구제명령의 실시, 사회봉사명령 등의 이행을 위해 필요한 경우, 기업에 대한 피해배상, 벌금, 특별부과금 등의 재산형이 선고되었으나 납부되지 않아 추후 이행의 확보를 위해 일정한 활동의 제한이 필요한 경우, 50인 이상의 종업원을 둔 기업이 준법감시 또는 윤리 프로그램을 구비하지 않은 경우, 기업이 과거 5년 이내에 유사한 위법행위를 범한 경우, 기업의 고위 임원 또는 부서가 위법행위에 가담하고 그들이 과거 5년 이내에 유사한 위법행위를 범한 경우, 장차 재범의 가능성을 감소시키기 위한 기업의 변화를 확보하기 위해 필요한 경우, 기업에 대해 선고된 형에 벌금이 포함되지 않은 경우, 준법, 범죄방지 등 양형목적의 달성에 필요한 경우 등이다.[600*]

법인에 대한 보호관찰은 법인으로 하여금 재범을 하지 않도록 체질개선을 도모하는 것으로 재사회화 관점에서 바람직하며, 재산상으로도 직접적인 손해를 입히지 않고 간접적으로 기업운영방식을 개선한다는 점에서 장기적이고 근본적인 해결방안이 될 수 있어, 기업의 특성을 고려하여 법인의 특성에 따라 범죄원인을 파악하여 개선한다는 점에서 효율적이라는 평가가 많다.[601*] 다만 과도한 개입은 기업의 경영활동에 대한 사법적 통제가 될 수 있으므로 보호관찰 부과에 대한 명확한 기준이 필요하다고 한다.[602*]

생각건대 기업에 대한 보호관찰은 자연인에 대한 보호관찰과 마찬가지로 준법의식의 함양, 기업의 준법경영의 정착을 통한 향후 재범방지에 목적이 있다고 볼 수 있다. 그 과정에서 전문적인 경영지식을 가진 보호관찰관이 준수 의무프로그램을 포함하여 그 기업에 특성화된 보호관찰 전략,[603*] 즉 기업범죄의 구조적 원인과 예방방법, 기업경영자의 경영 가치관의 수정, 기업내 의사결정의 개선 등을 실시함으로써 매우 효과적이고 근본적인 기업범죄 예방방안이 될 수 있다. 다만 헌법이 보장하고

598* U.S.S.G MANUAL §8D1.2(a) 중죄의 경우 1년 이상 5년 이하의 보호관찰을 그 이외의 경우에는 5년 이하의 보호관찰을 규정하고 있다.

599* Richard. S. Gruner, “Beyond Fines : Innovative Corporate Sentences Under Federal Sentencing Guidelines”, 71 Washington. U. Law Review Vol 71, 1993, p. 270.

600* U.S.S.G MANUAL §8D1.1

601* 박미숙, 앞의 논문, 777면; 이승현, 앞의 논문, 798면.

602* 이승현, 앞의 논문, 798면.

603* 그러나 현재 우리나라의 보호관찰시스템으로는 이러한 기대효과를 거두기 어렵다는 견해도 있다(김재봉, “기업에 대한 보호관찰의 도입가능성 검토”, 비교형사법연구 제8권 제2호, 2006, 816면).

있는 기업의 자유를 과도하게 침해하지 않기 위해서는 미국의 양형개혁법이나 양형지침에 준하는 상세한 보호관찰 부과 요건이 정립되어야 할 것이다. 여기서 기업의 합법적인 활동위축 및 경쟁력 저하의 문제점 해결을 위해서 기업의 동의하에 법원이 부과하는 것이 바람직하다는 의견도 있다.[604*] 그러나 타 제재와 달리 보호관찰에 대해서만 기업의 동의를 요구하는 것은 제재의 체계관련성이나 형평성 차원에서 최적의 해결책이라고 볼 수는 없다고 하겠다. 그리고 동의를 요할 경우 기업은 경영감시에 대한 부담으로 보호관찰을 선택하지 않을 것이다.[605*]

604* 천진호, “경제범죄에 대한 새로운 정책적 더응방안”, 161면.

605* Brent Fisse, “Community Service as a Sanction against Corporations”, Wisconsin Law Review, p. 981도 1973년 형사법원권한법 제1조에서 도입된 영국의 사회봉사명령을 설명하면서 이러한 점을 지적하고 있다.

제3절 사회봉사명령

형법 제62조의2 제1항은 "형의 집행을 유예하는 경우에는 보호관찰을 받을 것을 명하거나 사회봉사 또는 수강을 명할 수 있다"고 하여, 자연인의 자유형에 대신하여 사회 내에서 자신의 능력과 지위를 활용하여 공익적으로 기여할 수 있는 방법을 열어 놓고 있다. 사회봉사명령은 사회 내에서 무보수로 일정한 활동에 종사하게 함으로써 신체적 자유가 제한될 뿐 박탈되지 않으면서 정상적인 사회구성원으로 기여할 수 있는 기회를 제공해주는 사회통합적 제재라고 할 수 있다. 문제는 이러한 사회봉사명령이 기업범죄를 범한 기업에도 적용될 수 있는가이다. 기업이 가지고 있는 인적·물적 인프라를 통해 사회적으로 유익한 사업을 실시하도록 하는 제재로서 일정한 사회기금의 납부, 실업자 고용, 도시재개발 참가, 유출된 오염물질의 제거활동 참여, 소비자보호 프로그램의 참여, 해외원조계획에의 참여 등이 가능한가이다.[606*] 미국의 경우 보호관찰 조건으로서 법인에 대한 사회봉사령, 감경조건으로서의 사회봉사명령, 불기소의 조건으로서의 사회봉사명령 등이 있는데,[607*] 이들은 범죄에 의해 야기된 피해복구에 중점을 두어 고액의 벌금이 범죄와 무관한 제3자에게 전가되는 것을 방지하면서 중한 제재를 부과할 수 있는 특징을 지니고 있다.[608*]

이에 대해 우리나라에서도 피해자에 대한 원상회복 관점에서 접근하여 법인에게 부과된다면 법인의 자유형격인 영업정지 등을 대신하여 사회통합적 제재로 부과할 수 있다는 견해가 있다.[609*] 이러한 견해는 기업의 경우 자연인과 차원을 달리보아야 하므로 사회공헌금(공익기부금)의 출연, 공익시설의 기부가 유효한 방법이라고 주장하기도 한다.[610*]

그러나 사회공헌금의 출연이나 공익시설의 기부는 벌금형의 변형에 불과하며, 금전만능주의를 조장할 가능성이 농후하다. 기부금의 산정과 공헌 정도에 대한 평가가

606* 이승현, 앞의 논문, 799면.

607* U.S.S.G MANUAL §8B1.3

608* 이승현 앞의 논문, 800면.

609* 이정민, 앞의 보고서, 147면; 천진호, "경제범죄에 대한 새로운 정책적 대응방안", 170면도 유사한 취지이다.

610* 이정민, 앞의 보고서, 147면; 천진호, "경제범죄에 대한 새로운 정책적 대응방안", 170면.

매우 주관적이 될 수 있다는 문제점도 부정할 수 없다.

그렇다면 기업에 대한 사회봉사명령은 공익기부금이나 공익시설의 기부가 아니라 기업 자체의 현황을 반영한 실질적인 사회봉사로 초점을 맞추어야 한다.[611*] 기업에 대한 관대한 처분으로 오인될 수 있는 금전적 제재의 변형이 아니라 자연인의 자연보호활동, 복지시설 봉사, 공공시설 봉사, 소외계층에 대한 기초생활지원에 상응하는 항목, 공해배출 기업의 자연환경보호와 같은 예가 개발된다면 충분히 가능한 제재수단으로 활용될 수 있을 것이다. 자동차 제조회사가 자동차 제작과정상의 결함을 숨기고 그로 인해 인명피해사고가 발생한 경우, 자동차 제조회사가 영유아 보행사고 예방 등 다양한 교통사고 예방프로그램을 실시하고 사회적으로 캠페인을 이끌어내는 것은 금전에 의한 기업의 사회봉사가 아닌 기업의 역량을 활용하여 사회의 긍정적 변화를 이끌어 낼 수 있는 좋은 예라고 할 수 있을 것이다.

611* 같은 취지로 이승현, 앞의 논문, 800면.

제4절 법위반행위의 게시

프랑스 형법은 기업범죄의 제재로서 판결의 게시나 공고를 규정하고 있다. 언론출판물이나 전자적 방식의 모든 대중매체에 의해 법위반행위가 확인된 판결의 게시나 공고가 가능하다. 법원은 판결의 전부나 일부를 판결이유나 주문을 대중들에게 알리기 위해 보도 자료의 게시 또는 공고를 명할 수 있다. 이러한 판결의 게시형은 법원이 정하는 기간 동안 법원이 정한 장소에서 집행되며, 판결의 공고는 관보, 언론출판물 또는 전자적 방식에 의한 대중매체에 의한다.[612*] 독일의 Nordrhein-Westfalen 주 정부의 기업(단체)책임법안도 단체범죄로 인해 다수의 사람들이 피해를 입은 때에 법원이 유죄 판결의 공시를 명할 수 있도록 규정하고 있다.[613*]

인터넷이나 SNS가 활발하지 않았던 과거에는 제한적으로 일부 미디어매체에만 게재되는 법위반 사실의 공표는 기업범죄의 유효하고도 효율적인 제재수단으로 보기 어려웠다. 그러나 우리나라의 인터넷 환경과 인터넷 이용자의 이용빈도 및 이용성향을 고려해볼 때 앞으로는 기업범죄에 대한 매우 효과적인 제재로 활용될 수 있을 것이다. 더욱이 최근에는 기업의 불법 내지 부당행위에 대해 적극적인 소비자불매운동을 전개하는 사례들도 발생하고 있기 때문이다. 여기에 최근 법원이 “소비자가 구매력을 무기로 상품이나 용역에 대한 자신들의 선호를 시장에 실질적으로 반영하기 위한 집단적 시도인 소비자불매운동은 본래 ‘공정한 가격으로 양질의 상품 또는 용역을 적절한 유통구조를 통해 적절한 시기에 안전하게 구입하거나 사용할 소비자의 제반 권익을 증진할 목적’에서 행해지는 소비자보호운동의 일환으로서 헌법 제124조를 통하여 제도로서 보장되나, 그와는 다른 측면에서 일반 시민들이 특정한 사회, 경제적 또는 정치적 대의나 가치를 주장 · 옹호하거나 이를 진작시키기 위한 수단으로서 소비자불매운동을 선택하는 경우도 있을 수 있고, 이러한 소비자불매운동 역시 반드시 헌법 제124조는 아니더라도 헌법 제21조에 따라 보장되는 정치적 표현의 자유나 헌법 제10조에 내재된 일반적 행동의 자유의 관점 등에서 보호받을 가능성이 있으므로, 단순히 소비자불매운동이 헌법 제124조에 따라 보장되는 소비자보호운동의

612* 프랑스 형법 제131-35조.

613* Nordrhein-Westfalen 주 정부의 기업(법인)책임법 제9조.

요건을 갖추지 못하였다는 이유만으로 이에 대하여 아무런 헌법적 보호도 주어지지 아니한다거나 소비자불매운동에 본질적으로 내재되어 있는 집단행위로서의 성격과 대상 기업에 대한 불이익 또는 피해의 가능성만을 들어 곧바로 형법 제314조 제1항의 업무방해죄에서 말하는 위력의 행사에 해당한다고 단정하여서는 아니 된다. 다만 그 소비자불매운동이 헌법상 보장되는 정치적 표현의 자유나 일반적 행동의 자유 등의 점에서도 전체 법질서상 용인될 수 없을 정도로 사회적 상당성을 갖추지 못한 때에는 그 행위 자체가 위법한 세력의 행사로서 형법 제314조 제1항의 업무방해죄에서 말하는 위력의 개념에 포섭될 수 있고, 그러한 관점에서 어떠한 소비자불매운동이 위력에 의한 업무방해죄를 구성하는지 여부는 해당 소비자불매운동의 목적, 불매운동에 이르게 된 경위, 대상 기업의 선정이유 및 불매운동의 목적과의 연관성, 대상 기업의 사회·경제적 지위와 거기에 비교되는 불매운동의 규모 및 영향력, 불매운동 참여자의 자발성, 불매운동 실행과정에서 다른 폭력행위나 위법행위의 수반 여부, 불매운동의 기간 및 그로 인하여 대상 기업이 입은 불이익이나 피해의 정도, 그에 대한 대상 기업의 반응이나 태도 등 제반 사정을 종합적·실질적으로 고려하여 판단하여야 한다."고 함으로써[614*] 업무방해죄의 성부를 신중하게 판단한 것은, 향후 기업범죄를 범한 기업에 대한 법위반 사실의 공유와 그를 바탕으로 한 소비자불매운동의 확대 가능성을 열어주고 있다.

다만 법위반 사실의 공표는 위헌성 문제가 제기될 수 있다. 2000년 7월 1일부터 시행된 청소년의 성보호에 관한 법률에 의해 도입된 아동·청소년 대상 성범죄자 신상공개제도는 특정 유형의 성범죄를 범하고 징역형 또는 벌금형 등 형사처벌 이외에 별도로 형이 확정된 자의 신상을 공개할 수 있도록 규정하고 있으며, 재범 우려가 있어 법원에서 신상공거 명령을 선고받은 이들의 신상이 인터넷 사이트인 '성범죄자 알림-e'를 통해 최장 10년 동안 공개하고 있다. 2011년 4월 16일 부터는 성폭력범죄의 처벌 등에 관한 특례법에도 확대 적용되고 있는데 이러한 신상공개 제도의 도입 초기에 과잉금지의 원칙에 반하며, 이중처벌이라는 논란이 많았다. 실제로 공정거래법상의 법위반사실 공표명령은 고발만 이뤄진 수사 초기단계에서 법원의 유·무죄 판단이 가려지지 않은 관련 행위자를 유죄로 추정해 무죄추정 원칙에 어긋나고, 형사절차에서 법위반 사실을 부인하려는 행위자의 입장을 모순에 빠뜨린다는 취지로 위헌판결이 나오기도 하였다.[615*]

그러나 기업범죄는 자연인을 대상으로 한 성범죄와 같은 유형의 범죄와는 그

614* 대판 2013.3.14, 2010도410.

615* 헌재 2002.1.31, 2001헌바43.

성격에 있어 많은 차이가 있다. 그리고 공정거래위원회 등의 조사나 수사기관의 수사단계에서 법위반 사실을 공표하는 것이 아니라 판결을 통해 유죄의 범죄사실이 확정된 단계에서 당해 기업이 저지른 기업범죄로 인해 어떠한 처벌을 받았다는 사실을 공표하는 것은 일반적 행동자유의 원칙, 과잉금지의 원칙, 무죄추정의 원칙, 진술거부권을 침해한다고 보기 어렵다. 독점규제 및 공정거래에 관한 법률에서도 시정명령을 받은 사실의 공표 기타 시정을 위한 필요한 조치를 명할 수 있다고 규정하고 있는 점[616*]을 주목할 필요가 있다.

616* 독점규제 및 공정거래에 관한 법률 제27조, 제31조 등

제5절 징벌배상형

프랑스 형법 제131-37조는 법인에게 적용되는 특별형벌로 경죄를 범한 경우 징벌배상형을 규정하고 있다. 그 결과 경죄에 있어 법원은 법인에게 선고될 수 있는 벌금형을 대신하여 또는 벌금형과 동시에 징벌배상형을 선고할 수 있다. 이때 법원은 벌금의 최고금액을 정해야 하며. 이 벌금은 75,000유로를 초과할 수 없으며, 해당 경죄에 대하여 법인에게 선고될 수 있는 벌금을 초과할 수 없다. 유죄 판결을 받은 자가 배상의무를 준수하지 않는 경우 형벌적용 판사는 형사소송법 규정에 의해 벌금의 전체 또는 일부의 집행을 명할 수 있다.[617*]

프랑스 형법상의 징벌배상형은 피고인으로 하여금 기간 내에 법원이 정하는 세부절차에 따라 피해자에게 손해의 배상을 하도록 하는 의무의 부과이다. 배상은 범행의 기회에 피해를 입은 재굴을 원상회복하는 데에 있고, 피해자 및 피고인의 동의하에 현물로 배상이 집행될 수 있다. 배상의 집행은 지방검찰청장 또는 그의 위임을 받은 자가 확인한다.[618*]

징벌배상형의 도입은 미국의 예에서 보듯이 공소취소협정 등과 결합될 경우 매우 효과적인 기업범죄 억지 수단이 될 수 있다. 그러나 징벌적 배상은 민법상의 손해배상 체계와 연관지어 검토되어야 한다. 민사질서에 대한 진지한 고려 없이 도입할 경우 심각한 체계정합성의 문제가 발생할 수 있으며, 지금까지 자리잡아 왔던 손해배상 시스템에 심각한 혼란을 야기할 수 있기 때문이다. 따라서 징벌배상형은 다른 제재수단이 효과가 없을 경우에 최후의 보루로서 도입여부가 검토되어야 할 것이다.

617* 프랑스 형법 제131-39-1조.

618* 프랑스 형법 제131-8-1조.

제6절 기업 및 단체의 형사책임 도입을 위한 법률 제정

온 국민을 슬픔과 절망으로 내몰았던 2014년 세월호 사건은 그 사고처리과정에서의 미숙함과 황당함을 넘어 사후 법적 제재의 부과 과정에서도 국민의 법감정과 매우 괴리된 모습을 보여주었다. 실질적 책임을 부담해야할 한 주체로서 기업은 해양환경관리법 제130조 규정에 의한 과실 기름유출에 대한 양벌책임을 부담할 뿐이었다.

그런데 최근 각국은 과거 자연인 개인의 책임부담 원칙을 포기하고 법인도 대등한 범죄주체로서 형벌능력을 인정하는 방향으로 흐름이 바뀌어가고 있다. 영국은 불문법 국가의 원류임에도 불구하고 판례법상의 과실치사죄의 처벌을 보완하는 의미에서, 법인살인 책임을 인정하는 기업살인법 논의가 2000년 시작되었다가 현재 Coporate Manslaughter and Coporate Homicide Act 2007의 기초가 되었던 2005년 초안을 통해 '법인과실치사'를 성문법으로 규정하기에 이르렀다.[619*] 2007년 이전까지 영국은 사업장에서 일어나는 안전사고를 산업안전보건법상 안전배려의무 위반(Health and Safety Act 1974)과 커먼로 상의 형법(중과실치사)에 의해 규율하여 왔다. 그런데 1987년 Herald of Free Enterprise호 침몰사고, 2001년 Hatfield 열차 탈선사고 등으로 다수 인명이 사망하였음에도 배려의무(duty of care)나 동일시 원리(identification principle)를 요구하는 법규정과 판례법에 의해 이사 등 임원이나 법인에 대한 과실치사죄가 인정되지 않고 산업안전보건법 위반 혐의만 인정되면서, 법감정에 배치되는 판결에 대한 비판적 국민 여론이 비등하였고 10여년의 논의 끝에 2007년 법인과실치사법이 제정되었다.

독일도 최근의 새로운 흐름에 힘입어 Nordrhein-Westfalen 주 정부가 기업(단체) 책임법안을 제안하였다. 이러한 분위기는 유럽의 다수 국가에서 미국식 법인의

619* http://www.legislation.gov.uk/ukpga/2007/19/pdfs/ukpga_20070019_en.pdf 참조(2015.5.2. 방문). 영미법에서는 homcide가 murder와 manslaughter로 나뉘고 후자는 다시 voluntary와 involuntary로 나뉘는 점, 영국에서 2000년 법안 논의 당시에는 'A New Offence of Coporate Killing'이라고 명명되었으나, 2005년 현재 법안의 기초가 된 초안에서는 'Coporate Manslaughter : the Government's Draft Bill for Reform'으로 명칭을 변경한 점, 처벌대상이 기업뿐만 아니라 경찰, 법인, 조합 등의 단체를 포괄하고 있는 점에 비추어 법인과실치사라는 표현이 적절해 보인다.

형사책임 적용이 성공적으로 정착되고 있어, 네델란드, 아이슬란드, 포르투갈, 스웨덴, 노르웨이, 프랑스, 핀란드, 벨기에, 슬로베니아, 에스토니아, 말타, 스위스, 리투아니아, 크로아티아, 헝가티, 마케도니아, 라트비아, 오스트리아, 루마니아, 룩셈부르크, 스페인, 슬로바키아, 리히텐슈타인 등이 1976년부터 2012년까지 법인의 형사책임을 도입하였기 때문으로 보인다.[620*] 최근 우리나라에도 법인의 형사법적 책임법제의 변형을 꾀하여 특별법 등을 통해 법인의 범죄주체성을 적극적으로 규정하자는 논의도 진행되고 있다.[621*]

Nordrhein-Westfalen 주 정부의 기업(단체)책임법안은 단체(Verband), 즉 공사법상의 법인과 법인격 없는 재단 및 사단, 권리능력 있는 인적회사(rechtsfähige Personengesellschaft)에 대하여(제1조 제1항), "의사결정권자가 단체의 업무와 관련하여 고의 또는 과실로 단체관련 위반행위[622*]를 범한 때에는 단체에 대해 단체제재를 과한다"라고 규정하여(제2조) 의사결정권자와 기업을 동일시하여 법인의 고의, 과실 책임 모두를 인정하고 있다. 아울러 제2조 제2항에서는 "의사결정권자가 지휘 · 선임 · 관리 · 감독을 위한 기대가능한 조치, 특히 기술적, 조직적 또는 인적 조치를 다했다면 당해 범죄행위를 방지하거나 또는 범죄행위의 발생을 본질적으로 방지할 수 있었음에도 불구하고 고의 또는 과실로 인해 그러한 조치를 취하지 아니하여 단체의 업무와 관련하여 단체관련 위반행위가 발생한 때에는 단체에 대해 단체제재를 과한다"고 규정하여 관리감독책임도 아울러 규정하고 있다. 여기서 대상범죄는 형법상 모든 범죄가 아니라, 단체의 의사결정권자가 직접 행위자로서 범한 범죄행위와 단체내 종업원의 범죄행위의 계기를 마련하거나 또는 이를 방지하지 아니한 의사결정권자 또는 단체 자체의 관리감독의무의 위반행위 또는 조직구조상의 결함에 한한다. 그리고 단체제자는 형벌로서 단체벌금, 형의 선고유예, 유죄판결의 공시와, 보안처분으로 보조금 지급의 제한, 공공사업의 입찰 제한, 단체해산이며,

---

620* Gesetzesantrag des Landes Nordrhein-Westfalen : Entwurf eines Gesetzes zur Einführung der strafrechtlichen Verantwortlichkeit von Unternehmen und sonstigen Verbänden S. 26(https://www.justiz.nrw.de/JM/justizpolitik/jumiko/ beschluesse /2013/herbstkonferenz13/ zw3/TOP_II_5_Gesetzentwurf.pdf).

621* 대표적으로 김성룡/권창국, "기업·법인의 형사책임법제 도입가능성과 필요성", 형사법의 신동향, 2015, 170면 이하. Nordrhein-Westfalen 주 정부의 기업(법인)책임법안에 대한 상세한 논의는 김유근, "법인의 형사책임", 형사정책연구 제25권 제3호, 2014, 10면 이하 참조.

622* 형법에 반하는 행위로 국가권력작용의 행사와 관련되지 않는 위반행위이며, 위반행위를 통해 단체에게 부과된 의무를 위반하거나 부당한 이익을 얻거나 이익의 수수가 예정되어 있으면 단체관련성(verbandsbezogen)이 있는 것으로 본다(동법 제1조 제2항).

여기서 제재의 핵심은 벌금[623*]과 유죄판결의 공시 및 벌금형의 선고유예라고 할 수 있다(제4조). 아울러 동 법률은 단체에 대한 1년 이상 3년 이하의 보호관찰, 선고유예시의 피해회복, 공익시설 또는 국고에의 일정 금액 납부,[624*] 유사 단체범죄 발생의 방지를 위한 조직적 · 인적 범죄방지조치 및 감정인에 대한 정기적 보고 등의 형벌 이외의 처분도 규정하고 있다(제8조).

생각건대 현행 양벌규정은 기업범죄에의 적용에 있어 자연인과 기업간의 처벌의 형평성, 범죄억지의 실효성 등에서 많은 문제점이 지적되고 있다. 그리고 세계 각국의 추세는 동일시모델을 통해[625*] 법인의 형사책임을 인정하는 방향으로 형사책임 체계가 변동되어 가고 있다. 그러나 법인의 범죄능력을 인정하고 형벌능력을 긍정하는 것은 형사법 체계의 대전환에 해당한다. 따라서 입법의 필요성, 이에 대한 국민의 공감대, 바람직한 규정의 입법 등 종합적인 검토가 선행되어야 한다. 그리고 입법이 이루어질 경우, 그 충격을 완화하기 위해서는 과도기적으로 특정경제범죄 가중처벌 등에 관한 법률 등의 특별형법에 규정하는 형식이 적합한 형태라고 생각된다.

623* 단체벌금은 일수벌금으로 산정하여 선고하며, 이때 법원은 양형에서 단체에 대한 긍정적이거나 부정적인 정황들을 고려하는데, 단체관련 위반행위의 경중과 영향, 단체 조직의 하자의 종류와 경중, 하자가 지속된 기간, 유사 범죄의 방지를 위해 단체가 취한 조치, 재범가능성, 범행 후의 정황, 피해회복을 위한 노력을 고려하여야 한다. 일수벌금의 일수정액은 단체의 수입에 따라 정하고 그 밖의 경제적 능력을 고려하는데, 일수벌금의 일수정액은 연수입/360을 기준으로 정하고 하한은 100 Euro로 하되, 기업 또는 그룹의 총매출 평균액의 10/100을 초과할 수 없다(제6조 참조).

624* 공익시설에의 일정 금액 납부는 사회기부로 이해할 수 있을 것이다.

625* 자연인인 행위자를 필요로 하는 모델로 영미법계 국가에서 주로 채택하는 경향을 띠고 있으며, 프랑스를 비롯한 유럽연합의 많은 국가에서도 동일시 모델을 통한 기업책임을 인정하고 있다. 이와 달리 스위스 형법은 기업의 목적 범위 내에서 영업활동의 수행과 관련하여 중죄나 경죄가 발생하고 그 범죄가 기업의 결함있는 조직에 의한 것으로 특정 자연인에게 귀속시킬 수 없는 경우에는 그 중죄나 경죄가 기업에 귀속된다고 하여(스위스 형법 제102조) 조직모델을 취하면서, 동조 제2항에서 기업이 제260quinquies조(인종차별범죄) 등 일정한 범죄행위를 방지하는 데에 필요하고 기대가능한 조직상의 모든 예방조치를 취하지 않은 것에 관하여 기업에 대하여 비난가능한 때에는 그 기업은 자연인의 가벌성과는 별도로 처벌한다고 하여 범죄동일시모델을 결합하고 있다.

참고문헌

[국내문헌]

단행본

고준환, 기업법원론, 법문사, 1989

김동춘, 1997년 이후 한국 사회의 성찰 : 기업사회로의 변화와 과제, 도서출판 길, 2006

김성돈, 형법총론(제3판), 성균관대 출판부, 2014
______, 형법각론(제2판), 성균관대 출판부, 2013

김일수/서보학, 형법총론(제11판), 박영사, 2008
___________, 형법각론(제7판), 박영사, 2009

김지선 외, 한국의 범죄현상과 형사정책(2007년), 한국형사정책연구원, 2007

김호기/김택수/최준혁, 기업의 경제활동에 관한 형사법제 연구(Ⅱ), 한국형사정책연구원, 2010

김형배, 민법학강의(제9판), 신조사, 2010

Robert Cooter/Thomas Ulen(한순구 역), 법경제학, 경문사, 2009

배종대, 형법총론(제10판), 홍문사, 2011

______, 형법각론(제7판), 홍문사, 2011

박상기, 형법총론(제8판), 박영사, 2009

______, 형법각론(제8판), 박영사, 2011

박상기 외, 형사정책, 한국형사정책연구원, 2012
박선욱 외, 공생발전 실현을 위한 국제적 동향 분석, 한국법제연구원, 2012
사법연수원, 신종범죄론, 2009
손동권/김재윤, 새로운 형법총론, 율곡출판사, 2011

손동권/김재윤, 형법각론, 율곡출판사, 2013

신동운, 형법총론(제7판), 법문사, 2013

양형우, 민법의 세계(제2판), 진원사, 2009

오영근, 형법총론(제2판), 박영사, 2012

______, 형법각론(제2판), 박영사, 2010

이기헌/박기석, 법인범죄에 대한 효율적 제재방안, 형사정책연구원, 1996

이상복, 기업범죄와 내부 통제, 삼우사, 2005

이상돈, 조세형법론, 세창출판사, 2009

______, 윤리경영과 형법, 신영사, 2005

이승준, 형법세미나 Ⅰ, 진원사, 2013

이주원, 특별형법(제3판), 홍문사, 2014

이정민, 기업범죄에 대한 제재의 현황과 한계, 형사정책연구원, 2010

이정원, 형법총론, 신론사, 2012

_____, 형법각론, 신론사, 2012

이재상, 형법총론(제7판), 박영사, 2011

_____, 형법각론(제9판), 박영사, 2013

이천현/송효종, 기업의 경제활동에 관한 형사법제 연구(Ⅱ), 한국형사정책연구원, 2010

임 웅, 비범죄화의 이론, 법문사, 1999
_____, 형법총론(제4정판), 법문사, 2012
_____, 형법각론(제3정판 보정), 법문사, 2011
임 웅 외 5인, 조직범죄와 형사법, 법문사, 2004

정성근/박광민, 형법총론(전정판), SKKUP, 2012

___________, 형법각론(제4판), SKKUP, 2013

정동윤, 상법 上(제6판), 법문사, 2012

정영석/신양균, 형사정책, 법문사, 1996

정영일, 형법각론(제3판), 박영사, 2011

조규창, 로마형법, 고려대학교 출판부, 1998

칼 폴라니(홍기빈 역), 거대한 변환 : 우리 시대의 정치경제적 기원, 길, 2009

최인섭/최영신, 화이트칼라범죄에 관한 연구, 한국형사정책연구원, 1996

한국형사정책연구원, 허위과장광고의 규제실태 및 개선방향, 1999

한석훈, 기업범죄의 쟁점 연구, 법문사, 2013

허경미, 현대사회와 범죄학(개정판), 박영사, 2012

논문

강동욱, "배임죄의 본질과 주체에 관한 고찰 - 상법상의 특별배임죄와 관련하여-", 법과 정책연구 제10집 제1호, 2010.4

강창원, "우리나라 분식회계의 실태 및 대책", 한국유통과학회 학술발표자료, 2006

김반석/이석원/김주형/김재준, "SOC 민자사업에서 편익비용과 관련한 최소운영수입보장제도(MRG)의 타당성 분석 필요성에 대한 연구", 대한건축학회 추계학술발표대회 논문집 제32권 제2호, 2012.10.

김성룡/권창국, "기업 · 법인의 형사책임법제 도입가능성과 필요성", 형사법의 신동향, 2015.3

김유근, "법인의 형사책임", 형사정책연구 제25권 제3호, 2014

김태명, "업무방해죄의 법적 성질과 결과발생의 요부", 형사판례연구 (18), 박영사, 2010

김홍기, "현행 주식가치평가의 법적 쟁점과 '공정한 가액'에 관한 연구", 상사법연구 제30권 제1호, 2011.5

______, “자본시장법상 연계불공정거래 규제체계 및 입법론 · 해석론에의 시사점”, 연세 글로벌 비즈니스 법학연구 제2 권 제2호, 2010.12

김흥수/이영찬, “민간사업의 재차입계약 어떻게 볼 것인가”, 국토정책 제60호, 국토연구원, 2004.5.3.

류석준, 기업의 비자금조성행위에 대한 형사처벌 가능성 검토, 형사법연구 제19권 제3호, 2007

류전철, “조세범죄의 형사범화의 관점에서 조세포탈죄의 고찰”, 형사정책 제15권 제1호, 2003

문형섭, “橫領罪와 背任罪 : 明確한 區別을 위한 提言”, 「법조」 제52권 제5호, 2003.5.

박미숙, “법인범죄 제재의 정책적 근거 및 제재 다양화방안”, 형사정책연구 제20권 제1호, 2009.3

박종민, “업무방해죄에 있어서 위계 및 위력의 의미”, 대법원 판례해설 56호, 법원도서관, 2005.12.

변종필, “업무방해죄에서의 업무의 개념과 범위”, 형사판례연구 (16), 한국형사판례연구회, 박영사, 2008

설민수, “M&A의 한 방법으로서의 LBO에 대한 규제, 그 필요성과 방법, 그리고 문제점”, 사법논집 제45호, 2007.12

성민섭, “전환사채의 저가발행에 대한 이사의 형사책임”, 국민대 법학논총 제23권 제2호, 2011

성희활, “기업어음(Commercial paper : CP)의 법적 문제”, 인하대학교 법학연구 제13집 제3호, 2010

______, “자본시장법상 연계불공정거래의 규제현황과 개선방향”, 금융법연구 제6권 제2호, 2009

송종준, “會社法상 LBO의 背任罪 成否와 立法課題”, 증권법연구 제10권 제2호, 2009

신현대, “국내기업 자본조달 행태와 경영성과 간의 관계성 고찰”, 상업교육연구 제28권 제4호, 2014

안경옥, “사기죄에 관한 입법론적 검토”, 형사법연구 제22호, 2004

______, “비자금 조성행위의 형사처벌에 대한 한 · 독 판례 비교 및 검토”, 형사법의 신동향 통권 제41호, 2013

윤동호, “관세법의 벌칙규정의 체계화방안 연구”, 법조 Vol.679, 2013

윤영신, “전환사채의 저가발행에 대한 이사의 배임죄 성부”, 민사판례연구 29, 2007

______, “동양그룹의 합병형 LBO와 배임죄”, BFL 제36호, 서울대 금융법센터, 2009,7

이상돈, “경영실패와 경영진의 형사책임”, 법조, 법조협회, 2003.5

______, “전환사채의 저가발행을 통한 경영권 승계의 배임성”, 형사정책연구 제23권 제2호, 2012

이승준, “과장 · 허위광고와 사기죄의 기망 -判例를 중심으로-”, 형사법연구 제21권 제1호, 2009

_____, “새로운 위험의 등장과 형법의 임무 변화?”, 형사정책 제24권 제2호, 2012.8.

_____, “실질적 처분권과 몰수 · 추징의 대상인 뇌물”, 형사법연구 제22권 제4호, 2010

_____, “배임죄 행위주체 해석의 방향 -동산 이중양도를 중심으로-”, 인권과 정의 제422호, 2011.12

_____, “합병형 차입매수(LBO)의 배임죄 성부 판단”, 형사정책연구 제24권 1호, 2013

_____, “최소운영수입보장(MRG) 약정 민간투자기업의 자금재조달(refinancing)과 형법적 문제에 관한 小考 -배임죄를 중심으로-”, 법학연구 제24권 제2호, 연세대학교 법학연구원, 2014.6

_____, “‘위장취업’과 업무방해죄의 성부 판단”, 한양법학, 제25권 1호, 2014

이종상, “이사의 책임과 배임죄에 대한 비판적 고찰”, BFL 제19호, 서울대 금융법센터, 2006 9

이종운, “민간투자사업의 문제점과 향후 전망”, 교통 기술과 정책, 제8권 제2호, 2011.4.

이진국, “기업범죄의 예방수단으로서 준법감시제도(compliance)의 형법적 함의”, 형사정책연구 제21권 제1호, 2010.3

이태엽, “관세법상의 무신고수입죄를 둘러싼 쟁점연구 -편의치적 선박 및 귀금속의 밀수입을 중심으로-”, 법조 Vol.621, 2008.6

이천현, “조세포탈죄의 기수시기와 죄수”, 경희법학 제48권 제4호, 2013

_____, “분식회계의 실태와 효율적 제재방안”, 형사정책 제16권 제1호, 2004

이철송, “자본거래와 임원의 형사책임”, 인권과 정의 제359호, 대한변협, 2006.7.

장덕조, “전환사채의 저가발행과 회사의 손해, 그리고 주주의 손해”, 법조 제632호, 법조협회, 2009.5.

전현정, “LBO와 배임죄 –손해를 중심으로-”, BFL 제36호, 서울대학교 금융법센터, 2009.7.

장한철, “조세포탈죄의 성립문제에 관한 일고찰, 법과 정책연구 제5집 제1호, 2005

조 국, “기업범죄 통제에 있어서 형법의 역할과 한계 –업무상 배임죄 배제론에 대한 응답-”, 형사법연구 제19권 제3호, 2007

천진호, “기업범죄와 형사적 규제”, 법학논고 제16집, 경북대학교 법학연구소, 2000

_____, “경제범죄에 대한 새로운 정책적 대응방안”, 法學論叢 제33집 제1호, 2013

최문희, “독일에서의 이사의 의무위반과 배임죄”, BFL 제36호, 서울대학교 금융법센터, 2009.7.

최수미, “감사의견과 분식회계의 유형”, LG 주간경제 제612호, 2001.2

최응렬/송혜진/오세연, "민간군사기업의 도입방향에 관한 연구", 한국경호경비학회지 제17호, 2008

최준선, "주주자본주의와 이해관계자 자본주의", 상사법연구, 제26권 제2호, 한국상사법학회, 2007

최형기, "판례를 중심으로 한 조세포탈범의 성립 요건과 문제점", 재판자료 50집, 법원행정처, 1990

한기원, "분식회계란 무엇인가?", 수사연구 제229호, 2002

한정환, "사기죄에서의 기망과 재산상의 이익취득", 형사법연구 제12호, 1999

황세윤, "단기사채(短期社債) 도입에 의한 기업어음(CP) 시장의 제도개편", 자본시장 Weekly, 2008.7

허일태, "위탁금전의 소비와 형법상 고유한 소유권개념", 「형사판례연구」(12), 한국형사판례연구회, 박영사, 2004

학위논문

김명준, 기업범죄의 형사규제에 관한 연구, 창원대학교 대학원 박사학위논문, 2013

문형섭, 배임죄에 관한 연구, 호남대학교 박사학위 논문, 2001

이천현, 조세형법의 합리화 방안에 관한 연구, 한양대학교 박사학위논문, 2000

송호신, 상법상의 회사관련범죄에 대한 연구-벌칙조항의 활성화 방안을 중심으로-, 한양대학교 박사학위논문, 2002

최병민, 조직범죄의 실태와 대응방안에 관한 연구, 경기대학교 박사학위논문, 2010

기타

감사원, 최소운영수입보장 민자사업 사후관리실태 감사결과 처분요구서, 2011.5.

경찰청, 2014 범죄통계

법무연수원, 2014 범죄백서

KBS 스페셜, '법은 평등한가'(2006.7.16) 자료집

KSA, ISO 26000 바로 알기, 2010
한국금융연수원, 금융실무대사전 II, 2006

[외국문헌]

Edwin H. Sutherland, White Collar Crime: The Uncut Version, 1983

Stephen M. Bainbridge, Mergers and Acquisitions, 2d. ed, 2009

Austin Sarat, New Perspectives On Crime And Criminal Justice: Special Issue, 2009

Brown/Esbensen, Criminology, 2012

Clinard, M.B. & Quinney, R, Criminal Behavior Systems : A Typology, Reinhart & Winston, 1973

Clinard, Marshall Barron/Yeager, Peter.C, Corporate Crime, Transaction Publishers, 2005

D.J. Block, The Business Judgement Rule, 1998

Hefendehl, Die Materialisierung von Rechtsgut und Deliktsstruktur, GA 2002

Hellmann/Beckemper, Wirtschaftsstrfrecht, 2010

James M./Donald J., The New Technology of Crime, Law and Social Control, 2007

Jay S. ALBANESE, ORGANIZED CRIME In Our Times, 6th Ed, ap, 2011

Klaus Tiedemann, Wirtschafts-strafrecht BT, 2011

LaFAVE, CRIMINAL LAW, 2010

Ostenberg/Ward, Criminal Investigation, 2010

Paul Leighton, “Corporate Crime and Corporate Agenda for Crime Control : Disappearing Awareness of Corporate Crime and Increasing Abuses of Power”, Western Criminology Review 14(2)

Schünemann, Die "gravierende Pflichtverletzung" bei der Untreue : dogmatischer Zauberhut oder taube Nuss?, NStZ 2005

西田典之, 刑法各論(第4版), 弘文堂, 2009
平野龍一, 刑法概說, 東京大學出版會, 1977

大谷 實, 刑法講義各論(新版 第3版), 成文堂, 2009

板倉 宏, 企業犯罪の理論と現實, 有斐閣, 2013

前田雅英, 刑法各論講義(第4版), 東京大學出版會, 2007

사항색인

기업범죄론

저　　자 : 이 승 준
발 행 처 : 충북대학교 출판부
발 행 인 : 윤 여 표
주　　소 : (361-763) 충북 청주시 서원구 충대로1(개신동)
전　　화 : (043)261-2952, 3014
팩　　스 : (043)274-1256
이 메 일 : presscbu@chungbuk.ac.kr
등　　록 : 제1983-2001-7호
초판1쇄 : 2015. 8. 31.
인 쇄 처 : 삼성디자인기획 (042)221-3111

* 이 저서는 2013학년도 충북대학교 학술도서지원사업에 의하여 발행되었음.
(This work was supported by the academic books of the Chungbuk National University in 2013)

ISBN 978-89-7295-233-6 93360

정가 24,000원